中东欧大数据报告2020

17国对外贸易趋势
与"17+1"贸易合作研究

徐侠民　高　聪◎编　著

清华大学出版社
北　京

内 容 简 介

本书从中东欧国家视角，对17国贸易发展进行了专题性分析。本书以丰富、可靠的数据为基础，对17国贸易发展趋势、主要贸易市场结构、主要进出口商品结构、主要优势产业及其特征、中国—中东欧国家对外贸易概况、中国—中东欧国家贸易竞争性与互补性等进行深入剖析，数据翔实、图文并茂，既有直观的数据展示，又有数据模型分析。本书可以为各级政府制定贸易配套政策措施提供参考，为企业、专家学者等研判与研究提供数据支撑。

图书在版编目(CIP)数据

中东欧大数据报告.2020：17国对外贸易趋势与"17＋1"贸易合作研究/徐侠民，高聪编著.—北京：清华大学出版社，2021.9

ISBN 978-7-302-59175-7

Ⅰ.①中… Ⅱ.①徐… ②高… Ⅲ.①经济发展—数据—研究报告—欧洲—2020 ②对外贸易—经济发展—研究报告—欧洲—2020 ③国际贸易—贸易合作—研究报告—欧洲—2020 Ⅳ.①F15

中国版本图书馆 CIP 数据核字(2021)第 181450 号

责任编辑：张　伟
封面设计：汉风唐韵
责任校对：王荣静
责任印制：宋　林

出版发行：清华大学出版社
　　　　网　　　址：http://www.tup.com.cn, http://www.wqbook.com
　　　　地　　　址：北京清华大学学研大厦 A 座　　　　邮　　编：100084
　　　　社 总 机：010-62770175　　　　　　　　　　　邮　　购：010-62786544
　　　　投稿与读者服务：010-62776969, c-service@tup.tsinghua.edu.cn
　　　　质量反馈：010-62772015, zhiliang@tup.tsinghua.edu.cn
印 装 者：三河市铭诚印务有限公司
经　　销：全国新华书店
开　　本：185mm×260mm　　印　张：21.75　　　　字　　数：528 千字
版　　次：2021 年 9 月第 1 版　　　　　　　　　　印　　次：2021 年 9 月第 1 次印刷
定　　价：139.00 元

产品编号：087471-01

前言

    2012 年中国与中东欧国家领导人首次会晤在波兰举行,标志着中国—中东欧国家合作机制正式建立。2019 年,在第 8 次中国—中东欧国家领导人会晤期间,希腊作为正式成员加入了中国—中东欧国家合作,开启中国同中东欧国家关系发展新阶段。作为连接欧亚大陆的重要枢纽,中东欧处于连通欧盟一体化市场的接合部、承接带,是我国连接欧洲市场的"桥头堡",是"一带一路"建设的区域支点。凭借其东联西通对接欧盟的有利区位优势,中东欧不仅可为我国进一步挖掘国际市场潜力、优化产业结构提供支持,在互联互通方面也发挥独特的作用,同时也可为"一带一路"倡议下我国同欧洲市场的合作夯实基础。

    自中国—中东欧国家合作建立以来,合作机制日益完善,经贸合作成果更加丰硕。2020年,中国与中东欧 17 国贸易额达 1 034.5 亿美元,首次突破千亿美元,增长 8.4%,高于同期中国对外贸易增幅和中欧贸易的增幅。2012 年以来,中国与中东欧 17 国贸易年均增长8%,是中国对外贸易增速的 3 倍以上、中国与欧盟贸易增速的两倍以上。截至 2020 年年底,中国累计对中东欧 17 国全行业直接投资 31.4 亿美元,涉及能源、基础设施、物流、汽车零配件等领域。同期,中东欧 17 国累计对华投资 17.2 亿美元。中国与中东欧国家合作已经成为中欧经贸合作的新增长点和亮点之一。2020 年 12 月 30 日中欧投资协定如期完成,2021 年 3 月 1 日中欧地理标志正式生效,这将会进一步提升中国与中东欧国家经贸合作,推动中国与中东欧国家经贸合作走上新台阶。

    2021 年 2 月,习近平主席在中国与中东欧国家领导人峰会上指出:"推动中欧务实合作成果在中东欧尽早落地,推动贸易平衡、可持续发展。今后 5 年从中东欧国家进口累计价值1 700 亿美元以上的商品。"这对中国与中东欧国家贸易合作提出了更高要求,也指明了方向。因此,深入地剖析中东欧国家对外贸易合作新趋势,挖掘和释放中国与中东欧国家贸易合作新增长点,显得至关重要。

    本书是中东欧大数据报告系列丛书之一,是继 2019 年首部《中东欧大数据》出版之后,利用大数据方法对中东欧国家对外贸易发展的专题性研究。本书以反映中东欧国家对外贸易合作现状、趋势预测和竞争与互补性分析为核心,力图更加清晰、全面地展现中东欧国家对外合作的新特征。本书凸显以下特点:一是数据来源可靠性。书中涉及的数据来源于 UN Comtrade 数据库、中国海关网、商务部网站以及官方媒体披露的信息等,数据不包括中国台湾。二是研究的多维性。本书分别从中东欧国家对外贸易发展趋势、主要贸易市场结构、主要进出口商品结构、主要优势产业及其特征、中国—中东欧国家对外贸易概况、中国—中东欧国家贸易竞争性与互补性等不同角度分析了中东欧国家对外贸易发展格局和最新特征。三是研究结论的实用性。本书数据翔实、图文并茂,准确追踪了中东欧国家贸易及中国—中东欧国家对外贸易进展,能够为政府、企业、研究人员提供有价值且具有预测性的数据支撑。

本书出版得到浙江省新型智库培育单位浙江万里学院中东欧研究中心、浙江省新型高校智库宁波海上丝绸之路研究院、宁波"一带一路"经贸合作协同创新中心、宁波市"一带一路"建设研究基地的专项基金支持。

本书是教育部人文社会科学研究项目(20YJA790079)、教育部"一带一路"教育国际合作2019年度专项研究重点课题(19DYL16)的阶段性成果。

虽然我们已经尽了很大的努力,对本书精雕细琢,但限于水平,我们深知本书还存在很多不尽如人意的地方。我们真诚地等待着广大读者对本书提供十分宝贵的意见与建议,再小的改进、改变、改善都是一种进步!

作　者
2020 年 10 月于宁波

目录

第1章
17国总体对外贸易

中东欧国家 2014 年至 2019 年对外贸易额并非逐年递增,在 2015 年出现了较为明显的下滑现象。2019 年,对外贸易总额、出口总额以及进口总额三项数据相较上一年也都有所减少,出现了一定程度的波动。

在贸易伙伴方面,中东欧国家与贸易伙伴进出口总额最多的 10 个国家依次为德国、意大利、中国、法国、波兰、荷兰、俄罗斯、捷克、奥地利、英国;与贸易伙伴出口总额最多的 10 个国家依次为德国、意大利、法国、英国、捷克、波兰、奥地利、荷兰、斯洛伐克、匈牙利;与贸易伙伴进口总额最多的 10 个国家依次为德国、中国、意大利、俄罗斯、荷兰、波兰、奥地利、捷克、法国、匈牙利。

在主要优势产业方面,中东欧国家在汽车工业、食品加工业等产业有很大优势,中国可以与中东欧国家在通信设施与服务、基础设施建设、汽车工业、食品加工、化工和生物医药等产业方面加强合作。

在中国—中东欧国家对外贸易发展趋势方面,2019 年中国与中东欧国家贸易总额为 95 420 百万美元,其中中国与波兰双边贸易额最多,与黑山最少。在对中国与中东欧国家贸易竞争性分析过程中,根据显性比较优势指数(RCA)和贸易互补性指数(TCI)可知,中国与大多数中东欧国家在 SITC6(主要按原材料分类的制成品)和 SITC8(杂项制品)两类商品体现出较为明显的比较优势,同时双方普遍在 SITC7(机械及运输设备)上呈现出较强的互补性。

1.1 对外贸易发展趋势

2014 年至 2019 年期间,中东欧国家对外贸易存在一定波动。2014 年中东欧国家贸易总额为 1 780 519 百万美元,2015 年贸易总额较 2014 年出现下滑趋势,2016 年起出现明显回暖。但 2019 年中东欧国家对外贸易总额为 2 033 395 百万美元,相较于 2018 年有下滑迹象。这 6 年中,2015 年对外贸易总额最低,为 1 562 655 百万美元。究其原因,主要是 2015 年出现了较为严重的难民危机,大量难民流入欧洲,且国际金融危机深层次影响还在继续,世界经济仍处于深度调整期,发展不平衡问题远未解决。2018 年对外贸易总额最多,为 2 063 097 百万美元。与此同时,出口总额和进口总额的趋势变化与对外贸易总额的变动趋势类似。此外,中东欧国家总体上处于贸易逆差,2014 年至 2016 年逆差金额在逐步减少,但从 2017 年起逆差金额明显增加,2018 年最多,为 66 387 百万美元。2019 年逆差金额为

58 877 百万美元,较 2018 年有所减少。具体数据见表 1-1 和图 1-1。

表 1-1 2014—2019 年中东欧国家对外贸易发展趋势   百万美元

年份	进出口总额	出口总额	进口总额	逆差金额
2014	1 780 519	868 314	912 203	43 889
2015	1 562 655	766 020	796 634	30 614
2016	1 598 494	787 400	811 096	23 696
2017	1 826 270	894 193	934 251	40 058
2018	2 063 097	998 355	1 064 742	66 387
2019	2 033 395	987 259	1 046 136	58 877

数据来源:商务部国别报告网、UN Comtrade 数据库、全球贸易观察等,经本课题组整理所得。

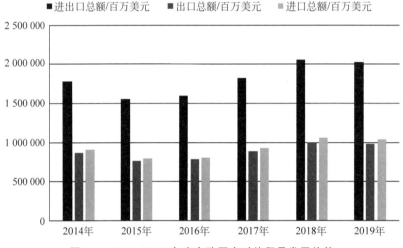

图 1-1 2014—2019 年中东欧国家对外贸易发展趋势

1.2 主要贸易市场结构

对 2019 年中东欧国家与主要的贸易伙伴的进出口总额数据进行了系统梳理,从进出口总额、出口总额及进口总额三方面分析了 2019 年中东欧国家与主要贸易伙伴之间的关系,并分别列出了中东欧国家与主要贸易伙伴进出口总额前十名、中东欧国家与主要贸易伙伴出口总额前十名以及中东欧国家与主要贸易伙伴进口总额前十名。具体数据见表 1-2~表 1-4。

2019 年,中东欧国家与德国、意大利、中国、法国、波兰、荷兰、俄罗斯、捷克、奥地利、英国等 10 个国家进出口总额较多,其中德国是中东欧 17 国最大的贸易伙伴国,进出口总额高达 460 402 百万美元。具体数据见表 1-2 和图 1-2。

表 1-2 2019 年中东欧国家主要贸易市场结构(进出口总额前十名)

排名	国家和地区	进出口总额/百万美元
1	德国	460 402
2	意大利	121 177

排名	国家和地区	进出口总额/百万美元
3	中国	95 420
4	法国	87 984
5	波兰	82 730
6	荷兰	81 841
7	俄罗斯	79 888
8	捷克	77 425
9	奥地利	73 216
10	英国	63 969

数据来源：商务部国别报告网、UN Comtrade 数据库、全球贸易观察等，经本课题组整理所得。

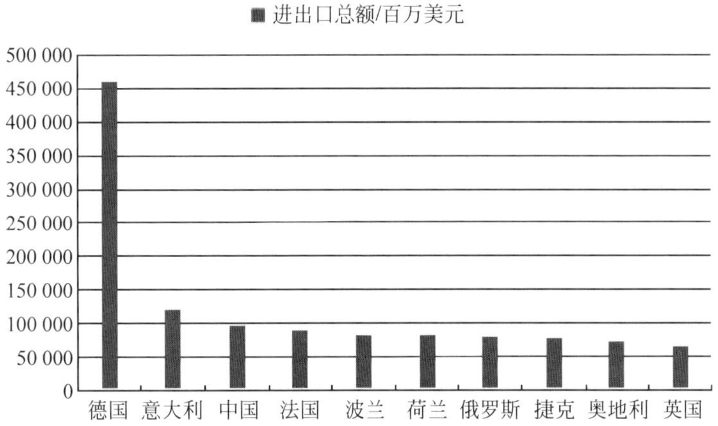

图 1-2　2019 年中东欧国家主要贸易市场结构（进出口总额前十名）

在进出口总额前十名的国家中，有 9 个是欧洲国家，中国是唯一一个非欧洲国家，且进出口总额位列第三，仍具有很大的贸易合作潜力，有待进一步挖掘。另外，俄罗斯仍对中东欧 17 国的贸易产生了较大影响，进出口总额位列第七。在中东欧 17 国中，波兰和捷克跻身贸易总额前十，说明这两国与其他中东欧国家贸易往来很密切。

2019 年，中东欧国家与德国、意大利、法国、英国、捷克、波兰、奥地利、荷兰、斯洛伐克、匈牙利等 10 个国家出口总额较多，其中出口德国的商品总额最多，为 236 809 百万美元。具体数据见表 1-3 和图 1-3。

表 1-3　2019 年中东欧国家主要贸易市场结构（出口总额前十名）

排名	国家和地区	出口总额/百万美元
1	德国	236 809
2	意大利	58 072
3	法国	49 891
4	英国	42 262
5	捷克	37 951
6	波兰	34 597

续表

排名	国家和地区	出口总额/百万美元
7	奥地利	33 323
8	荷兰	33 081
9	斯洛伐克	32 811
10	匈牙利	28 283

数据来源：商务部国别报告网、UN Comtrade数据库、全球贸易观察等，经本课题组整理所得。

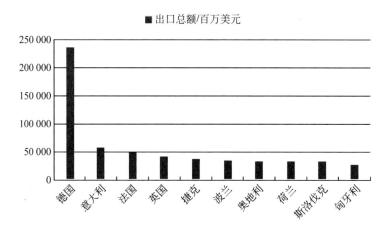

图1-3　2019年中东欧国家主要贸易市场结构(出口总额前十名)

2019年,中东欧国家与德国、中国、意大利、俄罗斯、荷兰、波兰、奥地利、捷克、法国、匈牙利等10个国家进口总额较多,其中从德国进口商品的总额最多,为223 593百万美元。具体数据见表1-4和图1-4。

表1-4　2019年中东欧国家主要贸易市场结构(进口总额前十名)

排名	国家和地区	进口总额/百万美元
1	德国	223 593
2	中国	72 484
3	意大利	63 105
4	俄罗斯	51 744
5	荷兰	48 760
6	波兰	48 132
7	奥地利	39 894
8	捷克	39 474
9	法国	38 093
10	匈牙利	30 742

数据来源：商务部国别报告网、UN Comtrade数据库、全球贸易观察等，经本课题组整理所得。

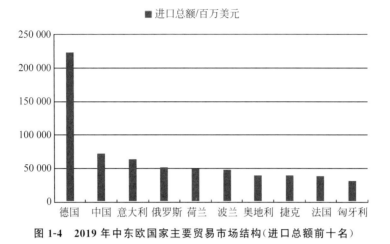

图 1-4　2019 年中东欧国家主要贸易市场结构（进口总额前十名）

1.3　主要优势产业及其特征

中东欧国家在产业合作方面有三个优势：一是地理位置优越,地处中西欧交汇处,可辐射整个欧洲大陆；二是人力资本颇具优势；三是技术创新研发能力强。同时,中东欧国家在投资、贸易、旅游领域的需求很大,中国企业在中东欧国家的基础设施、装备制造、境外工程领域大有可为。

中东欧国家资源禀赋各异,与中国经济有较强的互补性,彼此在以下产业具有对接合作的空间。

一是通信设备及通信服务。通信是我国的优势产业,而目前中东欧国家正亟须升级通信产业。中国可以参与国家通信产业合作,为中东欧国家提供优质的通信设备与服务。

二是汽车工业。以捷克、斯洛伐克、波兰、匈牙利、斯洛文尼亚为代表的中东欧国家有着较成熟的汽车工业基础。以捷克为例,世界汽车零部件厂商 50 强中有一半在捷克投资。中国的汽车工业发展迅速,但仍与部分中东欧国家有一定差距,可以通过合作达到优势互补。

三是化工和生物制药。在化工领域,部分中东欧国家存在工业基础薄弱、产能不足、需求旺盛的特点,而中国石化产业基础雄厚,可以"取长补短"。在制药行业,匈牙利等国家最为发达,吸引了许多跨国制药公司的资金投入。中国制药研发能力有待提升,可通过中东欧国家设立药品研发中心,加以利用。

四是基础设施建设。近年来,中东欧国家为了振兴经济,在公路、桥梁、机场、港口、地铁、输气管道等领域加大了投入力度。近年来,中国在基础设施相关产业上有较多过剩产能,可以通过领先的技术开展合作。

五是食品加工。罗马尼亚是世界葡萄酒生产出口的重要国家,保加利亚是酸奶的发源地和乳制品的重要生产基地。因此,中国的相关食品加工企业可以加快"走出去"的步伐,利用当地优质食品和原料就地生产,销往国内外市场。

本书对中东欧国家的主要优势产业及其特征展开了系统归纳,具体见表 1-5。

表 1-5　中东欧国家的主要优势产业及其特征

国别	产　业	产业情况及其特征描述
波兰	汽车制造业	波兰汽车及其零部件制造业优势较为明显,每年约 98％的产品出口国外市场,波兰汽车工业以外资企业占主导地位
	家具制造业	波兰是世界第六大家具制造国、第四大家具出口国
	烟草制品业	波兰是欧盟第二大烟草制品生产国
	商务服务业	波兰以其高质量服务、可忽略的文化差异、较小的时差成为美欧企业外包服务的首选
	运输服务业	波兰位于欧洲中部,成为架起东西欧、南北欧的桥梁,因此造就出波兰高度发达的运输服务业
捷克	航空航天设备制造业	捷克主要生产航空器整机、大型运输机和军用飞机及直升机的部件
	汽车制造业	捷克拥有世界上集中度最高的汽车制造和设计产业,深度嵌入欧洲汽车产业链条,人均产量始终保持世界领先地位
	印刷包装业	捷克印刷企业从业人员居中东欧之首。在整个欧盟中位列第六
	交通运输、仓储和邮政业	运输仓储行业是捷克的重要经济支柱
	商务支持服务业	捷克政府大力扶持商务,支持服务业,包括服务共享中心、客户服务中心、IT(信息技术)服务中心及高技术维修中心等
匈牙利	橡胶和塑料制品业	匈牙利橡胶和塑料制品业产值很高
	汽车制造业	汽车制造业是匈牙利核心产业之一
	电子设备制造业	电子设备制造业是匈牙利规模最大的产业之一,匈牙利也是中东欧地区最大的电子产品生产国
	信息通信技术(ICT)服务业	近年来匈牙利信息通信技术产业发展迅猛,成为中东欧地区计算机组装和通信设备制造龙头
	商务服务业	匈牙利商务服务中心(Business Services Center,BSC)主要集中在布达佩斯,众多企业提供共享服务、流程外包、IT 和 R&D(研究与开发)服务等
斯洛伐克	汽车制造业	汽车工业是斯洛伐克主要支柱产业之一
	橡胶和塑料制品业	斯洛伐克橡胶和塑料制品业产值较高
	机械工程业	机械工程业是斯洛伐克主要支柱产业之一,与汽车制造业密不可分
	交通运输、仓储和邮政业	斯洛伐克以公路和铁路运输为主
	商务服务业	斯洛伐克劳动生产率与劳动力成本比在中东欧国家中最高。劳动力中受过高等教育的人数比例在欧盟成员国中排名第一
罗马尼亚	烟草制品业	罗马尼亚烟草制品出口占食品、饮料和烟草出口总额的比例高
	橡胶和塑料制品业	罗马尼亚拥有众多塑料加工业企业
	食品制造业	罗马尼亚葡萄种植面积、葡萄产量、葡萄酒产量在欧洲排名靠前
	交通运输、仓储和邮政业	罗马尼亚主要的物流货运公司多数是跨国公司,在信息技术系统、标准化运作以及与重要国际运输公司关系方面具有优势
	软件和信息技术服务业	罗马尼亚是近年来该地区 IT 和通信市场发展最为迅速的国家之一

续表

国别	产　业	产业情况及其特征描述
保加利亚	贱金属及其制品制造业	贱金属及其制品是保加利亚的主要出口商品之一
	纺织服装业	纺织服装业是保加利亚重点行业之一
	农副食品加工业	农业是保加利亚优势产业之一,保加利亚农产品如玫瑰油、乳制品等享誉世界
	软件和信息技术服务业	保加利亚 IT 业在欧盟名列前茅
	其他商务服务业	其他商务服务业主要是指保加利亚的旅游业,是保加利亚经济支柱产业
爱沙尼亚	木质制品制造业	爱沙尼亚森林覆盖率、人均木材拥有量、木制品出口额在欧洲排名靠前,木制品出口额占出口总额的 10％ 左右
	食品加工制造业	爱沙尼亚是食品农产品的出口大国,食品工业是爱沙尼亚经济的重要组成部分
	家具制造业	家具制造业是爱沙尼亚最具传统和竞争力的行业之一
	建筑服务业	建筑业是爱沙尼亚最大的雇主之一
斯洛文尼亚	金属制品业	金属加工业是斯洛文尼亚历史最悠久的行业之一
	木质制品制造业	斯洛文尼亚在橱柜、家具等木制品制造方面具有比较优势
	化学与医药制造业	化学工业在斯洛文尼亚发展较早,斯洛文尼亚已经形成以生产医药及医药中间体、化妆品、化学制剂、橡胶及塑料制品等为主的现代化学工业格局
	信息和通信服务业	信息和通信业作为商务服务业的一部分,是斯洛文尼亚最具活力的部门,亦是国家优先发展的产业
克罗地亚	木质制品制造业	森林工业在克罗地亚国民经济占据重要位置
	船舶及相关装置制造	克罗地亚造船业居欧洲前列
	旅游业	克罗地亚是地中海旅游胜地,旅游业成为克罗地亚支柱产业之一
拉脱维亚	木质制品制造业	拉脱维亚森林资源丰富,森林覆盖率位居欧洲前列
	食品和饮料制造业	食品和饮料生产是拉脱维亚最大的工业部门
	农副食品加工、食品制造业	拉脱维亚生态良好,出产大量的浆果、野草莓、蓝莓、牛肝菌、鸡油菌和高品质的乳制品、肉类产品、油浸鲱鱼罐头及蜂蜜
	交通运输、仓储和邮政业	拉脱维亚地处俄罗斯与西欧、北欧的十字交叉口,坐拥波罗的海地区最大机场里加国际机场,是重要的货物转运地
	化工医药产业	医疗保健是拉脱维亚经济中最大的部门之一
立陶宛	化学原料和化学制品制造业	化学制品制造业是立陶宛第三大产业,仅次于炼油和食品的生产,主要产品有磷肥、氮肥、塑料和聚酯等
	烟草制品业	立陶宛在烟草制品方面具有较强的比较优势
	农副食品加工业	立陶宛主要出口农产品为燕麦、乳制品、烟草产品、海产品、肉制品及动物内脏
	铁路、船舶、航空航天和其他运输设备制造业	立陶宛制造业投资增长速度位列全球前列,越来越多的国际制造工程企业在立陶宛落户,推动立陶宛制造业在近年快速发展
	交通运输、仓储和邮政业	立陶宛的铁路曾是苏联运输网络的一部分,与俄罗斯及其他独联体国家连通十分方便

续表

国别	产　业	产业情况及其特征描述
阿尔巴尼亚	皮革和制鞋业	鞋类制造业是阿尔巴尼亚增长最快的部门之一，推动了阿尔巴尼亚向国际市场的出口
	纺织服装、服饰业	阿尔巴尼亚纺织服装产品主要出口意大利、德国、荷兰和法国等国家
	农业	阿尔巴尼亚是传统的农业国
	交通运输、仓储和邮政业	阿尔巴尼亚的交通以公路运输为主
	旅游业	阿尔巴尼亚拥有众多国家公园、自然保护区、古村落和古代遗址，还有保护完好的海岸线和城堡
塞尔维亚	化学原料和化学制品制造业	塞尔维亚的化学工业由上千家公司组成
	农副食品加工、食品制造业	农业是塞尔维亚传统优势产业之一
	信息通信技术产业	塞尔维亚 IT 行业发展迅速
黑山	采矿业	黑山最重要的矿产资源是煤、红铝土矿、铅和锌等
	金属制品业	金属加工业包括初级金属和金属产品（有色金属、钢铁）的生产，是黑山制造业最重要的部门
	木质制品制造业	木材工业是黑山经济的重要组成部分
	农产品及其加工业	黑山拥有丰富的葡萄栽培，葡萄酒是食品加工业最重要的出口产品
	旅游业	黑山是一个地中海小国，拥有丰富的建筑和文化遗产、多样化的景观和气候，以及保存完好的自然环境
波黑	旅游业	波黑将旅游列为经济发展的重要产业之一，并在大力吸引外资
	木质制品制造业	波黑全国的森林和林地覆盖率高达 63%，林业和木材加工业成为波黑经济的主要产业之一
	金属制造业	金属加工业是波黑制造业的支柱产业
	建筑服务业	波黑丰富的自然资源，如木材、石头、砾石、沙子、黏土和金属矿，使其建筑市场的增长潜力非常大
北马其顿	化学原料和化学制品制造业	北马其顿拥有相当发达的化学工业，具有生产基本化学品、合成纤维、聚氯乙烯以及洗涤剂、肥料、聚氨酯泡沫和纤维的能力
	纺织服装、皮革制品业	纺织品工业包括纺织服装和皮革制品两大部门，是北马其顿国内领先的加工工业之一
	烟草制品业	烟草是北马其顿农产品出口总额的最大贡献者
	农副食品加工、食品制造业	北马其顿主要农产品包括烟草原料和制成品、葡萄酒、羊肉和园艺产品
	建筑服务业	北马其顿是中欧、东欧、中东和俄罗斯的主要建筑劳工供应国
希腊	新能源业	希腊自然资源相对贫乏，但太阳能和风能等资源丰富，高度重视太阳能和风能等新能源的研发和投资，光能转换技术较为成熟
	农业	农业是希腊传统优势产业，农产品是希腊出口最具竞争力的产品之一。希腊全年干旱少雨，属于典型的地中海气候。针对其气候特点，希腊大力研究节水浇灌，技术水平较高
	海洋产业	希腊在海洋环境保护和海产品养殖等领域处于世界领先位置，海水养殖技术高，多类产品产量居欧盟前列。近年来，希腊大力发展生物制药技术，部分高端医药产品出口海外

续表

国别	产　业	产业情况及其特征描述
希腊	文化产业	古迹的保护与修复技术是希腊传统的优势领域。希腊是文明古国之一,拥有丰富的文化遗产,在人才培养、设备更新与技术开发等方面都走在世界前列
	航运业	现代希腊航运业已成为世界霸主,船队规模继续领跑,经济支柱作用越发凸显,船东融资渠道多元,航运企业得到进一步整合

数据来源:经本课题组自行整理所得。

1.4　中国—中东欧 17 国双边贸易概况

对 2019 年中国与中东欧国家进出口贸易额的相关数据进行统计分析发现,2019 年中国与波兰、捷克、匈牙利、罗马尼亚、希腊等国进出口贸易额较大,其中与波兰的进出口贸易额居首;中国与北马其顿、阿尔巴尼亚以及黑山的进出口额较少,与黑山的进出口贸易额最少。此外,在同比增减方面,2019 年中国与塞尔维亚进出口额同比增长幅度最大;中国与斯洛文尼亚的同比减少幅度最大,超过 21%。具体数据见表 1-6 和图 1-5、图 1-6。

表 1-6　2019 年中国—中东欧国家进出口贸易统计表

排名	国　家	2019 年进出口额/百万美元	同比/%	占比/%
1	波兰	25 950	9.6	30.07
2	捷克	18 960	5.3	21.97
3	匈牙利	9 975	4.7	11.56
4	罗马尼亚	5 744	3.4	6.66
5	希腊	5 550	8.3	6.43
6	斯洛伐克	5 139	3.9	5.96
7	斯洛文尼亚	3 198	−21.7	3.71
8	塞尔维亚	2 832	46.3	3.28
9	保加利亚	2 570	4.9	2.98
10	立陶宛	1 349	9.5	1.56
11	克罗地亚	933	0.2	1.08
12	爱沙尼亚	920	−10.7	1.07
13	波黑	842	1.6	0.98
14	拉脱维亚	750	−2.7	0.87
15	北马其顿	711	0.1	0.82
16	阿尔巴尼亚	599	8.7	0.69
17	黑山	268	−11.7	0.31

数据来源:UN Comtrade 数据库、全球贸易观察等,经本课题组整理所得。

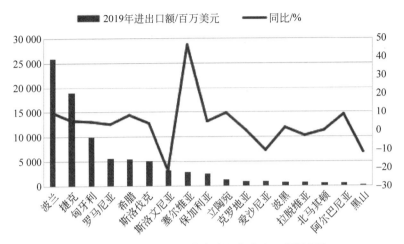

图 1-5　2019 年中国—中东欧国家进出口额及同比

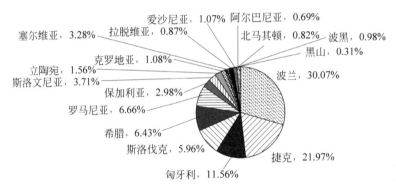

图 1-6　2019 年中国—中东欧国家进出口额占比

1.5　中国—中东欧 17 国贸易竞争性与互补性分析

1.5.1　比较优势

比较优势是中国与中东欧国家开展双边贸易的重要基础，中国与中东欧国家在自然资源、技术层级、劳动力资源等方面存在比较大的差异，因此会造成在生产不同商品时，比较优势和劣势是不同的。通过采用显性比较优势（RCA）指数，来对中国与中东欧国家贸易进行分析。

1. 中国—中东欧国家显性比较优势指数（RCA）计算

显性比较优势指数的计算公式为

$$\text{RCA}_{xik} = (X_{ik}/X_{wk})/(X_i/X_w)$$

式中：X_{ik} 为 i 国 k 产品的出口总额；X_i 为 i 国所有商品出口总额；X_{wk} 为世界市场中 k 产品出口总额；X_w 为世界所有商品出口总额。

国际贸易标准分类(Standard International Trade Classification，SITC)是用于国际贸易商品的统计和对比的标准分类方法。SITC 采用经济分类标准，即按原料、半制品、制成品分类并反映商品的产业部门来源和加工程度。利用联合国公布的最新版本《国际贸易商品标准分类(第四版)》(SITC.Rev4)，以 2018 年为例，对中国与中东欧国家显性比较优势指数(RCA)进行分析。具体数据见表 1-7～表 1-9。

表 1-7　2018 年中国商品出口额

SITC	商品类别名称	金额/百万美元
SITC0	食品和活动物	66 278.45
SITC1	饮料及烟草	3 711.43
SITC2	非食用燃料(不包含燃料)	17 243.02
SITC3	矿物燃料、润滑油及有关原料	46 628.37
SITC4	动植物油、油脂和蜡	1 065.10
SITC5	未列明的化学品和有关产品	167 747.06
SITC6	主要按原材料分类的制成品	408 734.51
SITC7	机械及运输设备	1 209 060.24
SITC8	杂项制品	567 651.74
SITC9	没有分类的其他商品	6 110.27

数据来源：UN Comtrade 数据库等，经本课题组整理所得。(注：本表内容在下文不再赘述)

表 1-8　2018 年中东欧国家商品出口额

中东欧国家	SITC	商品类别名称	金额/百万美元
阿尔巴尼亚	SITC0	食品和活动物	255.89
	SITC1	饮料及烟草	4.70
	SITC2	非食用燃料(不包含燃料)	89.43
	SITC3	矿物燃料、润滑油及有关原料	47.82
阿尔巴尼亚	SITC4	动植物油、油脂和蜡	0.39
	SITC5	未列明的化学品和有关产品	18.66
	SITC6	主要按原材料分类的制成品	134.08
	SITC7	机械及运输设备	6.86
	SITC8	杂项制品	1 166.86
	SITC9	没有分类的其他商品	1 151.18
波黑	SITC0	食品和活动物	372.42
	SITC1	饮料及烟草	52.24
	SITC2	非食用燃料(不包含燃料)	725.20
	SITC3	矿物燃料、润滑油及有关原料	702.46
	SITC4	动植物油、油脂和蜡	702.46
	SITC5	未列明的化学品和有关产品	556.18
	SITC6	主要按原材料分类的制成品	1 720.93
	SITC7	机械及运输设备	1 075.09
	SITC8	杂项制品	1 910.09
	SITC9	没有分类的其他商品	0.22

续表

中东欧国家	SITC	商品类别名称	金额/百万美元
保加利亚	SITC0	食品和活动物	3 583.23
	SITC1	饮料及烟草	385.80
	SITC2	非食用燃料(不包含燃料)	2 093.69
	SITC3	矿物燃料、润滑油及有关原料	3 004.55
	SITC4	动植物油、油脂和蜡	372.64
	SITC5	未列明的化学品和有关产品	3 394.18
	SITC6	主要按原材料分类的制成品	7 765.14
	SITC7	机械及运输设备	7 482.63
	SITC8	杂项制品	4 477.68
	SITC9	没有分类的其他商品	1 227.59
克罗地亚	SITC0	食品和活动物	1 815.08
	SITC1	饮料及烟草	353.25
	SITC2	非食用燃料(不包含燃料)	1 278.40
	SITC3	矿物燃料、润滑油及有关原料	1 818.28
	SITC4	动植物油、油脂和蜡	76.77
	SITC5	未列明的化学品和有关产品	2 181.55
	SITC6	主要按原材料分类的制成品	2 916.53
	SITC7	机械及运输设备	4 043.11
	SITC8	杂项制品	2 614.05
	SITC9	没有分类的其他商品	113.44
捷克	SITC0	食品和活动物	6 215.49
	SITC1	饮料及烟草	1 502.64
	SITC2	非食用燃料(不包含燃料)	4 356.22
	SITC3	矿物燃料、润滑油及有关原料	3 915.74
	SITC4	动植物油、油脂和蜡	370.07
	SITC5	未列明的化学品和有关产品	12 465.25
捷克	SITC6	主要按原材料分类的制成品	30 224.58
	SITC7	机械及运输设备	117 879.94
	SITC8	杂项制品	24 976.24
	SITC9	没有分类的其他商品	615.40
爱沙尼亚	SITC0	食品和活动物	1 267.67
	SITC1	饮料及烟草	176.75
	SITC2	非食用燃料(不包含燃料)	1 542.60
	SITC3	矿物燃料、润滑油及有关原料	2 620.66
	SITC4	动植物油、油脂和蜡	133.96
	SITC5	未列明的化学品和有关产品	1 076.95
	SITC6	主要按原材料分类的制成品	2 498.22
	SITC7	机械及运输设备	5 313.29
	SITC8	杂项制品	2 708.71
	SITC9	没有分类的其他商品	514.98

续表

中东欧国家	SITC	商品类别名称	金额/百万美元
希腊	SITC0	食品和活动物	5 353.22
	SITC1	饮料及烟草	840.33
	SITC2	非食用燃料(不包含燃料)	1 604.24
	SITC3	矿物燃料、润滑油及有关原料	13 556.15
	SITC4	动植物油、油脂和蜡	822.54
	SITC5	未列明的化学品和有关产品	4 068.30
	SITC6	主要按原材料分类的制成品	6 110.34
	SITC7	机械及运输设备	3 384.75
	SITC8	杂项制品	2 653.53
	SITC9	没有分类的其他商品	1 097.13
匈牙利	SITC0	食品和活动物	7 707.02
	SITC1	饮料及烟草	692.58
	SITC2	非食用燃料(不包含燃料)	2 162.67
	SITC3	矿物燃料、润滑油及有关原料	3 479.15
	SITC4	动植物油、油脂和蜡	618.68
	SITC5	未列明的化学品和有关产品	14 822.66
	SITC6	主要按原材料分类的制成品	13 652.27
	SITC7	机械及运输设备	68 569.33
	SITC8	杂项制品	11 401.56
	SITC9	没有分类的其他商品	851.97
拉脱维亚	SITC0	食品和活动物	1 872.48
	SITC1	饮料及烟草	772.86
	SITC2	非食用燃料(不包含燃料)	2 126.79
	SITC3	矿物燃料、润滑油及有关原料	789.55
	SITC4	动植物油、油脂和蜡	18.06
	SITC5	未列明的化学品和有关产品	1 279.29
	SITC6	主要按原材料分类的制成品	2 800.87
	SITC7	机械及运输设备	3 671.16
拉脱维亚	SITC8	杂项制品	1 461.12
	SITC9	没有分类的其他商品	272.83
立陶宛	SITC0	食品和活动物	3 973.63
	SITC1	饮料及烟草	1 289.22
	SITC2	非食用燃料(不包含燃料)	1 696.37
	SITC3	矿物燃料、润滑油及有关原料	4 868.04
	SITC4	动植物油、油脂和蜡	72.89
	SITC5	未列明的化学品和有关产品	4 981.00
	SITC6	主要按原材料分类的制成品	3 803.36
	SITC7	机械及运输设备	6 638.08
	SITC8	杂项制品	5 464.80
	SITC9	没有分类的其他商品	547.17

中东欧国家	SITC	商品类别名称	金额/百万美元
北马其顿	SITC0	食品和活动物	378.22
	SITC1	饮料及烟草	228.33
	SITC2	非食用燃料(不包含燃料)	373.70
	SITC3	矿物燃料、润滑油及有关原料	117.27
	SITC4	动植物油、油脂和蜡	9.86
	SITC5	未列明的化学品和有关产品	1 673.02
	SITC6	主要按原材料分类的制成品	969.50
	SITC7	机械及运输设备	2 192.80
	SITC8	杂项制品	958.90
	SITC9	没有分类的其他商品	4.73
黑山	SITC0	食品和活动物	28.59
	SITC1	饮料及烟草	25.63
	SITC2	非食用燃料(不包含燃料)	95.61
	SITC3	矿物燃料、润滑油及有关原料	96.96
	SITC4	动植物油、油脂和蜡	0.67
	SITC5	未列明的化学品和有关产品	34.98
	SITC6	主要按原材料分类的制成品	126.78
	SITC7	机械及运输设备	41.53
	SITC8	杂项制品	15.25
	SITC9	没有分类的其他商品	0.00
波兰	SITC0	食品和活动物	28 251.52
	SITC1	饮料及烟草	4 980.96
	SITC2	非食用燃料(不包含燃料)	5 958.20
	SITC3	矿物燃料、润滑油及有关原料	6 802.02
	SITC4	动植物油、油脂和蜡	291.18
	SITC5	未列明的化学品和有关产品	23 643.64
	SITC6	主要按原材料分类的制成品	49 010.63
	SITC7	机械及运输设备	97 650.23
	SITC8	杂项制品	44 729.72
	SITC9	没有分类的其他商品	497.16
罗马尼亚	SITC0	食品和活动物	7 179.65
	SITC1	饮料及烟草	845.37
	SITC2	非食用燃料(不包含燃料)	2 900.93
	SITC3	矿物燃料、润滑油及有关原料	7 375.76
	SITC4	动植物油、油脂和蜡	179.95
	SITC5	未列明的化学品和有关产品	12 342.50
	SITC6	主要按原材料分类的制成品	19 147.48
	SITC7	机械及运输设备	37 192.34
	SITC8	杂项制品	10 340.33
	SITC9	没有分类的其他商品	373.31

续表

中东欧国家	SITC	商品类别名称	金额/百万美元
塞尔维亚	SITC0	食品和活动物	2 429.65
	SITC1	饮料及烟草	538.85
	SITC2	非食用燃料(不包含燃料)	655.70
	SITC3	矿物燃料、润滑油及有关原料	580.21
	SITC4	动植物油、油脂和蜡	167.84
	SITC5	未列明的化学品和有关产品	1 861.68
	SITC6	主要按原材料分类的制成品	4 776.81
	SITC7	机械及运输设备	5 341.08
	SITC8	杂项制品	2 470.82
	SITC9	没有分类的其他商品	416.48
斯洛伐克	SITC0	食品和活动物	2 742.98
	SITC1	饮料及烟草	146.34
	SITC2	非食用燃料(不包含燃料)	1 797.35
	SITC3	矿物燃料、润滑油及有关原料	2 819.71
	SITC4	动植物油、油脂和蜡	92.15
	SITC5	未列明的化学品和有关产品	3 960.94
	SITC6	主要按原材料分类的制成品	15 727.08
	SITC7	机械及运输设备	56 937.82
	SITC8	杂项制品	8 918.71
	SITC9	没有分类的其他商品	300.67
斯洛文尼亚	SITC0	食品和活动物	1 436.86
	SITC1	饮料及烟草	147.55
	SITC2	非食用燃料(不包含燃料)	1 280.70
	SITC3	矿物燃料、润滑油及有关原料	1 899.91
	SITC4	动植物油、油脂和蜡	26.42
	SITC5	未列明的化学品和有关产品	6 148.79
	SITC6	主要按原材料分类的制成品	7 226.07
	SITC7	机械及运输设备	14 289.24
	SITC8	杂项制品	3 953.45
	SITC9	没有分类的其他商品	62.29

数据来源：UN Comtrade 数据库等,经本课题组整理所得。

表 1-9　2018 年世界商品出口额

SITC	商品类别名称	金额/百万美元
SITC0	食品和活动物	1 170 086.01
SITC1	饮料及烟草	157 085.36
SITC2	非食用燃料(不包含燃料)	683 531.44
SITC3	矿物燃料、润滑油及有关原料	1 953 274.78
SITC4	动植物油、油脂和蜡	84 752.61
SITC5	未列明的化学品和有关产品	2 179 803.09
SITC6	主要按原材料分类的制成品	2 320 030.42
SITC7	机械及运输设备	6 887 959.61

续表

SITC	商品类别名称	金额/百万美元
SITC8	杂项制品	2 229 685.30
SITC9	没有分类的其他商品	1 225 366.44

数据来源：UN Comtrade 数据库等，经本课题组整理所得。(注：本表内容在下文不再赘述)

通过 UN Comtrade 数据库等相关数据库的数据，经本课题组整理得到：2018 年中国所有商品出口额 2 494 230 百万美元，世界所有商品出口额 19 051 239 百万美元。

按照公式 $RCA_{xik} = (X_{ik}/X_{wk})/(X_i/X_w)$，得出计算结果如表 1-10 所示。

表 1-10　2018 年中国—中东欧国家显性比较优势指数(RCA)计算结果

国　家	SITC0	SITC1	SITC2	SITC3	SITC4	SITC5	SITC6	SITC7	SITC8	SITC9
中国	0.43	0.18	0.19	0.18	0.10	0.59	1.35	1.34	1.94	0.04
阿尔巴尼亚	1.45	0.20	0.87	0.16	0.03	0.06	0.38	0.01	3.47	6.22
波黑	7.46	5.99	7.64	3.75	10.72	3.79	8.16	2.65	4.89	2.44
保加利亚	1.75	1.40	1.75	0.88	2.52	0.89	1.91	0.62	1.15	0.57
克罗地亚	1.72	2.49	2.07	1.03	1.00	1.11	1.39	0.65	1.30	0.10
捷克	0.51	0.92	0.61	0.19	0.42	0.55	1.25	1.64	1.08	0.05
爱沙尼亚	1.28	1.33	2.67	1.59	1.87	0.58	1.27	0.91	1.44	0.50
希腊	2.19	2.56	1.12	3.32	4.64	0.89	1.26	0.24	0.57	0.43
匈牙利	1.01	0.68	2.12	0.27	1.12	1.05	0.90	1.53	0.79	0.11
拉脱维亚	6.72	12.10	8.06	2.54	5.52	7.32	16.47	21.64	14.17	0.64
立陶宛	0.62	0.64	1.29	0.77	0.90	0.28	0.62	0.44	0.69	0.24
北马其顿	0.89	4.01	1.51	0.17	0.32	2.12	1.15	0.88	1.19	0.01
黑山	1.00	6.67	5.72	2.03	0.32	0.66	2.23	0.25	0.28	0.00
波兰	1.76	2.31	2.76	0.25	0.25	0.79	1.54	1.03	1.46	0.03
罗马尼亚	0.89	1.04	0.46	1.35	1.89	0.36	0.51	0.10	0.23	0.17
塞尔维亚	2.06	3.40	0.95	0.29	1.96	0.85	2.04	0.77	1.10	0.34
斯洛伐克	0.50	0.20	0.56	0.31	0.23	0.39	1.44	1.76	0.85	0.05
斯洛文尼亚	1.22	0.49	1.37	0.75	0.57	0.95	3.54	4.32	2.09	0.13

2. 中国—中东欧国家显性比较优势指数(RCA)结果分析

(1) 中国在 SITC6、SITC7 和 SITC8 这三类商品中具有显性比较优势，其中 SITC8 类 RCA 值接近 2，说明具有比较明显的显性比较优势。但是，除了这三类商品外，2018 年中国在其他商品中并不具有显性比较优势，其中 SITC9、SITC4 的 RCA 值很低，显性比较劣势明显。

(2) 中东欧国家普遍在 SITC0、SITC1、SITC2、SITC6、SITC8 这几类商品中具有一定的显性比较优势，其中在 SITC6 类商品中，中东欧国家仅有阿尔巴尼亚、匈牙利、立陶宛和罗马尼亚 4 个国家 RCA 值小于 1，其余国家均具有比较优势，甚至拉脱维亚、波黑等国在这类商品中具有非常明显的比较优势。

（3）结合中国与中东欧国家在上述十类商品中显性比较优势指数的计算结果，不难看出中国与大多数中东欧国家在 SITC6 和 SITC8 这两类商品呈现显性比较优势。此外，中东欧国家普遍还在 SITC0、SITC1、SITC2 这三类商品中具有比较优势，而中国在上述三类商品的 RCA 值均小于 1，说明双方在这几类商品中不会具有竞争性。

1.5.2　贸易互补性

贸易互补性是描述国家间互补性关系的重要指标，反映了国家间贸易互补程度和发展潜力。一般认为，若 i 国集中出口的产品正好与 j 国集中进口的产品相一致，说明双边贸易具有互补性。衡量 i 国与 j 国进口的匹配程度，进而判断两国是否有开展贸易的潜在空间比较直观的方法即为贸易互补性指数。

1. 中国—中东欧国家贸易互补性指数（TCI）计算

贸易互补性指数计算公式为

$$TCI_{ij} = RCA_{xik} \times RCA_{mjk}$$

式中：RCA_{xik} 值越高，证明 i 国 k 类产品的出口比较优势越强；RCA_{mjk} 值越高，证明 j 国 k 类产品进口比较劣势越为显著；TCI_{ij} 值越高，表明 i 国出口的产品极大地满足了 j 国的需求，两国间 k 类产品的互补性越强。进口比较劣势的计算公式为

$$RCA_{mjk} = (M_{jk}/M_j)/(M_{wk}/M_w)$$

式中：RCA_{mjk} 表示 j 国在 k 类商品上的显性比较劣势指数；M_{jk} 表示 j 国 k 类产品的进口总额；M_j 表示 j 国所有产品的进口金额；M_{wk} 表示世界 k 类产品进口总额；M_w 表示世界所有产品进口总额。

利用《国际贸易商品标准分类（第四版）》（SITC.Rev4），以 2018 年为例，对中国与中东欧国家贸易互补性指数（TCI）进行分析。具体数据见表 1-11～表 1-13。

表 1-11　2018 年中国商品进口额

SITC	商品类别名称	金额/百万美元
SITC0	食品和活动物	65 012.89
SITC1	饮料及烟草	7 972.32
SITC2	非食用燃料（不包含燃料）	272 153.21
SITC3	矿物燃料、润滑油及有关原料	347 787.83
SITC4	动植物油、油脂和蜡	7 780.16
SITC5	未列明的化学品和有关产品	225 939.63
SITC6	主要按原材料分类的制成品	157 615.43
SITC7	机械及运输设备	965 045.65
SITC8	杂项制品	155 576.68
SITC9	没有分类的其他商品	76 480.63

数据来源：UN Comtrade 数据库等，经本课题组整理所得。（注：本表内容在下文不再赘述）

表 1-12　2018 年中东欧国家商品进口额

中东欧国家	SITC	商品类别名称	金额/百万美元
阿尔巴尼亚	SITC0	食品和活动物	689.58
	SITC1	饮料及烟草	131.18
	SITC2	非食用燃料(不包含燃料)	47.88
	SITC3	矿物燃料、润滑油及有关原料	265.20
	SITC4	动植物油、油脂和蜡	13.23
	SITC5	未列明的化学品和有关产品	504.10
	SITC6	主要按原材料分类的制成品	857.14
	SITC7	机械及运输设备	790.13
	SITC8	杂项制品	710.96
	SITC9	没有分类的其他商品	1 931.89
波黑	SITC0	食品和活动物	1 423.99
	SITC1	饮料及烟草	251.80
	SITC2	非食用燃料(不包含燃料)	334.01
	SITC3	矿物燃料、润滑油及有关原料	1 717.91
	SITC4	动植物油、油脂和蜡	113.59
	SITC5	未列明的化学品和有关产品	1 449.76
	SITC6	主要按原材料分类的制成品	2 753.25
	SITC7	机械及运输设备	2 421.60
	SITC8	杂项制品	1 163.57
	SITC9	没有分类的其他商品	0.08
保加利亚	SITC0	食品和活动物	2 792.68
	SITC1	饮料及烟草	553.68
	SITC2	非食用燃料(不包含燃料)	3 431.81
	SITC3	矿物燃料、润滑油及有关原料	5 135.75
	SITC4	动植物油、油脂和蜡	120.18
	SITC5	未列明的化学品和有关产品	5 143.46
	SITC6	主要按原材料分类的制成品	6 301.33
	SITC7	机械及运输设备	9 806.26
	SITC8	杂项制品	2 929.68
	SITC9	没有分类的其他商品	1 713.02
克罗地亚	SITC0	食品和活动物	2 938.40
	SITC1	饮料及烟草	399.06
	SITC2	非食用燃料(不包含燃料)	536.79
	SITC3	矿物燃料、润滑油及有关原料	3 807.68
	SITC4	动植物油、油脂和蜡	112.69
	SITC5	未列明的化学品和有关产品	3 914.00
	SITC6	主要按原材料分类的制成品	4 898.58
	SITC7	机械及运输设备	7 449.17
	SITC8	杂项制品	4 033.09
	SITC9	没有分类的其他商品	23.62
捷克	SITC0	食品和活动物	8 099.98
	SITC1	饮料及烟草	1 349.51

续表

中东欧国家	SITC	商品类别名称	金额/百万美元
捷克	SITC2	非食用燃料(不包含燃料)	3 753.51
	SITC3	矿物燃料、润滑油及有关原料	11 200.21
	SITC4	动植物油、油脂和蜡	271.07
	SITC5	未列明的化学品和有关产品	20 255.36
	SITC6	主要按原材料分类的制成品	30 380.80
	SITC7	机械及运输设备	87 480.00
	SITC8	杂项制品	21 647.17
	SITC9	没有分类的其他商品	486.41
爱沙尼亚	SITC0	食品和活动物	1 571.30
	SITC1	饮料及烟草	286.63
	SITC2	非食用燃料(不包含燃料)	696.38
	SITC3	矿物燃料、润滑油及有关原料	2 915.44
	SITC4	动植物油、油脂和蜡	112.86
	SITC5	未列明的化学品和有关产品	2 153.53
	SITC6	主要按原材料分类的制成品	2 869.87
	SITC7	机械及运输设备	6 373.69
	SITC8	杂项制品	1 881.49
	SITC9	没有分类的其他商品	981.31
希腊	SITC0	食品和活动物	6 576.48
	SITC1	饮料及烟草	774.13
	SITC2	非食用燃料(不包含燃料)	1 566.56
	SITC3	矿物燃料、润滑油及有关原料	18 874.07
	SITC4	动植物油、油脂和蜡	296.02
	SITC5	未列明的化学品和有关产品	9 193.76
	SITC6	主要按原材料分类的制成品	7 382.05
	SITC7	机械及运输设备	12 317.08
	SITC8	杂项制品	6 485.63
	SITC9	没有分类的其他商品	1 675.67
匈牙利	SITC0	食品和活动物	5 389.20
	SITC1	饮料及烟草	679.63
	SITC2	非食用燃料(不包含燃料)	2 268.03
	SITC3	矿物燃料、润滑油及有关原料	9 582.88
	SITC4	动植物油、油脂和蜡	235.63
	SITC5	未列明的化学品和有关产品	14 655.68
	SITC6	主要按原材料分类的制成品	17 137.75
	SITC7	机械及运输设备	54 925.69
	SITC8	杂项制品	10 853.30
	SITC9	没有分类的其他商品	1 653.79
拉脱维亚	SITC0	食品和活动物	2 008.37
	SITC1	饮料及烟草	752.82
	SITC2	非食用燃料(不包含燃料)	781.17
	SITC3	矿物燃料、润滑油及有关原料	1 932.33

中东欧国家	SITC	商品类别名称	金额/百万美元
拉脱维亚	SITC4	动植物油、油脂和蜡	65.19
	SITC5	未列明的化学品和有关产品	2 081.55
	SITC6	主要按原材料分类的制成品	2 649.29
	SITC7	机械及运输设备	5 943.03
	SITC8	杂项制品	1 818.57
	SITC9	没有分类的其他商品	580.65
立陶宛	SITC0	食品和活动物	3 330.97
	SITC1	饮料及烟草	712.49
	SITC2	非食用燃料（不包含燃料）	1 466.34
	SITC3	矿物燃料、润滑油及有关原料	7 143.24
	SITC4	动植物油、油脂和蜡	173.66
	SITC5	未列明的化学品和有关产品	5 273.06
	SITC6	主要按原材料分类的制成品	4 764.68
	SITC7	机械及运输设备	9 595.02
	SITC8	杂项制品	3 092.30
	SITC9	没有分类的其他商品	949.65
北马其顿	SITC0	食品和活动物	741.93
	SITC1	饮料及烟草	96.62
	SITC2	非食用燃料（不包含燃料）	238.44
	SITC3	矿物燃料、润滑油及有关原料	918.16
	SITC4	动植物油、油脂和蜡	52.91
	SITC5	未列明的化学品和有关产品	1 052.34
	SITC6	主要按原材料分类的制成品	3 330.76
	SITC7	机械及运输设备	2 007.87
	SITC8	杂项制品	607.23
	SITC9	没有分类的其他商品	5.42
黑山	SITC0	食品和活动物	522.93
	SITC1	饮料及烟草	88.69
	SITC2	非食用燃料（不包含燃料）	58.47
	SITC3	矿物燃料、润滑油及有关原料	322.02
	SITC4	动植物油、油脂和蜡	16.53
	SITC5	未列明的化学品和有关产品	295.75
	SITC6	主要按原材料分类的制成品	545.15
	SITC7	机械及运输设备	751.75
	SITC8	杂项制品	403.48
	SITC9	没有分类的其他商品	0.02
波兰	SITC0	食品和活动物	18 655.49
	SITC1	饮料及烟草	1 912.78
	SITC2	非食用燃料（不包含燃料）	8 176.19
	SITC3	矿物燃料、润滑油及有关原料	23 549.71
	SITC4	动植物油、油脂和蜡	915.28
	SITC5	未列明的化学品和有关产品	36 447.67
	SITC6	主要按原材料分类的制成品	46 744.81

续表

中东欧国家	SITC	商品类别名称	金额/百万美元
波兰	SITC7	机械及运输设备	92 805.60
	SITC8	杂项制品	34 314.95
	SITC9	没有分类的其他商品	4 177.41
罗马尼亚	SITC0	食品和活动物	4 968.66
	SITC1	饮料及烟草	997.38
	SITC2	非食用燃料(不包含燃料)	3 011.19
	SITC3	矿物燃料、润滑油及有关原料	3 279.83
	SITC4	动植物油、油脂和蜡	238.05
	SITC5	未列明的化学品和有关产品	3 407.66
	SITC6	主要按原材料分类的制成品	13 323.22
	SITC7	机械及运输设备	37 943.85
	SITC8	杂项制品	12 226.14
	SITC9	没有分类的其他商品	681.62
塞尔维亚	SITC0	食品和活动物	1 472.75
	SITC1	饮料及烟草	344.52
	SITC2	非食用燃料(不包含燃料)	1 085.89
	SITC3	矿物燃料、润滑油及有关原料	3 000.00
	SITC4	动植物油、油脂和蜡	61.86
	SITC5	未列明的化学品和有关产品	3 508.02
	SITC6	主要按原材料分类的制成品	4 797.61
	SITC7	机械及运输设备	6 698.19
	SITC8	杂项制品	1 886.75
	SITC9	没有分类的其他商品	3 027.04
斯洛伐克	SITC0	食品和活动物	4 271.27
	SITC1	饮料及烟草	714.92
	SITC2	非食用燃料(不包含燃料)	2 448.08
	SITC3	矿物燃料、润滑油及有关原料	7 549.48
	SITC4	动植物油、油脂和蜡	163.52
	SITC5	未列明的化学品和有关产品	7 718.90
	SITC6	主要按原材料分类的制成品	14 252.69
	SITC7	机械及运输设备	46 757.13
	SITC8	杂项制品	10 011.56
	SITC9	没有分类的其他商品	319.69
斯洛文尼亚	SITC0	食品和活动物	2 421.81
	SITC1	饮料及烟草	270.73
	SITC2	非食用燃料(不包含燃料)	1 811.36
	SITC3	矿物燃料、润滑油及有关原料	3 404.42
	SITC4	动植物油、油脂和蜡	77.89
	SITC5	未列明的化学品和有关产品	5 686.72
	SITC6	主要按原材料分类的制成品	6 877.09
	SITC7	机械及运输设备	12 177.31
	SITC8	杂项制品	3 605.31
	SITC9	没有分类的其他商品	59.62

数据来源：UN Comtrade 数据库等，经本课题组整理所得。

表 1-13   2018 年世界商品进口额

SITC	商品类别名称	金额/百万美元
SITC0	食品和活动物	1 149 101.36
SITC1	饮料及烟草	155 209.94
SITC2	非食用燃料（不包含燃料）	791 836.04
SITC3	矿物燃料、润滑油及有关原料	2 497 700.68
SITC4	动植物油、油脂和蜡	84 296.30
SITC5	未列明的化学品和有关产品	2 281 317.95
SITC6	主要按原材料分类的制成品	2 263 348.04
SITC7	机械及运输设备	7 041 909.95
SITC8	杂项制品	2 154 795.56
SITC9	没有分类的其他商品	707 552.07

数据来源：UN Comtrade 数据库等，经本课题组整理所得。（注：本表内容在下文不再赘述）

通过 UN Comtrade 数据库等相关数据库的数据，经本课题组整理得到：2018 年中国所有商品进口额 2 134 982 百万美元，世界所有商品出口额 19 253 036 百万美元。

按照公式 $TCI_{ij}=RCA_{xik}\times RCA_{mjk}$，得出计算结果如表 1-14～表 1-30 所示。

表 1-14   2018 年中国—阿尔巴尼亚贸易互补性指数（TCI）计算结果

国家	商品									
	SITC0	SITC1	SITC2	SITC3	SITC4	SITC5	SITC6	SITC7	SITC8	SITC9
中国	0.83	0.49	0.04	0.06	0.05	0.42	1.63	0.48	2.06	0.33
阿尔巴尼亚	0.63	0.08	2.28	0.17	0.02	0.04	0.20	0.01	1.91	5.14

表 1-15   2018 年中国—波黑贸易互补性指数（TCI）计算结果

国家	商品									
	SITC0	SITC1	SITC2	SITC3	SITC4	SITC5	SITC6	SITC7	SITC8	SITC9
中国	0.90	0.49	0.14	0.21	0.22	0.63	2.75	0.77	1.76	0.00
波黑	3.30	2.40	20.03	4.08	7.72	2.93	4.44	2.83	2.76	2.06

表 1-16   2018 年中国—保加利亚贸易互补性指数（TCI）计算结果

国家	商品									
	SITC0	SITC1	SITC2	SITC3	SITC4	SITC5	SITC6	SITC7	SITC8	SITC9
中国	0.54	0.33	0.43	0.19	0.07	0.69	1.94	0.97	1.37	0.05
保加利亚	0.89	0.65	5.43	1.10	2.09	0.80	1.20	0.77	0.75	0.56

表 1-17   2018 年中国—克罗地亚贸易互补性指数（TCI）计算结果

国家	商品									
	SITC0	SITC1	SITC2	SITC3	SITC4	SITC5	SITC6	SITC7	SITC8	SITC9
中国	0.07	0.03	0.01	0.02	0.01	0.07	0.19	0.09	0.24	0.00
克罗地亚	0.74	0.98	5.44	1.10	0.71	0.84	0.74	0.68	0.72	0.08

表 1-18　2018 年中国—捷克贸易互补性指数（TCI）计算结果

国家	商品									
	SITC0	SITC1	SITC2	SITC3	SITC4	SITC5	SITC6	SITC7	SITC8	SITC9
中国	0.33	0.17	0.10	0.09	0.03	0.56	1.95	1.80	2.11	0.00
捷克	0.26	0.43	1.90	0.24	0.35	0.49	0.79	2.03	0.70	0.05

表 1-19　2018 年中国—爱沙尼亚贸易互补性指数（TCI）计算结果

国家	商品									
	SITC0	SITC1	SITC2	SITC3	SITC4	SITC5	SITC6	SITC7	SITC8	SITC9
中国	0.63	0.36	0.18	0.23	0.14	0.59	1.82	1.30	1.81	0.06
爱沙尼亚	0.65	0.62	8.26	1.99	1.55	0.52	0.80	1.13	0.93	0.48

表 1-20　2018 年中国—希腊贸易互补性指数（TCI）计算结果

国家	商品									
	SITC0	SITC1	SITC2	SITC3	SITC4	SITC5	SITC6	SITC7	SITC8	SITC9
中国	0.77	0.28	0.12	0.43	0.10	0.73	1.36	0.73	1.81	0.03
希腊	1.12	1.19	3.48	4.17	3.86	0.80	0.79	0.29	0.37	0.42

表 1-21　2018 年中国—匈牙利贸易互补性指数（TCI）计算结果

国家	商品									
	SITC0	SITC1	SITC2	SITC3	SITC4	SITC5	SITC6	SITC7	SITC8	SITC9
中国	20.84	0.13	0.09	0.12	0.04	0.63	1.70	1.74	1.63	0.01
匈牙利	0.45	0.27	5.68	0.30	0.81	0.81	0.49	1.64	0.44	0.09

表 1-22　2018 年中国—拉脱维亚贸易互补性指数（TCI）计算结果

国家	商品									
	SITC0	SITC1	SITC2	SITC3	SITC4	SITC5	SITC6	SITC7	SITC8	SITC9
中国	0.79	0.92	0.20	0.15	0.08	0.56	1.65	1.19	1.72	0.03
拉脱维亚	2.97	4.85	21.63	2.76	3.98	5.59	8.96	23.16	7.99	0.54

表 1-23　2018 年中国—立陶宛贸易互补性指数（TCI）计算结果

国家	商品									
	SITC0	SITC1	SITC2	SITC3	SITC4	SITC5	SITC6	SITC7	SITC8	SITC9
中国	0.67	0.44	0.19	0.28	0.11	0.73	1.52	0.98	1.49	0.03
立陶宛	0.27	0.26	3.46	0.83	0.65	0.22	0.33	0.47	0.39	0.20

表 1-24　2018 年中国—北马其顿贸易互补性指数（TCI）计算结果

国家	商品									
	SITC0	SITC1	SITC2	SITC3	SITC4	SITC5	SITC6	SITC7	SITC8	SITC9
中国	0.59	0.24	0.12	0.14	0.13	0.57	4.17	0.80	1.15	0.00
北马其顿	0.39	1.57	3.96	0.18	0.23	1.60	0.61	0.92	0.65	0.01

表 1-25　2018 年中国—黑山贸易互补性指数（TCI）计算结果

国家	商品									
	SITC0	SITC1	SITC2	SITC3	SITC4	SITC5	SITC6	SITC7	SITC8	SITC9
中国	1.25	0.65	0.09	0.15	0.12	0.48	2.05	0.91	2.31	0.00
黑山	0.43	2.62	15.01	2.16	0.23	0.50	1.19	0.26	0.15	0.00

表 1-26　2018 年中国—波兰贸易互补性指数（TCI）计算结果

国家	商品									
	SITC0	SITC1	SITC2	SITC3	SITC4	SITC5	SITC6	SITC7	SITC8	SITC9
中国	1.99	0.16	0.14	0.12	0.07	0.67	1.98	1.26	2.20	0.02
波兰	0.76	0.91	7.25	0.27	0.18	0.60	0.82	1.08	0.81	0.02

表 1-27　2018 年中国—罗马尼亚贸易互补性指数（TCI）计算结果

国家	商品									
	SITC0	SITC1	SITC2	SITC3	SITC4	SITC5	SITC6	SITC7	SITC8	SITC9
中国	0.46	0.28	0.18	0.06	0.07	0.21	1.93	1.76	2.69	0.01
罗马尼亚	0.39	0.42	1.23	1.47	1.36	0.28	0.28	0.10	0.13	0.15

表 1-28　2018 年中国—塞尔维亚贸易互补性指数（TCI）计算结果

国家	商品									
	SITC0	SITC1	SITC2	SITC3	SITC4	SITC5	SITC6	SITC7	SITC8	SITC9
中国	0.41	0.29	0.19	0.16	0.05	0.67	2.10	0.94	1.25	0.12
塞尔维亚	0.89	1.33	2.49	0.30	1.38	0.64	1.08	0.80	0.61	0.28

表 1-29　2018 年中国—斯洛伐克贸易互补性指数（TCI）计算结果

国家	商品									
	SITC0	SITC1	SITC2	SITC3	SITC4	SITC5	SITC6	SITC7	SITC8	SITC9
中国	0.34	0.18	0.13	0.12	0.04	0.43	1.81	1.90	1.93	0.00
斯洛伐克	0.25	0.09	1.73	0.39	0.19	0.34	0.90	2.17	0.55	0.05

表 1-30　2018 年中国—斯洛文尼亚贸易互补性指数（TCI）计算结果

国家	商品									
	SITC0	SITC1	SITC2	SITC3	SITC4	SITC5	SITC6	SITC7	SITC8	SITC9
中国	0.49	0.17	0.24	0.13	0.05	0.79	2.19	1.24	1.75	0.00
斯洛文尼亚	0.54	0.20	3.69	0.82	0.41	0.73	1.93	4.62	1.18	0.11

2. 中国—中东欧国家贸易互补性指数（TCI）结果分析

（1）根据以上计算结果可知，中国在与中东欧国家进行商品贸易过程中，普遍在 SITC6、SITC7 和 SITC8 这三类商品中的 TCI 值大于 1，比较稳定。

（2）中东欧国家与中国进行商品进出口贸易过程中，普遍在 SITC1、SITC2 及 SITC7 这三类商品的 TCI 值大于 1,尤其是在 SITC2 类商品中,所有中东欧国家的 TCI 值均大于 1。

(3) 中国与中东欧国家普遍在 SITC7 上维持在 TCI>1 的高位,说明双方在机械及运输设备这类商品上互补性较强,各国并未因为在该类商品上具有显性比较优势而出现竞争加剧的局面。此外,双方普遍在 SITC0、SITC5、SITC9 等类别商品上互补性较弱,尤其是 SITC9,双边互补性最弱。

1.6　中国—中东欧 17 国贸易合作展望

近年来,中国与中东欧 17 国贸易往来频繁,合作进展顺利。2019 年,中国—中东欧国家博览会暨国际消费品博览会升级成为国家级展会,是目前唯一聚焦中国与中东欧国家合作的国家级展会。2020 年中国—中东欧经贸云洽会聚焦合作升级,与会专家纷纷表示中国与中东欧国家各具优势,互补性强,贸易合作前景广阔。随着中国—中东欧国家合作机制不断完善,双方贸易合作已驶入“快车道”。

据了解,中国与中东欧 17 国双边贸易额只相当于中国与欧盟国家贸易额的 13% 左右,这足以说明未来双方在贸易合作方面有很大的发展潜力,可从以下几方面不断加强贸易方面的政策沟通。

(1) 完善“因国制宜”的贸易合作政策体系。可针对中东欧国家国别情况研究如何制定适宜的贸易政策,研究如何有区别地实施“一国一策”“多国多策”,并研究如何完善财税和金融支持政策,加强财税、金融、产业、贸易等政策之间的衔接和配合,优化通关、质检、退税、外汇管理方式等。

(2) 优化中国与中东欧国家进出口商品结构政策体系。中国与中东欧 17 国应努力发挥各国出口贸易优势、优化进出口商品结构、完善各国出口市场战略,从而不断提升双方商品的竞争力。

(3) 构建中国与中东欧国家贸易合作新模式、新渠道和新方向的政策体系。双方应积极对创新中国与中东欧国家贸易合作模式、拓宽中国与中东欧国家贸易合作渠道进行深入研究,进而提出中国与中东欧国家贸易合作的新的发展目标与方向。

(4) 构建中国与中东欧国家产业对接政策体系。应深入研究如何通过搭建跨境电商平台、人文交流平台、博览会平台等,拓展国别产业园建设,不断加强中国与中东欧国家相关外贸企业的双向沟通,进一步提升中国与中东欧国家贸易空间。

第 2 章
阿尔巴尼亚的对外贸易

阿尔巴尼亚共和国,简称阿尔巴尼亚,位于东南欧巴尔干半岛西部,北部和东北部分别同塞尔维亚、黑山和北马其顿接壤,南部同希腊为邻,西临亚得里亚海,隔奥特朗托海峡同意大利相望。降雨量充沛,年均为 1 300 毫米。平均气温 1 月 1～8℃,7 月 24～27℃。面积 2.87 万平方公里,人口 285 万人(2019 年 1 月),其中阿尔巴尼亚族占 82.58%。官方语言为阿尔巴尼亚语,首都为地拉那,其国际代码为 AL。

近年来,阿尔巴尼亚经济保持稳定增长。2019 年国内生产总值(GDP)为 158 000 百万美元。国内矿产资源主要有石油、铬、铜、镍、铁、煤等。石油储量约 4.37 亿吨,铬矿储量 3 730 万吨,水力资源较丰富;工业有食品、纺织、木材、石油、水泥、采矿等。阿尔巴尼亚以发展有机农业为目标,耕地面积 62 万公顷。截至 2019 年第四季度,农业私有化部门从业人员数量约 46.3 万人,占全国劳动力人口 38.2%。阿尔巴尼亚将旅游业作为优先发展的产业,2019 年,以旅游和走访亲友为目的的阿尔巴尼亚入境外国游客达 641 万人次,同比增长8.1%。2020 年 1 月,共开通航线 17 条,在该机场起降的航空公司共 15 家。2019 年,阿尔巴尼亚财政收入 49 832 百万美元,支出 53 253 百万美元,赤字 3 421 百万美元。

2019 年,阿尔巴尼亚主要出口商品有纺织原料及纺织制品、鞋类、矿产品、贱金属及其制品;主要进口商品为机器、机械器具、电气设备及其零件、化工产品。2019 年,阿尔巴尼亚前五大进口来源国为意大利(25.3%)、土耳其(9.5%)、中国(9.2%)、希腊(8.4%)和德国(7.2%)。

据欧盟统计局统计,2019 年,阿尔巴尼亚对意大利、科索沃、西班牙和德国出口额分别为 1 295 百万美元、268 百万美元、216 百万美元和 127 百万美元,增减幅分别为 -6.1%、7.1%、-3.5%和 2.3%,分别占阿尔巴尼亚出口总额的 48.2%、10.0%、8.0%和 4.7%。2019 年,阿尔巴尼亚对意大利、土耳其、中国和希腊进口额分别为 1 479 百万美元、558 百万美元、542 百万美元和 483 百万美元,增减幅分别为 -8.8%、11.5%、9.5%和 0.2%,分别占阿尔巴尼亚进口总额的 25.4%、9.6%、9.3%和 8.3%。从商品来看,鞋靴、矿物燃料、非针织或非钩编的服装及衣着附件和针织或钩编的服装及衣着附件是阿尔巴尼亚的前四大类出口商品,2019 年出口额分别为 511.7 百万美元、302.4 百万美元、292.8 百万美元和 234.1 百万美元,增减幅分别为 -7.86%、-21.21%、-7.22%和 -2.34%,分别占阿尔巴尼亚出口总额的 19.04%、11.25%、10.89%和 8.71%。阿尔巴尼亚的前四大类进口商品是矿物燃料、核反应堆产品、电机产品和车辆及其零件,2019 年进口额分别为 665.8 百万美元、430.9 百万美元、418.2 百万美元和 406.7 百万美元,增减幅分别为 11.37%、-9.55%、3.53%和

—4.01%,分别占阿尔巴尼亚进口总额的 11.45%、7.41%、7.19% 和 6.99%。

据欧盟统计局统计,2019 年,阿尔巴尼亚对中国出口额 56.53 百万美元,上升 7.33%。阿尔巴尼亚自中国进口额 542 百万美元,增长 9.5%。2019 年阿尔巴尼亚出口矿砂、矿渣及矿灰至中国 54.08 百万美元,增长 7.83%,占阿尔巴尼亚对中国出口总额的 95.66%。矿物燃料占总出口金额的 0.68%,上升 697.82%;盐、硫黄;泥土及石料;石膏料、石灰及水泥等占总出口金额的 1.38%,上升 100.38%,这两类商品是阿尔巴尼亚对中国出口的第二和第三类商品。2019 年阿尔巴尼亚自中国进口电机、电气设备及其零件类商品 112 百万美元,占阿尔巴尼亚自中国进口总额的 20.7%,上升 3.6%。机械设备、钢铁制品是阿尔巴尼亚自中国进口额的第二和第三大类产品,2019 年进口额分别为 102 百万美元和 38 百万美元,增长 15.0% 和 77.5%,占阿尔巴尼亚自中国进口总额的 18.8% 和 6.9%。另外,非针织产品、针织产品、塑料及其制品和家具等是阿尔巴尼亚自中国进口额占比大于等于 4.0% 的商品。

2.1　对外贸易发展趋势

2019 年阿尔巴尼亚商品进出口总额为 8 502 百万美元,比上年(下同)下降 3.3%。其中,出口额 2 687 百万美元,下降 6.4%;进口额 5 815 百万美元,下降 1.9%。

阿尔巴尼亚在 2014 年至 2019 年对外贸易总额呈现波动趋势。在 2014 年至 2015 年下滑明显,2015 年同比减少 18.8%。在 2016 年至 2018 年期间,对外贸易总额持续增长,由 2016 年的 6 572 百万美元增长到 2018 年的 8 795 百万美元,同比增长持续增大,由 2016 年的 5.7% 增长到 2018 年的 16.3%。但在 2019 年又出现了下滑,同比减少 3.3%。具体数据见表 2-1 和图 2-1。

表 2-1　阿尔巴尼亚对外贸易年度表

时间	总额/百万美元	同比/%	出口额/百万美元	同比/%	进口额/百万美元	同比/%
2014 年	7 651	—	2 429	—	5 222	—
2015 年	6 216	−18.8	1 916	−21.1	4 301	−17.6
2016 年	6 572	5.7	1 959	2.3	4 613	7.3
2017 年	7 561	15.0	2 292	17.0	5 269	14.2
2018 年	8 795	16.3	2 870	25.2	5 925	12.5
2019 年	8 502	−3.3	2 687	−6.4	5 815	−1.9

数据来源:商务部国别报告网、UN Comtrade 数据库、全球贸易观察等,经本课题组整理所得。

阿尔巴尼亚在 2014 年至 2019 年对外贸易出口额存在波动趋势。在 2014 年至 2015 年下滑明显,2015 年同比减少 21.1%。在 2016 年至 2018 年期间,对外贸易出口额持续增长,由 2016 年的 1 916 百万美元增长到 2018 年的 2 870 百万美元。同比增长持续增大,由 2016 年的 2.3% 增长到 2018 年的 25.2%。但在 2019 年又出现了下滑,同比减少 6.4%。具体数据见表 2-1 和图 2-2。

阿尔巴尼亚在 2014—2019 年对外贸易进口额中,2018 年达到顶峰,为 5 925 百万美元,同时增幅最多,为 12.5%。相比之下,2015 年下降幅度最大,为 17.6%。同时,2019 年对外贸易进口额呈现下降趋势,比 2018 年下跌 1.9 个百分点。具体数据见表 2-1 和图 2-3。

图 2-1　阿尔巴尼亚对外贸易总额及同比

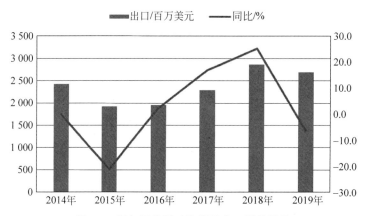

图 2-2　阿尔巴尼亚对外贸易出口额及同比

图 2-3　阿尔巴尼亚对外贸易进口额及同比

2.2　主要贸易市场结构

2019 年,阿尔巴尼亚出口总额为 2 687 百万美元,出口伙伴国(地区)主要有意大利、科索沃、西班牙等。其中,出口至意大利的商品金额最多,为 1 295 百万美元。在主要出口伙伴国中,出口至科索沃、德国、中国和法国四国的商品金额较 2018 年呈增加趋势。具体数据见表 2-2 和图 2-4。

表 2-2　2019 年阿尔巴尼亚对主要贸易伙伴出口额

国家和地区	金额/百万美元	同比/%	占比/%
总值	2 687	−6.4	100.0
意大利	1 295	−6.1	48.2
科索沃	268	7.1	10.0
西班牙	216	−3.5	8.0
德国	127	2.3	4.7
希腊	113	−6.8	4.2
北马其顿	77	−2.0	2.9
中国	57	7.3	2.1
黑山	48	−8.5	1.8
塞尔维亚	48	−35.8	1.8
法国	41	30.2	1.5

数据来源:商务部国别报告网、UN Comtrade 数据库、全球贸易观察等,经本课题组整理所得。

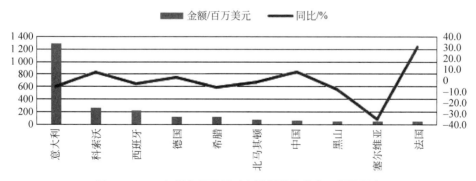

图 2-4　2019 年阿尔巴尼亚对主要贸易伙伴出口额及同比

2019 年阿尔巴尼亚进口总额为 5 815 百万美元,进口伙伴国主要有意大利、土耳其、中国等。其中,自意大利进口的商品金额占比最大,为 1 479 百万美元。在主要进口伙伴国中,只有自意大利、德国和西班牙三国进口的商品金额较 2018 年呈减少趋势,尤其是自西班牙进口的商品减少 30.2%,降幅明显。具体数据见表 2-3 和图 2-5。

表 2-3　2019 年阿尔巴尼亚自主要贸易伙伴进口额

国家和地区	金额/百万美元	同比/%	占比/%
总值	5 815	−1.9	100.0
意大利	1 479	−8.8	25.4
土耳其	558	11.5	9.6
中国	542	9.5	9.5
希腊	483	0.2	8.3
德国	421	−8.3	7.2
塞尔维亚	205	2.1	3.5
瑞士	140	47.8	2.4
法国	117	2.3	2.0
美国	112	31.3	1.9
西班牙	103	−30.2	1.8

数据来源：商务部国别报告网、UN Comtrade 数据库、全球贸易观察等，经本课题组整理所得。

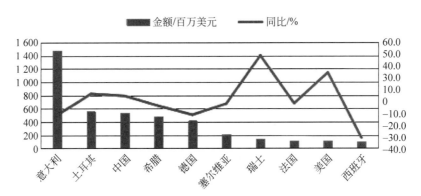

图 2-5　2019 年阿尔巴尼亚自主要贸易伙伴进口额及同比

2.3　主要进出口商品结构

2019 年阿尔巴尼亚出口商品总额为 2 687.4 百万美元，同比下降 6.36%。在出口商品构成中，主要有商品编码有 64(鞋靴、护腿和类似品及其零件)、72(钢铁)、41[生皮(毛皮除外)及皮革]、28(无机化学品；贵金属、稀土金属、放射性元素及其同位素的有机及无机化合物)等商品。相比 2018 年，商品编号为 34(肥皂、有机表面活性剂、洗涤剂、润滑剂、人造蜡、调制蜡、光洁剂、蜡烛及类似品、塑型用膏、"牙科用蜡"及牙科用熟石膏制剂)、18(可可及可可制品)、17(糖及糖食)、40(橡胶及其制品)、32(鞣料浸膏及染料浸膏；鞣酸及其衍生物；染料、颜料及其他着色剂；油漆及清漆；油灰及其他类似胶黏剂；墨水、油墨)等商品呈现增长趋势，尤其是 34(肥皂、有机表面活性剂、洗涤剂、润滑剂、人造蜡、调制蜡、光洁剂、蜡烛及类似品、塑型用膏、"牙科用蜡"及牙科用熟石膏制剂)增幅最大。与此同时，商品编号为 02(肉及食用杂碎)的商品下降幅度最大。具体数据见表 2-4 和图 2-6。

表 2-4 2019 年阿尔巴尼亚主要出口商品结构

商品编码	商品类别	金额/百万美元	占比/%	同比/%
总值		2 687.4	100.00	−6.36
64	鞋靴、护腿和类似品及其零件	511.7	19.04	−7.86
27	矿物燃料、矿物油及其蒸馏产品；沥青物质；矿物蜡	302.4	11.25	−21.21
62	非针织或非钩编的服装及衣着附件	292.8	10.89	−7.22
61	针织或钩编的服装及衣着附件	234.1	8.71	−2.34
72	钢铁	231.1	8.60	−22.89
85	电机、电气设备及其零件；声音的录制和重放设备及其零件、附件	109.6	4.08	6.41
26	矿砂、矿渣及矿灰	80.4	2.99	14.02
25	盐；硫黄；泥土及石料；石膏料、石灰及水泥	72.1	2.68	6.53
07	食用蔬菜、根及块茎	69.2	2.57	0.65
76	铝及其制品	59.2	2.20	−17.72
16	肉、鱼、甲壳动物、软体动物及其他水生无脊椎动物的制品	56.4	2.10	−6.05
48	纸及纸板；纸浆、纸或纸板制品	55.6	2.07	−4.93
84	核反应堆、锅炉、机器、机械器具及其零件	54.5	2.03	29.69
94	家具；寝具、褥垫、弹簧床垫、软坐垫及类似的填充制品；未列名灯具及照明装置；发光标志、发光铭牌及类似品；活动房屋	44.7	1.66	10.97
03	鱼、甲壳动物、软体动物及其他水生无脊椎动物	43.0	1.60	−11.16
83	贱金属杂项制品	42.0	1.56	−13.59
12	含油子仁及果实；杂项子仁及果实；工业用或药用植物；稻草、秸秆及饲料	37.0	1.38	−2.55
73	钢铁制品	36.6	1.36	24.48
44	木及木制品；木炭	28.1	1.05	4.47
87	车辆及其零件、附件，但铁道及电车道车辆除外	24.3	0.90	38.87
63	其他纺织制成品；成套物品；旧衣着及旧纺织品；碎织物	23.5	0.88	11.02
39	塑料及其制品	21.8	0.81	13.00
08	食用水果及坚果；柑橘属水果或甜瓜的果皮	20.4	0.76	5.80
20	蔬菜、水果、坚果或植物其他部分的制品	18.5	0.69	1.58
74	铜及其制品	15.9	0.59	−2.88
41	生皮(毛皮除外)及皮革	13.2	0.49	−26.52
96	杂项制品	11.5	0.43	37.19
22	饮料、酒及醋	11.3	0.42	−10.44
69	陶瓷产品	11.1	0.41	0.88
32	鞣料浸膏及染料浸膏；鞣酸及其衍生物；染料、颜料及其他着色料；油漆及清漆；油灰及其他类似胶黏剂；墨水、油墨	10.7	0.40	30.92
71	天然或养殖珍珠、宝石或半宝石、贵金属、包贵金属及其制品；仿首饰；硬币	10.2	0.38	18.25

商品编码	商 品 类 别	金额/百万美元	占比/%	同比/%
19	谷物、粮食粉、淀粉或乳的制品；糕饼点心	9.5	0.35	2.00
33	精油及香膏,芳香料制品,化妆盥洗品	8.9	0.33	16.75
42	皮革制品；鞍具及挽具；旅行用品、手提包及类似容器；动物肠线(蚕胶丝除外)制品	8.8	0.33	21.31
40	橡胶及其制品	8.2	0.30	57.52
90	光学、照相、电影、计量、检验、医疗或外科用仪器及设备、精密仪器及设备；上述物品的零件、附件	7.6	0.28	−14.97
65	帽类及其零件	6.4	0.24	−6.94
95	玩具、游戏品、运动用品及其零件、附件	6.2	0.23	−14.26
38	杂项化学产品	6.2	0.23	19.90
68	石料、石膏、水泥、石棉、云母及类似材料的制品	5.8	0.22	−2.65
78	铅及其制品	5.0	0.19	19.74
24	烟草及烟草代用品的制品	4.6	0.17	12.08
09	咖啡、茶、马黛茶及调味香料	4.2	0.16	−0.22
70	玻璃及其制品	4.2	0.16	47.38
30	药品	3.9	0.14	13.12
34	肥皂、有机表面活性剂、洗涤剂、润滑剂、人造蜡、调制蜡、光洁剂、蜡烛及类似品、塑型用膏、"牙科用蜡"及牙科用熟石膏制剂	3.7	0.14	209.18
05	其他动物产品	3.2	0.12	18.96
04	乳；蛋品；天然蜂蜜；其他食用动物产品	3.1	0.11	63.97
06	活树及其他活植物；鳞茎、根及类似品；插花及装饰用簇叶	2.9	0.11	63.84
36	炸药；烟火制品；火柴；引火合金；易燃材料制品	2.9	0.11	−5.83
28	无机化学品；贵金属、稀土金属、放射性元素及其同位素的有机及无机化合物	2.4	0.09	−34.45
49	书籍、报纸、印刷图画及其他印刷品；手稿、打字稿及设计图纸	2.4	0.09	34.92
21	杂项食品	2.1	0.08	23.16
59	浸渍、涂布、包覆或层压的纺织物；工业用纺织制品	1.7	0.06	13.92
15	动、植物油、脂及其分解产品；精制的食用油脂；动、植物蜡	1.6	0.06	−30.86
82	贱金属工具、器具、利口器、餐匙、餐叉及其零件	1.6	0.06	6.62
18	可可及可可制品	1.6	0.06	108.95
02	肉及食用杂碎	1.4	0.05	−56.51
56	絮胎、毡呢及无纺织物；特种纱线；线、绳、索、缆及其制品	1.2	0.04	58.38
17	糖及糖食	1.1	0.04	200.73

数据来源：商务部国别报告网、UN Comtrade 数据库、全球贸易观察等,经本课题组整理所得。

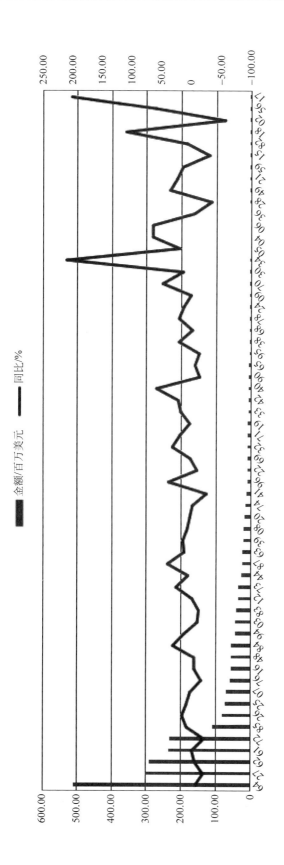

图 2-6　2019 年阿尔巴尼亚主要出口商品金额及同比

2019 年阿尔巴尼亚共进口额商品 5 814.7 百万美元,同比下降 1.87％。在进口额商品构成中,有商品编码为 27(矿物燃料、矿物油及其蒸馏产品;沥青物质;矿物蜡)、84(核反应堆、锅炉、机器、机械器具及其零件)、85(电机、电气设备及其零件;声音的录制和重放设备及其零件、附件)、87(车辆及其零件、附件,但铁道及电车道车辆除外)等。相比 2018 年,商品编号为 69(陶瓷产品)、34(肥皂、有机表面活性剂、洗涤剂、润滑剂、人造蜡、调制蜡、光洁剂、蜡烛及类似品、塑料用膏、"牙科用蜡"及牙科用熟石膏制剂)、38(杂项化学产品)、32(鞣料浸膏及染料浸膏;鞣酸及其衍生物;染料、颜料及其他着色剂;油漆及清漆;油灰及其他类似胶粘剂;墨水、油墨)等商品呈现增长趋势,尤其是 49(书籍、报纸、印刷图画及其他印刷品;手稿、打字稿及设计图纸)增幅最大。与此同时,商品编号为 15(动、植物油、脂及其分解产品;精制的食用油脂;动、植物蜡)下降幅度最大。具体数据见表 2-5 和图 2-7。

表 2-5　2019 年阿尔巴尼亚主要进口商品结构

商品编码	商 品 类 别	金额/百万美元	占比/％	同比/％
总值		5 814.7	100.00	−1.87
27	矿物燃料、矿物油及其蒸馏产品;沥青物质;矿物蜡	665.8	11.45	11.37
84	核反应堆、锅炉、机器、机械器具及其零件	430.9	7.41	−9.55
85	电机、电气设备及其零件;声音的录制和重放设备及其零件、附件	418.2	7.19	3.53
87	车辆及其零件、附件,但铁道及电车道车辆除外	406.7	6.99	−4.01
72	钢铁	232.6	4.00	−5.03
30	药品	220.7	3.79	0.30
39	塑料及其制品	210.8	3.62	−12.51
61	针织或钩编的服装及衣着附件	161.6	2.78	0.72
73	钢铁制品	155.9	2.68	4.04
62	非针织或非钩编的服装及衣着附件	147.0	2.53	−1.64
41	生皮(毛皮除外)及皮革	145.7	2.51	−10.75
64	鞋靴、护腿和类似品及其零件	134.4	2.31	−5.26
48	纸及纸板;纸浆、纸或纸板制品	119.3	2.05	−7.48
22	饮料、酒及醋	113.0	1.94	−8.09
10	谷物	88.8	1.53	−12.40
44	木及木制品;木炭	85.7	1.47	0.07
76	铝及其制品	84.6	1.46	−3.51
90	光学、照相、电影、计量、检验、医疗或外科用仪器及设备、精密仪器及设备;上述物品的零件、附件	76.4	1.31	0.19
69	陶瓷产品	72.4	1.24	6.96
19	谷物、粮食粉、淀粉或乳的制品;糕饼点心	70.7	1.22	−5.41
33	精油及香膏,芳香料制品,化妆盥洗品	70.4	1.21	3.30
34	肥皂、有机表面活性剂、洗涤剂、润滑剂、人造蜡、调制蜡、光洁剂、蜡烛及类似品、塑型用膏、"牙科用蜡"及牙科用熟石膏制剂	69.1	1.19	7.70
94	家具;寝具、褥垫、弹簧床垫、软坐垫及类似的填充制品;未列名灯具及照明装置;发光标志、发光铭牌及类似品;活动房屋	68.7	1.18	−4.06
24	烟草及烟草代用品的制品	67.8	1.17	−0.27
03	鱼、甲壳动物,软体动物及其他水生无脊椎动物	67.2	1.16	−13.04
83	贱金属杂项制品	67.0	1.15	−10.40

续表

商品编码	商 品 类 别	金额/百万美元	占比/%	同比/%
60	针织物及钩编织物	58.1	1.00	−11.50
08	食用水果及坚果；柑橘属水果或甜瓜的果皮	57.6	0.99	−10.66
52	棉花	56.3	0.97	−2.42
21	杂项食品	53.2	0.92	−7.98
40	橡胶及其制品	51.6	0.89	5.46
38	杂项化学产品	50.5	0.87	7.23
54	化学纤维长丝	48.3	0.83	−4.34
02	肉及食用杂碎	47.3	0.81	−5.04
31	肥料	46.0	0.79	55.00
59	浸渍、涂布、包覆或层压的纺织物；工业用纺织制品	45.0	0.77	0.85
55	化学纤维短纤	42.0	0.72	0.56
23	食品工业的残渣及废料配制的动物饲料	40.9	0.70	2.35
15	动、植物油、脂及其分解产品；精制的食用油脂；动、植物蜡	40.4	0.70	−20.57
32	鞣料浸膏及染料浸膏；鞣酸及其衍生物；染料、颜料及其他着色料；油漆及清漆；油灰及其他类似胶黏剂；墨水、油墨	39.9	0.69	8.98
96	杂项制品	39.6	0.68	−6.80
01	活动物/动物产品	37.7	0.65	11.86
20	蔬菜、水果、坚果或植物其他部分的制品	36.5	0.63	−3.91
70	玻璃及其制品	35.4	0.61	2.77
25	盐；硫黄；泥土及石料；石膏料、石灰及水泥	32.6	0.56	−2.90
04	乳品；蛋品；天然蜂蜜；其他食用动物产品	31.7	0.54	3.53
09	咖啡、茶、马黛茶及调味香料	31.5	0.54	−15.95
68	石料、石膏、水泥、石棉、云母及类似材料的制品	31.4	0.54	−4.46
17	糖及糖食	31.0	0.53	1.81
63	其他纺织制成品；成套物品；旧衣着及旧纺织品；碎织物	29.8	0.51	−2.64
49	书籍、报纸、印刷图画及其他印刷品；手稿、打字稿及设计图纸	27.1	0.47	75.87
18	可可及可可制品	26.8	0.46	7.63
07	食用蔬菜、根及块茎	22.8	0.39	0.04
56	絮胎、毡呢及无纺织物；特种纱线；线、绳、索、缆及其制品	20.6	0.35	−8.15
95	玩具、游戏品、运动用品及其零件、附件	19.8	0.34	−6.54
16	肉、鱼、甲壳动物、软体动物及其他水生无脊椎动物的制品	19.2	0.33	0.70
58	特种机织物；簇绒织物；花边；装饰毯；装饰带；刺绣品	18.4	0.32	−11.40
82	贱金属工具、器具、利口器、餐匙、餐叉及其零件	17.0	0.29	−0.75
71	天然或养殖珍珠、宝石或半宝石、贵金属、包贵金属及其制品；仿首饰；硬币	14.9	0.26	−6.89
29	有机化学品	14.7	0.25	−11.13

数据来源：商务部国别报告网、UN Comtrade 数据库、全球贸易观察等，经本课题组整理所得。

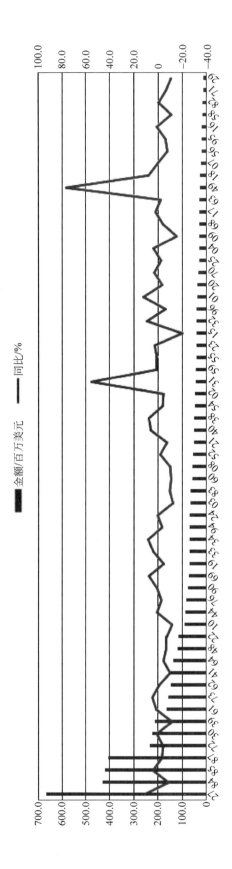

图 2-7　2019 年阿尔巴尼亚主要进口商品金额及同比

2.4　主要优势产业及其特征

阿尔巴尼亚主要有皮革和制鞋业,纺织服装、服饰业,农业,交通运输、仓储和邮政业以及旅游业等优势产业,具体优势产业及其特征如下。

1. 皮革和制鞋业

皮革和制鞋业是阿尔巴尼亚增长最快的部门之一。鞋类和纺织品生产与销售的增长推动了阿尔巴尼亚向国际市场的出口。其主要产品有皮革制品,鞍具及挽具,鞋靴、护腿和类似品及其零件。目前,该行业主要面向意大利、法国、德国、西班牙和北欧等地。阿尔巴尼亚的皮革和制鞋业在贸易和投资方面具有一些优势,包括具有竞争力的劳动力成本和熟练的劳动力,接近欧洲市场,具有多年与国际品牌合作的经验。阿尔巴尼亚的制鞋业提供中高等质量的鞋子,非常适合北欧和西欧市场,订单可以快速交付并且符合西方标准。此外,大多数工厂都可以组织小批量的灵活生产。

2. 纺织服装、服饰业

阿尔巴尼亚服装业的发展一直非常强劲,直到 20 世纪 90 年代,它一直是阿尔巴尼亚经济的主要部门之一。随着 20 世纪 90 年代初的经济转型,国有工厂被私有化,纺织工业的功能和生产意识形态都发生了巨大变化。与阿尔巴尼亚经济的其他部门不同,全球金融危机对阿尔巴尼亚的服装业产生了积极影响。在西欧跨国公司 20 年的生产经验的支持下,阿尔巴尼亚本土公司已经改进了生产工艺,从订购材料的制造商转变为真正的制造商。此外,有更多的企业能够提供最终产品,来自最大工厂的企业家们从国外采购原材料并完成生产流程,品牌运动服饰制造商随后将其出口到意大利、德国、荷兰和法国等国家。此外,一些国际组织也支持阿尔巴尼亚服装业的发展,如美国国际开发署的"Rritje Albania"计划协助阿尔巴尼亚企业家提高生产质量和生产能力,改善企业管理和寻找新市场;德国技术合作新公司(GTZ)协助其加强劳动力流程管理。

3. 农业

阿尔巴尼亚是一个传统的农业国,农业在国民经济中占有十分重要的地位。阿尔巴尼亚耕地面积 56.1 万公顷,整个行业属于劳动密集型产业。由于前期农产品加工业不发达,市场营销不力,灌溉排水系统尚未完善,其农产品附加值较低。中期来看,随着能源、道路基础设施的改善,该行业吸引力将大大提高,特别是当地农产品无任何人工添加剂或杀虫剂,阿尔巴尼亚将有潜力成为有机农产品的主要生产和出口额基地。据阿尔巴尼亚国家统计局公布的数据显示,阿尔巴尼亚的药用及香料植物、橄榄油、蜂蜜、葡萄酒等农产品都具有一定的市场竞争力。

4. 交通运输、仓储和邮政业

阿尔巴尼亚的交通以公路运输为主,公路总里程约 2.8 万公里。全国共有都拉斯、发罗拉、萨兰达和申津4个海港。其中,都拉斯港是最大的海港,承担全国约92.2%的海运业务,同意大利的里雅斯特港和巴里港通航。首都地拉那的国际机场是唯一运营的民用机场。

5. 旅游业

近年来,旅游业成为政府优先发展的产业。与希腊和克罗地亚相比,阿尔巴尼亚拥有众多国家公园、自然保护区、古村落和古代遗址,为了解阿尔巴尼亚的文化之旅提供了丰富素材。游客主要来自科索沃、北马其顿、希腊、黑山、意大利等地。2017年阿尔巴尼亚旅游业发展进一步加快,据初步统计,全年接待外国游客达500万人次,旅游收入约合13百万美元,旅游及相关产业吸纳就业人口约占全国就业总人口的1/3。2018年阿政府继续致力于推动旅游业的发展,进一步发挥旅行社在吸引游客等方面的作用,加大旅游基础设施投资,不断提高服务水平,努力打造"全年旅游"。

2.5 中国和阿尔巴尼亚双边贸易概况

2019年,阿尔巴尼亚与中国的双边货物贸易额为598.5百万美元。从商品类别看,矿产品是阿尔巴尼亚对中国出口的首位商品,而机电产品是阿尔巴尼亚自中国进口的第一类商品。2019年阿尔巴尼亚对中国出口商品总额为56.53百万美元,同比增长7.33%。在出口商品构成中,以商品编号26(矿砂、矿渣及矿灰)的商品为主,该类商品占对中国出口商品总额的95.66%。相比2018年,商品编码为27(矿物燃料、矿物油及其蒸馏产品;沥青物质;矿物蜡)、20(蔬菜、水果、坚果或植物其他部分的制品)、85(电机、电气设备及其零件;声音的录制和重放设备及其零件、附件)等商品呈现增长趋势,尤其是87(车辆及其零件、附件,但铁道及电车道车辆除外)增幅最大。与此同时,商品编号为38(杂项化学产品)和29(有机化学品)的商品下降幅度最大。具体数据见表2-6和图2-8。

表2-6 2019年阿尔巴尼亚对中国出口主要商品构成

商品编码	商品类别	金额/百万美元	占比/%	同比/%
总值		56.53	100.00	7.33
26	矿砂、矿渣及矿灰	54.08	95.66	7.83
25	盐;硫黄;泥土及石料;石膏料、石灰及水泥	0.78	1.38	100.38
72	钢铁	0.67	1.18	106.76
27	矿物燃料、矿物油及其蒸馏产品;沥青物质;矿物蜡	0.39	0.68	697.82
84	核反应堆、锅炉、机器、机械器具及其零件	0.12	0.21	-55.11
74	铜及其制品	0.10	0.18	-84.88
12	含油子仁及果实;杂项子仁及果实;工业用或药用植物;稻草、秸秆及饲料	0.08	0.15	-27.32
76	铝及其制品	0.08	0.14	—
87	车辆及其零件、附件,但铁道及电车道车辆除外	0.05	0.10	178 967.84
68	石料、石膏、水泥、石棉、云母及类似材料的制品	0.05	0.09	-30.47
79	锌及其制品	0.03	0.05	-83.73

续表

商品编码	商品类别	金额/百万美元	占比/%	同比/%
73	钢铁制品	0.03	0.05	−82.44
85	电机、电气设备及其零件;声音的录制和重放设备及其零件、附件	0.02	0.04	987.39
33	精油及香膏,芳香料制品,化妆盥洗品	0.01	0.03	—
09	咖啡、茶、马黛茶及调味香料	0.01	0.02	—
04	乳品;蛋品;天然蜂蜜;其他食用动物产品	0.01	0.02	−62.59
40	橡胶及其制品	0.00	0.01	—
63	其他纺织制成品;成套物品;旧衣着及旧纺织品;碎织物	0.00	0.01	299.56
99	其他产品	0.00	0.01	215.55
95	玩具、游戏品、运动用品及其零件、附件	0.00	0.01	−41.25
15	动、植物油、脂及其分解产品;精制的食用油脂;动、植物蜡	0.00	0.00	−95.15
20	蔬菜、水果、坚果或植物其他部分的制品	0.00	0.00	735.96
82	贱金属工具、器具、利口器、餐匙、餐叉及其零件	0.00	0.00	—
22	饮料、酒及醋	0.00	0.00	−96.71
64	鞋靴、护腿和类似品及其零件	0.00	0.00	−99.70
49	书籍、报纸、印刷图画及其他印刷品;手稿、打字稿及设计图纸	0.00	0.00	−84.98
97	艺术品、收藏品及古物	0.00	0.00	—
91	钟表及其零件	0.00	0.00	—
38	杂项化学产品	0.00	0.00	−100.00
29	有机化学品	0.00	0.00	−100.00

数据来源:商务部国别报告网、UN Comtrade 数据库、全球贸易观察等,经本课题组整理所得。

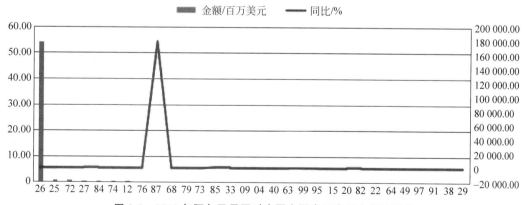

图 2-8　2019 年阿尔巴尼亚对中国主要出口商品金额及同比

2019 年阿尔巴尼亚自中国进口商品总额为 542 百万美元,同比增长 9.5%。在进口商品构成中,以商品编号 85(电机、电气设备及其零件;声音的录制和重放设备及其零件、附件)、84(核反应堆、锅炉、机械器具及零件)的商品为主,上述商品约占自中国进口商品总额的四成。相比 2018 年,商品编码为 73(钢铁制品)、90(光学、照相、电影、计量、检验、医疗或外科用仪器及设备、精密仪器及设备;上述物品的零件、附件)、61(针织或钩编的服装及衣着附件)、82(贱金属工具、器具、利口器、餐匙、餐叉及其零件)等商品呈现增长趋势,尤其是65(帽类及其零件)增幅最大。与此同时,商品编号为 52(棉花)的商品下降幅度最大。具体数据见表 2-7 和图 2-9。

表 2-7 2019 年阿尔巴尼亚自中国进口主要商品构成

商品编码	商 品 类 别	金额/百万美元	占比/%	同比/%
总值		542	100.0	9.5
85	电机、电气设备及其零件;声音的录制和重放设备及其零件、附件	112	20.7	3.6
84	核反应堆、锅炉、机器、机械器具及其零件	102	18.8	15.0
73	钢铁制品	38	6.9	77.5
62	非针织或非钩编的服装及衣着附件	25	4.7	11.2
61	针织或钩编的服装及衣着附件	23	4.3	18.9
39	塑料及其制品	23	4.2	11.9
94	家具;寝具、褥垫、弹簧床垫、软座垫及类似的填充制品;未列名灯具及照明装置;发光标志、发光铭牌及类似品;活动房屋	22	4.0	7.1
64	鞋靴、护腿和类似品及其零件	19	3.4	12.8
95	玩具、游戏品、运动用品及其零件、附件	14	2.5	3.0
90	光学、照相、电影、计量、检验、医疗或外科用仪器及设备,精密仪器及设备;上述物品的零件、附件	12	2.2	16.5
40	橡胶及其制品	11	2.1	4.0
72	钢铁	11	2.0	−15.6
87	车辆及其零件、附件,但铁道及电车道车辆除外	10	1.9	7.4
54	化学纤维长丝	9	1.7	−18.4
60	针织物及钩编织物	9	1.7	4.3
76	铝及其制品	8	1.4	11.8
69	陶瓷产品	7	1.3	−5.7
63	其他纺织制成品;成套物品;旧衣着及旧纺织品;碎织物	7	1.2	5.8
42	皮革制品;鞍具及挽具;旅行用品、手提包及类似容器;动物肠线(蚕胶丝除外)制品	6	1.1	2.2
82	贱金属工具、器具、利口器、餐匙、餐叉及其零件	6	1.0	54.8
48	纸及纸板;纸浆、纸或纸板制品	6	1.0	−0.3
70	玻璃及其制品	6	1.0	−3.3
83	贱金属杂项制品	5	0.9	−2.6
29	有机化学品	4	0.8	−1.9
96	杂项制品	4	0.8	−5.6
44	木及木制品;木炭	3	0.6	−14.5
59	浸渍、涂布、包覆或层压的纺织物;工业用纺织制品	3	0.5	−11.0

商品编码	商品 类 别	金额/百万美元	占比/%	同比/%
65	帽类及其零件	2	0.5	89.3
38	杂项化学产品	2	0.5	7.9
52	棉花	2	0.4	−19.6

数据来源：商务部国别报告网、UN Comtrade 数据库、全球贸易观察等，经本课题组整理所得。

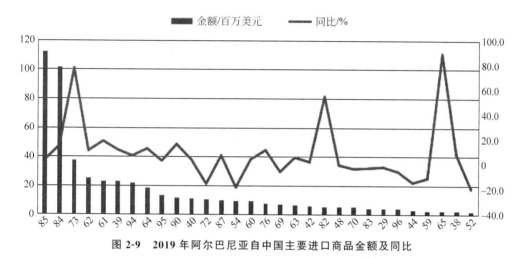

图 2-9　2019 年阿尔巴尼亚自中国主要进口商品金额及同比

2.6 中国和阿尔巴尼亚贸易竞争性与互补性分析

2.6.1 中国和阿尔巴尼亚显性比较优势指数(RCA)分析

利用《国际贸易商品标准分类(第四版)》(SITC. Rev4)，以 2018 年为例，对中国与阿尔巴尼亚显性比较优势指数(RCA)进行分析。具体数据见表 2-8。

表 2-8　2018 年阿尔巴尼亚商品出口额

SITC	商品类别名称	金额/百万美元
SITC0	食品和活动物	255.89
SITC1	饮料及烟草	4.70
SITC2	非食用燃料(不包含燃料)	89.43
SITC3	矿物燃料、润滑油及有关原料	47.82
SITC4	动植物油、油脂和蜡	0.39
SITC5	未列明的化学品和有关产品	18.66
SITC6	主要按原材料分类的制成品	134.08
SITC7	机械及运输设备	6.86
SITC8	杂项制品	1 166.86
SITC9	没有分类的其他商品	1 151.18

数据来源：UN Comtrade 数据库等，经本课题组整理所得。

通过 UN Comtrade 数据库等相关数据库的数据,经本课题组整理得到:2018 年中国所有商品出口额约为 2 494 230 百万美元,阿尔巴尼亚所有商品出口额 2 870 百万美元,世界所有商品出口额 19 051 239 百万美元。

按照公式 $RCA_{xik}＝(X_{ik}/X_{wk})/(X_i/X_w)$,得出计算结果如表 2-9 所示。

表 2-9　2018 年中国与阿尔巴尼亚显性比较优势指数(RCA)计算结果

国　　家	商　品									
	SITC0	SITC1	SITC2	SITC3	SITC4	SITC5	SITC6	SITC7	SITC8	SITC9
中国	0.43	0.18	0.19	0.18	0.10	0.59	1.35	1.34	1.94	0.04
阿尔巴尼亚	1.45	0.20	0.87	0.16	0.03	0.06	0.38	0.01	3.47	6.22

根据上述结果分析得到:

(1) 阿尔巴尼亚只有 SITC0、SITC8 和 SITC9 四类商品具有显性比较优势。其中,SITC9 的 RCA 值最高,说明具有比较明显的显性比较优势。

(2) 在 SITC1(饮料及烟草)、SITC2、SITC3、SITC4 和 SITC5 这几类商品中,两国显性优势比较指数均小于 1,说明两国都不具备比较优势。

2.6.2　中国与阿尔巴尼亚贸易互补性指数(TCI)分析

利用《国际贸易商品标准分类(第四版)》(SITC.Rev4),以 2018 年为例,对中国与阿尔巴尼亚贸易互补性指数(TCI)进行分析。具体数据见表 2-10。

表 2-10　2018 年阿尔巴尼亚商品进口额

SITC	商品类别名称	金额/百万美元
SITC0	食品和活动物	689.58
SITC1	饮料及烟草	131.18
SITC2	非食用燃料(不包含燃料)	47.88
SITC3	矿物燃料、润滑油及有关原料	265.20
SITC4	动植物油、油脂和蜡	13.23
SITC5	未列明的化学品和有关产品	504.10
SITC6	主要按原材料分类的制成品	857.14
SITC7	机械及运输设备	790.13
SITC8	杂项制品	710.96
SITC9	没有分类的其他商品	1 931.89

数据来源:UN Comtrade 数据库等,经本课题组整理所得。

通过 UN Comtrade 数据库等相关数据库的数据,经本课题组整理得到:2018 年中国所有商品进口额约为 2 134 982 百万美元,阿尔巴尼亚所有商品进口额 5 925 百万美元,世界所有商品进口额 19 253 036 百万美元。

按照公式 $TCI_{ij}＝RCA_{xik}×RCA_{mjk}$,得出计算结果如表 2-11 所示。

表 2-11　2018 年中国和阿尔巴尼亚贸易互补性指数(TCI)计算结果

国　家	商　品									
	SITC0	SITC1	SITC2	SITC3	SITC4	SITC5	SITC6	SITC7	SITC8	SITC9
中国	0.83	0.49	0.04	0.06	0.05	0.42	1.63	0.48	2.06	0.33
阿尔巴尼亚	0.63	0.08	2.28	0.17	0.02	0.04	0.20	0.01	1.91	5.14

根据上述结果分析得到:

(1) 中国与阿尔巴尼亚贸易互补性指数(TCI)差异较大,且两国在各类商品中都具有显性比较优势而激烈竞争。

(2) 在 SITC0、SITC1、SITC3、SITC4、SITC5、SITC7 这几类商品中,双方 TCI 值均小于1,说明两国互补性较弱。

2.7　中国和阿尔巴尼亚贸易合作展望

近些年来,中国和阿尔巴尼亚贸易关系发展顺利,双边贸易合作具有一定的基础。中国和阿尔巴尼亚签有共建"一带一路"谅解备忘录、贸易协定、保护投资协定等合作文件,两国政府建有经济联委会等机制。中国企业承建的木瑞斯—萨娜灌区灌渠修复工程进展顺利。阿尔巴尼亚主要进口商品为机器、机械器具、电气设备及其零件、化工产品。2019 年,阿尔巴尼亚前五大进口商品来源国中中国以 9.5% 的进口额比例位列第三。

据了解,阿尔巴尼亚属于中东欧地区技术环境较差且基础设施条件较差的国家。中国与中东欧国家未来的贸易合作走向,需要充分考虑双方的产业优势和市场需求,努力实现优势互补、合作共赢的发展目标。结合其与中国奠定的良好的贸易关系,对中国与阿尔巴尼亚双边贸易的发展进行展望。

(1) 基础设施方面,中国和阿尔巴尼亚可以在旅游业进行深度合作,中国可以对其旅游基础设施进行投资,如酒店、景区、购物商场等。同时,加强一定的技术交流,改善其相关的技术环境。

(2) 矿物燃料是阿尔巴尼亚的一大对外出口商品,阿尔巴尼亚具有丰富的石油和铬矿。中国相关企业可采取单一融资、间接融资等融资方式,并通过矿产海外投资等方式深化这一领域的产业合作。

第 3 章
波黑的对外贸易

波斯尼亚和黑塞哥维那,简称波黑,位于巴尔干半岛中西部。南、西、北三面与克罗地亚毗连,东与塞尔维亚、黑山为邻。大部分地区位于迪纳拉高原和萨瓦河流域。南部极少部分濒临亚得里亚海,海岸线长约 21.2 公里。南部属地中海式气候,北部属温带大陆性气候,年平均气温 11.2℃。截至 2019 年总人口数为 350 万,主要民族为:波什尼亚克族,约占总人口 50.1%;塞尔维亚族,约占总人口 30.8%;克罗地亚族,约占总人口 15.4%。官方语言为波斯尼亚语、塞尔维亚语和克罗地亚语。首都为萨拉热窝,人口约 27 万人。

波黑战争给经济带来严重破坏,使其几近崩溃。近年来,在国际社会援助下,波黑经济恢复取得一定进展。2019 年 GDP 名义值为 60 472 百万美元,同比名义增长 5.34%,同比实际增长 2.68%。矿产资源丰富,主要有铁矿、褐煤、铝矾土、铅锌矿、石棉、岩盐、重晶石等,其中煤炭蕴藏量达 38 亿吨。图兹拉地区食用盐储量为欧洲之最。波黑拥有丰富的水资源,潜在的水力发电量达 170 亿千瓦。森林覆盖面积占波黑全境面积的 46.6%,其中 65% 为落叶植物,35% 为针叶植物。工业方面,波黑的主要经济部门有农业及食品加工业、能源业、旅游业、林业和木材加工业、金属加工业等。农业方面,波黑从事农业人口约为 50 万人,耕地面积为 100 万公顷。服务业方面,具体的服务门类包括信息通信、金融保险、文娱休闲和健康产业等。其中,旅游业资源丰富,主要旅游点是萨拉热窝和莫斯塔尔。2019 年,波黑共接待游客 1 640 717 人次,同比增长 12%。其中本国游客 442 658 人次,增长 7.3%;外国游客 1 198 059 人次,增长 13.8%。中国游客 102 758 人次,增长 76.5%,列外国游客第 2 位。交通运输方面,波黑位于前南斯拉夫的中心地区,连接前南与欧洲的部分重要交通干线经过波黑。交通运输以铁路和公路为主。根据波黑联邦及波黑塞族共和国道路公司数据,全国公路总长 24 796 公里,其中高速公路 207 公里。2018 年波黑全国公路运输客运量 1.44 亿人次,货运量 979 万吨。2018 年波黑全国铁路运输客运量 55 万人次,货运量 1 351.4 万吨。波黑有 4 个国际机场,分别是萨拉热窝、巴尼亚卢卡、莫斯塔尔和图兹拉。2018 年,四大机场运送旅客分别为 104.7 万人次、2.1 万人次、2.8 万人次、58.5 万人次。

对外贸易方面,2019 年波黑主要出口商品类别是金属及其制品;机械、电气和机电产品及矿产品。主要进口商品类别是矿产品、机械、电气和机电产品、金属及其制品以及化工产品。重要贸易伙伴为德国、意大利、克罗地亚、塞尔维亚、斯洛文尼亚等。

据欧盟统计局统计,波黑最主要的出口国是德国、克罗地亚和塞尔维亚,2019 年出口额分别为 650 百万美元、100 百万美元和 80 百万美元,其降幅分别为 8.99%、9.68% 和 9.56%,分别占波黑出口额的 14.5%、12.2% 和 11.4%。欧盟区域内主要进口国是德国、意大利和塞尔维亚,2019 年进口额分别为 180 百万美元、20 百万美元和 20 百万美元,其降幅分别为 6.2%、6.5% 和 2.9%,分别占波黑进口总额的 12.9%、11.7% 和 11.1%。在欧盟区域外,俄罗斯是波黑主要出口国,2019 年出口额为 70 百万美元,下降 6.4%,占波黑总出口额的 1.1%。

据欧盟统计局统计,2019 年波黑对中国出口 17.04 百万美元,下降 23.77%;自中国进口 825 百万美元,增长 2.1%。2019 年木制品产业对中国出口额为 7.8 百万美元,下降 14.3%,占波黑对中国出口额的 46.8%。家具,寝具、褥垫、弹簧床垫、软坐垫及类似的填充制品,未列名灯具及照明装置,发光标志、发光铭牌及类似品,活动房屋是波黑对中国出口的第二大类产品,出口 2.4 百万美元,下降 127.2%,占波黑对中国出口商品总额的 14.2%。波黑自中国进口的主要商品为机电产品、机械零件和鞋类产品,合计占波黑自中国进口总额的 43.4%。

3.1 对外贸易发展趋势

2019 年波黑货物进出口额为 17 636 百万美元,比上年(下同)下降 6.3%。其中,出口 6 537 百万美元,下降 9.0%;进口 11 099 百万美元,下降 4.6%。

波黑在 2014 年至 2019 年对外贸易总额呈现波动趋势。2014 年相较于 2013 年同比增长了 5.6%,但在 2015 年出现了明显下滑。经历了 2016 年至 2018 年比较明显的增幅后,2019 年又出现了小幅下滑。具体数据见表 3-1 和图 3-1。

表 3-1 波黑对外贸易年度表

时 间	总额/百万美元	同比/%	出口/百万美元	同比/%	进口/百万美元	同比/%
2014 年	16 880	5.6	5 892	3.6	10 988	6.7
2015 年	14 079	−16.6	5 096	−13.5	8 983	−18.3
2016 年	14 473	2.8	5 328	4.6	9 145	1.8
2017 年	16 932	17.0	6 401	20.1	10 532	15.2
2018 年	18 810	11.1	7 182	12.2	11 628	10.4
2019 年	17 636	−6.3	6 537	−9.0	11 099	−4.6

数据来源:商务部国别报告网、UN Comtrade 数据库、全球贸易观察等,经本课题组整理所得。

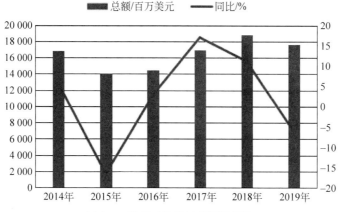

图 3-1 波黑对外贸易总额及同比

波黑在 2014 年至 2019 年对外贸易出口额存在波动趋势。经历了 2015 年同比下降后，2016 年至 2018 年对外贸易出口额稳定增长，但在 2019 年出口额为 6 537 百万美元，较 2018 年下滑 9.0 个百分点。具体数据见表 3-1 和图 3-2。

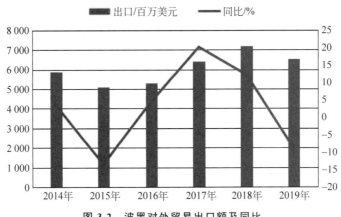

图 3-2　波黑对外贸易出口额及同比

波黑在 2014 年至 2019 年对外贸易进口额中，2018 年进口额最多，为 11 628 百万美元。2017 年增幅最大，为 15.2%。同时 2019 年对外贸易进口额呈下降趋势，比 2018 年下跌 4.6 个百分点。具体数据见表 3-1 和图 3-3。

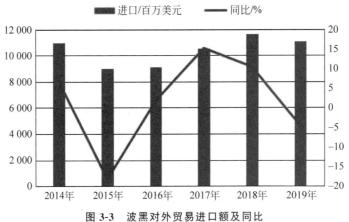

图 3-3　波黑对外贸易进口额及同比

3.2　主要贸易市场结构

2019 年波黑出口商品总额为 6 537 百万美元，出口伙伴国主要有德国、意大利、塞尔维亚等；进口商品总额为 11 099 百万美元，进口伙伴国主要有德国、意大利、塞尔维亚等国家。

2019 年波黑出口至德国的货物最多，为 2 280 百万美元。在主要出口伙伴国中，出口额较 2018 年有增有减。具体数据见表 3-2 和图 3-4。

表 3-2　2019 年波黑对主要贸易伙伴出口额

国家和地区	金额/百万美元	同比/%	占比/%
总值	6 537	−6.25	100.00
德国	2 280	−6.50	12.93
意大利	2 064	−2.97	11.70
塞尔维亚	1 967	−1.82	11.15
克罗地亚	1 951	−4.20	11.06
斯洛文尼亚	1 087	−8.73	6.17
奥地利	1 031	0.82	5.84
中国	842	1.44	4.78
土耳其	716	−0.98	4.06
匈牙利	455	−3.56	2.58
波兰	428	−1.22	2.42

数据来源：商务部国别报告网、UN Comtrade 数据库、全球贸易观察等，经本课题组整理所得。

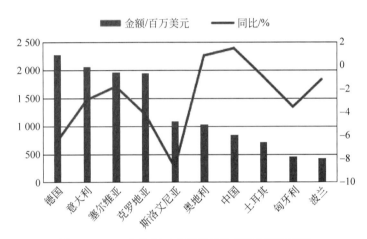

图 3-4　2019 年波黑对主要贸易伙伴出口额及同比

2019 年波黑自德国进口的货物金额占比最大，为 11.98%。在主要进口伙伴国中，进口额较 2018 年有增有减。具体数据见表 3-3 和图 3-5。

表 3-3　2019 年波黑自主要贸易伙伴进口额

国家和地区	金额/百万美元	同比/%	占比/%
总值	11 099	−4.55	100.00
德国	1 330	−4.09	11.98
意大利	1 324	1.03	11.93
塞尔维亚	1 221	−2.22	11.00
克罗地亚	1 152	−0.10	10.38
中国	825	2.14	7.44
土耳其	550	4.23	4.95
斯洛文尼亚	515	−6.91	4.64
奥地利	411	1.07	3.70
美国	385	1.18	3.47
波兰	331	−0.79	2.99

数据来源：商务部国别报告网、UN Comtrade 数据库、全球贸易观察等，经本课题组整理所得。

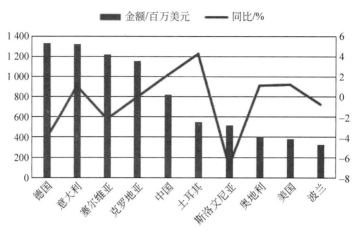

图 3-5　2019 年波黑自主要贸易伙伴进口额及同比

3.3　主要进出口商品结构

2019 年波黑出口商品总额为 6 537 百万美元，同比下降 9％。在主要出口商品构成中，商品编码为 85（电机、电气设备及其零件；声音的录制和重放设备及其零件、附件）、73（钢铁制品）、39（塑料及其制品）、61（针织或钩编的服装及衣着附件）、15（动、植物油、脂及其分解产品；精制的食用油脂；动、植物蜡）、04（乳品；蛋品；天然蜂蜜；其他食用动物产品）、68（石料、石膏、水泥、石棉、云母及类似材料的制品）、25（盐；硫黄；泥土及石料；石膏料、石灰及水泥）、49（书籍、报纸、印刷图画及其他印刷品；手稿、打字稿及设计图纸）、07（食用蔬菜、根及块茎）、70（玻璃及其制品）、90（光学、照相、电影、计量、检验、医疗或外科用仪器及设备、精密仪器及设备；上述物品的零件、附件）、63（其他纺织制成品；成套物品；旧衣着及旧纺织品；碎织物）、21（杂项食品）、32（鞣料浸膏及染料浸膏；鞣酸及其衍生物；染料、颜料及其他着色料；油漆及清漆；油灰及其他类似胶黏剂；墨水、油墨）、71（天然或养殖珍珠、宝石或半宝石、贵金属、包贵金属及其制品；仿首饰；硬币）等商品呈现增长趋势，尤其是 68（石料、石膏、水泥、石棉、云母及类似材料的制品）增幅最大。与此同时，商品编号为 02（肉及食用杂碎）的商品下降幅度最大。具体数据见表 3-4 和图 3-6。

表 3-4　2019 年波黑主要出口商品结构

商品编码	商 品 类 别	金额/百万美元	占比/％	同比/％
总值		6 537	100	9
94	家具；寝具、褥垫、弹簧床垫、软坐垫及类似的填充制品；未列名灯具及照明装置；发光标志、发光铭牌及类似品；活动房屋	572	9	－16
27	矿物燃料、矿物油及其蒸馏产品；沥青物质；矿物蜡	533	8	－24
84	核反应堆、锅炉、机器、机械器具及其零件	457	7	－1

续表

商品编码	商品类别	金额/百万美元	占比/%	同比/%
85	电机、电气设备及其零件；声音的录制和重放设备及其零件、附件	447	7	10
73	钢铁制品	443	7	3
44	木及木制品；木炭	427	7	−11
64	鞋靴、护腿和类似品及其零件	424	6	−4
28	无机化学品；贵金属、稀土金属、放射性元素及其同位素的有机及无机化合物	355	5	−7
72	钢铁	329	5	−13
76	铝及其制品	311	5	−29
39	塑料及其制品	279	4	14
87	车辆及其零件、附件,但铁道及电车道车辆除外	211	3	−4
62	非针织或非钩编的服装及衣着附件	186	3	−11
48	纸及纸板；纸浆、纸或纸板制品	123	2	−23
93	武器、弹药及其零件、附件	121	2	−1
61	针织或钩编的服装及衣着附件	118	2	8
30	药品	77	1	−14
15	动、植物油、脂及其分解产品；精制的食用油脂；动、植物蜡	71	1	3
08	食用水果及坚果；柑橘属水果或甜瓜的果皮	66	1	−7
04	乳品；蛋品；天然蜂蜜；其他食用动物产品	63	1	15
68	石料、石膏、水泥、石棉、云母及类似材料的制品	53	1	68
25	盐；硫黄；泥土及石料；石膏料、石灰及水泥	52	1	22
95	玩具、游戏品、运动用品及其零件、附件	49	1	−6
22	饮料、酒及醋	42	1	−11
42	皮革制品；鞍具及挽具；旅行用品、手提包及类似容器；动物肠线(蚕胶丝除外)制品	41	1	−21
74	铜及其制品	41	1	−10
19	谷物、粮食粉、淀粉或乳的制品；糕饼点心	38	1	−8
41	生皮(毛皮除外)及皮革	37	1	−38
38	杂项化学产品	35	1	−31
16	肉、鱼、甲壳动物,软体动物及其他水生无脊椎动物的制品	32	0	−11
49	书籍、报纸、印刷图画及其他印刷品；手稿、打字稿及设计图纸	30	0	5
79	锌及其制品	30	0	−18
26	矿砂、矿渣及矿灰	27	0	−31

商品编码	商品类别	金额/百万美元	占比/%	同比/%
83	贱金属杂项制品	26	0	−18
07	食用蔬菜、根及块茎	25	0	15
70	玻璃及其制品	21	0	45
90	光学、照相、电影、计量、检验、医疗或外科用仪器及设备、精密仪器及设备；上述物品的零件、附件	19	0	5
63	其他纺织制成品；成套物品；旧衣着及旧纺织品；碎织物	18	0	17
36	炸药；烟火制品；火柴；引火合金；易燃材料制品	17	0	−16
82	贱金属工具、器具、利口器、餐匙、餐叉及其零件	17	0	−14
21	杂项食品	16	0	32
32	鞣料浸膏及染料浸膏；鞣酸及其衍生物；染料、颜料及其他着色料；油漆及清漆；油灰及其他类似胶黏剂；墨水、油墨	14	0	31
33	精油及香膏，芳香料制品，化妆盥洗品	14	0	−15
71	天然或养殖珍珠、宝石或半宝石、贵金属、包贵金属及其制品；仿首饰；硬币	12	0	67
96	杂项制品	12	0	−6
23	食品工业的残渣及废料配制的动物饲料	12	0	−4
55	化学纤维短纤	11	0	−10
20	蔬菜、水果、坚果或植物其他部分的制品	11	0	−2
18	可可及可可制品	11	0	−19
66	雨伞、阳伞、手杖、鞭子、马鞭及其零件	10	0	−18
03	鱼、甲壳动物、软体动物及其他水生无脊椎动物	10	0	20
02	肉及食用杂碎	9	0	−71
29	有机化学品	9	0	−41
17	糖及糖食	8	0	−38
12	含油子仁及果实；杂项子仁及果实；工业用或药用植物；稻草、秸秆及饲料	8	0	11
11	制粉工业产品；麦芽；淀粉；菊粉；面筋	8	0	−23
69	陶瓷产品	8	0	−4
52	棉花	7	0	−14
34	肥皂、有机表面活性剂、洗涤剂、润滑剂、人造蜡、调制蜡、光洁剂、蜡烛及类似品、塑型用膏、"牙科用蜡"及牙科用熟石膏制剂	7	0	13
09	咖啡、茶、马黛茶及调味香料	7	0	13

数据来源：全球贸易观察、UN Comtrade 数据库等，经本课题组整理所得。

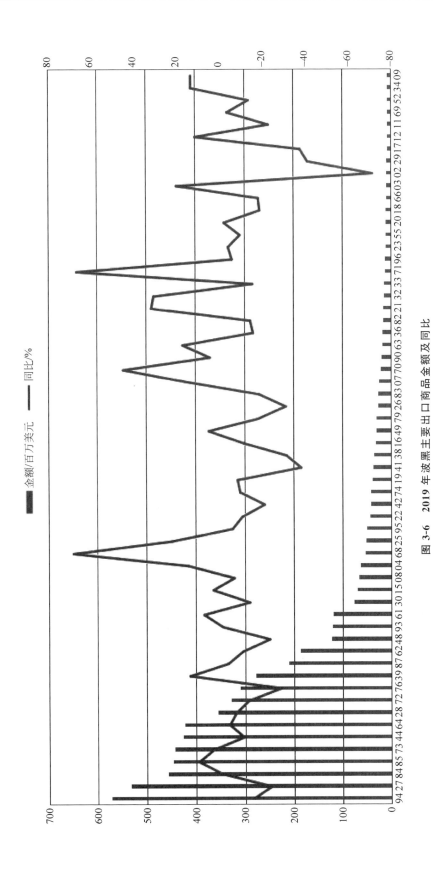

图 3-6　2019 年波黑主要出口商品金额及同比

　　2019 年波黑进口商品总额为 11 098.5 百万美元,同比下降 4.55％。在主要进口商品构成中,商品编号为 87(车辆及其零件、附件,但铁道及电车道车辆除外)、30(药品)、76(铝及其制品)、64(鞋靴、护腿和类似品及其零件)、44(木及木制品;木炭)、02(肉及食用杂碎)、94(家具;寝具、褥垫、弹簧床垫、软坐垫及类似的填充制品;未列名灯具及照明装置;发光标志、发光铭牌及类似品;活动房屋)、21(杂项食品)、40(橡胶及其制品)、61(针织或钩编的服装及衣着附件)、07(食用蔬菜、根及块茎)等商品呈现增长趋势,尤其是 61(针织或钩编的服装及衣着附件)增长幅度最大。同时,商品编号为 28(无机化学品;贵金属、稀土金属、放射性元素及其同位素的有机及无机化合物)的商品下降幅度最大。具体数据见表 3-5 和图 3-7。

表 3-5　2019 年波黑主要进口商品结构

商品编码	商 品 类 别	金额/百万美元	占比/％	同比/％
总值		11 098.5	100.00	−4.55
27	矿物燃料、矿物油及其蒸馏产品;沥青物质;矿物蜡	1 557.8	14.04	−9.15
84	核反应堆、锅炉、机器、机械器具及其零件	911.2	8.21	−2.26
87	车辆及其零件、附件,但铁道及电车道车辆除外	822.7	7.41	1.98
85	电机、电气设备及其零件;声音的录制和重放设备及其零件、附件	657.9	5.93	−2.47
39	塑料及其制品	597.1	5.38	−2.70
30	药品	361.8	3.26	5.05
72	钢铁	353.7	3.19	−16.70
73	钢铁制品	290.5	2.62	−9.20
76	铝及其制品	234.7	2.11	5.76
22	饮料、酒及醋	203.1	1.83	−2.50
48	纸及纸板;纸浆、纸或纸板制品	202.6	1.83	−5.05
64	鞋靴、护腿和类似品及其零件	200.5	1.81	1.05
44	木及木制品;木炭	178.3	1.61	2.04
02	肉及食用杂碎	173.8	1.57	1.25
41	生皮(毛皮除外)及皮革	168.0	1.51	−19.15
94	家具;寝具、褥垫、弹簧床垫、软坐垫及类似的填充制品;未列名灯具及照明装置;发光标志、发光铭牌及类似品;活动房屋	164.8	1.49	1.30
21	杂项食品	162.5	1.46	2.60
90	光学、照相、电影、计量、检验、医疗或外科用仪器及设备、精密仪器及设备;上述物品的零件、附件	153.8	1.39	−7.73
40	橡胶及其制品	148.2	1.34	3.28
74	铜及其制品	141.5	1.28	0.46
62	非针织或非钩编的服装及衣着附件	140.5	1.27	−0.52
33	精油及香膏,芳香料制品,化妆盥洗品	139.7	1.26	−1.60
61	针织或钩编的服装及衣着附件	137.8	1.24	18.57
19	谷物、粮食粉、淀粉或乳的制品;糕饼点心	132.0	1.19	2.86
10	谷物	117.3	1.06	−10.86
08	食用水果及坚果;柑橘属水果或甜瓜的果皮	114.6	1.03	6.76
23	食品工业的残渣及废料配制的动物饲料	112.1	1.01	−3.09
15	动、植物油、脂及其分解产品;精制的食用油脂;动、植物蜡	105.8	0.95	−15.37
04	乳品;蛋品;天然蜂蜜;其他食用动物产品	105.6	0.95	9.63

续表

商品编码	商 品 类 别	金额/百万美元	占比/%	同比/%
18	可可及可可制品	102.4	0.92	1.51
83	贱金属杂项制品	101.1	0.91	−6.80
38	杂项化学产品	96.8	0.87	−5.78
32	鞣料浸膏及染料浸膏;鞣酸及其衍生物;染料、颜料及其他着色料;油漆及清漆;油灰及其他类似胶黏剂;墨水、油墨	96.5	0.87	−3.98
34	肥皂、有机表面活性剂、洗涤剂、润滑剂、人造蜡、调制蜡、光洁剂、蜡烛及类似品、塑型用膏、"牙科用蜡"及牙科用熟石膏制剂	92.0	0.83	−5.59
69	陶瓷产品	88.3	0.80	−0.88
28	无机化学品;贵金属、稀土金属、放射性元素及其同位素的有机及无机化合物	86.4	0.78	−43.42
70	玻璃及其制品	81.9	0.74	−1.24
16	肉、鱼、甲壳动物,软体动物及其他水生无脊椎动物的制品	71.1	0.64	2.67
17	糖及糖食	66.5	0.60	−12.48
25	盐;硫黄;泥土及石料;石膏料、石灰及水泥	65.7	0.59	1.08
59	浸渍、涂布、包覆或层压的纺织物;工业用纺织制品	63.8	0.57	−25.23
96	杂项制品	62.6	0.56	−6.86
07	食用蔬菜、根及块茎	60.6	0.55	15.61
60	针织物及钩编织物	60.3	0.54	−6.30
09	咖啡、茶、马黛茶及调味香料	56.6	0.51	−12.76
55	化学纤维短纤	56.5	0.51	−2.70
54	化学纤维长丝	56.1	0.51	−12.31
68	石料、石膏、水泥、石棉、云母及类似材料的制品	55.9	0.50	−5.38
95	玩具、游戏品、运动用品及其零件、附件	53.9	0.49	0.53
82	贱金属工具、器具、利口器、餐匙、餐叉及其零件	51.8	0.47	−6.67
20	蔬菜、水果、坚果或植物其他部分的制品	50.3	0.45	5.35
12	含油子仁及果实;杂项子仁及果实;工业用或药用植物;稻草、秸秆及饲料	48.3	0.44	−18.80
42	皮革制品;鞍具及挽具;旅行用品、手提包及类似容器;动物肠线(蚕胶丝除外)制品	45.4	0.41	−27.42
29	有机化学品	43.7	0.39	−25.12
24	烟草及烟草代用品的制品	43.2	0.39	−4.59
56	絮胎、毡呢及无纺织物;特种纱线;线、绳、索、缆及其制品	42.9	0.39	−15.44
63	其他纺织制成品;成套物品;旧衣着及旧纺织品;碎织物	42.9	0.39	−1.63
31	肥料	40.1	0.36	7.08
01	活动物/动物产品	34.7	0.31	−14.32
49	书籍、报纸、印刷图画及其他印刷品;手稿、打字稿及设计图纸	27.4	0.25	−2.10

数据来源:全球贸易观察、UN Comtrade 数据库等,经本课题组整理所得。

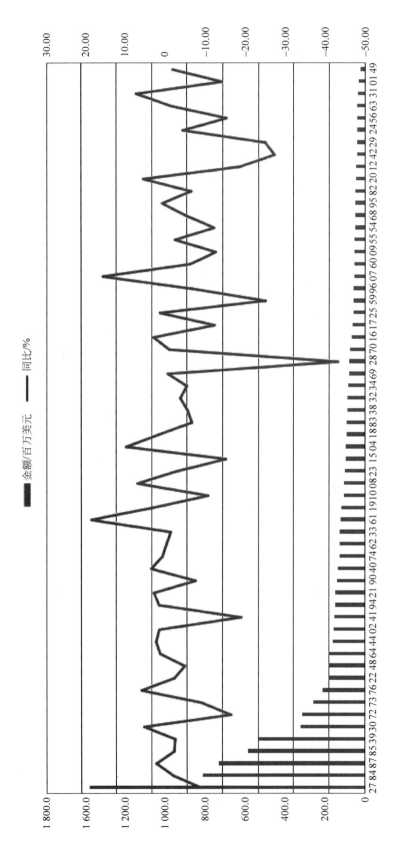

图 3-7　2019 年波黑主要进口商品金额及同比

3.4 主要优势产业及其特征

1. 旅游业

波黑将旅游列为经济发展的重要产业之一。波黑各类饭店、旅馆有 2 万多个床位,旅游设施主要有旅馆、温泉、滑雪、漂流、打猎、疗养地及文化宗教设施。尽管波黑当前旅游业还不发达,但发展潜力巨大。波黑将旅游业列为重点发展行业之一,并大力吸引外资。波黑希望加强与中国的旅游合作,签署旅游合作协议,实现双边旅游的常态化;同时,欢迎中国企业对波黑的旅游设施项目进行投资。

2. 木质制品制造业

根据波黑投资促进局数据,波黑全国的森林和林地覆盖率高达 63%,其中,国有森林占80%,私有森林占 20%。波黑森林和林地面积为 2 709.8 公顷,林业和木材加工业成为波黑经济的主要产业之一。木材和家具及细木加工制品的 60% 以上出口到德国、意大利、奥地利和斯洛文尼亚等欧盟国家。波黑拥有技术娴熟的林业和木材加工业廉价劳动力,过去 5 年的月平均工资为 410~430 欧元。目前,波黑认证的从事木材及制品的企业有 900 多家,其中 107 家是造纸企业。波黑欢迎中资企业对波黑开展投资合作,希望中国进口波黑的板材、家具和其他木制品。波黑的木质制品的产品结构和范围非常多样化,世界上能生产的木制品,几乎都可以在波黑生产。木材工业的重点是更高水平的成品和更多的木制品出口。

3. 金属制造业

波黑金属制造业历史悠久、潜力巨大。波黑的金属加工拥有强大的人力资源基础,尤其是手工艺品的生产和制造。矿产资源种类繁多,特别是铁矿石、铝土矿、铅、锌和铜。波黑金属加工业规模庞大,包括基本金属(生铁、钢和合金,以及金属加工产品)的制造,如锻造、压制,以及金属轧制、粉末冶金、金属的处理和涂层等通用工程。金属加工行业主要集中于米塔尔钢铁集团和莫斯塔尔铝业两大公司。矿业部门既服务于当地加工业、发电业,也用于出口,这一行业正处于振兴和重建的过程中。目前,金属加工业占波黑制造业的 20%,是波黑制造业的支柱产业,金属加工出口产品约占总产量的 50%~60%。

4. 汽车制造业

几十年来,各大品牌都依靠波黑的熟练劳动力为西方市场组装汽车。经历了多年的整车装配和汽车零部件生产,强大而多样化的供应链和支持基础设施已经建立起来,包括教育系统、研发机构以及具有金属加工、汽车和电气工程技能的专业和称职的专业人才。在过去的十年中,这个行业经历了蓬勃的发展,并且已经成为出口导向型产业,平均 90% 的产量用于出口,产品遍布全球 30 个国家。2018 年,以德国、瑞士为代表的越来越多的欧洲及世界公司对波黑汽车、木材和金属业的供应感兴趣,2018 年第一季度,对以上领域的投资增长了4%。波黑汽车工业出口已超过 8 亿马克,过去几年均略有增加。由于制造标准与欧盟一致,因此大部分零部件出口到德国等欧盟国家。波黑2017年前20位出口产品中,汽车座椅居首位,汽车零配件列第三位,2018年这一出口增势继续。

3.5 中国和波黑双边贸易概况

2019年中国与波黑双边货物进出口额为842百万美元同比增加1.57%。从商品类别看,木及木制品是波黑对中国出口的主力产品,而机电产品是波黑自中国进口的首位产品。2019年波黑对中国出口商品总额为17.04百万美元,同比下降23.77%。在上述出口商品构成中,商品编号为85(电机、电气设备及其零件;声音的录制和重放设备及其零件、附件)、83(贱金属杂项制品)、87(车辆及其零件、附件,但铁道及电车道车辆除外)、58(特种机织物;簇绒织物;花边;装饰毯;装饰带;刺绣品)、95(玩具、游戏品、运动用品及其零件、附件)、96(杂项制品)等商品呈现增长趋势,尤其是87(车辆及其零件、附件,但铁道及电车道车辆除外)增幅最大。与此同时,商品编号为82(贱金属工具、器具、利口器、餐匙、餐叉及其零件)的商品下降幅度最大。具体数据见表3-6和图3-8。

表3-6 2019年波黑对中国出口主要商品构成

商品编码	商 品 类 别	金额/百万美元	同比/%	占比/%
总值		17.04	−23.77	100.00
44	木及木制品;木炭	7.98	−14.34	46.80
94	家具;寝具、褥垫、弹簧床垫、软坐垫及类似的填充制品	2.43	−127.28	14.24
48	纸及纸板;纸浆、纸或纸板制品	1.72	−42.03	10.10
85	电机、电气设备及其零件;声音的录制和重放设备	0.21	41.70	1.25
83	贱金属杂项制品	0.16	99.52	0.94
84	核反应堆、锅炉、机器、机械器具及其零件	0.09	−63.73	0.52
59	浸渍、涂布、包覆或层压的纺织物;工业用纺织制品	0.03	—	0.18
87	车辆及其零件、附件,但铁道及电车道车辆除外	0.03	99.82	0.16
42	皮革制品;鞍具及挽具;旅行用品、手提包及类似容器;	0.02	−24.52	0.09
19	谷物、粮食粉、淀粉或乳的制品;糕饼点心	0.01	—	0.07
90	光学、照相、电影、计量、检验、医疗或外科用仪器	0.01	75.69	0.04
58	特种机织物;簇绒织物;花边;装饰毯;装饰带;刺绣品	0.00	82.53	0.01
49	书籍、报纸、印刷图画及其他印刷品;手稿、打字稿	0.00	−28.51	0.00
95	玩具、游戏品、运动用品及其零件、附件	0.00	99.18	0.00
82	贱金属工具、器具、利口器、餐匙、餐叉及其零件	0.00	−2 735.06	0.00
60	针织物及钩编织物	0.00	—	0.00
96	杂项制品	0.00	36.93	0.00
41	生皮(毛皮除外)及皮革	0.00	—	0.00

续表

商品编码	商 品 类 别	金额/百万美元	同比/%	占比/%
91	钟表及其零件	0.00	—	0.00
20	蔬菜、水果、坚果或植物其他部分的制品	0.00	9.09	0.00

数据来源：商务部国别报告网、UN Comtrade 数据库等，经本课题组整理所得。

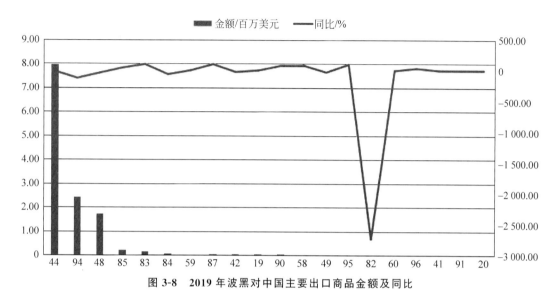

图 3-8　2019 年波黑对中国主要出口商品金额及同比

　　2019 年波黑自中国进口商品总额为 825 百万美元，同比增长 2.1%。在进口商品构成中，商品编号为 85（电机、电气设备及其零件；声音的录制和重放设备及其零件、附件）、64（鞋靴、护腿和类似品及其零件）、94（家具；寝具、褥垫、弹簧床垫、软坐垫及类似的填充制品）、62（非针织或非钩编的服装及衣着附件）、72（钢铁）、39（塑料及其制品）、73（钢铁制品）、61（针织或钩编的服装及衣着附件）、42［皮革制品；鞍具及挽具；旅行用品、手提包及类似容器；动物肠线（蚕胶丝除外）制品］、40（橡胶及其制品）、29（有机化学品）等商品呈现增长趋势，尤其是 29（有机化学品）增幅最大。与此同时，商品编号为 90（光学、照相、电影、计量、检验、医疗或外科用仪器及设备）的商品下降幅度最大。具体数据见表 3-7 和图 3-9。

表 3-7　2019 年波黑自中国进口主要商品构成

商品编码	商 品 类 别	金额/百万美元	同比/%	占比/%
总值		825	2.1	100.00
85	电机、电气设备及其零件；声音的录制和重放设备及其零件、附件	187	1.9	22.62
84	核反应堆、锅炉、机器、机械器具及其零件	126	−4.7	15.25
64	鞋靴、护腿和类似品及其零件	46	8.4	5.57
94	家具；寝具、褥垫、弹簧床垫、软坐垫及类似的填充制品；	38	5.8	4.57
62	非针织或非钩编的服装及衣着附件	36	1.5	4.42
72	钢铁	36	12.4	4.39
39	塑料及其制品	31	3.7	3.72

续表

商品编码	商品类别	金额/百万美元	同比/%	占比/%
95	玩具、游戏品、运动用品及其零件、附件	28	−7.8	3.41
73	钢铁制品	24	9.2	2.94
87	车辆及其零件、附件，但铁道及电车道车辆除外	20	−9.3	2.37
61	针织或钩编的服装及衣着附件	18	5.1	2.23
42	皮革制品；鞍具及挽具；旅行用品、手提包及类似容器；动物肠线（蚕胶丝除外）制品	18	7.4	2.17
40	橡胶及其制品	17	7.1	2.11
90	光学、照相、电影、计量、检验、医疗或外科用仪器及设备	17	−9.7	2.00
54	化学纤维长丝	16	0.08	1.97
69	陶瓷产品	12	15.1	1.43
96	杂项制品	12	9.9	1.40
76	铝及其制品	11	−0.8	1.28
83	贱金属杂项制品	10	5.8	1.25
82	贱金属工具、器具、利口器、餐匙、餐叉及其零件	10	2.6	1.19
29	有机化学品	9	31.3	1.08
63	其他纺织制成品；成套物品；旧衣着及旧纺织品；碎织物	9	7.2	1.07
70	玻璃及其制品	8	−0.6	1.02
59	浸渍、涂布、包覆或层压的纺织物；工业用纺织制品	7	−4.2	0.88
68	石料、石膏、水泥、石棉、云母及类似材料的制品	7	4.8	0.88
55	化学纤维短纤	5	18.8	0.65
48	纸及纸板；纸浆、纸或纸板制品	5	8.7	0.55
91	钟表及其零件	4	10.9	0.52
33	精油及香膏，芳香料制品，化妆盥洗品	4	3.0	0.46
44	木及木制品；木炭	3	22.6	0.40

数据来源：商务部国别报告网、UN Comtrade 数据库等，经本课题组整理所得。

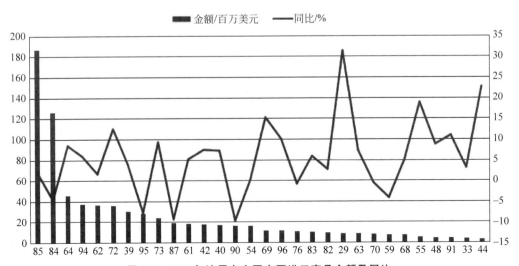

图3-9 2019年波黑自中国主要进口商品金额及同比

3.6　中国和波黑贸易竞争性与互补性分析

3.6.1　中国和波黑显性比较优势指数(RCA)分析

利用《国际贸易商品标准分类(第四版)》(SITC. Rev4),以 2018 年为例,对中国与波黑显性比较优势指数(RCA)进行分析。具体数据见表 3-8。

表 3-8　2018 年波黑商品出口额

SITC	商品类别名称	金额/百万美元
SITC0	食品和活动物	372.42
SITC1	饮料及烟草	52.24
SITC2	非食用燃料(不包含燃料)	725.20
SITC3	矿物燃料、润滑油及有关原料	702.46
SITC4	动植物油、油脂和蜡	702.46
SITC5	未列明的化学品和有关产品	556.18
SITC6	主要按原材料分类的制成品	1 720.93
SITC7	机械及运输设备	1 075.09
SITC8	杂项制品	1 910.09
SITC9	没有分类的其他商品	0.22

数据来源：UN Comtrade 数据库等,经本课题组整理所得。

通过 UN Comtrade 数据库等相关数据库的数据,经本课题组整理得到：2018 年中国所有商品出口额约为 2 494 230 百万美元,波黑所有商品出口额 7 182 百万美元,世界所有商品出口额 19 051 239 百万美元。

按照公式 $RCA_{xik}=(X_{ik}/X_{wk})/(X_i/X_w)$,得出计算结果如表 3-9 所示。

表 3-9　2018 年中国和波黑显性比较优势指数(RCA)计算结果

国家	商品									
	SITC0	SITC1	SITC2	SITC3	SITC4	SITC5	SITC6	SITC7	SITC8	SITC9
中国	0.43	0.18	0.19	0.18	0.10	0.59	1.35	1.34	1.94	0.04
波黑	7.46	5.99	7.64	3.75	10.72	3.79	8.16	2.65	4.89	2.44

根据上述结果分析得到：

(1) 波黑所有商品均具有显性比较优势。其中,SITC4 的 RCA 值最高,说明具有比较明显的显性比较优势。

(2) 在 SITC6、SITC7 和 SITC8 三类商品中,中国与波黑都具有显性比较优势。而在 SITC0、SITC1、SITC2、SITC3、SITC4、SITC5 和 SITC9 这七类商品中,中国显性比较优势小于 1,说明中国不具有显性比较优势。

3.6.2　中国和波黑贸易互补性指数(TCI)分析

利用《国际贸易商品标准分类(第四版)》(SITC. Rev4),以 2018 年为例,对中国与波黑贸易互补性指数(TCI)进行分析。具体数据见表 3-10。

表 3-10　2018 年波黑商品进口额

SITC	商品类别名称	金额/百万美元
SITC0	食品和活动物	1 423.99
SITC1	饮料及烟草	251.80
SITC2	非食用燃料(不包含燃料)	334.01
SITC3	矿物燃料、润滑油及有关原料	1 717.91
SITC4	动植物油、油脂和蜡	113.59
SITC5	未列明的化学品和有关产品	1 449.76
SITC6	主要按原材料分类的制成品	2 753.25
SITC7	机械及运输设备	2 421.60
SITC8	杂项制品	1 163.57
SITC9	没有分类的其他商品	0.08

数据来源：UN Comtrade 数据库等,经本课题组整理所得。

通过 UN Comtrade 数据库等相关数据库的数据,经本课题组整理得到：2018 年中国所有商品进口额约为 2 134 982 百万美元,波黑所有商品进口额 11 628 百万美元,世界所有商品进口额 19 253 036 百万美元。

按照公式 $TCI_{ij}=RCA_{xik}\times RCA_{mjk}$,得出计算结果如表 3-11 所示。

表 3-11　2018 年中国和波黑贸易互补性指数(TCI)计算结果

国家	商品									
	SITC0	SITC1	SITC2	SITC3	SITC4	SITC5	SITC6	SITC7	SITC8	SITC9
中国	0.90	0.49	0.14	0.21	0.22	0.63	2.75	0.77	1.76	0.00
波黑	3.30	2.40	20.03	4.08	7.72	2.93	4.44	2.83	2.76	2.06

根据上述结果分析得到：

(1) 在 SITC6 和 SITC8 两类商品中,中国与波黑贸易互补性指数(TCI)均大于 1,说明两国在这两类商品中互补性强,并未因为在该领域中双方都具有显性比较优势而出现激烈竞争的场面,反而表现出很强的贸易互补性。

(2) 在 SITC0、SITC1、SITC2、SITC3、SITC4、SITC5、SITC7 和 SITC9 这八类商品中,中国的 TCI 值均小于 1,说明波黑的这八类商品具有较强的竞争优势。

3.7　中国和波黑贸易合作展望

近年来,中国和波黑贸易合作较为稳定。2018 年 1 月,北京舞蹈学院青年舞团"欢乐春节"赴波黑巡演,波黑主席团(集体元首)轮值主席乔维奇出席。同月,天津市副市长赵海山访问波黑。4 月,16＋1 农业投资与装备合作博览会在波黑莫斯塔尔经贸博览会期间举行。5 月,中国国际交流协会副会长艾平率团访问波黑,并出席波黑"一带一路"建设和促进中心举办的"一带一路"与民心相通研讨会。6 月,"'一带一路'倡议：改革与地区角度"研讨会在萨拉热窝举行。8 月,"箫笛传天籁"中国竹笛乐团在波黑首都萨拉热窝举行演出。9 月,"'一带一路'倡议 5 周年:合作与机遇"研讨会在萨拉热窝举行,波黑主席团(集体元首)塞尔维亚族成员伊万尼奇出席。

波黑在南斯拉夫时期便是联邦内较贫穷的地区之一,独立后又发生了内战,经济受到严重损害。战争结束后至今,波黑经济正在渐渐复苏。中国与波黑可以在以下方面展开深入合作。

(1) 波黑是欧洲城镇化程度最低的国家之一,大约有 60% 的人口居住在农村地区,30% 左右的人口在从事农业活动,中国与波黑双方可以加强农业方面的合作,尤其是畜牧业、林业。

(2) 波黑旅游业比较兴旺,两国可以加强对旅游业设施的投资,如浴场、汽车宿营地等。

(3) 波黑矿产资源丰富,主要有煤、铁、铜、锰、铅、汞、银、褐煤、铝矾土、铅锌矿、石棉、岩盐、重晶石等,两国可以加强矿产开采方面的合作,提高开采技术水平。

第 4 章

保加利亚的对外贸易

保加利亚共和国,简称保加利亚。位于东南欧、巴尔干半岛东部。北部与罗马尼亚隔多瑙河相望,西部与塞尔维亚、北马其顿相邻,南部与希腊、土耳其接壤,东部临接黑海,海岸线总长 378 公里。北部属大陆性气候,南部属地中海式气候。截至 2019 年,总人口 700 万人,保加利亚族占 84%,土耳其族占 9%,罗姆族占 5%,马其顿族、亚美尼亚族等占 2%。保加利亚语为官方语言,土耳其语为主要少数民族语言。首都索非亚,人口 132.8 万人(2018 年)。

2019 年国内生产总值 68 160 百万美元,人均国内生产总值 0.009 737 百万美元,国内生产总值增长率 3.4%。自然资源较贫乏,原料和能源供应很大程度依赖进口。主要矿藏有煤、铅、锌、铜、铁、铀、锰、铬、矿盐和少量石油。2019 年森林面积 412 万公顷,占国土面积的 34%。工业方面,主要工业部门有机械制造、电子、冶金、食品、轻纺、造纸、化工等。农业方面,农业资源丰富,农业传统历史悠久。主要农产品有小麦、葵花籽、玉米、烟草等。玫瑰精油、葡萄酒、酸奶并称为“保加利亚三宝”。服务业方面,20 世纪 90 年代以来,服务业保持快速发展,其中,旅游资源较丰富,外国游客主要来自罗马尼亚、土耳其、希腊、德国、塞尔维亚、北马其顿、俄罗斯、波兰、英国。著名景点有涅夫斯基大教堂、古罗马露天剧场、大特尔诺沃城堡等。交通运输方面,以陆运为主。主要机场为索非亚机场、普洛夫迪夫机场、布尔加斯机场和瓦尔纳机场。主要港口为瓦尔纳港、布尔加斯港和鲁塞港。

对外贸易方面,2019 年保加利亚主要出口机械及运输装备、工业制成品、食品、化工产品,主要进口机电产品、金属矿石、化工材料、燃料、食品。主要出口目的地国有德国、意大利、罗马尼亚、土耳其、希腊、法国;主要进口来源国有德国、俄罗斯、意大利、罗马尼亚、土耳其、西班牙。

据欧盟统计局统计,2019 年保加利亚贸易逆差 3 870 百万美元,下降 8.6%。从国别(地区)看,保加利亚是欧盟成员国,其超过一半的货物贸易在欧盟内部进行。2019 年保加利亚对欧盟的出口额为 21 930 百万美元,下降 2.4%,占其出口总额的 65.9%;从欧盟的进口额为 23 460 百万美元,下降 2.1%,占其进口总额的 63.1%。在欧盟区域内,保加利亚最主要的出口国是德国、罗马尼亚和意大利,2019 年出口额分别为 4 933 百万美元、2 908 百万美元和 2 453 百万美元,增减幅分别为−0.2%、2.8%和−14.9%,分别占保加利亚出口总额的 14.8%、8.7%和 7.4%;欧盟区域内主要的进口国是德国和意大利,2019 年进口额分别为 4 534 百万美元和 2 803 百万美元,下降 3.5%和 2.1%,分别占保加利亚进口总额的 12.2% 和 7.5%。在欧盟区域外,土耳其是保加利亚最主要的出口国,2019 年出口额为 2 402 百万美元,下降 7.6%,占保加利亚出口总额的 7.2%。俄罗斯是保加利亚第二大进口来源国,

2019 年进口额 3 677 百万美元,增长 0.1%,占保加利亚进口总额的 9.9%。2019 年保加利亚的贸易逆差有所下降,前三大逆差来源地依次是俄罗斯、匈牙利和中国,逆差额分别为 3 090 百万美元、760 百万美元和 750 百万美元。从商品看,机电产品、贱金属及其制品和矿产品是保加利亚的主要出口商品,2019 年出口额分别为 6 460 百万美元、4 790 百万美元和 4 080 百万美元,增减幅分别为 0.7%、−19.6% 和 12.6%,分别占保加利亚出口总额的 19.4%、14.4% 和 12.3%。机电产品、矿产品和化工产品是保加利亚的前三大类进口商品,2019 年分别进口 7 550 百分美元、6 700 百分美元和 4 070 百万美元,增减幅分别为 −0.7%、−8.8% 和 1.0%,分别占保加利亚进口总额的 20.3%、18.0% 和 11.0%。

据欧盟统计局统计,2019 年保加利亚对中国出口 910 百万美元,增长 1.6%;自中国进口 1 660 百万美元,增长 6.8%。保加利亚与中国的贸易逆差 750 百万美元。2019 年铜及其制品对中国年出口额为 609 百万美元,下降 7.8%,占保加利亚对中国出口总额的 66.7%。机电产品是保加利亚对中国出口的第三大类商品,出口 76 百万美元,增长 22.9%,占保加利亚对中国出口总额的 10.6%。矿产品是保加利亚对中国出口的第二大类产品,出口 91 百万美元,增长 32.8%。保加利亚自中国进口的主要商品为机电产品、家具玩具和纺织品及原料,2019 年三类商品分别进口 640 百万美元、200 百万美元和 170 百万美元,合计占保加利亚自中国进口总额的 60.8%。在劳动密集型产品上,中国继续保持优势,家具玩具等轻工产品占保加利亚同类产品进口总额的比例较高,德国、意大利、波兰、希腊等国家是中国的主要竞争对手。

4.1　对外贸易发展趋势

2019 年保加利亚货物进出口额为 70 481 百万美元,比上年(下同)下降 1.4%。其中,出口 33 304 百万美元,下降 0.9%;进口 37 177 百万美元,下降 1.8%。

保加利亚在 2008 年至 2019 年对外贸易总额呈现波动趋势。经历 2008 年的明显上升后,2009 年出现了剧烈下滑。2010 年和 2011 年保持稳定增长,但在 2012 年出现了小幅下跌。2013 年止跌反弹,2014 年相较于 2013 年持平,但在 2015 年出现了明显下滑。经历 2016 年至 2018 年比较明显的增幅后,2019 年又出现了小幅下滑。具体数据见表 4-1 和图 4-1。

表 4-1　保加利亚对外贸易年度表

时间	总额/百万美元	同比/%	出口/百万美元	同比/%	进口/百万美元	同比/%
2008 年	59 512	22.3	22 488	21.0	37 023	23.0
2009 年	39 912	−32.9	16 371	−27.2	23 541	−36.4
2010 年	46 090	15.5	20 592	25.8	25 498	8.3
2011 年	60 809	31.9	28 226	37.1	32 583	27.8
2012 年	59 411	−2.3	26 683	−5.5	32 728	0.4
2013 年	63 906	7.6	29 588	10.9	34 318	4.9
2014 年	63 900	0.0	29 247	−1.2	34 653	1.0
2015 年	54 599	−14.6	25 381	−13.2	29 218	−15.7

续表

时间	总额/百万美元	同比/%	出口/百万美元	同比/%	进口/百万美元	同比/%
2016 年	55 508	1.7	26 573	4.7	28 934	−1.0
2017 年	65 644	18.3	31 448	18.3	34 195	18.2
2018 年	71 472	8.9	33 617	6.9	37 855	10.7
2019 年	70 481	−1.4	33 304	−0.9	37 177	−1.8

数据来源：商务部国别报告网、UN Comtrade 数据库、全球贸易观察等，经本课题组整理所得。

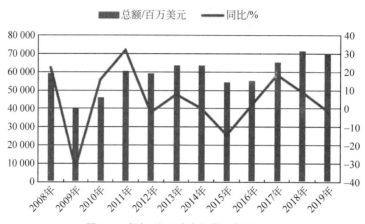

图 4-1 保加利亚对外贸易总额及同比

保加利亚在 2008 年至 2019 年对外贸易出口额存在波动趋势。2008 年和 2009 年情况截然相反，2008 年飞速上升，而 2009 年大幅下滑。2010 年和 2011 年止跌反弹，并维持明显上升趋势。但是，2012 年又出现了下滑，2013 年明显回升。经历了 2014 年和 2015 年同比下降之后，2016 年至 2018 年对外贸易出口额稳定增长，但在 2019 年出口 33 304 百万美元，较 2018 年下滑 0.9 个百分点。具体数据见表 4-1 和图 4-2。

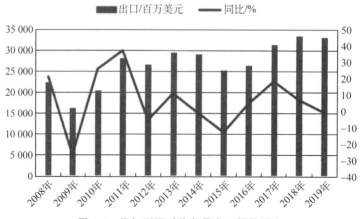

图 4-2 保加利亚对外贸易出口额及同比

保加利亚在 2008 年至 2019 年对外贸易进口额中，2018 年进口额最多，为 37 855 百万美元。2011 年增幅最大，为 27.8%。相比之下，2009 年进口额最少，为 23 541 百万美元，且下降幅度最大，为 36.4%。同时，2019 年对外贸易进口额呈现下降趋势，比 2018 年下跌

1.8 个百分点。具体数据见表 4-1 和图 4-3。

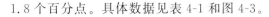

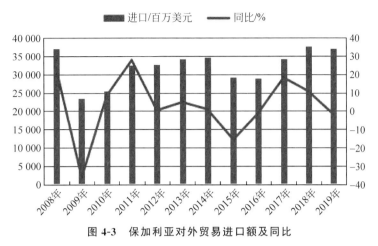

图 4-3　保加利亚对外贸易进口额及同比

4.2　主要贸易市场结构

2019 年保加利亚出口总额为 33 304 百万美元,出口伙伴国主要有德国、罗马尼亚、意大利等。进口总额为 37 177 百万美元,进口伙伴国主要有德国、俄罗斯、意大利等。

2019 年保加利亚出口至德国的货物金额最多,为 4 933 百万美元。在主要出口伙伴国中,只有出口至罗马尼亚、希腊、中国和西班牙四国的货物金额较 2018 年有增加趋势。具体数据见表 4-2 和图 4-4。

表 4-2　2019 年保加利亚对主要贸易伙伴出口额

国家和地区	金额/百万美元	同比/%	占比/%
总值	33 304	−0.9	100.0
德国	4 933	−0.2	14.8
罗马尼亚	2 908	2.8	8.7
意大利	2 453	−14.9	7.4
土耳其	2 402	−7.6	7.2
希腊	2 252	1.0	6.8
法国	1 266	−4.9	3.8
比利时	954	−16.9	2.9
中国	910	1.6	2.7
西班牙	909	10.2	2.7
荷兰	847	−7.2	2.5

数据来源:商务部国别报告网、UN Comtrade 数据库、全球贸易观察等,经本课题组整理所得。

2019 年保加利亚自德国进口的货物金额占比最大,为 4 534 百万美元。在主要进口伙伴国中,只有自德国、意大利、西班牙和荷兰四国进口的货物金额较 2018 年呈减少趋势,尤其是自西班牙进口的货物减少 20%,降幅明显。具体数据见表 4-3 和图 4-5。

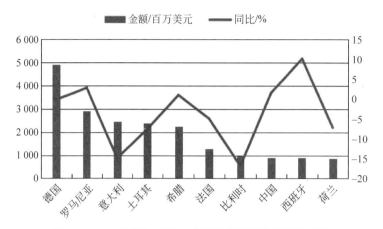

图 4-4　2019 年保加利亚对主要贸易伙伴出口额及同比

表 4-3　2019 年保加利亚自主要贸易伙伴进口额

国家和地区	金额/百万美元	同比/％	占比/％
总值	37 177	−1.8	100.0
德国	4 534	−3.5	12.2
俄罗斯	3 677	0.1	9.9
意大利	2 803	−2.1	7.5
罗马尼亚	2 696	3.3	7.3
土耳其	2 394	3.0	6.4
希腊	1 735	5.1	4.7
中国	1 660	6.8	4.5
西班牙	1 420	−20.0	3.8
荷兰	1 351	−5.8	3.6
匈牙利	1 335	1.9	3.6

数据来源：商务部国别报告网、UN Comtrade 数据库、全球贸易观察等，经本课题组整理所得。

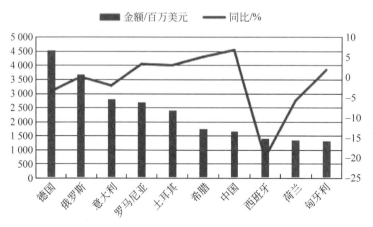

图 4-5　2019 年保加利亚自主要贸易伙伴进口额及同比

4.3 主要进出口商品结构

2019 年保加利亚出口商品总额为 33 304 百万美元,同比下降 0.9%。在出口商品构成中,有商品编码为 85(电机、电气设备及其零件;声音的录制和重放设备及其零件、附件)、27(矿物燃料、矿物油及其蒸馏产品;沥青物质;矿物蜡)、84(核反应堆、锅炉、机器、机械器具及其零件)、74(铜及其制品)、10(谷物)等商品。相比 2018 年,商品编号为 71(天然或养殖珍珠、宝石或半宝石、贵金属、包贵金属及其制品;仿首饰)增幅最大。具体数据见表 4-4 和图 4-6。

表 4-4 2019 年保加利亚主要出口商品结构

商品编码	商品类别	金额/百万美元	占比/%	同比/%
总值		33 304.0	100.00	−0.94
85	电机、电气设备及其零件;声音的录制和重放设备及其零件、附件	3 667.4	11.01	−0.31
27	矿物燃料、矿物油及其蒸馏产品;沥青物质;矿物蜡	3 077.1	9.24	9.23
84	核反应堆、锅炉、机器、机械器具及其零件	2 794.9	8.39	1.93
74	铜及其制品	2 372.4	7.12	−21.31
10	谷物	1 516.8	4.55	23.78
87	车辆及其零件、附件,但铁道及电车道车辆除外	1 178.1	3.54	11.94
30	药品	1 111.6	3.34	3.88
39	塑料及其制品	1 048.4	3.15	5.73
26	矿砂、矿渣及矿灰	898.0	2.70	29.68
62	非针织或非钩编的服装及衣着附件	832.9	2.50	−7.64
61	针织或钩编的服装及衣着附件	747.9	2.25	−4.57
94	家具;寝具、褥垫、弹簧床垫、软坐垫及类似的填充制品;未列名灯具及照明装置;发光标志、发光铭牌及类似品;活动房屋	737.0	2.21	−7.11
72	钢铁	681.7	2.05	−14.66
73	钢铁制品	674.4	2.02	−33.62
12	含油子仁及果实;杂项子仁及果实;工业用或药用植物;稻草、秸秆及饲料	665.6	2.00	−3.07
90	光学、照相、电影、计量、检验、医疗或外科用仪器及设备,精密仪器及设备;上述物品的零件、附件	595.2	1.79	27.23
38	杂项化学产品	583.0	1.75	16.43
93	武器、弹药及其零件、附件	550.9	1.65	−29.19
70	玻璃及其制品	454.5	1.36	−3.26
76	铝及其制品	443.8	1.33	−9.42
95	玩具、游戏品、运动用品及其零件、附件	373.3	1.12	−2.89
40	橡胶及其制品	366.0	1.10	3.62
15	动、植物油、脂及其分解产品;精制的食用油脂;动、植物蜡	361.0	1.08	−6.27
28	无机化学品;贵金属、稀土金属、放射性元素及其同位素的有机及无机化合物	352.7	1.06	0.68
33	精油及香膏,芳香料制品,化妆盥洗品	348.7	1.05	−5.07

续表

商品编码	商 品 类 别	金额/百万美元	占比/%	同比/%
44	木及木制品；木炭	343.4	1.03	−2.48
23	食品工业的残渣及废料配制的动物饲料	322.8	0.97	2.35
19	谷物、粮食粉、淀粉或乳的制品；糕饼点心	319.2	0.96	3.97
48	纸及纸板；纸浆、纸或纸板制品	312.3	0.94	8.16
31	肥料	264.8	0.80	18.05
18	可可及可可制品	248.7	0.75	17.61
64	鞋靴、护腿和类似品及其零件	246.8	0.74	−0.95
22	饮料、酒及醋	243.9	0.73	38.16
04	乳品；蛋品；天然蜂蜜；其他食用动物产品	225.8	0.68	−0.17
24	烟草及烟草代用品的制品	217.9	0.65	−19.20
69	陶瓷产品	209.1	0.63	1.75
78	铅及其制品	192.4	0.58	−3.64
79	锌及其制品	183.6	0.55	−13.73
02	肉及食用杂碎	178.0	0.53	−22.27
83	贱金属杂项制品	177.9	0.53	7.08
07	食用蔬菜、根及块茎	167.3	0.50	16.22
51	羊毛、动物细毛或粗毛；马毛纱线及其机织物	163.3	0.49	−6.97
20	蔬菜、水果、坚果或植物其他部分的制品	159.6	0.48	−0.37
86	铁道及电车道机车、车辆及其零件；铁道及电车道轨道固定装置及其零件、附件；各种机械（包括电动机械）交通信号设备	148.9	0.45	3.18
55	化学纤维短纤	137.6	0.41	2.04
21	杂项食品	124.7	0.37	5.86
71	天然或养殖珍珠、宝石或半宝石、贵金属、包贵金属及其制品；仿首饰；硬币	119.6	0.36	45.47
08	食用水果及坚果；柑橘属水果或甜瓜的果皮	116.8	0.35	−12.12
63	其他纺织制成品；成套物品；旧衣着及旧纺织品；碎织物	112.7	0.34	−9.41
09	咖啡、茶、马黛茶及调味香料	110.2	0.33	3.56
29	有机化学品	108.9	0.33	2.74
34	肥皂、有机表面活性剂、洗涤剂、润滑剂、人造蜡、调制蜡、光洁剂、蜡烛及类似品、塑型用膏、"牙科用蜡"及牙科用熟石膏制剂	106.0	0.32	1.25
25	盐；硫黄；泥土及石料；石膏料、石灰及水泥	105.8	0.32	−8.07
17	糖及糖食	104.9	0.32	−4.48
35	蛋白类物质；改性淀粉；胶；酶	103.7	0.31	−0.10
68	石料、石膏、水泥、石棉、云母及类似材料的制品	99.1	0.30	4.86
16	肉、鱼、甲壳动物，软体动物及其他水生无脊椎动物的制品	95.9	0.29	−6.63
99	其他产品	93.7	0.28	7.68
54	化学纤维长丝	87.0	0.26	1.34
47	木浆及其他纤维状纤维素浆；回收（废碎）纸或纸板	80.2	0.24	−20.27

数据来源：全球贸易观察、UN Comtrade 数据库等，经本课题组整理所得。

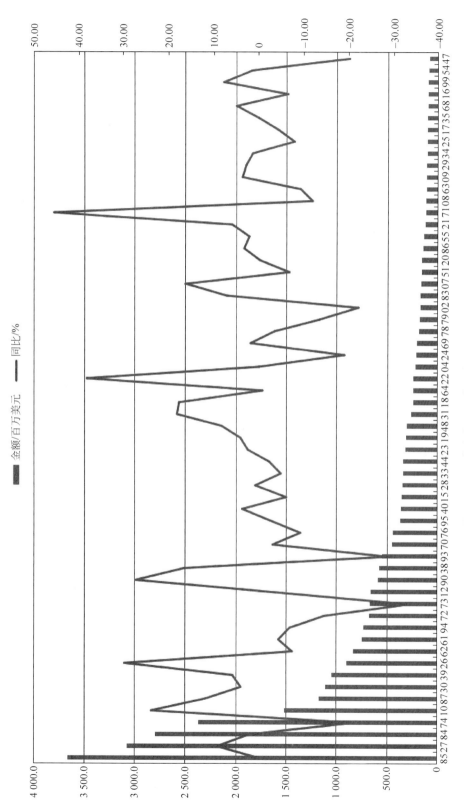

图 4-6　2019 年保加利亚出口商品金额及同比

图例：■ 金额/百万美元　—— 同比/%

　　2019年保加利亚进口商品总额为37 177百万美元,同比下降1.8%。在进口商品构成中,主要有商品编号为27(矿物燃料、矿物油及其蒸馏产品;沥青物质;矿物蜡)、85(电机、电气设备及其零件;声音的录制和重放设备及其零件、附件)、84(核反应堆、锅炉、机器、机械器具及其零件)、87(车辆及其零件、附件,但铁道及电车道车辆除外)、39(塑料及其制品)、30(药品)、26(矿砂、矿渣及矿灰)等商品。相比2018年,商品编号为26(矿砂、矿渣及矿灰)的商品下降幅度最大。具体数据见表4-5和图4-7。

表4-5　2019年保加利亚主要进口商品结构

商品编码	商品类别	金额/百万美元	占比/%	同比/%
总值		37 177.0	100.00	−1.80
27	矿物燃料、矿物油及其蒸馏产品;沥青物质;矿物蜡	5 080.8	13.67	0.71
85	电机、电气设备及其零件;声音的录制和重放设备及其零件、附件	3 810.1	10.25	4.21
84	核反应堆、锅炉、机器、机械器具及其零件	3 743.7	10.07	−5.18
87	车辆及其零件、附件,但铁道及电车道车辆除外	2 646.0	7.12	−5.84
39	塑料及其制品	1 672.7	4.50	−1.88
30	药品	1 588.2	4.27	0.45
26	矿砂、矿渣及矿灰	1 504.1	4.05	−30.90
72	钢铁	1 352.4	3.64	−5.27
73	钢铁制品	906.5	2.44	27.58
38	杂项化学产品	810.8	2.18	1.95
74	铜及其制品	654.7	1.76	−14.42
90	光学、照相、电影、计量、检验、医疗或外科用仪器及设备,精密仪器及设备;上述物品的零件、附件	628.4	1.69	8.30
48	纸及纸板;纸浆、纸或纸板制品	548.7	1.48	−3.40
76	铝及其制品	533.1	1.43	−10.47
02	肉及食用杂碎	479.7	1.29	8.69
94	家具;寝具、褥垫、弹簧床垫、软坐垫及类似的填充制品;未列名灯具及照明装置;发光标志、发光铭牌及类似品;活动房屋	468.8	1.26	13.03
40	橡胶及其制品	440.7	1.19	1.68
61	针织或钩编的服装及衣着附件	376.6	1.01	2.30
22	饮料、酒及醋	374.7	1.01	19.06
12	含油子仁及果实;杂项子仁及果实;工业用或药用植物;稻草、秸秆及饲料	349.9	0.94	35.64
33	精油及香膏,芳香料制品,化妆盥洗品	349.9	0.94	4.47
31	肥料	315.5	0.85	6.47
29	有机化学品	308.6	0.83	−8.56
62	非针织或非钩编的服装及衣着附件	304.5	0.82	−1.97
24	烟草及烟草代用品的制品	302.8	0.81	15.96
18	可可及可可制品	289.1	0.78	10.99
04	乳品;蛋品;天然蜂蜜;其他食用动物产品	285.5	0.77	2.63
64	鞋靴、护腿和类似品及其零件	276.3	0.74	6.85
44	木及木制品;木炭	263.8	0.71	4.46

续表

商品编码	商 品 类 别	金额/百万美元	占比/%	同比/%
95	玩具、游戏品、运动用品及其零件、附件	261.0	0.70	4.15
51	羊毛、动物细毛或粗毛；马毛纱线及其机织物	256.3	0.69	−3.35
21	杂项食品	234.5	0.63	3.37
08	食用水果及坚果；柑橘属水果或甜瓜的果皮	233.1	0.63	−1.42
60	针织物及钩编织物	231.5	0.62	1.61
32	鞣料浸膏及染料浸膏；鞣酸及其衍生物；染料、颜料及其他着色料；油漆及清漆；油灰及其他类似胶黏剂；墨水、油墨	231.2	0.62	−3.57
55	化学纤维短纤	216.4	0.58	−5.43
99	其他产品	211.8	0.57	6.87
07	食用蔬菜、根及块茎	206.6	0.56	3.76
19	谷物、粮食粉、淀粉或乳的制品；糕饼点心	201.2	0.54	8.43
83	贱金属杂项制品	200.4	0.54	−8.38
34	肥皂、有机表面活性剂、洗涤剂、润滑剂、人造蜡、调制蜡、光洁剂、蜡烛及类似品、塑型用膏、"牙科用蜡"及牙科用熟石膏制剂	187.5	0.50	1.00
54	化学纤维长丝	182.8	0.49	−16.22
28	无机化学品；贵金属、稀土金属、放射性元素及其同位素的有机及无机化合物	174.8	0.47	20.16
70	玻璃及其制品	167.4	0.45	−6.39
20	蔬菜、水果、坚果或植物其他部分的制品	163.0	0.44	4.06
23	食品工业的残渣及废料配制的动物饲料	161.6	0.43	−0.43
52	棉花	161.0	0.43	−8.73
69	陶瓷产品	160.2	0.43	3.03
17	糖及糖食	146.5	0.39	4.01
09	咖啡、茶、马黛茶及调味香料	143.4	0.39	−9.02
15	动、植物油、脂及其分解产品；精制的食用油脂；动、植物蜡	137.7	0.37	−1.89
96	杂项制品	126.9	0.34	−9.11
63	其他纺织制成品；成套物品；旧衣着及旧纺织品；碎织物	126.6	0.34	5.26
86	铁道及电车道机车、车辆及其零件铁道及电车道轨道固定装置及其零件、附件；各种机械（包括电动机械）交通信号设备	126.4	0.34	−18.06
93	武器、弹药及其零件、附件	125.3	0.34	−21.43
82	贱金属工具、器具、利口器、餐匙、餐叉及其零件	117.0	0.31	−7.62
25	盐；硫黄；泥土及石料；石膏料、石灰及水泥	115.3	0.31	−4.53
68	石料、石膏、水泥、石棉、云母及类似材料的制品	115.1	0.31	−7.41
03	鱼、甲壳动物、软体动物及其他水生无脊椎动物	110.2	0.30	1.98
10	谷物	96.4	0.26	20.68

数据来源：全球贸易观察、UN Comtrade 数据库等，经本课题组整理所得。

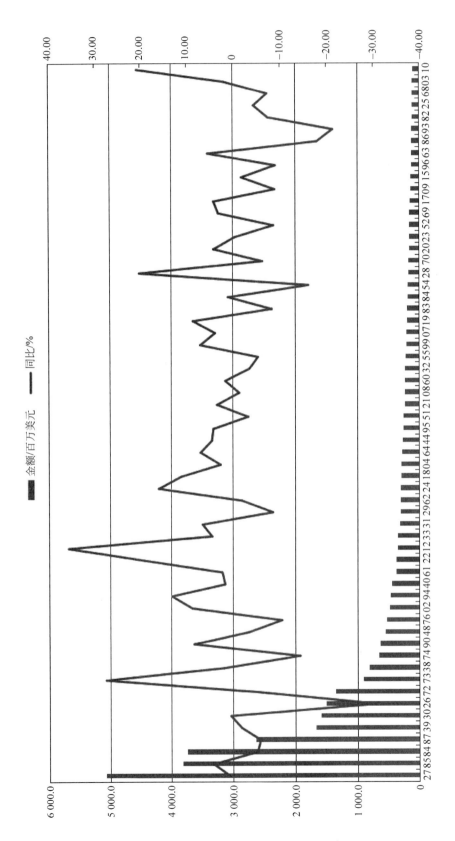

图 4-7　2019 年保加利亚进口商品金额及同比

4.4　主要优势产业及其特征

1. 贱金属及其制品制造业

保加利亚自然资源匮乏,主要矿物有煤、铅、锌、铜、铁、钡、锰等。贱金属及其制品是保加利亚的主要出口商品之一,主要出口至德国、土耳其、意大利、比利时和中国等国家。

2. 纺织服装业

纺织服装业是保加利亚重点行业之一,对经济具有重要意义。同时,纺织服装业也是主要的出口部门和解决就业的重要部门。欧洲是保加利亚纺织品服装出口的主要市场。

3. 农副食品加工业

农业是保加利亚优势产业之一。保加利亚位于欧洲东南部,被誉为"欧洲的菜园子",得天独厚的自然环境适合多种农作物生长。保加利亚农产品如玫瑰精油、乳制品等享誉世界。保加利亚农业基础设施较完善,产品可以出口到欧洲其他国家、俄罗斯和中东和南非等地区,市场广阔。欧盟结构基金 2014—2020 年对保加利亚农业支持高达 10.1 亿欧元。农产品贸易仍保持顺差。中国—中东欧国家首个农产品物流中心及展示馆在保加利亚第二大城市普洛夫迪夫近郊的色雷斯经济区建成并投入运营。该物流中心以电子商务为主要平台,旨在促进中国和中东欧国家农业产品的贸易、销售、展示和流通,为双方农业合作搭建了可靠、便捷的通道。

4. 软件和信息技术服务业

保加利亚 IT 业在欧盟排第三,具有很强的优势。保加利亚 IT 业已连续多年获得两位数增长。进入保加利亚的跨国 IT 公司有思科、VMware、微软等。IT 人才主要来自索非亚大学和科技大学,保加利亚每年有超过 3 500 名 IT 相关行业应届毕业生。目前,保加利亚软件行业是最具有投资吸引力和创新能力的领域。另外,保加利亚外包服务产业已连续多年呈两位数字增长。特别是近年来,外包服务占 GDP 的比重不断增加,这表明保加利亚熟练 IT 技工培训、频繁商务活动、较高素质的语言知识和专业技术人才培养,特别是鼓励吸引外国投资者的一系列优惠政策发挥了积极效应。在外包服务产业领域,保加利亚目前已成为欧洲前十名外包服务目的地国家。

5. 其他商务服务业

其他商务服务业主要是指保加利亚的旅游业。保加利亚地形多变,气候宜人,旅游资源丰富,被誉为"上帝的后花园"。旅游业是保加利亚经济支柱产业,主要旅游项目包括海滨游、冬季滑雪游、文化历史游、生态环境游、SPA(水疗)浴疗旅游、葡萄酒旅游、探险运动游等。保加利亚东濒黑海,瓦尔纳和布尔加斯等度假城市各具特色,每年 5 月下旬至 9 月上旬是海滨游的黄金季节,世界各国游客蜂拥而至,游客最多的国家是罗马尼亚、德国、希腊、俄罗斯、土耳其。目前,该国旅游业平稳发展,旅游市场合理的价格水平成为吸引更多游客的优势。近年来,保加利亚旅游部门十分重视旅游业发展,注重打造旅游品牌、推介旅游资源、开展全域旅游、提升景区设施、创新旅游产品,先后推出海滨游、滑雪游、温泉游、休闲游、文化景观游、酒庄游等旅游产品,不断细分旅游产品和市场,推动当地旅游业发展。

4.5 中国和保加利亚双边贸易概况

2019 年保加利亚与中国双边货物进出口额为 2 570 百万美元,增长 4.9％。从商品类别看,铜及其制品是保加利亚对中国出口的主力产品,而机电产品是保加利亚自中国进口的首位产品。

2019 年保加利亚对中国出口商品总额为 910 百万美元,同比增长 1.6％。在出口商品构成中,以商品编号为 74(铜及其制品)的商品为主,该类商品占对中国出口商品总额的近七成。相比 2018 年,商品编码为 64(鞋靴、护腿和类似品及其零件)、15(动、植物油、脂、蜡;精制食用油脂)、12(油籽;子仁;工业或药用植物;饲料)、87(车辆及其零附件,但铁道车辆除外)、39(塑料及其制品)等商品呈现增长趋势,尤其是 64(鞋靴、护腿和类似品及其零件)增幅最大。与此同时,商品编号为 44(木及木制品;木炭)的商品下降幅度最大。具体数据见表 4-6 和图 4-8。

表 4-6　2019 年保加利亚对中国出口主要商品构成

商品编码	商 品 类 别	金额/百万美元	同比/％	占比/％
总值		910	1.6	100.0
74	铜及其制品	609	−7.8	66.7
26	矿砂、矿渣及矿灰	91	32.8	10.0
85	电机、电气、音像设备及其零附件	76	22.9	8.3
84	核反应堆、锅炉、机械器具及零件	21	29.2	2.3
10	谷物	21	0.0	2.3
12	油籽;子仁;工业或药用植物;饲料	15	372.7	1.6
90	光学、照相、医疗等设备及零附件	7	−4.1	0.8
39	塑料及其制品	7	40.0	0.8
87	车辆及其零附件,但铁道车辆除外	7	185.8	0.7
38	杂项化学产品	6	37.6	0.7
33	精油及香膏;香料制品及化妆盥洗品	5	19.5	0.6
29	有机化学品	5	−48.4	0.5
94	家具;寝具等;灯具;活动房	4	−18.9	0.4
22	饮料、酒及醋	4	35.4	0.4
95	玩具、游戏或运动用品及其零附件	3	−59.5	0.4
30	药品	3	−10.7	0.3
21	杂项食品	2	9.2	0.3
23	食品工业的残渣及废料;配制的饲料	2	−21.9	0.2
35	蛋白类物质;改性淀粉;胶;酶	2	−9.9	0.2
86	铁道车辆;轨道装置;信号设备	2	21.7	0.2

续表

商品编码	商 品 类 别	金额/百万美元	同比/%	占比/%
55	化学纤维短纤	2	15.8	0.2
83	贱金属杂项制品	2	30.5	0.2
15	动、植物油、脂、蜡；精制食用油脂	1	476.8	0.2
44	木及木制品；木炭	1	−74.4	0.2
61	针织或钩编的服装及衣着附件	1	−60.1	0.1
40	橡胶及其制品	1	32.6	0.1
70	玻璃及其制品	1	−13.4	0.1
25	盐；硫黄；土及石料；石灰及水泥等	1	−28.3	0.1
52	棉花	1	28.4	0.1
64	鞋靴、护腿和类似品及其零件	1	5 021.9	0.1

数据来源：商务部国别报告网、UN Comtrade 数据库等，经本课题组整理所得。

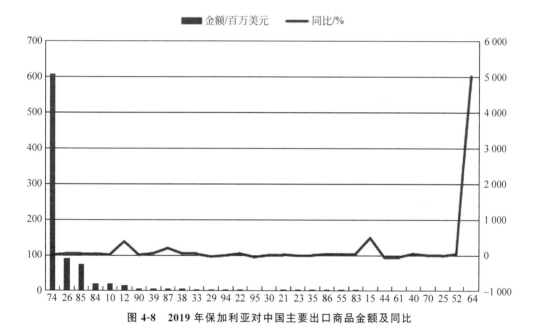

图 4-8　2019 年保加利亚对中国主要出口商品金额及同比

2019 年保加利亚自中国进口商品总额为 1 660 百万美元,同比增长 6.8%。在进口商品构成中,以商品编号为 85(电机、电气、音像设备及其零附件)、84(核反应堆、锅炉、机械器具及零件)、94(家具；寝具等；灯具；活动房)、29(有机化学品)、39(塑料及其制品)、87(车辆及其零附件,但铁道车辆除外)的商品为主,上述商品超过自中国进口商品总额的六成。相比 2018 年,商品编码为 60(针织物及钩编织物)、63(其他纺织制品；成套物品；旧纺织品)、61(针织或钩编的服装及衣着附件)、48(纸及纸板；纸浆、纸或纸板制品)、94(家具；寝具等；灯具；活动房)、54(化学纤维长丝)、73(钢铁制品)等商品呈现增长趋势,尤其是 60(针织物及钩编织物)增幅最大。与此同时,商品编号为 76(铝及其制品)的商品下降幅度最大。具体数据见表 4-7 和图 4-9。

表 4-7　2019 年保加利亚自中国进口主要商品构成

商品编码	商品类别	金额/百万美元	同比/%	占比/%
总值		1 660	6.8	100.0
85	电机、电气、音像设备及其零附件	333	12.7	20.1
84	核反应堆、锅炉、机械器具及零件	310	2.8	18.7
94	家具；寝具等；灯具；活动房	147	29.1	8.9
29	有机化学品	77	−5.7	4.6
39	塑料及其制品	70	16.3	4.2
87	车辆及其零附件，但铁道车辆除外	63	−26.6	3.8
73	钢铁制品	52	21.8	3.2
90	光学、照相、医疗等设备及零附件	52	15.2	3.1
95	玩具、游戏或运动用品及其零附件	37	−0.8	2.2
54	化学纤维长丝	28	23.1	1.7
64	鞋靴、护腿和类似品及其零件	27	3.6	1.6
55	化学纤维短纤	26	16.9	1.6
51	羊毛等动物毛；马毛纱线及其机织物	25	−9.4	1.5
40	橡胶及其制品	24	−4.4	1.5
61	针织或钩编的服装及衣着附件	24	30.9	1.4
76	铝及其制品	23	−27.2	1.4
44	木及木制品；木炭	21	2.2	1.2
48	纸及纸板；纸浆、纸或纸板制品	19	29.6	1.1
82	贱金属器具、利口器、餐具及零件	17	0.6	1.0
63	其他纺织制品；成套物品；旧纺织品	17	38.8	1.0
72	钢铁	16	−18.1	1.0
38	杂项化学产品	16	−16.8	1.0
83	贱金属杂项制品	16	2.2	1.0
62	非针织或非钩编的服装及衣着附件	15	8.0	0.9
23	食品工业的残渣及废料；配制的饲料	14	−7.4	0.8
70	玻璃及其制品	14	3.0	0.8
96	杂项制品	13	12.2	0.8
42	皮革制品；旅行箱包；动物肠线制品	13	5.6	0.8
69	陶瓷产品	12	−11.2	0.7
60	针织物及钩编织物	12	115.3	0.7

数据来源：商务部国别报告网、UN Comtrade 数据库等，经本课题组整理所得。

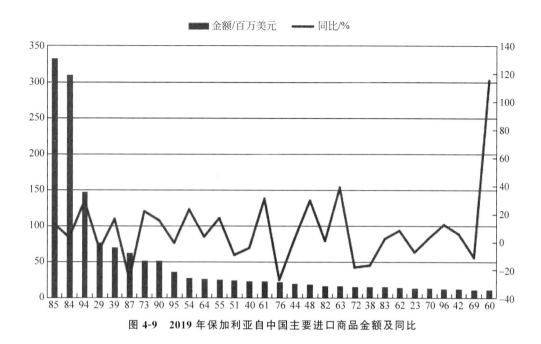

图 4-9　2019 年保加利亚自中国主要进口商品金额及同比

4.6　中国和保加利亚贸易竞争性与互补性分析

4.6.1　中国和保加利亚显性比较优势指数(RCA)分析

利用《国际贸易商品标准分类(第四版)》(SITC. Rev4),以 2018 年为例,对中国与保加利亚显性比较优势指数(RCA)进行分析。具体数据见表 4-8。

表 4-8　2018 年保加利亚商品出口额

SITC	商品类别名称	金额/百万美元
SITC0	食品和活动物	3 583.23
SITC1	饮料及烟草	385.80
SITC2	非食用燃料(不包含燃料)	2 093.69
SITC3	矿物燃料、润滑油及有关原料	3 004.55
SITC4	动植物油、油脂和蜡	372.64
SITC5	未列明的化学品和有关产品	3 394.18
SITC6	主要按原材料分类的制成品	7 765.14
SITC7	机械及运输设备	7 482.63
SITC8	杂项制品	4 477.68
SITC9	没有分类的其他商品	1 227.59

数据来源:UN Comtrade 数据库等,经本课题组整理所得。

通过 UN Comtrade 数据库等相关数据库的数据,经本课题组整理得到:2018 年中国所有商品出口额 2 494 230 百万美元,保加利亚所有商品出口额 33 617 百万美元,世界所有商品出口额 19 051 239 百万美元。

按照公式 $RCA_{xik} = (X_{ik}/X_{wk})/(X_i/X_w)$，得出计算结果如表 4-9 所示。

表 4-9　2018 年中国和保加利亚显性比较优势指数（RCA）计算结果

国家	商品									
	SITC0	SITC1	SITC2	SITC3	SITC4	SITC5	SITC6	SITC7	SITC8	SITC9
中国	0.43	0.18	0.19	0.18	0.10	0.59	1.35	1.34	1.94	0.04
保加利亚	1.75	1.40	1.75	0.88	2.52	0.89	1.91	0.62	1.15	0.57

根据上述结果分析得到：

（1）保加利亚除了 SITC3、SITC5、SITC7 和 SITC9 四类商品外，其余商品均具有显性比较优势，其中，SITC6 的 RCA 值最高，接近 2，说明具有比较明显的显性比较优势。

（2）在 SITC6 和 SITC8 两类商品中，中国与保加利亚都具有显性比较优势。在 SITC3、SITC5 和 SITC9 这三类商品中，两国显性优势比较指数均小于 1，说明两国都不具备比较优势。

4.6.2　中国和保加利亚贸易互补性指数（TCI）分析

利用《国际贸易商品标准分类（第四版）》（SITC. Rev4），以 2018 年为例，对中国与保加利亚贸易互补性指数（TCI）进行分析。具体数据见表 4-10。

表 4-10　2018 年保加利亚商品进口额

SITC	商品类别名称	金额/百万美元
SITC0	食品和活动物	2 792.68
SITC1	饮料及烟草	553.68
SITC2	非食用燃料（不包含燃料）	3 431.81
SITC3	矿物燃料、润滑油及有关原料	5 135.75
SITC4	动植物油、腊和蜡	120.18
SITC5	未列明的化学品和有关产品	5 143.46
SITC6	主要按原材料分类的制成品	6 301.33
SITC7	机械及运输设备	9 806.26
SITC8	杂项制品	2 929.68
SITC9	没有分类的其他商品	1 713.02

数据来源：UN Comtrade 数据库等，经本课题组整理所得。

通过 UN Comtrade 数据库等相关数据库的数据，经本课题组整理得到：2018 年中国所有商品进口额 2 134 982 百万美元，保加利亚所有商品进口额 37 855 百万美元，世界所有商品进口额 19 253 036 百万美元。

按照公式 $TCI_{ij} = RCA_{xik} \times RCA_{mjk}$，得出计算结果如表 4-11 所示。

表 4-11　2018 年中国和保加利亚贸易互补性指数（TCI）计算结果

国家	商品									
	SITC0	SITC1	SITC2	SITC3	SITC4	SITC5	SITC6	SITC7	SITC8	SITC9
中国	0.54	0.33	0.43	0.19	0.07	0.69	1.94	0.97	1.37	0.05
保加利亚	0.89	0.65	5.43	1.10	2.09	0.80	1.20	0.77	0.75	0.56

根据上述结果分析得到：

（1）在 SITC6 类商品中，中国与保加利亚贸易互补性指数（TCI）均大于 1，说明两国在该类商品中互补性强，并未因为在该领域中双方都具有显性比较优势而激烈竞争。

（2）在 SITC0、SITC1、SITC5、SITC7 和 SITC9 这几类商品中，双方 TCI 值均小于 1，说明两国互补性较弱。

4.7　中国和保加利亚贸易合作展望

近年来，中国和保加利亚贸易合作稳步提升。截至 2019 年底，中方在保加利亚完成工程承包营业额 10.8 亿美元，对保加利亚直接投资 1.7 亿美元，保加利亚在华直接投资 7 980 万美元。中方主要出口电脑、空调、通信设备等，进口有色金属、金属矿砂等。同时，两国具备良好的经贸合作基础。2018 年 7 月，双方签署了《中华人民共和国商务部和保加利亚共和国经济部关于中小企业合作备忘录》。同年 11 月，保加利亚经济部长卡拉尼科洛夫率企业家代表团来华参加第一届中国国际进口博览会。2019 年 11 月，保加利亚副总理尼科洛娃率团来华参加第二届中国国际进口博览会。2020 年 1 月，两国政府间经济合作联委会第 17 次会议在北京举行。

据研究发现，保加利亚国内基础设施设备较为陈旧、老化，在交通基础设施建设等方面存在一些亟待解决的问题。根据其与中国稳中有升的经贸合作关系，两国可在以下方面展开深入合作。

（1）保加利亚国内《2014—2020 年发展规划》中明确提到，建设现代化全国基础设施需 160 多亿欧元。中国相关企业可通过公私合营的融资模式满足保加利亚交通基础设施的建设需求，让资源得到最合理的分配。

（2）保加利亚对于发展与中国在旅游业方面的合作认可度很高，因此，两国可加强在此方面的投资。例如，在酒店、景区、商超等大型场所展开合作投资，共同开发两国的旅游资源。

（3）保加利亚矿产品出口发展空间较大，中国可增强与保加利亚在矿产方面的合作，引领企业开展资源勘查、资源生产等活动，促进两国双边贸易加速发展。

第 5 章
克罗地亚的对外贸易

克罗地亚共和国,简称克罗地亚,位于欧洲中南部、巴尔干半岛西北部。西北和北部分别同斯洛文尼亚和匈牙利接壤,东部和东南部同塞尔维亚、波斯尼亚和黑塞哥维那、黑山为邻,西部和南部濒亚得里亚海,岛屿众多,海岸线曲折,长 1 880 公里。克罗地亚北部为温带大陆性气候,中部和中南部为高原山地气候,南部和西南部海岸为地中海式气候。面积 5.66 万平方公里。人口 408 万(2019 年)。主要民族为克罗地亚族(90.4%),其他为塞尔维亚族、波什尼亚克族、意大利族、匈牙利族、阿尔巴尼亚族、斯洛文尼亚族等,共 22 个少数民族。官方语言为克罗地亚语。

克罗地亚的经济基础良好。旅游、建筑、造船和制药等产业发展水平较高。资源方面,克罗地亚森林和水力资源丰富,2018 年全国森林面积 250 万公顷,森林覆盖率 44%。主要矿产资源有石油、天然气、煤、铝矾土、优质泥灰石。此外,还出产铁、锰、石墨等。工业方面,主要工业部门有食品加工、木材加工、造船、建筑、电力、石化、冶金、制药、机械制造和纺织等。食品加工业较发达,是加工业中就业人数最多的行业。农业主要包括种植业、畜牧业、林业、渔业等。全国农业可耕地面积为 154.6 万公顷。旅游业方面,旅游业发达,是克罗地亚国民经济重要组成部分和外汇收入主要来源。2019 年游客数量约 2 070 万人次,同比增加 4.9%。游客主要来自德国、斯洛文尼亚、奥地利和波兰等欧洲国家。主要风景区有亚得里亚海海滨、普利特维采湖和布里俄尼岛等。交通运输方面较为发达,以公路和铁路为主。

对外贸易方面,克罗地亚 2008 年至 2019 年贸易总额呈波动趋势。据数据统计,2019 年,意大利、德国、斯洛文尼亚是克罗地亚的前三大出口市场,2019 年克罗地亚对三国出口额分别为 2 401 百万美元、2 243 百万美元和 1 827 百万美元,同比 2018 年增减幅度变化为 -4.2%、-1.5% 和 -3.9%,三国合计占克罗地亚出口总额的 37.2%。进口方面,德国为克罗地亚第一进口来源国,2019 年进口额 4 296 百万美元,增长 0.4%,占克罗地亚进口总额的 15.3%。意大利和斯洛文尼亚也是其主要进口来源国,2019 年克罗地亚自两国进口额分别为 3 861 百万美元和 3 210 百万美元,自意大利和斯洛文尼亚进口额增长分别为 4.2%、2.4%,分别占克罗地亚进口总额的 13.8% 和 11.5%。从商品类别看,矿物燃料、矿物油及其蒸馏产品,沥青物质,矿物蜡是克罗地亚的首要出口商品,2019 年出口额 1 657.2 百万美元,减少 10.57%,占克罗地亚出口总额的 9.53%。其次,核反应堆、锅炉、机器、机械器具及其零件商品与电机、电气设备及其零件,声音的录制和重放设备及其零件、附件商品,分别是 2019 年克罗地亚第二、三大类出口商品,出口总额分别为 1 442 百万美元和 1 435.3 百万美元,两类商品同比增长率为 -2.51% 和 0.14%,两类商品占克罗地亚出口总额均在 8.26% 左右。上述三类商品合计占克罗地亚出口总额的 26.09%。进口方面,2019 年克罗地亚主要进口类产品的进口额整体较为稳定,其中第一大类进口产品是矿物燃料、矿物油及其蒸馏产品,沥青物质,矿物蜡这类商品,进口额为 3 430.6 百万美元,下降 9.97%,占克罗地亚进口总额的 12.24%。其他主要进口商品包括核反应堆、锅炉、机器、机械器具及其零件商品与车辆及其零件、附件,但铁道及电车道车辆除外,进口额分别为 2 685.5 美元和 2 416.0 百万美元。以上三类产品合计占克罗地亚进口总额的 30.44%。

2019 年克罗地亚对中国出口总金额 120.26 百万美元,下降 31.47%;自中国进口总金额 813 百万美元。2019 年克罗地亚对中国出口首位的是车辆及其零件、附件,但铁道及电车道车辆除外商品,金额 38.3 百万美元,上升 32.93%,占克罗地亚对中国出口总额的 31.85%。2019 年克罗地亚对中国出口占比较大的商品还有木及木制品,木炭,金额 30.36 百万美元,下降 14.66%,占克罗地亚对中国出口总额的 25.25%。盐;硫黄;泥土及石料;石膏料、石灰及水泥,金额 9.87 百万美元,下降 3.55%。以上三类商品占对中国出口总额的 65.31%。克罗地亚自中国进口的商品主要集中在核反应堆、锅炉、机器、机械器具及其零件与电机、电气设备及其零件,声音的录制和重放设备及其零件、附件两类商品,2019 年进口金额分别为 189 百万美元和 161 百万美元,同比上一年变化为 7.4% 和 −26.7%,以上两类商品占对中国进口总额的 43.1%。

5.1 对外贸易发展趋势

2019 年克罗地亚货物进出口额为 45 407 百万美元,比上年(下同)下降 0.4%。其中,出口额 17 381 百万美元,下降 0.1%;进口额 28 026 百万美元,下降 0.6%。

克罗地亚在 2008 年至 2019 年对外贸易总额呈现波动趋势。2008 年相较于 2007 年明显增长,但在 2009 年出现了明显下滑。经历 2016 年至 2018 年比较明显的增幅后,2019 年又出现了小幅下滑。具体数据见表 5-1 和图 5-1。

表 5-1　克罗地亚对外贸易年度表

时间	总额/百万美元	同比/%	出口额/百万美元	同比/%	进口额/百万美元	同比/%
2008 年	44 838	17.3	14 122	14.2	30 717	18.8
2009 年	31 673	−29.4	10 467	−25.9	21 206	−31.0
2010 年	31 841	0.5	11 803	12.8	20 038	−5.5
2011 年	36 049	13.2	13 348	13.1	22 701	13.3
2012 年	33 208	−7.9	12 370	−7.3	20 838	−8.2
2013 年	34 678	4.4	12 667	2.4	22 010	5.6
2014 年	36 645	5.7	13 835	1.1	22 809	3.6
2015 年	33 495	−8.6	12 925	−6.6	20 571	−9.8
2016 年	35 716	6.6	13 813	6.9	21 904	6.5
2017 年	40 762	14.1	16 030	16.1	24 732	12.9
2018 年	45 606	11.9	17 402	8.6	28 204	14.0
2019 年	45 407	−0.4	17 381	−0.1	28 026	−0.6

数据来源:商务部国别报告网、UN Comtrade 数据库、全球贸易观察等,经本课题组整理所得。

克罗地亚在 2008 年至 2019 年对外贸易出口额存在波动趋势。经历 2015 年下降之后,2016 年至 2018 年对外贸易出口额稳定增长,但在 2019 年出口额又出现了小幅下滑。具体数据见表 5-1 和图 5-2。

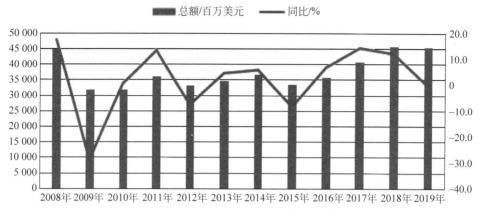

图 5-1　克罗地亚对外贸易总额及同比

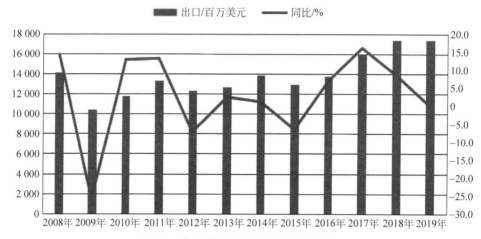

图 5-2　克罗地亚对外贸易出口额及同比

克罗地亚在 2008—2019 年对外贸易进口额中，2008 年增幅最大，为 18.8％。相比之下，2009 年下降幅度最大，为 31.0％。同时，2019 年对外贸易进口额呈现下降趋势，比 2018 年下跌 0.6 个百分点。具体数据见表 5-1 和图 5-3。

图 5-3　克罗地亚对外贸易进口额及同比

5.2　主要贸易市场结构

2019 年克罗地亚出口总额为 17 381 百万美元,出口伙伴国主要有意大利、德国、斯洛文尼亚等国家。其中,出口至意大利的商品金额最多,为 2 401 百万美元。在主要出口伙伴国中,出口波黑、塞尔维亚、匈牙利、法国、美国和比利时的商品金额较 2018 年呈增加趋势。具体数据见表 5-2 和图 5-4。

表 5-2　2019 年克罗地亚对主要贸易伙伴出口额

国家和地区	金额/百万美元	同比/%	占比/%
总值	17 381	−0.1	100.0
意大利	2 401	−4.2	13.8
德国	2 243	−1.5	12.9
斯洛文尼亚	1 827	−3.9	10.5
波黑	1 749	7.0	10.1
奥地利	1 006	−9.3	5.8
塞尔维亚	792	4.6	4.6
匈牙利	693	18.0	4.0
法国	498	11.7	2.9
美国	461	14.6	2.7
比利时	456	47.9	2.6

数据来源:商务部国别报告网、UN Comtrade 数据库、全球贸易观察等,经本课题组整理所得。

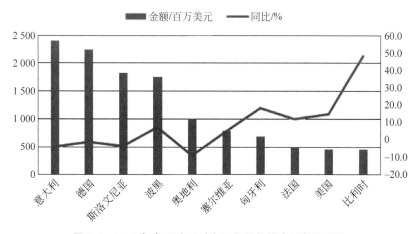

图 5-4　2019 年克罗地亚对主要贸易伙伴出口额及同比

2019 年克罗地亚进口总额为 28 026 百万美元,进口伙伴国主要有德国、意大利、斯洛文尼亚等国家。其中,自德国进口商品的金额占比最大,为 4 296 百万美元。在主要进口伙伴国中,只有自奥地利、波黑、中国进口商品的金额较 2018 年呈下降趋势,其他均是增加趋势。具体数据见表 5-3 和图 5-5。

表 5-3　2019 年克罗地亚自主要贸易伙伴进口额

国家和地区	金额/百万美元	同比/%	占比/%
总值	28 026	−0.6	100.0
德国	4 296	0.4	15.3
意大利	3 861	4.2	13.8
斯洛文尼亚	3 210	2.4	11.5
匈牙利	2 351	9.4	8.4
奥地利	1 797	−7.1	6.4
荷兰	1 085	4.0	3.9
波兰	1 058	1.1	3.8
波黑	883	−7.3	3.2
中国	813	−15.6	2.9
法国	756	3.6	2.7

数据来源：商务部国别报告网、UN Comtrade 数据库、全球贸易观察等,经本课题组整理所得。

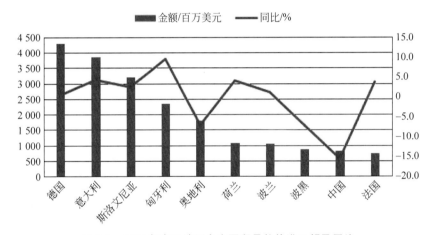

图 5-5　2019 年克罗地亚自主要贸易伙伴进口额及同比

5.3　主要进出口商品结构

2019 年克罗地亚出口商品总额为 17 381.2 百万美元,同比下降 0.12％。在出口商品构成中,以商品编码为 84(核反应堆、锅炉、机器、机械器具及其零件)、87(车辆及其零件、附件,但铁道及电车道车辆除外)、44(木及木制品;木炭)、94(家具;寝具、褥垫、弹簧床垫、软坐垫及类似的填充制品;未列名灯具及照明装置;发光标志、发光铭牌及类似品;活动房屋)等为主。相比 2018 年,商品编号为 30(药品)、87(车辆及其零件、附件,但铁道及电车道车辆除外)、18(可可及可可制品)、88(航空器、航天器及其零件)、07(食用蔬菜、根及块茎)等商品呈现增长趋势,尤其是 89(船舶及浮动结构体)增幅最大。与此同时,商品编号为 93(武器、弹药及其零件、附件)下降幅度最大。具体数据见表 5-4 和图 5-6。

表 5-4　2019 年克罗地亚出口商品结构

商品编码	商品类别	金额/百万美元	占比/%	同比/%
总值		17 381.2	100.00	−0.12
27	矿物燃料、矿物油及其蒸馏产品；沥青物质；矿物蜡	1 657.2	9.53	−10.57
84	核反应堆、锅炉、机器、机械器具及其零件	1 442.0	8.30	−2.51
85	电机、电气设备及其零件；声音的录制和重放设备及其零件、附件	1 435.3	8.26	0.14
30	药品	1 358.4	7.82	28.42
87	车辆及其零件、附件，但铁道及电车道车辆除外	972.2	5.59	19.72
44	木及木制品；木炭	923.8	5.32	−4.92
61	针织或钩编的服装及衣着附件	575.4	3.31	−0.50
73	钢铁制品	571.0	3.29	−0.49
76	铝及其制品	541.9	3.12	4.91
39	塑料及其制品	518.2	2.98	6.28
94	家具；寝具、褥垫、弹簧床垫、软坐垫及类似的填充制品；未列名灯具及照明装置；发光标志、发光铭牌及类似品；活动房屋	480.4	2.76	−3.44
89	船舶及浮动结构体	414.3	2.38	46.43
64	鞋靴、护腿和类似品及其零件	291.8	1.68	−7.43
48	纸及纸板；纸浆、纸或纸板制品	280.6	1.61	−3.25
33	精油及香膏，芳香料制品，化妆盥洗品	266.8	1.54	11.33
21	杂项食品	250.2	1.44	4.86
25	盐；硫黄；泥土及石料；石膏料、石灰及水泥	234.9	1.35	−2.48
10	谷物	234.6	1.35	5.57
72	钢铁	233.8	1.35	−13.37
31	肥料	224.7	1.29	3.71
70	玻璃及其制品	217.7	1.25	1.78
62	非针织或非钩编的服装及衣着附件	214.0	1.23	−6.85
90	光学、照相、电影、计量、检验、医疗或外科用仪器及设备、精密仪器及设备；上述物品的零件、附件	203.9	1.17	−41.86
03	鱼、甲壳动物，软体动物及其他水生无脊椎动物	195.9	1.13	−3.79
18	可可及可可制品	193.6	1.11	21.26
19	谷物、粮食粉、淀粉或乳的制品；糕饼点心	189.5	1.09	7.30
24	烟草及烟草代用品的制品	188.1	1.08	5.80
42	皮革制品；鞍具及挽具；旅行用品、手提包及类似容器；动物肠线（蚕胶丝除外）制品	177.5	1.02	0.55
01	活动物/动物产品	171.8	0.99	−36.58
22	饮料、酒及醋	170.6	0.98	−7.03
12	含油子仁及果实；杂项子仁及果实；工业用或药用植物；稻草、秸秆及饲料	170.1	0.98	9.12
68	石料、石膏、水泥、石棉、云母及类似材料的制品	157.3	0.90	9.55
16	肉、鱼、甲壳动物，软体动物及其他水生无脊椎动物的制品	127.5	0.73	9.59

续表

商品编码	商 品 类 别	金额/百万美元	占比/%	同比/%
02	肉及食用杂碎	112.9	0.65	7.63
40	橡胶及其制品	99.9	0.57	−2.10
29	有机化学品	99.3	0.57	−5.10
86	铁道及电车道机车、车辆及其零件；铁道及电车道轨道固定装置及其零件、附件；各种机械（包括电动机械）交通信号设备	90.7	0.52	−14.48
38	杂项化学产品	86.1	0.50	−4.41
15	动、植物油、脂及其分解产品；精制的食用油脂；动、植物蜡	83.1	0.48	0.02
04	乳品；蛋品；天然蜂蜜；其他食用动物产品	81.8	0.47	−7.82
17	糖及糖食	78.7	0.45	−24.11
23	食品工业的残渣及废料配制的动物饲料	73.5	0.42	−9.94
34	肥皂、有机表面活性剂、洗涤剂、润滑剂、人造蜡、调制蜡、光洁剂、蜡烛及类似品、塑型用膏、"牙科用蜡"及牙科用熟石膏制剂	72.7	0.42	−4.56
41	生皮（毛皮除外）及皮革	65.7	0.38	−12.46
93	武器、弹药及其零件、附件	64.0	0.37	−54.94
74	铜及其制品	63.3	0.36	−7.91
49	书籍、报纸、印刷图画及其他印刷品；手稿、打字稿及设计图纸	59.9	0.34	−1.57
32	鞣料浸膏及染料浸膏；鞣酸及其衍生物；染料、颜料及其他着色剂；油漆及清漆；油灰及其他类似胶黏剂；墨水、油墨	57.5	0.33	−4.28
28	无机化学品；贵金属、稀土金属、放射性元素及其同位素的有机及无机化合物	55.9	0.32	33.69
71	天然或养殖珍珠、宝石或半宝石、贵金属、包贵金属及其制品；仿首饰；硬币	55.8	0.32	−5.86
20	蔬菜、水果、坚果或植物其他部分的制品	53.2	0.31	4.87
69	陶瓷产品	52.4	0.30	−1.94
08	食用水果及坚果；柑橘属水果或甜瓜的果皮	45.7	0.26	−5.30
95	玩具、游戏品、运动用品及其零件、附件	44.5	0.26	−4.49
83	贱金属杂项制品	40.4	0.23	−8.20
88	航空器、航天器及其零件	39.7	0.23	37.69
55	化学纤维短纤	38.1	0.22	−3.29
47	木浆及其他纤维状纤维素浆；回收（废碎）纸或纸板	37.8	0.22	1.32
54	化学纤维长丝	37.3	0.21	−1.04
07	食用蔬菜、根及块茎	37.1	0.21	7.21

数据来源：商务部国别报告网、UN Comtrade 数据库、全球贸易观察等，经本课题组整理所得。

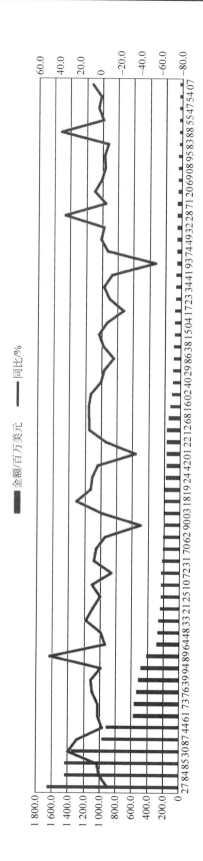

图 5-6　2019 年克罗地亚出口商品金额及同比

2019 年,克罗地亚进口商品总额为 28 026.0 百万美元,同比下降 0.63％。在进口商品构成中,主要有商品编号为 27(矿物燃料、矿物油及其蒸馏产品;沥青物质;矿物蜡)、84(核反应堆、锅炉、机器、机械器具及其零件)、87(车辆及其零件、附件,但铁道及电车道车辆除外)、85(电机、电气设备及其零件;声音的录制和重放设备及其零件、附件)等。相比 2018 年,商品编码为 30(药品)、33(精油及香膏,芳香料制品,化妆盥洗品)、89(船舶及浮动结构体)、18(可可及可可制品)、07(食用蔬菜、根及块茎)、24(烟草及烟草代用品的制品)等商品呈现增长趋势,尤其是 17(糖及糖食)增幅最大。同时,商品编号为 90(光学、照相、电影、计量、检验、医疗或外科用仪器及设备、精密仪器及设备;上述物品的零件、附件)的商品下降幅度最大。具体数据见表 5-5 和图 5-7。

表 5-5　2019 年克罗地亚进口额商品结构

商品编码	商品类别	金额/百万美元	占比/％	同比/％
总值		28 026.0	100.00	−0.63
27	矿物燃料、矿物油及其蒸馏产品;沥青物质;矿物蜡	3 430.6	12.24	−9.97
84	核反应堆、锅炉、机器、机械器具及其零件	2 685.5	9.58	1.59
87	车辆及其零件、附件,但铁道及电车道车辆除外	2 416.0	8.62	5.35
85	电机、电气设备及其零件;声音的录制和重放设备及其零件、附件	2 168.6	7.74	−4.88
30	药品	1 412.9	5.04	8.02
39	塑料及其制品	1 198.5	4.28	−1.94
73	钢铁制品	784.2	2.80	7.68
61	针织或钩编的服装及衣着附件	759.6	2.71	−2.26
72	钢铁	662.4	2.36	−6.64
94	家具;寝具、褥垫、弹簧床垫、软坐垫及类似的填充制品;未列名灯具及照明装置;发光标志、发光铭牌及类似品;活动房屋	612.2	2.18	2.57
76	铝及其制品	572.4	2.04	2.48
90	光学、照相、电影、计量、检验、医疗或外科用仪器及设备、精密仪器及设备;上述物品的零件、附件	569.0	2.03	−17.75
48	纸及纸板;纸浆、纸或纸板制品	523.9	1.87	−2.84
62	非针织或非钩编的服装及衣着附件	466.2	1.66	0.36
02	肉及食用杂碎	465.3	1.66	5.01
33	精油及香膏,芳香料制品,化妆盥洗品	447.0	1.59	8.56
44	木及木制品;木炭	406.9	1.45	−2.05
64	鞋靴、护腿和类似品及其零件	401.3	1.43	−5.41
38	杂项化学产品	366.3	1.31	2.51
40	橡胶及其制品	312.9	1.12	0.82
19	谷物、粮食粉、淀粉或乳的制品;糕饼点心	311.7	1.11	7.63
89	船舶及浮动结构体	301.5	1.08	35.69
04	乳品;蛋品;天然蜂蜜;其他食用动物产品	300.6	1.07	3.75
29	有机化学品	299.6	1.07	−7.70
22	饮料、酒及醋	290.1	1.04	6.22
23	食品工业的残渣及废料配制的动物饲料	258.9	0.92	−6.61
21	杂项食品	252.4	0.90	3.49
08	食用水果及坚果;柑橘属水果或甜瓜的果皮	238.1	0.85	5.87
41	生皮(毛皮除外)及皮革	229.9	0.82	−15.26

续表

商品编码	商品类别	金额/百万美元	占比/%	同比/%
32	鞣料浸膏及染料浸膏；鞣酸及其衍生物；染料、颜料及其他着色料；油漆及清漆；油灰及其他类似胶黏剂；墨水、油墨	229.1	0.82	−1.44
95	玩具、游戏品、运动用品及其零件、附件	209.2	0.75	6.71
18	可可及可可制品	198.6	0.71	9.10
74	铜及其制品	196.7	0.70	−3.66
34	肥皂、有机表面活性剂、洗涤剂、润滑剂、人造蜡、调制蜡、光洁剂、蜡烛及类似品、塑型用膏、"牙科用蜡"及制剂	185.1	0.66	0.13
07	食用蔬菜、根及块茎	184.2	0.66	17.77
70	玻璃及其制品	177.3	0.63	−0.87
24	烟草及烟草代用品的制品	172.3	0.61	25.41
03	鱼、甲壳动物、软体动物及其他水生无脊椎动物	157.9	0.56	9.60
69	陶瓷产品	155.8	0.56	−4.20
83	贱金属杂项制品	154.3	0.55	−3.29
20	蔬菜、水果、坚果或植物其他部分的制品	147.2	0.53	2.70
01	活动物/动物产品	141.2	0.50	8.38
96	杂项制品	133.4	0.48	−4.36
82	贱金属工具、器具、利口器、餐匙、餐叉及其零件	130.2	0.46	−2.36
68	石料、石膏、水泥、石棉、云母及类似材料的制品	123.9	0.44	−3.10
15	动、植物油、脂及其分解产品；精制的食用油脂；动、植物蜡	123.1	0.44	1.63
31	肥料	117.7	0.42	−10.78
16	肉、鱼、甲壳动物、软体动物及其他水生无脊椎动物的制品	117.2	0.42	10.97
63	其他纺织制成品；成套物品；旧衣着及旧纺织品；碎织物	114.9	0.41	−6.33
17	糖及糖食	109.4	0.39	48.38
42	皮革制品；鞍具及挽具；旅行用品、手提包及类似容器；动物肠线（蚕胶丝除外）制品	105.9	0.38	0.19
25	盐；硫黄；泥土及石料；石膏料、石灰及水泥	102.6	0.37	4.95
28	无机化学品；贵金属、稀土金属、放射性元素及其同位素的有机及无机化合物	97.7	0.35	3.28
10	谷物	85.2	0.30	1.66
09	咖啡、茶、马黛茶及调味香料	84.3	0.30	−5.30
35	蛋白类物质；改性淀粉；胶；酶	72.8	0.26	16.30
56	絮胎、毡呢及无纺织物；特种纱线；线、绳、索、缆及其制品	70.4	0.25	1.86
54	化学纤维长丝	70.2	0.25	−15.76
12	含油了仁及果实；杂项子仁及果实；工业用或药用植物；稻草、秸秆及饲料	61.4	0.22	−2.24
60	针织物及钩编织物	59.6	0.21	−13.26

数据来源：商务部国别报告网、UN Comtrade 数据库、全球贸易观察等，经本课题组整理所得。

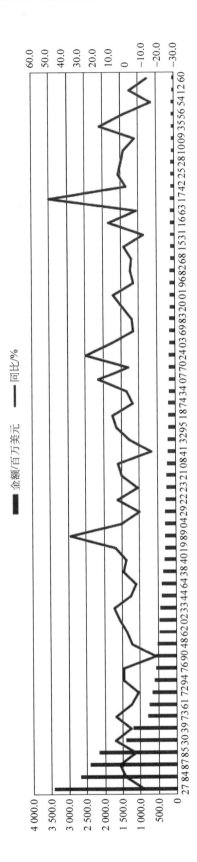

图 5-7　2019 年克罗地亚进口商品金额及同比

5.4　主要优势产业及其特征

1. 金属制品业

根据克罗地亚商会统计,克罗地亚金属加工业年产值 2 696 百万美元,约占 GDP 5.2%,出口额收入 1 242.6 百万美元,占该行业产值的 46.3%。该行业注册企业 2 771 家,员工约 3 万人。克罗地亚金属制造业主要产品有轮船和漂浮结构、金属架构、螺栓和螺丝、能源设备、金属工具和特种设备(枪支等)。生产基地分布于萨格勒布省、瓦拉日丁省、克拉皮纳-扎戈尔利亚省、梅吉姆列省、卡尔洛瓦茨省、布罗德-波萨瓦省和海山省。产品主要出口市场包括奥地利、波黑、法国、德国、意大利、俄罗斯和美国。

2. 木质制品制造业

克罗地亚森林工业在国民经济中占据重要位置,相关从业人员约 5.3 万人,林业产品出口占出口总额 10% 左右。木材出口额中,制成品占比 70%,主要有家具、地板、建筑用木材、木屋和门窗配件等。木材加工业员工平均月收入 1 068.12 美元,家具业员工 1 174.7 美元。行业主要产品有家具(桌、椅、橱柜、床具)、家具配件、木地板(包括实木复合木地板)、木板材、细木工制品及其配件。木材加工和家具行业是克罗地亚净出口额最多的行业,也是多年来连续实现贸易顺差和出口额增长的行业,主要出口目的地包括奥地利、埃及、德国、意大利、斯洛伐克和斯洛文尼亚。国内生产基地有别洛瓦尔-比洛科莱省、奥西耶克-巴拉尼亚省、波热格-斯拉沃尼亚省、武科瓦尔-斯列梅省和萨格勒布省。

3. 船舶及相关装置制造

克罗地亚造船业已有几百年的历史,技术水平较高。根据克罗地亚海洋事务、交通与基础设施部公布的数据,目前在克罗地亚注册的船只及游艇共 12 万艘,年均从其他国家开往克罗地亚的快艇约 6 万艘。克罗地亚专门开设有海事学院和培训中心以培养专业的船员,克罗地亚正式船员有 6 万名。

4. 化学与医药制造业

克罗地亚在医药工业方面有一定的开发和生产能力,每年生产各类医药产品 1 700 多吨。根据克罗地亚商会统计,克罗地亚制药业年产值 1 554.88 百万美元,约占 GDP 2.1%,出口额收入 983.84 百万美元,占该行业产值 63.3%。该行业注册企业 50 家,员工 5 145 人,月均收入 3 044.4 美元。制药产品主要出口市场包括匈牙利、捷克、斯洛伐克、波兰、乌克兰、俄罗斯、中亚地区和美国。制药业研发费用居克罗地亚所有行业之首,约为全部研发支出 29%。普利瓦(Pliva)药业公司是中东欧地区最大的制药企业之一。

5. 旅游业

克罗地亚是地中海旅游胜地,旅游业成为克罗地亚支柱产业之一。其旅游资源丰富,在方圆 400 公里范围内可以体验大陆、山地和地中海等三种气候类型,拥有 8 个国家公园、11 座自然公园、10 处联合国教科文组织遗产、420 个保护区(占国土面积 9%)和 1 244 个岛屿。在世界旅游组织公布的全球 136 个国家和地区旅行及旅游业竞争力排名中,克罗地亚列第 32 位,其中,旅游服务基础设施排名第 5 位,自然资源排名第 20 位,国际开放度排名第 26 位。旅游业注册企业超过 1.82 万家,员工人数 11.4 万,月均工资 918 美元。克罗地亚三大类旅游设施中,营地类设施床位 23.6 万张,公寓类设施床位 53.9 万张,酒店类设施床位 17.1 万张。现有星级酒店中,五星级酒店占比 9%,四星级酒店占比 44%,三星级酒店占比 36%。克罗地亚作为旅游目的地交通便利,欧洲主要城市飞行距离 2~3 小时,全国有 7 座国际机场、6 个海港、4 个内河港和 61 处游艇停泊码头。

5.5 中国和克罗地亚双边贸易概况

2019 年克罗地亚与中国双边货物进出口额为 933.26 百万美元。从商品类别看,克罗地亚对中国出口金额最多的商品为车辆及其零件产品,自中国进口金额最多的商品为核反应堆等。

2019 年克罗地亚对中国出口商品总额为 120.26 百万美元,同比减少 31.47%。在出口商品构成中,以商品编号 87(车辆及其零件、附件,但铁道及电车道车辆除外)和 44(木及木制品;木炭)为主,两类商品占对中国出口商品总额的 57.1%。相比 2018 年,商品编码为 23(食品工业的残渣及废料配制的动物饲料)、61(针织或钩编的服装及衣着附件)、39(塑料及其制品)、33(精油及香膏,芳香料制品,化妆盥洗品)等商品呈现增长趋势,尤其是 18(可可及可可制品)增幅最大。与此同时,商品编号为 94(家具;寝具、褥垫、弹簧床垫、软坐垫及类似的填充制品;未列名灯具及照明装置;发光标志、发光铭牌及类似品;活动房屋)的商品下降幅度最大。具体数据见表 5-6 和图 5-8。

表 5-6 2019 年克罗地亚对中国出口主要商品构成

商品编码	商 品 类 别	金额/百万美元	占比/%	同比/%
总值		120.26	100.00	−31.47
87	车辆及其零件、附件,但铁道及电车道车辆除外	38.30	31.85	32.93
44	木及木制品;木炭	30.36	25.25	−14.66
25	盐;硫黄;泥土及石料;石膏料、石灰及水泥	9.87	8.21	−3.55
84	核反应堆、锅炉、机器、机械器具及其零件	9.34	7.77	−393.58
90	光学、照相、电影、计量、检验、医疗或外科用仪器及设备、精密仪器及设备;上述物品的零件、附件	6.05	5.03	−170.49
85	电机、电气设备及其零件;声音的录制和重放设备及其零件、附件	5.42	4.51	23.18
30	药品	3.29	2.74	51.95
23	食品工业的残渣及废料配制的动物饲料	2.49	2.07	33.34
76	铝及其制品	2.15	1.79	15.05
61	针织或钩编的服装及衣着附件	1.71	1.42	68.79
62	非针织或非钩编的服装及衣着附件	1.47	1.23	50.58

续表

商品编码	商 品 类 别	金额/百万美元	占比/%	同比/%
19	谷物、粮食粉、淀粉或乳的制品；糕饼点心	1.40	1.17	-42.59
39	塑料及其制品	1.38	1.15	93.17
47	木浆及其他纤维状纤维素浆；回收(废碎)纸或纸板	1.14	0.95	-195.41
29	有机化学品	1.05	0.88	-126.81
33	精油及香膏,芳香料制品,化妆盥洗品	0.83	0.69	88.57
40	橡胶及其制品	0.62	0.52	-20.42
41	生皮(毛皮除外)及皮革	0.62	0.51	0.07
86	铁道及电车道机车、车辆及其零件；铁道及电车道轨道固定装置及其零件、附件；各种机械(包括电动机械)交通信号设备	0.59	0.49	71.83
22	饮料、酒及醋	0.40	0.33	28.06
73	钢铁制品	0.37	0.31	44.77
42	皮革制品；鞍具及挽具；旅行用品、手提包及类似容器；动物肠线(蚕胶丝除外)制品	0.36	0.30	-147.79
95	玩具、游戏品、运动用品及其零件、附件	0.32	0.27	-77.67
94	家具；寝具、褥垫、弹簧床垫、软坐垫及类似的填充制品；未列名灯具及照明装置；发光标志、发光铭牌及类似品；活动房屋	0.18	0.15	-1 415.28
65	帽类及其零件	0.12	0.10	40.28
82	贱金属工具、器具、利口器、餐匙、餐叉及其零件	0.10	0.09	54.46
18	可可及可可制品	0.10	0.08	98.97
27	矿物燃料、矿物油及其蒸馏产品；沥青物质；矿物蜡	0.08	0.06	9.09
48	纸及纸板；纸浆、纸或纸板制品	0.07	0.06	71.03
38	杂项化学产品	0.06	0.05	86.90

数据来源：商务部国别报告网、UN Comtrade 数据库等,经课题整理所得。

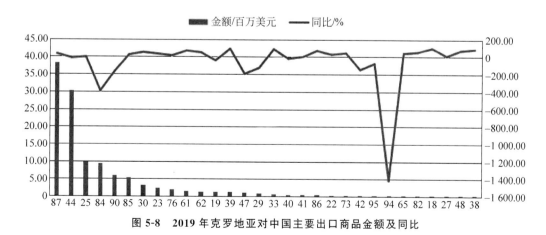

图 5-8　2019 年克罗地亚对中国主要出口商品金额及同比

2019 年克罗地亚自中国进口商品总额为 813 百万美元,同比下降 15.6%。在进口商品构成中,以商品编号 85(电机、电气设备及其零件；声音的录制和重放设备及其零件、附件)、84(核反应堆、锅炉、机器、机械器具及其零件)为主,上述商品占自中国进口商品总额的

43.1%。相比 2018 年,商品编码为 39(塑料及其制品)、87(车辆及其零件、附件,但铁道及电车道车辆除外)、81(其他贱金属、金属陶瓷及其制品)、26(矿砂、矿渣及矿灰)等商品呈现增长趋势,尤其是 73(钢铁制品)增幅最大。与此同时,商品编号为 90(光学、照相、电影、计量、检验、医疗或外科用仪器及设备、精密仪器及设备;上述物品的零件、附件)的商品下降幅度最大。具体数据见表 5-7 和图 5-9。

表 5-7 2019 年克罗地亚自中国进口主要商品构成

商品编码	商 品 类 别	金额/百万美元	占比/%	同比/%
总值		813	100.0	−15.6
84	核反应堆、锅炉、机器、机械器具及其零件	189	23.3	7.4
85	电机、电气设备及其零件;声音的录制和重放设备及其零件、附件	161	19.8	−26.7
73	钢铁制品	71	8.7	158.9
94	家具;寝具、褥垫、弹簧床垫、软坐垫及类似的填充制品;未列名灯具及照明装置;发光标志、发光铭牌及类似品;活动房屋	55	6.8	5.6
39	塑料及其制品	28	3.4	22.2
95	玩具、游戏品、运动用品及其零件、附件	28	3.4	−8.9
90	光学、照相、电影、计量、检验、医疗或外科用仪器及设备、精密仪器及设备;上述物品的零件、附件	25	3.1	−83.9
62	非针织或非钩编的服装及衣着附件	22	2.7	−21.5
61	针织或钩编的服装及衣着附件	22	2.7	−14.2
29	有机化学品	14	1.8	9.0
83	贱金属杂项制品	14	1.7	−11.6
64	鞋靴、护腿和类似品及其零件	14	1.7	−17.7
76	铝及其制品	12	1.5	10.4
63	其他纺织制成品;成套物品;旧衣着及旧纺织品;碎织物	11	1.4	8.2
42	皮革制品;鞍具及挽具;旅行用品、手提包及类似容器;动物肠线(蚕胶丝除外)制品	10	1.3	11.7
40	橡胶及其制品	10	1.2	0.4
87	车辆及其零件、附件,但铁道及电车道车辆除外	8	1.0	39.0
48	纸及纸板;纸浆、纸或纸板制品	8	1.0	0.6
66	雨伞、阳伞、手杖、鞭子、马鞭及其零件	8	0.9	9.8
81	其他贱金属、金属陶瓷及其制品	7	0.9	32.6
70	玻璃及其制品	7	0.8	5.5
82	贱金属工具、器具、利口器、餐匙、餐叉及其零件	6	0.7	−6.4
96	杂项制品	6	0.7	−19.0
69	陶瓷产品	5	0.7	−18.4
26	矿砂、矿渣及矿灰	5	0.6	66.0
54	化学纤维长丝	5	0.6	−7.7
67	已加工羽毛、羽绒及其制品;人造花;人发制品	4	0.5	−19.0
03	鱼、甲壳动物,软体动物及其他水生无脊椎动物	3	0.4	−12.1
68	石料、石膏、水泥、石棉、云母及类似材料的制品	3	0.4	−49.3
44	木及木制品;木炭	3	0.4	−3.5

数据来源:商务部国别报告网、UN Comtrade 数据库等,经课题整理所得。

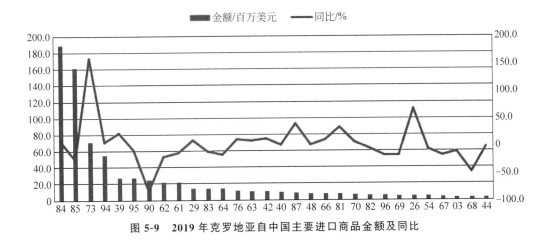

图 5-9　2019 年克罗地亚自中国主要进口商品金额及同比

5.6	中国和克罗地亚贸易竞争性与互补性分析

5.6.1　中国和克罗地亚显性比较优势指数(RCA)分析

利用《国际贸易商品标准分类(第四版)》(SITC. Rev4),以 2018 年为例,对中国与克罗地亚显性比较优势指数(RCA)进行分析。具体数据见表 5-8。

表 5-8　2018 年克罗地亚商品出口额

SITC	商品类别名称	金额/百万美元
SITC0	食品和活动物	1 815.08
SITC1	饮料及烟草	353.25
SITC2	非食用燃料(不包含燃料)	1 278.40
SITC3	矿物燃料、润滑油及有关原料	1 818.28
SITC4	动植物油、油脂和蜡	76.77
SITC5	未列明的化学品和有关产品	2 181.55
SITC6	主要按原材料分类的制成品	2 916.53
SITC7	机械及运输设备	4 043.11
SITC8	杂项制品	2 614.05
SITC9	没有分类的其他商品	113.44

数据来源：UN Comtrade 数据库等,经本课题组整理所得。

通过 UN Comtrade 数据库等相关数据库的数据,经本课题组整理得到：2018 年中国所有商品出口额约为 2 494 230 百万美元,克罗地亚所有商品出口额 17 402 百万美元,世界所有商品出口额 19 051 239 百万美元。

按照公式 $RCA_{xik} = (X_{ik}/X_{wk})/(X_i/X_w)$,得出计算结果如表 5-9 所示。

表5-9　2018年中国和克罗地亚显性比较优势指数（RCA）计算结果

国家	商 品									
	SITC0	SITC1	SITC2	SITC3	SITC4	SITC5	SITC6	SITC7	SITC8	SITC9
中国	0.43	0.18	0.19	0.18	0.10	0.59	1.35	1.34	1.94	0.04
克罗地亚	1.72	2.49	2.07	1.03	1.00	1.11	1.39	0.65	1.30	0.10

根据上述结果分析得到：

（1）克罗地亚除了 SITC7、SITC9 外，其余商品均具有显性比较优势。其中，SITC1 的 RCA 值最高，为 2.49，说明具有比较明显的显性比较优势。

（2）在 SITC6 和 SITC8 两类商品中，中国与克罗地亚都具有显性比较优势。SITC9 商品中，两国显性优势比较指数均小于 1，说明两国都不具备比较优势。

5.6.2　中国和克罗地亚贸易互补性指数（TCI）分析

利用《国家贸易商品标准分类（第四版）》（SITC. Rev4），以 2018 年为例，对中国与克罗地亚贸易互补性指数（TCI）进行分析。具体数据见表 5-10。

表5-10　2018年克罗地亚商品进口额

SITC	商品类别名称	金额/百万美元
SITC0	食品和活动物	2 938.40
SITC1	饮料及烟草	399.06
SITC2	非食用燃料（不包含燃料）	536.79
SITC3	矿物燃料、润滑油及有关原料	3 807.68
SITC4	动植物油、油脂和蜡	112.69
SITC5	未列明的化学品和有关产品	3 914.00
SITC6	主要按原材料分类的制成品	4 898.58
SITC7	机械及运输设备	7 449.17
SITC8	杂项制品	4 033.09
SITC9	没有分类的其他商品	23.62

数据来源：UN Comtrade 数据库等，经本课题组整理所得。

通过 UN Comtrade 数据库等相关数据库的数据，经本课题组整理得到：2018 年中国所有商品进口额约为 2 134 982 百万美元，克罗地亚所有商品进口额 28 204 百万美元，世界所有商品进口额 19 253 036 百万美元。

按照公式 $TCI_{ij} = RCA_{xik} \times RCA_{mjk}$，得出计算结果如表 5-11 所示。

表5-11　2018年中国和克罗地亚贸易互补性指数（TCI）计算结果

国家	商 品									
	SITC0	SITC1	SITC2	SITC3	SITC4	SITC5	SITC6	SITC7	SITC8	SITC9
中国	0.07	0.03	0.01	0.02	0.01	0.07	0.19	0.09	0.24	0.00
克罗地亚	0.74	0.98	5.44	1.10	0.71	0.84	0.74	0.68	0.72	0.08

根据上述结果分析得到：

（1）中国与克罗地亚贸易互补性指数（TCI）差异较大，且两国在各类商品中都具有显性比较优势而激烈竞争。

（2）在 SITC0、SITC1、SITC4、SITC5、SITC6、SITC7、SITC8 和 SITC9 这几类商品中，双方 TCI 值均小于 1，说明两国互补性较弱。

5.7　中国和克罗地亚贸易合作展望

近些年来，中国和克罗地亚贸易关系发展顺利，双边贸易合作具有扎实的基础。克罗地亚支持并积极参与中国—中东欧国家合作。2019 年 10 月，克罗地亚举办中国—中东欧能源合作论坛，国家能源局局长章建华出席。同年 6 月，克罗地亚时任副总理兼农业部长托卢希奇来华出席中国—中东欧国家合作论坛。同时，中国和克罗地亚政府间建有经济联委会和科技合作委员会等机制，签有共建"一带一路"谅解备忘录等多项合作文件，各领域交流不断深化。

综合分析了解，克罗地亚经济环境发展在中东欧国家里处于较低水平，还有待进一步提升。结合其与中国奠定的良好的贸易关系，对中国与克罗地亚双边贸易的发展进行展望。

（1）克罗地亚的经济发展水平较低，应对其进行产业结构升级。产业结构升级不仅需要自主创新，同时也需要外部资金输入。因此，中国与克罗地亚可以从推动地方产业结构转型升级着手，为未来深化双边贸易合作做铺垫。

（2）克罗地亚与中国的旅游领域具有巨大潜力，因此双方可以定期交流、分享经验、相互组织营销活动、打造区域旅游产品等，推广中国与中东欧国家旅游品牌，进一步加强经贸合作。

第6章

捷克的对外贸易

捷克共和国,简称捷克,地处欧洲中部。东靠斯洛伐克,南邻奥地利,西接德国,北毗波兰。属北温带,典型温带大陆性气候。截至2019年,面积78 866平方公里,总人口1 068万。其中约90%以上为捷克族,斯洛伐克族占2.9%,德意志族占1%,此外还有少量波兰族和罗姆族。首都布拉格,2019年人口131万。

捷克为中等发达国家,工业基础雄厚。近年来,实行积极、平衡、稳健的经济政策,经济逐渐呈现复苏势头。近两年增长势头较快,2019年GDP为246 500百万美元,同比增长2.4%;进出口总额371 600百万美元,其中出口199 000百万美元,进口177 100百万美元,通胀率2.8%,失业率2%。

捷克褐煤、硬煤和铀矿蕴藏丰富,其中截至2019年,褐煤和硬煤储量约为13 400百万吨,分别居世界第三位和欧洲第五位。石油、天然气和铁砂储量甚小,依赖进口。森林面积2019年266.8万公顷,约占全国总面积的34%。伏尔塔瓦河上建有多座水电站。工业方面,主要工业有机械、化工、冶金、纺织、电力、食品、制鞋、木材加工和玻璃制造等。2019年农业用地面积352.3万公顷,其中耕地面积246.1万公顷。2019年农业人口14.8万,占全国劳动人口的约3.0%。2019年粮食总产697.1万吨。旅游业方面,游客主要来自德国、斯洛伐克、波兰、中国等国,近年来,中国游客大幅增长。主要旅游城市有布拉格、捷克克鲁姆洛夫、卡洛维伐利等。据捷方统计,2019年捷克共吸引游客2 198.5万人,比2018年增加73.7万人,创历史纪录。其中外国游客1 088.3万人,中国游客排名第四,61.2万人,同比减少1%。交通运输方面,以公路、铁路和航空运输为主。

对外贸易方面,外贸在捷克经济中占有重要位置,国内生产总值85%依靠出口实现。进口商品主要有石油、天然气、计算机、轿车及配件、电信设备、机械设备、医药产品和器械、化工产品、铁矿石、载重汽车和家用电器等。出口商品主要有轿车及配件、电力、钢材、机械设备、玻璃制品、木材、化工产品、轮胎、家具等。主要贸易对象为德国、斯洛伐克、波兰、中国、意大利、法国、奥地利、英国和荷兰。捷克著名企业有斯柯达汽车、PPF集团等。

据欧盟统计局统计,2019年捷克贸易顺差20 260百万美元,增长24.2%。捷克是欧盟成员国之一,其货物贸易的80%以上在欧盟区域内进行。2019年捷克对欧盟出口165 880百万美元,下降2.5%,占其出口总额的83.6%;自欧盟进口133 450百万美元,下降4.3%,占其进口总额的74.9%。在欧盟区域内,德国、斯洛伐克和波兰是捷克最重要的出口贸易伙伴,2019年捷克对这些国家分别出口63 109百万美元、15 095百万美元和11 942百万美元,分别下降3.6%、1.1%和2.2%,分别占捷克出口总额的31.8%、7.6%和

6.0%;而主要的欧洲进口贸易伙伴是德国、波兰和荷兰,2019 年进口额分别为 50 746 百万美元、15 951 百万美元和 10 916 百万美元,其中自德国和波兰进口下降 5.3%和 5.0%,自荷兰进口增长 12.6%,分别占捷克进口总额的 28.5%、9.0%和 6.1%。在欧盟区域外,捷克最大的出口伙伴是美国,2019 年出口额为 4 530 百万美元,增长 11.2%,占捷克出口总额的 2.3%;而主要的进口国是中国和美国,2019 年进口额分别为 16 561 百万美元和 3 530 百万美元,前者增长 6.9%,后者下降 0.2%,分别占捷克进口总额的 9.3%和 2.0%。2019 年捷克货物贸易处于顺差状态。顺差额主要源于欧盟中的德国、斯洛伐克、英国和法国,与四国的顺差额分别为 12 360 百万美元、5 420 百万美元、5 160 百万美元和 4 610 百万美元。捷克贸易逆差主要来源于中国、波兰和荷兰,逆差额分别为 14 160 百万美元、4 010 百万美元和 3 340 百万美元。从商品种类看,机电产品、运输设备和贱金属及制品是捷克的主要出口商品,2019 年出口额为 75 780 百万美元、42 220 百万美元和 16 280 百万美元,分别下降 0.8%、0.6%和 8.7%,分别占其出口总额的 38.2%、21.3%和 8.2%。捷克主要进口商品为机电产品、运输设备和贱金属及制品,2019 年进口额为 67 140 百万美元、19 320 百万美元和 18 280 百万美元,分别下降 0.9%、5.5%和 8.8%,分别占其进口总额的 37.7%、10.8%和 10.3%。

据欧盟统计局统计,2019 年捷克对中国出口 2 400 百万美元,下降 4.5%;自中国进口 16 560 百万美元,增长 6.9%。捷克与中国的贸易逆差 14 160 百万美元。2019 年捷克对中国出口机电产品总额为 1 130 百万美元,下降 14.0%,占捷克对中国出口总额的 47.1%。光学、钟表和医疗设备以及纤维素浆、纸张是捷克对中国出口的第二和第三大类商品,分别下降 3.3%和 0.2%。捷克自中国进口的主要商品也是机电产品,2019 年进口额为 13 420 百万美元,增长 7.6%,占捷克自中国进口总额的 81.0%,中国在该类产品上的主要竞争对手来自德国、荷兰、斯洛伐克、波兰和英国。贱金属及制品是捷克从中国进口的第二大类商品,2019 年进口 650 百万美元,增长 6.3%。

6.1　对外贸易发展趋势

2019 年捷克货物进出口额为 376 769 百万美元,比上年(下同)下降 2.6%。其中,出口 198 516 百万美元,下降 1.8%;进口 178 253 百万美元,下降 3.5%。

捷克在 2008 年至 2019 年对外贸易总额呈现波动趋势。经历 2008 年的明显上升后,2009 年出现了剧烈下跌。2010 年和 2011 年保持稳定增长之后,在 2012 年出现了一定程度的下跌。2013 年止跌反弹,2014 年相较于 2013 年有较为明显增长的趋势,但在 2015 年出现了下滑。经历 2016 年至 2018 年比较稳定的增长后,2019 年又出现了小幅下跌。具体数据见表 6-1 和图 6-1。

表 6-1　捷克对外贸易年度表

时间	总额/百万美元	同比/%	出口/百万美元	同比/%	进口/百万美元	同比/%
2008 年	289 427	20.0	147 214	19.9	142 213	20.0
2009 年	218 415	−24.5	113 168	−23.1	105 247	−26.0
2010 年	259 758	18.9	133 090	17.6	126 668	20.4
2011 年	315 192	21.3	162 989	22.5	152 203	20.2

时 间	总额/百万美元	同比/%	出口/百万美元	同比/%	进口/百万美元	同比/%
2012 年	298 919	−5.2	157 292	−3.5	141 627	−6.9
2013 年	306 739	2.6	162 364	3.2	144 375	1.9
2014 年	329 281	7.3	175 033	7.8	154 247	6.8
2015 年	299 355	−9.1	157 937	−9.8	141 417	−8.3
2016 年	305 761	2.1	162 709	3.0	143 053	1.2
2017 年	345 610	13.0	182 203	12.0	163 406	14.2
2018 年	385 750	11.6	202 079	10.9	183 671	12.4
2019 年	376 769	−2.6	198 516	−1.8	178 253	−3.5

数据来源：商务部国别报告网、UN Comtrade 数据库、全球贸易观察等，经本课题组整理所得。

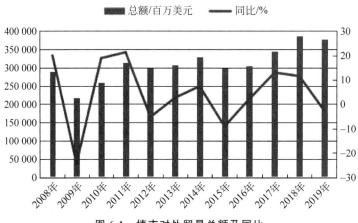

图 6-1　捷克对外贸易总额及同比

捷克在 2014 年至 2019 年对外贸易出口额波动趋势与对外贸易总额变化趋势类似。2008 年和 2009 年情况截然相反，2008 年快速上升，而 2009 年大幅下滑。2010 年和 2011 年止跌反弹，并维持明显上升趋势。但是，2012 年出现下滑趋势，2013 年明显回升。经历了 2014 年同比增长 7.8% 和 2015 年同比下降 9.8% 之后，2016 年至 2018 年对外贸易出口额稳定增长，但在 2019 年出口 198 516 百万美元，较 2018 年下滑 1.8 个百分点。具体数据见表 6-1 和图 6-2。

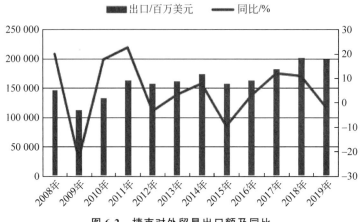

图 6-2　捷克对外贸易出口额及同比

　　捷克在 2008 年至 2019 年对外贸易进口额中,2018 年进口额最多,为 183 671 百万美元。2010 年增幅最大,为 20.4%。相比之下,2009 年跌到低谷,进口额仅为 105 247 百万美元,下降幅度也最大,为 26%。同时,2019 年对外贸易进口额呈现下降趋势,比 2018 年下跌3.5 个百分点。具体数据见表 6-1 和图 6-3。

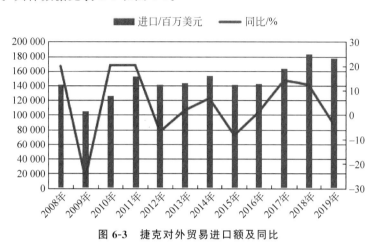

图 6-3　捷克对外贸易进口额及同比

6.2　主要贸易市场结构

　　2019 年捷克出口总额为 198 516 百万美元,出口伙伴国主要有德国、斯洛伐克、波兰等;进口总额为 178 253 百万美元,进口伙伴国主要有德国、中国、波兰等。

　　2019 年捷克出口至德国的货物金额最多,为 63 109 百万美元。在主要出口伙伴国中,只有出口荷兰、匈牙利和西班牙三国的货物金额较 2018 年呈增加趋势。具体数据见表 6-2和图 6-4。

表 6-2　2019 年捷克对主要贸易伙伴出口额

国家和地区	金额/百万美元	同比/%	占比/%
总值	198 516	−1.8	100.0
德国	63 109	−3.6	31.8
斯洛伐克	15 095	−1.1	7.6
波兰	11 942	−2.2	6.0
法国	10 125	−0.9	5.1
英国	8 946	−4.8	4.5
奥地利	8 538	−5.3	4.3
荷兰	7 576	1.4	3.8
意大利	7 534	−3.5	3.8
匈牙利	6 450	6.3	3.3
西班牙	6 330	0.3	3.2

数据来源:商务部国别报告网、UN Comtrade 数据库、全球贸易观察等,经本课题组整理所得。

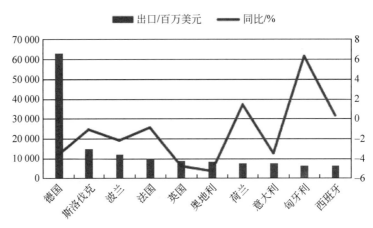

图 6-4　2019 年捷克对主要贸易伙伴出口额及同比

2019 年捷克自德国进口货物的金额占比最大，为 50 746 百万美元。在主要进口伙伴国中，只有自中国和荷兰两国进口的货物金额较 2018 年呈增加趋势，尤其是自中国进口的货物增长近 7%，增幅明显。具体数据见表 6-3 和图 6-5。

表 6-3　2019 年捷克自主要贸易伙伴进口额

国家和地区	金额/百万美元	同比/%	占比/%
总值	178 253	−3.5	100.0
德国	50 746	−5.3	28.5
中国	16 561	6.9	9.3
波兰	15 951	−5.0	9.0
荷兰	10 916	12.6	6.1
斯洛伐克	9 679	−12.2	5.4
意大利	7 008	−5.7	3.9
奥地利	6 700	−6.9	3.8
法国	5 510	−4.9	3.1
匈牙利	4 835	−4.3	2.7
比利时	4 037	−0.5	2.3

数据来源：商务部国别报告网、UN Comtrade 数据库、全球贸易观察等，经本课题组整理所得。

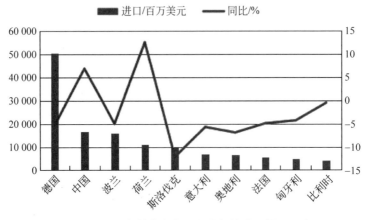

图 6-5　2019 年捷克自主要贸易伙伴进口额及同比

6.3　主要进出口商品结构

2019 年捷克出口商品总额为 198 516 百万美元,同比下降 1.8%。在出口商品构成中,以商品编码为 87(车辆及其零件、附件,但铁道及电车道车辆除外)、84(核反应堆、锅炉、机器、机械器具及其零件)、85(电机、电气设备及其零件;声音的录制和重放设备及其零件、附件)的商品为主,这三类商品占总出口商品金额的近六成。相比 2018 年,商品编号为 33(精油及香膏,芳香料制品,化妆盥洗品)、38(杂项化学产品)、88(航空器、航天器及其零件)、71(天然或养殖珍珠、宝石或半宝石、贵金属、包贵金属及其制品;仿首饰;硬币)的商品增长幅度较大。具体数据见表 6-4 和图 6-6。

表 6-4　2019 年捷克主要出口商品结构

商品编码	商品类别	金额/百万美元	占比/%	同比/%
总值	—	198 516.0	100.00	−1.80
87	车辆及其零件、附件,但铁道及电车道车辆除外	40 489.8	20.40	−1.09
84	核反应堆、锅炉、机器、机械器具及其零件	39 330.4	19.81	−2.16
85	电机、电气设备及其零件;声音的录制和重放设备及其零件、附件	36 444.3	18.36	0.78
73	钢铁制品	6 880.8	3.47	−6.00
39	塑料及其制品	6 657.2	3.35	−6.23
94	家具;寝具、褥垫、弹簧床垫、软坐垫及类似的填充制品;未列名灯具及照明装置;发光标志、发光铭牌及类似品;活动房屋	5 359.5	2.70	−5.58
90	光学、照相、电影、计量、检验、医疗或外科用仪器及设备、精密仪器及设备;上述物品的零件、附件	4 224.0	2.13	0.42
72	钢铁	4 022.9	2.03	−15.26
40	橡胶及其制品	3 890.1	1.96	−6.39
27	矿物燃料、矿物油及其蒸馏产品;沥青物质;矿物蜡	3 669.1	1.85	−11.45
95	玩具、游戏品、运动用品及其零件、附件	3 380.1	1.70	−7.83
30	药品	3 030.4	1.53	6.33
44	木及木制品;木炭	2 543.4	1.28	0.00
70	玻璃及其制品	1 882.6	0.95	−5.45
76	铝及其制品	1 851.2	0.93	−9.82
48	纸及纸板;纸浆、纸或纸板制品	1 771.7	0.89	−0.80
33	精油及香膏,芳香料制品,化妆盥洗品	1 665.6	0.84	29.40

续表

商品编码	商品类别	金额/百万美元	占比/%	同比/%
83	贱金属杂项制品	1 605.4	0.81	−5.88
96	杂项制品	1 304.2	0.66	3.60
62	非针织或非钩编的服装及衣着附件	1 183.8	0.60	−3.48
29	有机化学品	1 163.7	0.59	−2.04
61	针织或钩编的服装及衣着附件	1 120.6	0.56	−4.96
38	杂项化学产品	1 096.7	0.55	25.82
82	贱金属工具、器具、利口器、餐匙、餐叉及其零件	1 063.8	0.54	3.70
49	书籍、报纸、印刷图画及其他印刷品；手稿、打字稿及设计图纸	994.5	0.50	−4.32
86	铁道及电车道机车、车辆及其零件；铁道及电车道轨道固定装置及其零件、附件；各种机械(包括电动机械)交通信号设备	982.8	0.50	6.03
04	乳品；蛋品；天然蜂蜜；其他食用动物产品	892.1	0.45	−3.59
34	肥皂、有机表面活性剂、洗涤剂、润滑剂、人造蜡、调制蜡、光洁剂、蜡烛及类似品、塑型用膏、"牙科用蜡"及牙科用熟石膏制剂	889.5	0.45	8.01
64	鞋靴、护腿和类似品及其零件	886.9	0.45	3.18
24	烟草及烟草代用品的制品	852.4	0.43	6.76
21	杂项食品	752.3	0.38	2.30
22	饮料、酒及醋	750.4	0.38	2.47
23	食品工业的残渣及废料配制的动物饲料	741.1	0.37	2.95
68	石料、石膏、水泥、石棉、云母及类似材料的制品	729.6	0.37	−3.08
88	航空器、航天器及其零件	721.9	0.36	21.13
19	谷物、粮食粉、淀粉或乳的制品；糕饼点心	712.5	0.36	4.27
71	天然或养殖珍珠、宝石或半宝石、贵金属、包贵金属及其制品；仿首饰；硬币	699.6	0.35	21.48
28	无机化学品；贵金属、稀土金属、放射性元素及其同位素的有机及无机化合物	646.1	0.33	−3.24
69	陶瓷产品	626.7	0.32	−3.78
63	其他纺织制成品；成套物品；旧衣着及旧纺织品；碎织物	616.4	0.31	−0.39
32	鞣料浸膏及染料浸膏；鞣酸及其衍生物；染料、颜料及其他着色料；油漆及清漆；油灰及其他类似胶黏剂；墨水、油墨	595.1	0.30	−0.81
56	絮胎、毡呢及无纺织物；特种纱线；线、绳、索、缆及其制品	537.3	0.27	−2.30

续表

商品编码	商 品 类 别	金额/百万美元	占比/%	同比/%
10	谷物	514.3	0.26	−10.68
42	皮革制品；鞍具及挽具；旅行用品、手提包及类似容器；动物肠线（蚕胶丝除外）制品	474.3	0.24	−7.75
74	铜及其制品	458.1	0.23	−12.54
93	武器、弹药及其零件、附件	433.4	0.22	−6.55
51	羊毛、动物细毛或粗毛；马毛纱线及其机织物	420.7	0.21	−13.25
12	含油子仁及果实；杂项子仁及果实；工业用或药用植物；稻草、秸秆及饲料	402.2	0.20	12.14
15	动、植物油、脂及其分解产品；精制的食用油脂；动、植物蜡	394.8	0.20	3.70
01	活动物/动物产品	377.4	0.19	−3.94
54	化学纤维长丝	365.8	0.18	−12.83
47	木浆及其他纤维状纤维素浆；回收（废碎）纸或纸板	365.1	0.18	−3.38
59	浸渍、涂布、包覆或层压的纺织物；工业用纺织制品	349.2	0.18	−9.79
17	糖及糖食	341.2	0.17	−2.78
18	可可及可可制品	300.5	0.15	2.72
36	炸药；烟火制品；火柴；引火合金；易燃材料制品	289.8	0.15	−6.30
25	盐；硫黄；泥土及石料；石膏料、石灰及水泥	276.6	0.14	−0.62
16	肉、鱼、甲壳动物,软体动物及其他水生无脊椎动物的制品	256.1	0.13	1.14
99	其他产品	208.2	0.10	−0.91
02	肉及食用杂碎	202.1	0.10	−7.62

数据来源：全球贸易观察、UN Comtrade 数据库等，经本课题组整理所得。

2019 年捷克进口商品总额为 178 253 百万美元,同比下降 3.5%。在进口商品构成中,以商品编号为 85（电机、电气设备及其零件；声音的录制和重放设备及其零件、附件）、84（核反应堆、锅炉、机器、机械器具及其零件）、87（车辆及其零件、附件,但铁道及电车道车辆除外）的商品为主,上述商品占总进口商品金额的近五成。相比 2018 年,商品编号为 33（精油及香膏,芳香料制品,化妆盥洗品）、26（矿砂、矿渣及矿灰）等商品呈现增长趋势,尤其是 33（精油及香膏,芳香料制品,化妆盥洗品）增幅最大。商品编号为 88（航空器、航天器及其零件）的商品下降幅度最大。具体数据见表 6-5 和图 6-7。

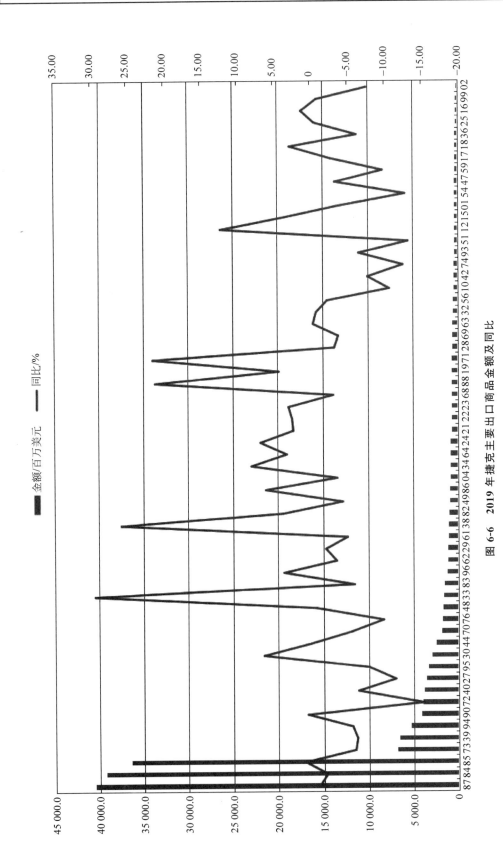

图 6-6　2019 年捷克主要出口商品金额及同比

表 6-5　2019 年捷克主要进口商品结构

商品编码	商 品 类 别	金额/百万美元	占比/%	同比/%
总值		178 253.0	100.00	−3.50
85	电机、电气设备及其零件；声音的录制和重放设备及其零件、附件	36 130.0	20.27	0.30
84	核反应堆、锅炉、机器、机械器具及其零件	31 010.7	17.40	−2.24
87	车辆及其零件、附件,但铁道及电车道车辆除外	18 316.7	10.28	−1.42
27	矿物燃料、矿物油及其蒸馏产品；沥青物质；矿物蜡	9 760.3	5.48	−13.81
39	塑料及其制品	9 216.8	5.17	−5.77
72	钢铁	6 046.7	3.39	−13.65
30	药品	5 443.2	3.05	5.50
73	钢铁制品	5 155.0	2.89	−1.41
90	光学、照相、电影、计量、检验、医疗或外科用仪器及设备、精密仪器及设备；上述物品的零件、附件	4 208.5	2.36	−2.13
94	家具；寝具、褥垫、弹簧床垫、软坐垫及类似的填充制品；未列名灯具及照明装置；发光标志、发光铭牌及类似品；活动房屋	3 492.1	1.96	−4.20
40	橡胶及其制品	2 686.0	1.51	−7.96
76	铝及其制品	2 637.1	1.48	−11.25
48	纸及纸板；纸浆、纸或纸板制品	2 201.9	1.24	−6.53
38	杂项化学产品	1 965.3	1.10	−0.12
33	精油及香膏,芳香料制品,化妆盥洗品	1 963.1	1.10	17.56
95	玩具、游戏品、运动用品及其零件、附件	1 729.0	0.97	−7.41
61	针织或钩编的服装及衣着附件	1 645.2	0.92	2.11
62	非针织或非钩编的服装及衣着附件	1 386.9	0.78	−2.95
02	肉及食用杂碎	1 315.2	0.74	1.88
83	贱金属杂项制品	1 293.4	0.73	−5.44
74	铜及其制品	1 275.1	0.72	−11.49
29	有机化学品	1 269.6	0.71	−10.01
64	鞋靴、护腿和类似品及其零件	1 142.8	0.64	1.50
28	无机化学品；贵金属、稀土金属、放射性元素及其同位素的有机及无机化合物	1 141.9	0.64	−11.79
44	木及木制品；木炭	1 138.4	0.64	−3.46
32	鞣料浸膏及染料浸膏；鞣酸及其衍生物；染料、颜料及其他着色料；油漆及清漆；油灰及其他类似胶黏剂；墨水、油墨	1 078.5	0.61	−4.41
70	玻璃及其制品	1 015.3	0.57	−1.25
82	贱金属工具、器具、利口器、餐匙、餐叉及其零件	996.7	0.56	−4.38
71	天然或养殖珍珠、宝石或半宝石、贵金属、包贵金属及其制品；仿首饰；硬币	911.8	0.51	6.12
22	饮料、酒及醋	853.4	0.48	2.72
34	肥皂、有机表面活性剂、洗涤剂、润滑剂、人造蜡、调制蜡、光洁剂、蜡烛及类似品、塑型用膏、"牙科用蜡"及牙科用熟石膏制剂	847.6	0.48	2.97

续表

商品编码	商 品 类 别	金额/百万美元	占比/%	同比/%
21	杂项食品	818.5	0.46	3.28
08	食用水果及坚果；柑橘属水果或甜瓜的果皮	807.2	0.45	−4.33
04	乳品；蛋品；天然蜂蜜；其他食用动物产品	734.5	0.41	−1.46
19	谷物、粮食粉、淀粉或乳的制品；糕饼点心	727.4	0.41	5.58
49	书籍、报纸、印刷图画及其他印刷品；手稿、打字稿及设计图纸	709.7	0.40	−7.52
07	食用蔬菜、根及块茎	668.8	0.38	4.76
23	食品工业的残渣及废料配制的动物饲料	662.6	0.37	0.09
26	矿砂、矿渣及矿灰	657.4	0.37	8.85
24	烟草及烟草代用品的制品	610.2	0.34	6.98
96	杂项制品	609.6	0.34	1.20
42	皮革制品；鞍具及挽具；旅行用品、手提包及类似容器；动物肠线(蚕胶丝除外)制品	563.8	0.32	−2.31
56	絮胎、毡呢及无纺织物；特种纱线；线、绳、索、缆及其制品	536.5	0.30	−6.58
88	航空器、航天器及其零件	536.2	0.30	−62.00
68	石料、石膏、水泥、石棉、云母及类似材料的制品	523.0	0.29	−7.21
63	其他纺织制成品；成套物品；旧衣着及旧纺织品；碎织物	498.9	0.28	−2.15
18	可可及可可制品	461.3	0.26	3.31
86	铁道及电车道机车、车辆及其零件；铁道及电车道轨道固定装置及其零件、附件；各种机械(包括电动机械)交通信号设备	448.8	0.25	1.19
69	陶瓷产品	430.1	0.24	−3.24
20	蔬菜、水果、坚果或植物其他部分的制品	416.7	0.23	1.24
54	化学纤维长丝	387.3	0.22	−20.00
31	肥料	367.2	0.21	7.68
12	含油子仁及果实；杂项子仁及果实；工业用或药用植物；稻草、秸秆及饲料	363.1	0.20	−4.41
78	铅及其制品	353.1	0.20	−14.84
59	浸渍、涂布、包覆或层压的纺织物；工业用纺织制品	352.8	0.20	−1.17
09	咖啡、茶、马黛茶及调味香料	352.8	0.20	3.33
15	动、植物油、脂及其分解产品；精制的食用油脂；动、植物蜡	346.6	0.19	−0.06
51	羊毛、动物细毛或粗毛；马毛纱线及其机织物	335.4	0.19	−22.90
16	肉、鱼、甲壳动物，软体动物及其他水生无脊椎动物的制品	310.1	0.17	4.24
25	盐；硫黄；泥土及石料；石膏料、石灰及水泥	305.8	0.17	−0.28

数据来源：全球贸易观察、UN Comtrade 数据库等，经本课题组整理所得。

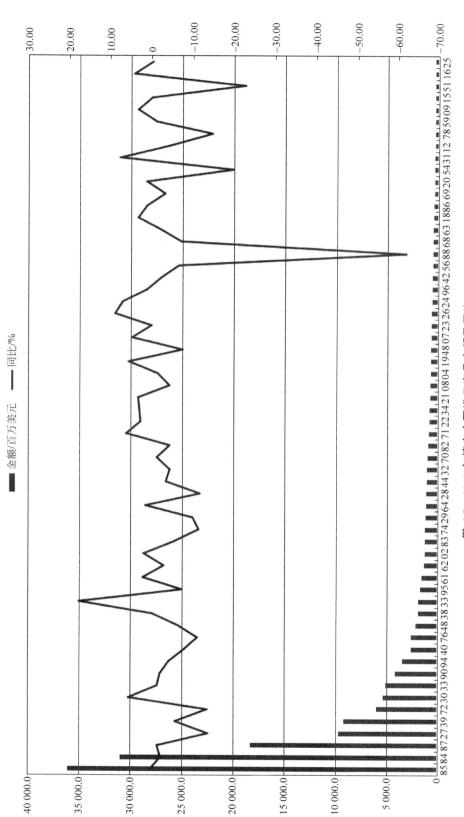

图 6-7　2019 年捷克主要进口商品金额及同比

6.4 主要优势产业及其特征

捷克主要有航空航天设备制造业、汽车制造业、印刷包装业以及商务支持服务业(Business Support Service,BSS)等优势产业,具体优势产业及其特征如下。

1. 航空航天设备制造业

捷克生产飞机的历史已有百年,轻型飞机 90％出口到世界各地。通用电气航空集团(GE Aviation)在捷克建立了研发生产中心,用于研发、测试及生产高级涡轮螺旋桨飞机发动机。捷克在喷气教练机、小型涡轮螺旋桨通勤机(L-410)以及轻型运动飞机三个领域取得了成功,尤其是在通用航空领域成为领导者。中国是捷克航空雷达的主要出口国。全复合材料飞机制造商鲨鱼飞机具有 20 余年的复合材料制造经验,产品涉及滑翔机、双引擎飞机等类型。鲨鱼飞机获得了鲨鱼 UL 机型 TC/PC 证书,是具有可伸缩起落架的高性能超轻型飞机,同时也获得了中国民用航空局的 VTC(型号认可证)。鲨鱼飞机拥有碳纤维复合材料高性能低翼串联座椅、弹射降落伞,可调座椅和踏板,最新的航空电子设备,短起飞能力强。PBS Velka Bites 是国际航空航天工业产品和设备的领先制造商。PBS 辅助动力装置(APU)和环境控制系统(ECS)被全世界的飞机和直升机制造商使用(包括直升机 MI-8、MI-17、MI-171 和飞机 L-39、L-59、L-159、K-8)。该公司的成功产品还包括一系列推进系统——用于无人机的涡轮喷气发动机、靶机、导弹、涡轮螺旋桨和小型载人和无人机以及直升机的涡轮轴发动机。

2. 汽车制造与设计业

捷克在汽车制造与设计领域优势明显。捷克拥有世界上集中度最高的汽车制造和设计产业,深度嵌入欧洲汽车产业链条,人均产量始终保持世界领先地位。除悠久的产业历史、良好的基础设施外,低成本创新能力、较强的人力资本和稳定的供应商成为捷克汽车产业吸引投资的关键。因此,吸引了包括斯柯达、TPCA(丰田与标致雪铁龙合资企业)、现代等主要汽车生产商。此外,政府采取企业所得税减免、培训补贴、就业创造现金补贴等方式,以吸引汽车制造、设计及研发企业的投资,捷克大学和科研机构与戴姆勒、博世等企业合作开发全自动驾驶车辆,布拉格技术大学与大众和 IBM 联合开发新一代驱动器。捷克交通部拟通过对电动车免征高速公路费、允许其使用城市公交车道等优惠措施支持新能源汽车的发展。

3. 印刷包装业

捷克拥有的印刷企业数量及从业人员居中东欧之首。捷克印刷企业以中型企业为主,大型企业以柔印企业数量最多,中型企业以装订和胶印企业为主导。值得一提的是,标签印刷在捷克发展非常迅速,有近 20％印刷企业只生产标签,有 1/3 的印刷包装厂兼做标签。

4. 商务支持服务业

捷克政府大力扶持商务支持服务业,投资吸引力提高。商务支持服务包括服务共享中心、客户服务中心、IT 服务中心及高技术维修中心,捷克商务服务业领先中东欧地区其他国家,已有 DHL、IBM 等 200 多家企业在捷克设立服务中心,服务共享中心雇员超过 5.5 万人。
大多数服务中心集聚在首都布拉格和布尔诺(Brno),但其他区域中心[俄斯特拉发(Ostrava)、
比尔森(Plzen)]因具备高质量、高忠诚度且低成本劳动力而受到越来越多企业的青睐。

6.5　中国和捷克双边贸易概况

2019 年捷克与中国双边货物进出口额为 18 960 百万美元,增长 5.3%。从商品类别看,
捷克对中国进出口金额最多的商品均为机电产品。

2019 年捷克对中国出口商品总额为 2 400 百万美元,同比下降 4.5%。在出口商品构成
中,以商品编号为 84(核反应堆、锅炉、机械器具及零件)、85(电机、电气、音像设备及其零附
件)、90(光学、照相、医疗等设备及零附件)的商品为主,上述商品占对中国出口商品总额的
近六成。相比 2018 年,商品编码为 44(木及木制品;木炭)、95(玩具、游戏或运动用品及其
零附件)、42(皮革制品;旅行箱包;动物肠线制品)、21(杂项食品)、29(有机化学品)、72(钢
铁)、82(贱金属器具、利口器、餐具及零件)等商品呈现增长趋势,尤其是 44(木及木制品;木
炭)增幅最大。与此同时,商品编号为 13(虫胶;树胶、树脂及其他植物液、汁)的商品下降幅
度最大。具体数据见表 6-6 和图 6-8。

表 6-6　2019 年捷克对中国出口主要商品构成

商品编码	商品 类别	金额/百万美元	同比/%	占比/%
总值		2 400	−4.5	100.0
84	核反应堆、锅炉、机械器具及零件	590	−24.6	24.6
85	电机、电气、音像设备及其零附件	541	1.6	22.5
90	光学、照相、医疗等设备及零附件	222	−3.1	9.2
47	木浆等纤维状纤维素浆;废纸及纸板	157	0.1	6.5
44	木及木制品;木炭	150	410.1	6.2
87	车辆及其零附件,但铁道车辆除外	116	−22.0	4.8
95	玩具、游戏或运动用品及其零附件	79	29.8	3.3
39	塑料及其制品	76	−3.6	3.2
40	橡胶及其制品	48	−21.0	2.0
73	钢铁制品	34	−20.0	1.4
86	铁道车辆;轨道装置;信号设备	33	8.2	1.4
42	皮革制品;旅行箱包;动物肠线制品	32	22.3	1.3
94	家具;寝具等;灯具;活动房	30	−27.1	1.3
21	杂项食品	28	40.5	1.2
83	贱金属杂项制品	27	8.1	1.1
36	炸药;烟火;引火品;易燃材料制品	25	−21.4	1.0
70	玻璃及其制品	21	4.6	0.9
29	有机化学品	19	35.2	0.8
74	铜及其制品	18	−22.5	0.8
27	矿物燃料、矿物油及其产品;沥青等	18	17.5	0.7
72	钢铁	14	104.0	0.6

续表

商品编码	商 品 类 别	金额/百万美元	同比/%	占比/%
12	油籽；子仁；工业或药用植物；饲料	13	10.3	0.5
82	贱金属器具、利口器、餐具及零件	11	62.2	0.5
69	陶瓷产品	11	19.9	0.4
28	无机化学品；贵金属等的化合物	7	−8.5	0.3
96	杂项制品	7	−10.6	0.3
5.0	其他动物产品	6	−10.1	0.3
92	乐器及其零件、附件	6	−5.0	0.3
13	虫胶；树胶、树脂及其他植物液、汁	5	−29.7	0.2
18	可可及可可制品	4	24.0	0.2

数据来源：商务部国别报告网、UN Comtrade 数据库等，经本课题组整理所得。

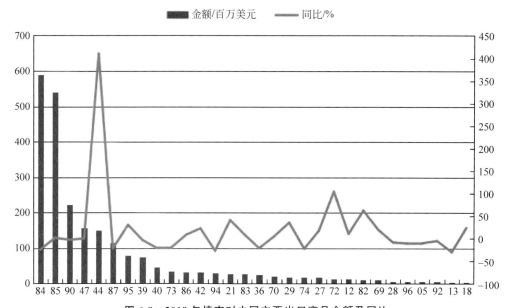

图 6-8　2019 年捷克对中国主要出口商品金额及同比

2019 年捷克自中国进口商品总额为 16 560 百万美元，同比增长 6.9%。在进口商品构成中，以商品编号为 85（电机、电气、音像设备及其零附件）、84（核反应堆、锅炉、机械器具及零件）的商品为主，上述商品超过自中国进口商品总额的八成。相比 2018 年，商品编码为 85（电机、电气、音像设备及其零附件）、39（塑料及其制品）、73（钢铁制品）、94（家具；寝具等；灯具；活动房）、48（纸及纸板；纸浆、纸或纸板制品）、86（铁道车辆；轨道装置；信号设备）、56（絮胎、毡呢及无纺织物；线绳制品等）等商品呈现增长趋势，尤其是 86（铁道车辆；轨道装置；信号设备）增幅最大。与此同时，商品编号为 54（化学纤维长丝）的商品下降幅度最大。具体数据见表 6-7 和图 6-9。

表 6-7　2019 年捷克自中国进口主要商品构成

商品编码	商 品 类 别	金额/百万美元	同比/%	占比/%
总值		16 560	6.9	100.0
85	电机、电气、音像设备及其零附件	8 629	12.9	52.1
84	核反应堆、锅炉、机械器具及零件	4 793	−0.7	28.9

续表

商品编码	商品类别	金额/百万美元	同比/%	占比/%
87	车辆及其零附件,但铁道车辆除外	332	0.8	2.0
39	塑料及其制品	265	11.7	1.6
95	玩具、游戏或运动用品及其零附件	259	−0.3	1.6
73	钢铁制品	246	10.9	1.5
94	家具;寝具等;灯具;活动房	214	12.3	1.3
62	非针织或非钩编的服装及衣着附件	153	−3.5	0.9
90	光学、照相、医疗等设备及零附件	142	−1.8	0.9
76	铝及其制品	131	12.1	0.8
64	鞋靴、护腿和类似品及其零件	113	11.8	0.7
42	皮革制品;旅行箱包;动物肠线制品	111	−3.4	0.7
61	针织或钩编的服装及衣着附件	94	2.3	0.6
83	贱金属杂项制品	85	4.9	0.5
29	有机化学品	80	−0.9	0.5
82	贱金属器具、利口器、餐具及零件	79	−1.7	0.5
72	钢铁	65	13.3	0.4
40	橡胶及其制品	63	−1.9	0.4
63	其他纺织制品;成套物品;旧纺织品	62	5.7	0.4
70	玻璃及其制品	42	11.5	0.3
96	杂项制品	40	−4.0	0.2
48	纸及纸板;纸浆、纸或纸板制品	39	49.6	0.2
54	化学纤维长丝	36	−17.3	0.2
38	杂项化学产品	32	21.7	0.2
74	铜及其制品	31	−3.2	0.2
86	铁道车辆;轨道装置;信号设备	23	431.7	0.1
69	陶瓷产品	22	32.5	0.1
56	絮胎、毡呢及无纺织物;线绳制品等	21	45.7	0.1
65	头饰	21	6.8	0.1
44	木及木制品;木炭	20	11.6	0.1

数据来源:商务部国别报告网、UN Comtrade 数据库等,经本课题组整理所得。

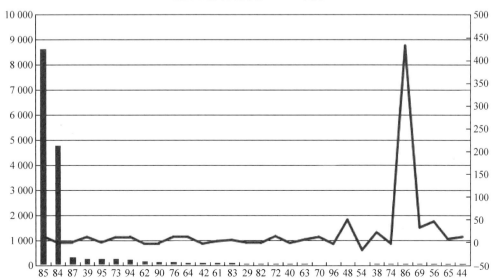

图 6-9 2019 年捷克自中国主要进口商品金额及同比

中国和捷克贸易竞争性与互补性分析

6.6.1　中国和捷克显性比较优势指数（RCA）分析

利用《国际贸易商品标准分类（第四版）》（SITC. Rev4），以 2018 年为例，对中国与捷克显性比较优势指数（RCA）进行分析。具体数据见表 6-8。

表 6-8　2018 年捷克商品出口额

SITC	商品类别名称	金额/百万美元
SITC0	食品和活动物	6 215.49
SITC1	饮料及烟草	1 502.64
SITC2	非食用燃料（不包含燃料）	4 356.22
SITC3	矿物燃料、润滑油及有关原料	3 915.74
SITC4	动植物油、油脂和蜡	370.07
SITC5	未列明的化学品和有关产品	12 465.25
SITC6	主要按原材料分类的制成品	30 224.58
SITC7	机械及运输设备	117 879.94
SITC8	杂项制品	24 976.24
SITC9	没有分类的其他商品	615.40

数据来源：UN Comtrade 数据库等，经本课题组整理所得。

通过 UN Comtrade 数据库等相关数据库的数据，经本课题组整理得到：2018 年中国所有商品出口额约为 2 494 230 百万美元，捷克所有商品出口额 202 079 百万美元，世界所有商品出口额 19 051 239 百万美元。

按照公式 $RCA_{xik} = (X_{ik}/X_{wk})/(X_i/X_w)$，得出计算结果如表 6-9 所示。

表 6-9　2018 年中国和捷克显性比较优势指数（RCA）计算结果

国家	商品									
	SITC0	SITC1	SITC2	SITC3	SITC4	SITC5	SITC6	SITC7	SITC8	SITC9
中国	0.43	0.18	0.19	0.18	0.10	0.59	1.35	1.34	1.94	0.04
捷克	0.51	0.92	0.61	0.19	0.42	0.55	1.25	1.64	1.08	0.05

根据上述结果分析得到：

（1）捷克除了 SITC6、SITC7 和 SITC8 三类商品外，其余商品均不具有显性比较优势。其中，SITC7 的 RCA 值最高，说明具有比较明显的显性比较优势。

（2）在 SITC6、SITC7 和 SITC8 三类商品中，中国与捷克都具有显性比较优势。在 SITC0、SITC1、SITC2、SITC3、SITC4、SITC5 和 SITC9 这七类商品中，两国显性优势比较指数均小于 1，说明两国都不具备比较优势。尤其是两国在 SITC9 这类商品上 RCA 值都很低，说明都有明显的显性比较劣势。

6.6.2　中国和捷克贸易互补性指数（TCI）分析

利用《国际贸易商品标准分类（第四版）》（SITC. Rev4），以 2018 年为例，对中国与捷克互补贸易性指数（TCI）进行分析。具体数据见表 6-10。

表 6-10　2018 年捷克商品进口额

SITC	商品类别名称	金额/百万美元
SITC0	食品和活动物	8 099.98
SITC1	饮料及烟草	1 349.51
SITC2	非食用燃料（不包含燃料）	3 753.51
SITC3	矿物燃料、润滑油及有关原料	11 200.21
SITC4	动植物油、油脂和蜡	271.07
SITC5	未列明的化学品和有关产品	20 255.36
SITC6	主要按原材料分类的制成品	30 380.80
SITC7	机械及运输设备	87 480.00
SITC8	杂项制品	21 647.17
SITC9	没有分类的其他商品	486.41

数据来源：UN Comtrade 数据库等，经本课题组整理所得。

通过 UN Comtrade 数据库等相关数据库的数据，经本课题组整理得到：2018 年中国所有商品进口额约为 2 134 982 百万美元，捷克所有商品进口额 183 671 百万美元，世界所有商品进口额 19 253 036 百万美元。

按照公式 $TCI_{ij} = RCA_{xik} \times RCA_{mjk}$，得出计算结果如表 6-11 所示。

表 6-11　2018 年中国和捷克贸易互补性指数（TCI）计算结果

国家	商品									
	SITC0	SITC1	SITC2	SITC3	SITC4	SITC5	SITC6	SITC7	SITC8	SITC9
中国	0.33	0.17	0.10	0.09	0.03	0.56	1.95	1.80	2.11	0.00
捷克	0.26	0.43	1.90	0.24	0.35	0.49	0.79	2.03	0.70	0.05

根据上述结果分析得到：

（1）在 SITC7 这类商品中，中国与捷克贸易互补性指数（TCI）均大于 1，说明两国在该类商品中互补性强，并未因为在该领域中双方都具有显性比较优势而出现激烈竞争的场面，反而表现出很强的贸易互补性。

（2）在 SITC0、SITC1、SITC3、SITC4、SITC5 和 SITC9 这六类商品中，双方 TCI 值均小于 1，说明两国互补性较弱。

6.7　中国和捷克贸易合作展望

目前，中国是捷克在欧盟外最大贸易伙伴，捷克是中国在中东欧地区的第二大贸易伙伴。同时，两国建立了稳定的经贸合作关系。2017 年 5 月，两国经贸部门签署《中华人民共和国商务部与捷克共和国工业和贸易部关于中小企业合作谅解备忘录》。6月,捷克担任在宁波举行的中国—中东欧国家投资贸易博览会主宾国。7月,浙江义乌至布拉格的中欧班列正式开通。9月,中国工商银行在布拉格设立分行。2018年6月,两国召开协调推动"一带一路"合作规划工作会议。10月,交通银行获捷克中央银行颁发的分行牌照。2019年10月,中国与捷克政府间经济联委会第11次会议在捷克召开。11月,捷克担任第二届中国国际进口博览会主宾国。截至2020年3月,中国累计批准捷克企业在华投资项目506个,捷克实际投入3.1亿美元。中国在捷克各类直接投资累计18.1亿美元,在捷克工程承包完成营业额6.2亿美元。

据了解,捷克对于与中国的旅游业合作的重视程度不是很高,在高铁、高速公路等交通基础设施建设方面还不到位。结合其与中国稳定的经贸合作基础,两国可大力推动以下产业的合作。

(1)两国应高度重视民心相通,推动旅游业的服务产业合作。例如,可积极在旅游项目上进行投资。旅游投资项目包括很多,诸如车船、温泉、游乐园等。通过大力投资旅游项目,来带动两国旅游业的高速发展。

(2)捷克从2017年起,努力提升高铁建设、高速公路建设的水平,计划开通国内至德国等国家城市的高铁线路。对此,中国有实力的企业可以采取工程承包等方式建造有关铁路、公路,从而加强两国在交通基础设施建设上的合作。

(3)捷克褐煤和硬煤资源比较丰富,储量位居世界前列。在矿产资源方面,两国可以全面展开矿产资源投资,以便开展资源销售等活动,提升两国双边贸易合作水平。

(4)捷克拥有众多生物技术研究机构,在生物医药领域表现突出。中国相关药企可以多与捷克的生物研究机构建立战略合作伙伴关系,学习先进技术,共同致力于诸如新冠疫情防治、疫苗研发、化学工程等生物医药工作。

第 7 章

爱沙尼亚的对外贸易

爱沙尼亚共和国,简称爱沙尼亚,位于波罗的海东岸,东与俄罗斯接壤,南与拉脱维亚相邻,北邻芬兰湾,与芬兰隔海相望,西南濒里加湾,2019 年边界线长 1 445 公里,海岸线长 3 794 公里。属海洋性气候。2019 年面积 45 339 平方公里。截至 2019 年,总人口 132.9 万。主要民族有爱沙尼亚族、俄罗斯族、乌克兰族和白俄罗斯族。官方语言为爱沙尼亚语,英语、俄语亦被广泛使用。首都塔林,塔林市位于爱沙尼亚西北部,濒临波罗的海,历史上曾是连接中东欧和南北欧的交通要冲,被誉为"欧洲的十字路口"。塔林港是爱沙尼亚最大的港口。

爱沙尼亚一直奉行自由经济政策,大力推行私有化,年均经济增速在欧盟成员国内位列前茅。2019 年爱沙尼亚经济总体形势较好,国内生产总值 28 000 百万欧元,人均 GDP 21 163 欧元,国内生产总值增长率 3.9%。资源方面,自然资源匮乏。2019 年主要矿产有油页岩(已探明储量约 60 亿吨)、泥煤(储量约 40 亿吨)、磷矿(储量约 7 亿吨),石灰岩等。工业方面,主要工业部门有机械制造、木材加工、建材、电子、纺织和食品加工业。其中电力、电气、热水供应同比下降 12.3%,采矿业同比下降 5%。农业方面,以畜牧业和种植业为主,主要饲养奶牛、肉牛和猪,主要农作物有小麦、黑麦、马铃薯等。交通运输方面,2019 年公路总里程 16 609 公里。2019 年航空客运量为 62.1 万人次,同比下降 41%;塔林机场(爱沙尼亚唯一机场)2019 年航空货运量为 1.09 万吨,同比下降 5.2%。2019 年港口货物吞吐量为 3 760 万吨,同比增长 4.7%;货物运出量 2 535 万吨(不含过境运输),货物运入量 1 225 万吨。2019 年港口客运量为 1 075 万人次,同比上升 0.2%。主要港口有塔林港、西由拉迈港、昆达港、北帕尔迪斯基港、帕尔努港等。

对外贸易方面,据欧盟统计局统计,2019 年,芬兰、瑞典和拉脱维亚是爱沙尼亚前三大出口市场,2019 年爱沙尼亚对三国分别出口 2 618 百万美元、1 687 百万美元和 1 465 百万美元,分别下降 3.2%、9.4% 和 9.9%,三国合计占爱沙尼亚出口总额的 35.8%。进口方面,芬兰为爱沙尼亚第一进口来源国,2019 年进口 2 268 百万美元,下降 7.8%,占爱沙尼亚进口总额的 12.6%。德国和立陶宛也是其主要进口来源国,2019 年爱沙尼亚自两国分别进口 1 818 百万美元和 1 738 百万美元,其中自德国进口下降 8.3%,自立陶宛进口增长 1.8%,分别占爱沙尼亚进口总额的 10.1% 和 9.7%。此外,自瑞典进口 1 693 百万美元,增长 1.1%,占爱沙尼亚进口总额的 9.4%。德国是爱沙尼亚最大的贸易逆差来源国,2019 年逆差额为 800 百万美元,下降 12.1%。爱沙尼亚对立陶宛的贸易逆差额为 760 百万美元,下降 1.8%。爱沙尼亚的贸易顺差主要来自美国,2019 年顺差额为 900 百万美元,增长 1.8%;对挪威的顺差额为 500 百万美元,下降 8.6%。从商品种类看,机电产品是爱沙尼亚的首要出口商品,

2019 年出口 3 820 百万美元,下降 7.2%,占爱沙尼亚出口总额的 23.7%。矿产品、木及木制品和家具玩具及杂项制品也是爱沙尼亚主要出口商品,2019 年出口 1 920 百万美元、1 700 百万美元和 1 370 百万美元,分别下降 24.7%、6% 和 3.3%。此外,贱金属及制品出口 1 310 百万美元,下降 3%。上述四类产品合计占爱沙尼亚出口总额的 39.1%。进口方面,2019 年爱沙尼亚主要进口产品的进口额普遍下降,其中第一大类进口产品是机电产品,进口额为 4 110 百万美元,下降 11.2%,占爱沙尼亚进口总额的 22.8%。其他主要进口商品包括矿产品、运输设备和贱金属及制品,进口额分别为 2 340 百万美元、2 050 百万美元和 1 680 百万美元,其中矿产品、贱金属及制品进口下降 19.5% 和 3%,运输设备进口增长 3.1%。此外,化工产品进口 1 610 百万美元,增长 0.4%。上述四类产品合计占爱沙尼亚进口总额的 42.6%。

据欧盟统计局统计,2019 年爱沙尼亚对中国出口 190 百万美元,下降 11.6%,占其出口总额的 1.2%;爱沙尼亚自中国进口 730 百万美元,下降 10.4%,占其进口总额的 4.1%。爱沙尼亚贸易逆差 540 百万美元,下降 10%。2019 年爱沙尼亚对中国出口机电产品金额 76 百万美元,下降 5.4%,占爱沙尼亚对中国出口总额的 39.4%。木及木制品出口 42 百万美元,下降 20.5%,占出口总额的 22%。此外,光学、照相、医疗设备等出口 21 百万美元,下降 36.8%,占爱沙尼亚对中国出口总额的 10.8%。爱沙尼亚自中国进口的商品主要集中于机电产品,2019 年进口 409 百万美元,下降 19.1%,占爱沙尼亚自中国进口总额的 56%。其中,电子类产品进口 305 百万美元,下降 17.1%;机械类产品进口 104 百万美元,下降 24.7%。此外,贱金属及制品进口 72.112 百万美元,微增 0.6%,占爱沙尼亚自中国进口总额的 9.9%;纺织品及原料进口 60.854 百万美元,下降 13%,占自中国进口总额的 8.3%。在上述产品上,瑞典、德国和芬兰等是中国的主要竞争对手。

7.1 对外贸易发展趋势

2019 年爱沙尼亚货物进出口额为 34 140 百万美元,比上年(下同)下降 5.6%。其中,出口 16 124 百万美元,下降 5.3%;进口 18 016 百万美元,下降 5.9%。

爱沙尼亚在 2008 年至 2019 年对外贸易总额呈现波动趋势。经历 2008 年的明显上升后,2009 年出现了快速下跌。2010 年和 2011 年保持快速增长之后,在 2012 年出现了小幅下跌。2013 年止跌反弹,2014 年和 2015 年呈现下滑趋势,尤其是 2015 年下滑超过 20 个百分点。2016 年至 2018 年对外贸易总额出现明显增幅,但在 2019 年又出现了下滑。具体数据见表 7-1 和图 7-1。

表 7-1　爱沙尼亚对外贸易年度表

时间	总额/百万美元	同比/%	出口/百万美元	同比/%	进口/百万美元	同比/%
2008 年	28 529	6.8	12 471	13.1	16 058	2.3
2009 年	19 211	−32.7	9 064	−27.3	10 147	−36.8
2010 年	23 882	24.3	11 597	27.9	12 285	21.1
2011 年	34 216	43.3	16 733	44.3	17 483	42.3
2012 年	33 520	−2.0	16 093	−3.8	17 427	−0.3
2013 年	34 448	2.8	16 294	1.3	18 154	4.2

续表

时间	总额/百万美元	同比/%	出口/百万美元	同比/%	进口/百万美元	同比/%
2014 年	34 197	−1.0	16 036	−1.9	18 162	−0.1
2015 年	27 410	−20.2	12 904	−19.6	14 506	−20.7
2016 年	28 123	2.8	13 174	2.6	14 949	2.9
2017 年	31 088	10.6	14 455	9.7	16 633	11.4
2018 年	36 130	15.9	16 992	16.8	19 138	15.0
2019 年	34 140	−5.6	16 124	−5.3	18 016	−5.9

数据来源：商务部国别报告网、UN Comtrade 数据库、全球贸易观察等，经本课题组整理所得。

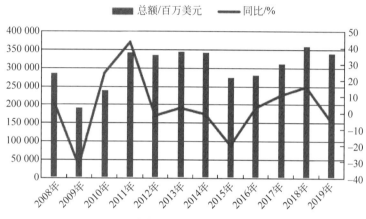

图 7-1　爱沙尼亚对外贸易总额及同比

爱沙尼亚在 2008 年至 2019 年对外贸易出口额存在波动趋势。2008 年和 2009 年情况截然相反，2008 年快速上升，而 2009 年大幅下滑。2010 年和 2011 年止跌反弹，并维持飞速上升趋势。但是，2012 年出现一定程度的下滑趋势，2013 年小幅上升。经历了 2014 年和 2015 年同比下降之后，2016 年至 2018 年对外贸易出口额逐年增长，但在 2019 年出口 16 124 百万美元，较 2018 年下滑 5.3 个百分点。具体数据见表 7-1 和图 7-2。

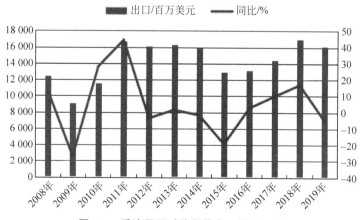

图 7-2　爱沙尼亚对外贸易出口额及同比

爱沙尼亚在 2008 年至 2019 年对外贸易进口额中,2018 年达到顶峰,为 19 138 百万美元。2011 年增幅最大,为 42.3%。相比之下,2009 年进口额最少,仅为 10 147 百万美元,同时下降幅度也最大,为 36.8%。同时,2019 年对外贸易进口额呈现下降趋势,比 2018 年下跌 5.9 个百分点。具体数据见表 7-1 和图 7-3。

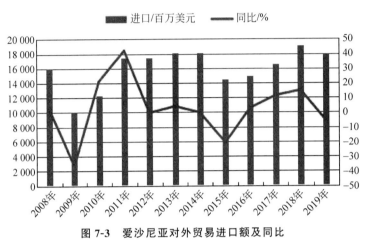

图 7-3　爱沙尼亚对外贸易进口额及同比

7.2　主要贸易市场结构

2019 年爱沙尼亚出口总额为 16 124 百万美元,出口伙伴国主要有芬兰、瑞典、拉脱维亚等;进口总额为 18 016 百万美元,进口伙伴国主要有芬兰、德国、立陶宛等。

2019 年爱沙尼亚出口至芬兰的货物金额最多,为 2 618 百万美元。在主要出口伙伴国中,只有出口美国、立陶宛、丹麦和荷兰四国货物的金额较 2018 年呈增加趋势。具体数据见表 7-2 和图 7-4。

表 7-2　2019 年爱沙尼对主要贸易伙伴出口额

国家和地区	金额/百万美元	同比/%	占比/%
总值	16 124	−5.3	100.0
芬兰	2 618	−3.2	16.2
瑞典	1 687	−9.4	10.5
拉脱维亚	1 465	−9.9	9.1
美国	1 095	0.9	6.8
德国	1 015	−5.2	6.3
立陶宛	980	4.8	6.1
俄罗斯	970	−5.7	6.0
丹麦	667	20.8	4.1
挪威	608	−5.6	3.8
荷兰	538	10.4	3.3

数据来源:商务部国别报告网、UN Comtrade 数据库、全球贸易观察等,经本课题组整理所得。

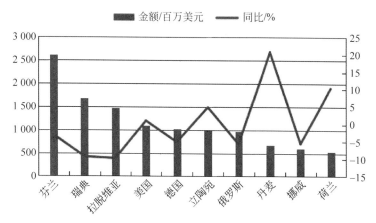

图 7-4　2019 年爱沙尼亚对主要贸易伙伴出口额及同比

2019 年爱沙尼亚自芬兰进口货物的金额占比最大,为 2 268 百万美元。在主要进口伙伴国中,只有自立陶宛、瑞典和拉脱维亚三国进口的货物金额较 2018 年呈增加趋势。具体数据见表 7-3 和图 7-5。

表 7-3　2019 年爱沙尼亚自主要贸易伙伴进口额

国家和地区	金额/百万美元	同比/%	占比/%
总值	18 016	−5.9	100.0
芬兰	2 268	−7.8	12.6
德国	1 818	−8.3	10.1
立陶宛	1 738	1.8	9.7
瑞典	1 693	1.1	9.4
拉脱维亚	1 571	0.2	8.7
俄罗斯	1 547	−9.1	8.6
波兰	1 142	−1.3	6.3
荷兰	749	−19.7	4.2
中国	730	−10.4	4.1
意大利	450	−7.9	2.5

数据来源:商务部国别报告网、UN Comtrade 数据库、全球贸易观察等,经本课题组整理所得。

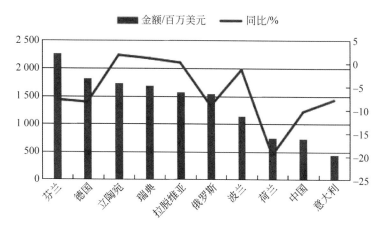

图 7-5　2019 年爱沙尼亚自主要贸易伙伴进口额及同比

7.3　主要进出口商品结构

2019 年爱沙尼亚出口商品总额为 16 124 百万美元,同比下降 5.3%。在出口商品构成中,主要有商品编码为 85(电机、电气设备及其零件;声音的录制和重放设备及其零件、附件)、27(矿物燃料、矿物油及其蒸馏产品;沥青物质;矿物蜡)、44(木及木制品;木炭)、84(核反应堆、锅炉、机器、机械器具及其零件)、94(家具;寝具、褥垫、弹簧床垫、软坐垫及类似的填充制品;未列名灯具及照明装置;发光标志、发光铭牌及类似品;活动房屋)、87(车辆及其零件、附件,但铁道及电车道车辆除外)等商品,上述商品金额占总出口金额的近六成。相比 2018 年,商品编号为 10(谷物)、18(可可及可可物品)等商品呈现增长趋势,尤其是 10(谷物)增幅最大。与此同时,商品编号为 27(矿物燃料、矿物油及其蒸馏产品;沥青物质;矿物蜡)的商品下降幅度最大。具体数据见表 7-4 和图 7-6。

表 7-4　2019 年爱沙尼亚主要出口商品结构

商品编码	商 品 类 别	金额/百万美元	占比/%	同比/%
总值		16 124.00	100.00	−5.30
85	电机、电气设备及其零件;声音的录制和重放设备及其零件、附件	2 342.28	14.53	−12.68
27	矿物燃料、矿物油及其蒸馏产品;沥青物质;矿物蜡	1 892.28	11.74	−24.86
44	木及木制品;木炭	1 696.51	10.52	−5.98
84	核反应堆、锅炉、机器、机械器具及其零件	1 475.27	9.15	3.06
94	家具;寝具、褥垫、弹簧床垫、软坐垫及类似的填充制品;未列名灯具及照明装置;发光标志、发光铭牌及类似品;活动房屋	1 254.37	7.78	−3.50
87	车辆及其零件、附件,但铁道及电车道车辆除外	1 022.50	6.34	7.96
73	钢铁制品	619.34	3.84	1.81
90	光学、照相、电影、计量、检验、医疗或外科用仪器及设备、精密仪器及设备;上述物品的零件、附件	512.15	3.18	6.40
39	塑料及其制品	425.68	2.64	0.45
72	钢铁	321.64	1.99	−12.83
71	天然或养殖珍珠、宝石或半宝石、贵金属、包贵金属及其制品;仿首饰;硬币	236.21	1.46	41.69
04	乳品;蛋品;天然蜂蜜;其他食用动物产品	231.59	1.44	3.21
10	谷物	229.27	1.42	86.51
32	鞣料浸膏及染料浸膏;鞣酸及其衍生物;染料、颜料及其他着色料;油漆及清漆;油灰及其他类似胶黏剂;墨水、油墨	199.36	1.24	−10.10

续表

商品编码	商 品 类 别	金额/百万美元	占比/%	同比/%
22	饮料、酒及醋	171.06	1.06	−5.88
03	鱼、甲壳动物、软体动物及其他水生无脊椎动物	169.03	1.05	25.89
62	非针织或非钩编的服装及衣着附件	164.64	1.02	−10.26
48	纸及纸板；纸浆、纸或纸板制品	144.32	0.90	−21.90
70	玻璃及其制品	138.83	0.86	−2.32
21	杂项食品	124.89	0.77	−2.78
47	木浆及其他纤维状纤维素浆；回收（废碎）纸或纸板	119.46	0.74	−9.68
31	肥料	117.75	0.73	−15.55
68	石料、石膏、水泥、石棉、云母及类似材料的制品	116.06	0.72	−4.13
33	精油及香膏，芳香料制品，化妆盥洗品	112.71	0.70	9.36
30	药品	110.22	0.68	0.38
19	谷物、粮食粉、淀粉或乳的制品；糕饼点心	109.22	0.68	6.69
49	书籍、报纸、印刷图画及其他印刷品；手稿、打字稿及设计图纸	103.71	0.64	−9.14
76	铝及其制品	102.94	0.64	−11.66
16	肉、鱼、甲壳动物、软体动物及其他水生无脊椎动物的制品	101.15	0.63	9.69
95	玩具、游戏品、运动用品及其零件、附件	92.75	0.58	0.26
89	船舶及浮动结构体	88.93	0.55	20.67
81	其他贱金属、金属陶瓷及其制品	82.58	0.51	29.40
28	无机化学品；贵金属、稀土金属、放射性元素及其同位素的有机及无机化合物	82.37	0.51	14.63
83	贱金属杂项制品	79.71	0.49	10.12
38	杂项化学产品	75.73	0.47	−11.80
40	橡胶及其制品	75.04	0.47	−11.10
29	有机化学品	72.79	0.45	−0.75
02	肉及食用杂碎	70.51	0.44	7.65
61	针织或钩编的服装及衣着附件	69.85	0.43	−5.71
63	其他纺织制成品；成套物品；旧衣着及旧纺织品；碎织物	66.49	0.41	3.67
15	动、植物油、脂及其分解产品；精制的食用油脂；动、植物蜡	64.59	0.40	18.19

商品编码	商 品 类 别	金额/百万美元	占比/%	同比/%
34	肥皂、有机表面活性剂、洗涤剂、润滑剂、人造蜡、调制蜡、光洁剂、蜡烛及类似品、塑型用膏、"牙科用蜡"及牙科用熟石膏制剂	55.86	0.35	4.63
86	铁道及电车道机车、车辆及其零件；铁道及电车道轨道固定装置及其零件、附件；各种机械(包括电动机械)交通信号设备	47.77	0.30	23.74
64	鞋靴、护腿和类似品及其零件	45.43	0.28	−18.34
56	絮胎、毡呢及无纺织物；特种纱线；线、绳、索、缆及其制品	44.33	0.27	23.98
18	可可及可可制品	43.82	0.27	65.65
74	铜及其制品	40.23	0.25	−21.69
82	贱金属工具、器具、利口器、餐匙、餐叉及其零件	35.16	0.22	−2.63
08	食用水果及坚果；柑橘属水果或甜瓜的果皮	35.04	0.22	23.92
07	食用蔬菜、根及块茎	31.39	0.19	−13.14
01	活动物/动物产品	27.41	0.17	−10.60
12	含油子仁及果实；杂项子仁及果实；工业用或药用植物；稻草、秸秆及饲料	27.25	0.17	13.45
20	蔬菜、水果、坚果或植物其他部分的制品	26.48	0.16	−5.07
25	盐；硫黄；泥土及石料；石膏料、石灰及水泥	25.35	0.16	−10.86
78	铅及其制品	24.25	0.15	−13.54
96	杂项制品	23.77	0.15	−8.24
91	钟表及其零件	23.41	0.15	−18.90
42	皮革制品；鞍具及挽具；旅行用品、手提包及类似容器；动物肠线(蚕胶丝除外)制品	22.95	0.14	5.67
23	食品工业的残渣及废料配制的动物饲料	22.43	0.14	9.02
54	化学纤维长丝	22.41	0.14	−17.71

数据来源：全球贸易观察、UN Comtrade 数据库等，经本课题组整理所得。

　　2019 年爱沙尼亚进口商品总额为 18 016 百万美元，同比下降 5.90%。在进口商品构成中，主要有商品编号为 27(矿物燃料、矿物油及其蒸馏产品；沥青物质；矿物蜡)、85(电机、电气设备及其零件；声音的录制和重放设备及其零件、附件)、87(车辆及其零件、附件，但铁道及电车道车辆除外)、84(核反应堆、锅炉、机器、机械器具及其零件)、39(塑料及其制品)、72(钢铁)等商品，上述商品进口金额超过总进口金额的五成。相比 2018 年，商品编号为 88(航空器、航天器及其零件)的商品下降幅度最大。具体数据见表 7-5 和图 7-7。

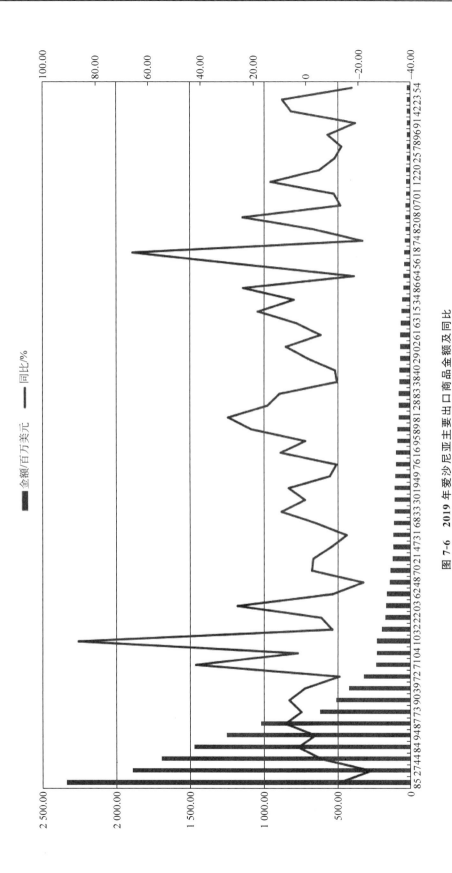

图7-6　2019年爱沙尼亚主要出口商品金额及同比

表7-5　2019年爱沙尼亚主要进口商品结构

商品编码	商 品 类 别	金额/百万美元	占比/%	同比/%
总值		18 016.0	100.00	−5.90
27	矿物燃料、矿物油及其蒸馏产品；沥青物质；矿物蜡	2 276.9	12.64	−19.75
85	电机、电气设备及其零件；声音的录制和重放设备及其零件、附件	2 255.9	12.52	−14.07
87	车辆及其零件、附件,但铁道及电车道车辆除外	1 945.3	10.80	4.20
84	核反应堆、锅炉、机器、机械器具及其零件	1 857.8	10.31	−7.44
39	塑料及其制品	774.2	4.30	−3.52
72	钢铁	620.8	3.45	−5.45
44	木及木制品；木炭	607.8	3.37	−8.40
30	药品	579.2	3.22	−0.99
73	钢铁制品	515.4	2.86	−3.01
90	光学、照相、电影、计量、检验、医疗或外科用仪器及设备、精密仪器及设备；上述物品的零件、附件	388.6	2.16	−5.36
94	家具；寝具、褥垫、弹簧床垫、软坐垫及类似的填充制品；未列名灯具及照明装置；发光标志、发光铭牌及类似品；活动房屋	312.0	1.73	3.70
48	纸及纸板；纸浆、纸或纸板制品	273.0	1.52	−3.43
22	饮料、酒及醋	263.5	1.46	1.80
71	天然或养殖珍珠、宝石或半宝石、贵金属、包贵金属及其制品；仿首饰；硬币	228.6	1.27	20.11
62	非针织或非钩编的服装及衣着附件	218.7	1.21	0.35
31	肥料	200.4	1.11	6.05
76	铝及其制品	197.8	1.10	1.01
33	精油及香膏,芳香料制品,化妆盥洗品	195.5	1.09	8.10
40	橡胶及其制品	179.1	0.99	−6.57
61	针织或钩编的服装及衣着附件	170.6	0.95	−1.09
32	鞣料浸膏及染料浸膏；鞣酸及其衍生物；染料、颜料及其他着色料；油漆及清漆；油灰及其他类似胶黏剂；墨水、油墨	154.9	0.86	−0.77
08	食用水果及坚果；柑橘属水果或甜瓜的果皮	147.1	0.82	−4.20
38	杂项化学产品	145.8	0.81	−7.17
02	肉及食用杂碎	145.3	0.81	−2.15
21	杂项食品	144.3	0.80	−2.27
03	鱼、甲壳动物,软体动物及其他水生无脊椎动物	125.9	0.70	5.98
29	有机化学品	125.7	0.70	−1.03
64	鞋靴、护腿和类似品及其零件	123.9	0.69	−0.07
68	石料、石膏、水泥、石棉、云母及类似材料的制品	123.8	0.69	−0.89
19	谷物、粮食粉、淀粉或乳的制品；糕饼点心	123.1	0.68	0.60
95	玩具、游戏品、运动用品及其零件、附件	122.9	0.68	10.75

续表

商品编码	商 品 类 别	金额/百万美元	占比/%	同比/%
70	玻璃及其制品	111.9	0.62	-5.71
83	贱金属杂项制品	110.5	0.61	-9.36
04	乳品；蛋品；天然蜂蜜；其他食用动物产品	98.0	0.54	-2.90
93	武器、弹药及其零件、附件	97.6	0.54	51.08
34	肥皂、有机表面活性剂、洗涤剂、润滑剂、人造蜡、调制蜡、光洁剂、蜡烛及类似品、塑型用膏、"牙科用蜡"及牙科用熟石膏制剂	95.9	0.53	0.74
18	可可及可可制品	91.3	0.51	14.98
23	食品工业的残渣及废料配制的动物饲料	90.2	0.50	-4.97
20	蔬菜、水果、坚果或植物其他部分的制品	90.0	0.50	-4.27
07	食用蔬菜、根及块茎	89.8	0.50	1.32
16	肉、鱼、甲壳动物，软体动物及其他水生无脊椎动物的制品	89.7	0.50	-0.39
63	其他纺织制成品；成套物品；旧衣着及旧纺织品；碎织物	80.8	0.45	8.39
82	贱金属工具、器具、利口器、餐匙、餐叉及其零件	79.3	0.44	-4.49
28	无机化学品；贵金属、稀土金属、放射性元素及其同位素的有机及无机化合物	77.3	0.43	-2.01
09	咖啡、茶、马黛茶及调味香料	69.3	0.38	-4.65
74	铜及其制品	67.7	0.38	-11.02
81	其他贱金属、金属陶瓷及其制品	67.2	0.37	45.17
55	化学纤维短纤	66.0	0.37	-9.93
25	盐；硫黄；泥土及石料；石膏料、石灰及水泥	61.7	0.34	8.42
54	化学纤维长丝	59.3	0.33	-6.78
96	杂项制品	58.2	0.32	2.12
69	陶瓷产品	54.7	0.30	-2.15
86	铁道及电车道机车、车辆及其零件；铁道及电车道轨道固定装置及其零件、附件；各种机械（包括电动机械）交通信号设备	51.9	0.29	-4.24
17	糖及糖食	50.4	0.28	-1.32
42	皮革制品；鞍具及挽具；旅行用品、手提包及类似容器；动物肠线（蚕胶丝除外）制品	49.7	0.28	-3.56
24	烟草及烟草代用品的制品	41.3	0.23	-4.22
15	动、植物油、脂及其分解产品；精制的食用油脂；动、植物蜡	40.9	0.23	1.67
06	活树及其他活植物；鳞茎、根及类似品；插花及装饰用簇叶	36.6	0.20	0.09
52	棉花	33.3	0.18	-5.15
88	航空器、航天器及其零件	32.9	0.18	-37.05

数据来源：全球贸易观察、UN Comtrade 数据库等，经本课题组整理所得。

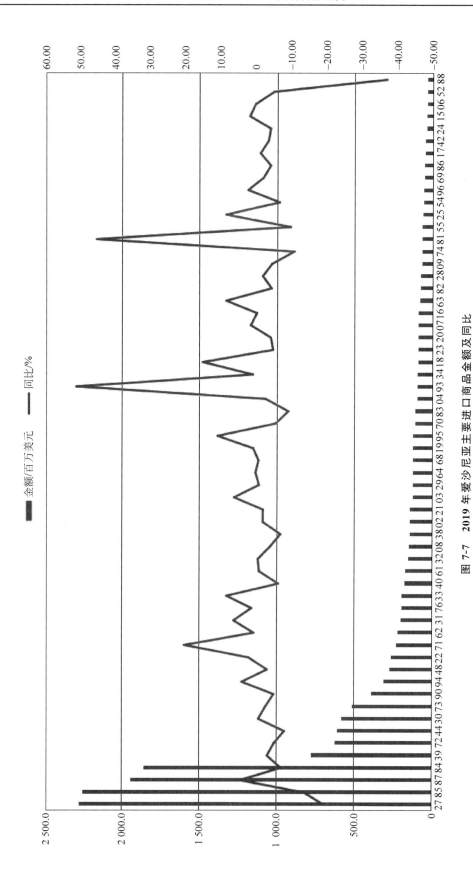

图 7-7　2019 年爱沙尼亚主要进口商品金额及同比

7.4　主要优势产业及其特征

爱沙尼亚主要有木质制品制造业，食品加工制造业，家具制造业，交通运输、仓储和邮政业以及建筑服务业等优势产业，具体优势产业及其特征如下。

1. 木质制品制造业

爱沙尼亚森林覆盖率高，位居欧洲前列。约一半的木材产品供出口。出口的主要国家和地区为瑞典、芬兰、丹麦、德国、挪威等。

2. 食品加工制造业

爱沙尼亚的食品工业是该国经济的重要组成部分。爱沙尼亚约 70% 的产品最终出口到邻国和其他目的地。食品部门的基础是肉类和衍生产品、鱼和渔产品、水果和蔬菜、乳制品、现成饲料、面包烘焙产品和饮料等的生产。爱沙尼亚是食品、农产品的出口大国。农业方面以畜牧业和种植业为主，主要饲养奶牛、肉牛和猪，主要农作物有小麦、黑麦、马铃薯、蔬菜、玉米、亚麻和饲料作物。

3. 家具制造业

家具制造业是爱沙尼亚最具传统和竞争力的行业之一。爱沙尼亚的林业和木材公司将整个波罗的海地区视作其巨大的市场。木制品在爱沙尼亚经济和出口中排名第三位，家具排在第五位。家具、玩具等杂项制品是其主要出口品之一，主要出口到瑞典、芬兰、挪威、德国、英国等国。伍德曼是爱沙尼亚最大的设计家具工厂，拥有 200 多种设计产品，已经交付到欧洲和北美的零售市场。灵活的制造技术使其能够生产适用于各种零售合作伙伴的小批量或大批量的家具。

4. 交通运输、仓储和邮政业

交通运输业在爱沙尼亚国民经济发展中起着举足轻重的作用。主要港口有塔林港、西由拉迈港、昆达港、北帕尔迪斯基港、帕尔努港等。主要交通运输企业有爱沙尼亚塔林客运公司、爱沙尼亚铁路公司、爱沙尼亚塔林机场、爱沙尼亚航空公司等。

5. 建筑服务业

建筑业是爱沙尼亚最大的雇主之一。与其他欧盟成员国相比，爱沙尼亚建筑业具有一定竞争力；然而，尽管过去几年取得了增长，但生产力还有较大增长潜力，建筑施工各阶段引入信息技术有力推动了其生产率的提高。建筑服务业与建筑材料的生产相结合。国外建筑市场主要为拉脱维亚、立陶宛和乌克兰。

7.5 **中国和爱沙尼亚双边贸易概况**

2019年爱沙尼亚与中国双边货物进出口额为920百万美元,下降10.7%。从商品类别看,爱沙尼亚对中国进出口金额最多的商品均为机电产品。

2019年爱沙尼亚对中国出口商品总额为190百万美元,同比下降11.6%。在出口商品构成中,以商品编号为85(电机、电气、音像设备及其零附件)、44(木及木制品;木炭)、84(核反应堆、锅炉、机械器具及零件)、90(光学、照相、医疗等设备及零附件)的商品为主,上述商品超过对中国出口总额的七成。相比2018年,商品编码为63(其他纺织制品;成套物品;旧纺织品)、61(针织或钩编的服装及衣着附件)、62(非针织或非钩编的服装及衣着附件)、84(核反应堆、锅炉、机械器具及零件)、28(无机化学品;贵金属等的化合物)、03(鱼及其他水生无脊椎动物)、92(乐器及其零件、附件)等商品呈现增长趋势,尤其是63(其他纺织制品;成套物品;旧纺织品)增幅最大。与此同时,商品编号为76(铝及其制品)的商品下降幅度最大。具体数据见表7-6和图7-8。

表7-6　2019年爱沙尼亚对中国出口主要商品构成

商品编码	商 品 类 别	金额/百万美元	同比/%	占比/%
总值		190	−11.6	100.0
85	电机、电气、音像设备及其零附件	49	−27.5	25.3
44	木及木制品;木炭	42	−20.5	22.0
84	核反应堆、锅炉、机械器具及零件	27	109.0	14.1
90	光学、照相、医疗等设备及零附件	21	−36.8	10.8
03	鱼及其他水生无脊椎动物	8	66.7	4.3
08	食用水果及坚果;甜瓜等水果的果皮	6	−0.1	3.0
04	乳;蛋;蜂蜜;其他食用动物产品	6	20.7	3.0
27	矿物燃料、矿物油及其产品;沥青等	5	47.8	2.7
83	贱金属杂项制品	5	3.3	2.7
81	其他贱金属、金属陶瓷及其制品	4	34.4	2.2
28	无机化学品;贵金属等的化合物	4	77.6	2.1
72	钢铁	2	19.1	1.2
56	絮胎、毡呢及无纺织物;线绳制品等	2	19.9	1.2
94	家具;寝具等;灯具;活动房	2	0.3	1.1
29	有机化学品	2	−14.1	1.0
47	木浆等纤维状纤维素浆;废纸及纸板	2	44.3	0.9
87	车辆及其零附件,但铁道车辆除外	1	−26.2	0.5
73	钢铁制品	1	−17.5	0.3
22	饮料、酒及醋	0	−59.2	0.2
39	塑料及其制品	0	5.6	0.2
95	玩具、游戏或运动用品及其零附件	0	30.1	0.1
54	化学纤维长丝	0	−66.2	0.1
48	纸及纸板;纸浆、纸或纸板制品	0	−40.9	0.1

续表

商品编码	商 品 类 别	金额/百万美元	同比/%	占比/%
92	乐器及其零件、附件	0	64.3	0.1
96	杂项制品	0	58.9	0.1
62	非针织或非钩编的服装及衣着附件	0	131.8	0.1
76	铝及其制品	0	−79.8	0.1
61	针织或钩编的服装及衣着附件	0	185.4	0.1
55	化学纤维短纤	0	0.0	0.1
63	其他纺织制品；成套物品；旧纺织品	0	1 905.80	0.1

数据来源：商务部国别报告网、UN Comtrade 数据库等，经本课题组整理所得。

注：商品编码为 22、39、95、54、48、92、96、62、76、61、55 和 63 的商品因金额过少导致占比为 0，并不代表 2019 年爱沙尼亚没有出口这些商品至中国，在此说明。

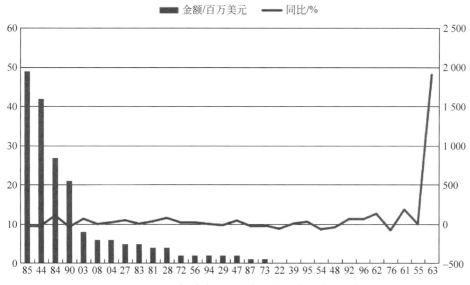

图 7-8　2019 年爱沙尼亚对中国主要出口商品金额

2019 年爱沙尼亚自中国进口商品总额为 730 百万美元，同比下降 10.4%。在进口商品构成中，以商品编号为 85（电机、电气、音像设备及其零附件）、84（核反应堆、锅炉、机械器具及零件）、73（钢铁制品）的商品为主，上述商品超过自中国进口商品总额的六成。相比 2018 年，商品编码为 81（其他贱金属、金属陶瓷及其制品）、28（无机化学品；贵金属等的化合物）、29（有机化学品）、72（钢铁）、73（钢铁制品）等商品呈现增长趋势，尤其是 81（其他贱金属、金属陶瓷及其制品）增幅最大。与此同时，商品编号为 76（铝及其制品）的商品下降幅度最大。具体数据见表 7-7 和图 7-9。

表 7-7　2019 年爱沙尼亚自中国进口主要商品构成

商品编码	商 品 类 别	金额/百万美元	同比/%	占比/%
总值		730	−10.4	100.0
85	电机、电气、音像设备及其零附件	305	−17.1	41.8
84	核反应堆、锅炉、机械器具及零件	104	−24.7	14.2
73	钢铁制品	32	30.5	4.4

续表

商品编码	商品类别	金额/百万美元	同比/%	占比/%
94	家具；寝具等；灯具；活动房	28	9.6	3.9
39	塑料及其制品	27	0.1	3.7
95	玩具、游戏或运动用品及其零附件	24	23.9	3.3
90	光学、照相、医疗等设备及零附件	17	29.4	2.3
55	化学纤维短纤	17	−30.4	2.3
63	其他纺织制品；成套物品；旧纺织品	13	4.3	1.8
87	车辆及其零附件，但铁道车辆除外	13	16.5	1.7
40	橡胶及其制品	10	−7.9	1.4
76	铝及其制品	10	−33.4	1.4
83	贱金属杂项制品	10	−32.7	1.4
29	有机化学品	10	32.1	1.4
62	非针织或非钩编的服装及衣着附件	9	−5.6	1.3
61	针织或钩编的服装及衣着附件	7	−14.2	0.9
64	鞋靴、护腿和类似品及其零件	7	8.1	0.9
82	贱金属器具、利口器、餐具及零件	7	−11.9	0.9
42	皮革制品；旅行箱包；动物肠线制品	6	16.6	0.8
81	其他贱金属、金属陶瓷及其制品	5	102.4	0.7
54	化学纤维长丝	5	14.1	0.7
44	木及木制品；木炭	5	23.7	0.7
70	玻璃及其制品	5	9.9	0.7
68	矿物材料的制品	4	16.9	0.5
74	铜及其制品	4	9.9	0.5
72	钢铁	4	30.8	0.5
28	无机化学品；贵金属等的化合物	3	70.9	0.5
96	杂项制品	3	3.5	0.4
56	絮胎、毡呢及无纺织物；线绳制品等	3	−18.1	0.4
52	棉花	3	−9.1	0.4

数据来源：商务部国别报告网、UN Comtrade 数据库等，经本课题组整理所得。

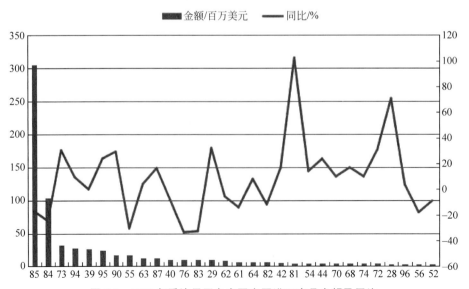

图 7-9　2019 年爱沙尼亚自中国主要进口商品金额及同比

7.6　中国和爱沙尼亚贸易竞争性与互补性分析

7.6.1　中国和爱沙尼亚显性比较优势指数(RCA)分析

利用《国际贸易商品标准分类(第四版)》(SITC. Rev4),以 2018 年为例,对中国与爱沙尼亚显性比较优势指数(RCA)进行分析。具体数据见表 7-8。

表 7-8　2018 年爱沙尼亚商品出口额

SITC	商品类别名称	金额/百万美元
SITC0	食品和活动物	1 267.67
SITC1	饮料及烟草	176.75
SITC2	非食用燃料(不包含燃料)	1 542.60
SITC3	矿物燃料、润滑油及有关原料	2 620.66
SITC4	动植物油、油脂和蜡	133.96
SITC5	未列明的化学品和有关产品	1 076.95
SITC6	主要按原材料分类的制成品	2 498.22
SITC7	机械及运输设备	5 313.29
SITC8	杂项制品	2 708.71
SITC9	没有分类的其他商品	514.98

数据来源：UN Comtrade 数据库等,经本课题组整理所得。

通过 UN Comtrade 数据库等相关数据库的数据,经本课题组整理得到：2018 年中国所有商品出口额约为 2 494 230 百万美元,爱沙尼亚所有商品出口额 16 992 百万美元,世界所有商品出口额 19 051 239 百万美元。

按照公式 $RCA_{xik} = (X_{ik}/X_{wk})/(X_i/X_w)$,得出计算结果如表 7-9 所示。

表 7-9　2018 年中国和爱沙尼亚显性比较优势指数(RCA)计算结果

国家	商品									
	SITC0	SITC1	SITC2	SITC3	SITC4	SITC5	SITC6	SITC7	SITC8	SITC9
中国	0.43	0.18	0.19	0.18	0.10	0.59	1.35	1.34	1.94	0.04
爱沙尼亚	1.28	1.33	2.67	1.59	1.87	0.58	1.27	0.91	1.44	0.50

根据上述结果分析得到：

(1) 爱沙尼亚除了 SITC5、SITC7 和 SITC9 三类商品外,其余商品均具有显性比较优势,其中,SITC2 的 RCA 值最高,值超过 2.6,说明具有明显的显性比较优势。

(2) 在 SITC6 和 SITC8 两类商品中,中国与爱沙尼亚都具有显性比较优势。在 SITC5 和 SITC9 这两类商品中,两国显性优势比较指数均小于 1,说明两国都不具备比较优势。

7.6.2　中国和爱沙尼亚贸易互补性指数(TCI)分析

利用《国际贸易商品标准分类(第四版)》(SITC. Rev4),以 2018 年为例,对中国与爱沙尼亚贸易互补性指数(TCI)进行分析。具体数据见表 7-10。

表 7-10　2018 年爱沙尼亚商品进口额

SITC	商品类别名称	金额/百万美元
SITC0	食品和活动物	1 571.30
SITC1	饮料及烟草	286.63
SITC2	非食用燃料(不包含燃料)	696.38
SITC3	矿物燃料、润滑油及有关原料	2 915.44
SITC4	动植物油、油脂和蜡	112.86
SITC5	未列明的化学品和有关产品	2 153.53
SITC6	主要按原材料分类的制成品	2 869.87
SITC7	机械及运输设备	6 373.69
SITC8	杂项制品	1 881.49
SITC9	没有分类的其他商品	981.31

数据来源：UN Comtrade 数据库等，经本课题组整理所得。

通过 UN Comtrade 数据库等相关数据库的数据，经本课题组整理得到：2018 年中国所有商品进口额约为 2 134 982 百万美元，爱沙尼亚所有商品进口额 19 138 百万美元，世界所有商品进口额 19 253 036 百万美元。

按照公式 $\text{TCI}_{ij} = \text{RCA}_{xik} \times \text{RCA}_{mjk}$，得出计算结果如表 7-11 所示。

表 7-11　2018 年中国和爱沙尼亚贸易互补性指数(TCI)计算结果

国家	商品									
	SITC0	SITC1	SITC2	SITC3	SITC4	SITC5	SITC6	SITC7	SITC8	SITC9
中国	0.63	0.36	0.18	0.23	0.14	0.59	1.82	1.30	1.81	0.06
爱沙尼亚	0.65	0.62	8.26	1.99	1.55	0.52	0.80	1.13	0.93	0.48

根据上述结果分析得到：

(1) 在 SITC7 这类商品中，中国与爱沙尼亚贸易互补性指数(TCI)均大于 1，说明两国在该类商品中互补性强，并未因为在该领域中双方都具有显性比较优势而出现激烈竞争的场面。

(2) 在 SITC0、SITC1、SITC5 和 SITC9 这四类商品中，双方 TCI 值均小于 1，说明两国互补性较弱。

7.7 中国和爱沙尼亚贸易合作展望

近些年来，中国和爱沙尼亚贸易关系发展顺利，双边贸易合作具有良好的基础。已签署政府间经济贸易协定、投资保护协定、避免双重征税协定。中国—爱沙尼亚双边经贸混委会运作良好，截至 2019 年已召开十次例会。近年来，中爱双边贸易增长较快。中国主要向爱沙尼亚出口机电、高技术产品、农产品及机械设备，自爱沙尼亚进口钢材、电子产品、计算机及通信技术。据中方统计，截至 2019 年 12 月，中国在爱累计直接投资 1 137 万美元，工程承包营业额 1 600 万美元。截至 2019 年,爱沙尼亚企业在华有 12 个投资项目,实际使用资金为 321 万美元。

据了解,爱沙尼亚客运列车使用时间长且已出现老化现象,能源与矿产领域资源不够丰富,在交通运输业、能源等产业方面有待进一步加强,结合其与中国奠定的良好的贸易关系,对中国与爱沙尼亚双边贸易的发展进行展望。

(1)爱沙尼亚已针对国内交通网络不健全、交通基础设施不完善等问题采取了一定的举措,如发展过境中转运输业、扩建塔林港口等,但这些举措对于快速加强交通基础设施建设还不够。因此,在交通基础设施方面,中国企业可以采取对交通基础设施进行投资等方式,加强交通基础设施的产业合作。

(2)针对爱沙尼亚能源与矿产领域资源不足的问题,中国矿业相关企业可采取单一融资、间接融资等方式,并通过矿产海外投资等方式深化在能源与矿产领域的产业合作。

(3)爱沙尼亚对于与中国的旅游业合作十分重视,因此两国的旅游业合作可全面深化。例如,可采取旅游基础设施投资、旅游重点项目投资等模式,大力推广两国的旅游胜地,推动旅游业的服务产业向更深层次发展。

第 8 章
希腊的对外贸易

　　希腊共和国,简称希腊,位于巴尔干半岛最南端。北同保加利亚、北马其顿、阿尔巴尼亚相邻,东北与土耳其的欧洲部分接壤,西南濒爱奥尼亚海,东临爱琴海,南隔地中海与非洲大陆相望。2019 年海岸线长约 15 021 公里,领海宽度为 6 海里。属亚热带地中海气候。平均气温冬季 0~13℃、夏季 23~41℃。2019 年面积 131 957 平方公里,其中 15％为岛屿。截至2019 年,总人口 1 112.8 万人,98％以上为希腊人。官方语言为希腊语。首都雅典,2019 年人口 315.4 万人。

　　希腊属欧盟经济中等发达国家之一,经济基础较薄弱,但海运业发达。截至 2019 年,海运业共为希腊 19 万人提供了就业机会,除 6 万名在海轮上工作的希腊籍船员外,海运业带动的金融、保险、咨询服务业、船用设备、维修等相关产业吸纳了 13 万劳动力,仅在比雷埃夫斯港就有 1 000 多家企业开展与海运业相关的经营活动。希腊有各类港口 150 个,主要有比雷埃夫斯、萨洛尼卡、沃洛斯、佩特雷、伊拉克里翁。截至 2019 年,希腊共拥有百吨级以上船只1 884 艘,总载重吨 4 297 万吨,同比增长 3.1％。同时,旅游业是希腊获得外汇来源和维持国际收支平衡的重要经济部门。近年来,希腊政府将旅游业发展重心从增加游客数量转向提高游客消费水平,取得较好经济和社会效益。主要旅游景点有雅典卫城、德尔菲太阳神庙、奥林匹亚古运动场遗址等。不仅如此,希腊农业较发达,2019 年可耕种地面积占国土面积的 30％,其中灌溉农业面积占 37％。64％的耕地面积种植粮食作物,其他为果树、橄榄树和蔬菜等。此外,工业以食品加工和轻工业为主,主要工业有采矿、冶金、食品加工、纺织、造船、建筑等。

　　截至 2019 年,希腊同 100 多个国家有贸易关系,欧盟成员国是其最大贸易伙伴,占其进出口总额的 42％~47％。德国、意大利、英国、塞浦路斯、保加利亚、俄罗斯和中国为其主要贸易伙伴。主要出口商品为石油产品、铝、药品、食品、橄榄油、电信产品、铜铝等。主要进口商品为原材料、石油及石油产品、日用品、交通运输设备、天然气等。

　　据欧盟统计局统计,2019 年,希腊对意大利、德国、塞浦路斯和土耳其分别出口 4 094百万美元、2 563 百万美元、2 305 百万美元和 2 207 百万美元,增减幅分别为－0.2％、1.3％、3.1％和－8.7％,占希腊出口总额的 10.8％、6.8％、6.1％和 5.8％。2019 年,希腊自德国、意大利、伊拉克和俄罗斯分别进口 6 880 百万美元、5 343 百万美元、5 107 百万美元和 4 564百万美元,增减幅分别为 0.4％、0.3％、－4.3％和－6.5％,占希腊进口总额的 11.1％、8.6％、8.2％和 7.3％。希腊前三大贸易逆差来源地依次是伊拉克、俄罗斯和德国,2019 年逆差额差分别为 5 030 百万美元、4 330 百万美元和 4 320 百万美元,分别下降 4.9％、6.0％和

0.2%。希腊贸易顺差主要来自塞浦路斯和黎巴嫩,2019 年顺差额分别为 1 850 百万美元和 1 240 百万美元,塞浦路斯增长 7.0%,黎巴嫩下降 27.2%。从商品看,矿产品、贱金属及制品、化工产品和机电产品是希腊的前四大类出口商品,2019 年分别出口 12 720 百万美元、4 070 百万美元、3 780 百万美元和 3 280 百万美元,增减幅分别为 −11.7%、−12.0%、15.2%和 4.9%,占希腊出口总额的 33.6%、10.8%、10.0%和 8.7%。在矿产品中,矿物燃料出口 11 950 百万美元,占希腊出口总额的 31.6%,下降 11.7%。希腊的前四大类进口商品是矿产品、机电产品、化工产品和贱金属及制品,2019 年进分别进口 16 910 百万美元、8 190 百万美元、8 120 百万美元和 4 270 百万美元,增减幅分别为 −10.9%、−2.2%、3.2%和 −13.2%,占希腊进口总额的 27.2%、13.2%、13.1%和 6.9%。

据欧盟统计局统计,2019 年,希腊对中国出口 1 000 百万美元,下降 5.4%,占希腊出口总额的 2.6%,与上年持平;希腊自中国进口 4 550 百万美元,增长 11.8%,占希腊进口总额的 7.3%,提升 0.9 个百分点。希腊贸易逆差 3 550 百万美元,增长 17.9%。2019 年希腊出口矿产品至中国 760 百万美元,下降 10.4%,占希腊对中国出口总额的 76.1%。其中,矿物燃料出口 469 百万美元,下降 9.7%;盐;硫黄;土及石料;石灰及水泥等出口 238 百万美元,下降 18.4%。机电产品和纺织品分别为希腊对中国出口的第二和第三大类商品,2019 年分别出口 50.62 百万美元和 24.16 百万美元,占希腊对中国出口总额的 5.1%和 2.4%。2019 年希腊自中国进口机电产品 1 635 百万美元,占希腊自中国进口总额的 36.0%,下降 4.8%。其中,机械设备进口 1 086 百万美元,下降 5.6%;电机和电气产品进口 549 百万美元,下降 3.1%。纺织品及原料、家具玩具是希腊自中国进口的第二和第三大类产品,2019 年分别进口 880 百万美元和 460 百万美元,增长 103.3%和 4.7%,占希腊自中国进口总额的 19.4%和 10.1%。另外,贱金属及制品、鞋靴伞等轻工产品也是希腊自中国进口占比超过 5%的商品。中国产品主要竞争者是德国和意大利等国家。

8.1　对外贸易发展趋势

2019 年希腊货物进出口总额为 99 990 百万美元,比上年(下同)下降 3.2%。其中,出口 37 833 百万美元,下降 4.2%;进口 62 157 百万美元,下降 2.6%。

希腊在 2008 年至 2019 年对外贸易总额呈现波动趋势。在 2008 年至 2011 年期间,先经历了 2008 年的飞速增长,之后在 2009 年至 2010 年下滑明显,2011 年出现了反弹。在 2012 年至 2019 年期间,2012 年出现了小幅下跌,2013 年持平,2014 年略微回升后,2015 年和 2016 年都出现了不同程度的下滑趋势。好在 2017 年和 2018 年都呈现了明显回升态势,但在 2019 年又出现了下滑。具体数据见表 8-1 和图 8-1。

表 8-1　希腊对外贸易年度表

时间	总额/百万美元	同比/%	出口/百万美元	同比/%	进口/百万美元	同比/%
2008 年	127 045	16.3	31 406	17.8	95 639	15.9
2009 年	97 298	−23.4	24 666	−21.5	72 632	−24.1
2010 年	93 975	−3.4	28 033	13.7	65 943	−9.2

续表

时间	总额/百万美元	同比/%	出口/百万美元	同比/%	进口/百万美元	同比/%
2011年	100 511	7.0	33 788	20.5	66 723	1.2
2012年	97 066	−3.4	35 345	4.6	61 721	−7.5
2013年	97 027	0.0	36 150	2.3	60 877	−1.4
2014年	97 950	1.0	35 963	−0.5	61 987	1.8
2015年	75 371	−23.1	28 566	−20.6	46 805	−24.5
2016年	74 965	−0.5	28 153	−1.4	46 813	0.0
2017年	86 151	14.9	32 638	15.9	53 514	14.3
2018年	103 285	19.9	39 477	21.0	63 808	19.2
2019年	99 990	−3.2	37 833	−4.2	62 157	−2.6

数据来源：商务部国别报告网、UN Comtrade 数据库、全球贸易观察等，经本课题组整理所得。

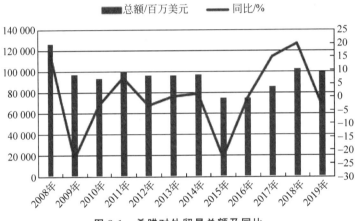

图 8-1　希腊对外贸易总额及同比

希腊在 2008 年至 2019 年对外贸易出口额存在波动趋势。经历了 2008 年快速增长后，2009 年剧烈下滑。2010 年至 2013 年期间，都呈现明显回升趋势。但在 2014 年至 2019 年期间，2014 年至 2016 年连年下跌，2017 年至 2018 年止跌反弹，但在 2019 年出口 37 833 百万美元，较 2018 年下滑 4.2 个百分点。具体数据见表 8-1 和图 8-2。

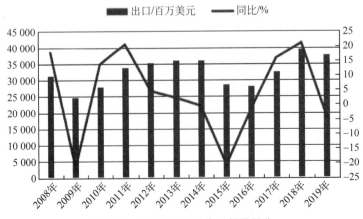

图 8-2　希腊对外贸易出口额及同比

希腊在 2008 年至 2019 年对外贸易进口额中,2008 年达到顶峰,为 95 639 百万美元,2018 年增幅最大,为 19.2%。相比之下,2015 年下降幅度最大,为 24.5%。同时,2019 年对外贸易进口额呈现下降趋势,比 2018 年下跌 2.6 个百分点。具体数据见表 8-1 和图 8-3。

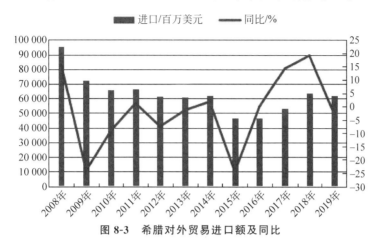

图 8-3　希腊对外贸易进口额及同比

8.2　主要贸易市场结构

2019 年,希腊出口总额为 37 833 百万美元,出口伙伴国主要有意大利、德国、塞浦路斯等;进口总额为 62 157 百万美元,进口伙伴国主要有德国、意大利、伊拉克等。

2019 年希腊出口至意大利的货物金额最多,为 4 094 百万美元。在主要出口伙伴国中,只有出口至德国、塞浦路斯、保加利亚和法国四国的货物金额较 2018 年呈增加趋势。具体数据见表 8-2 和图 8-4。

表 8-2　2019 年希腊对主要贸易伙伴出口额

国家和地区	金额/百万美元	同比/%	占比/%
总值	37 833	−4.2	100.0
意大利	4 094	−0.2	10.8
德国	2 563	1.3	6.8
塞浦路斯	2 305	3.1	6.1
土耳其	2 207	−8.7	5.8
保加利亚	1 834	4.3	4.9
美国	1 461	−9.4	3.9
英国	1 391	−2.6	3.7
法国	1 340	11.6	3.5
黎巴嫩	1 302	−25.9	3.4
西班牙	1 248	−5.0	3.3

数据来源:商务部国别报告网、UN Comtrade 数据库、全球贸易观察等,经本课题组整理所得。

2019 年希腊自德国进口的货物金额占比最大,为 6 880 百万美元。在主要进口伙伴国中,只有自德国、意大利、中国和法国四国进口货物的金额较 2018 年呈增加趋势。具体数据见表 8-3 和图 8-5。

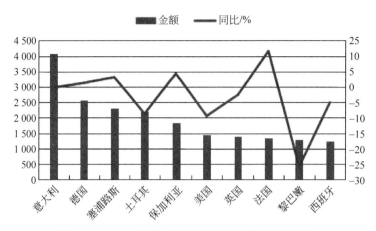

图 8-4　2019 年希腊对主要贸易伙伴出口额及同比

表 8-3　2019 年希腊自主要贸易伙伴进口额

国家和地区	金额/百万美元	同比/%	占比/%
总值	62 157	−2.6	100.0
德国	6 880	0.4	11.1
意大利	5 343	0.3	8.6
伊拉克	5 107	−4.3	8.2
俄罗斯	4 564	−6.5	7.3
中国	4 550	11.8	7.3
荷兰	3 121	−5.7	5.0
法国	2 686	4.3	4.3
西班牙	2 282	−6.6	3.7
保加利亚	2 222	−0.2	3.6
土耳其	2 176	−0.2	3.5

数据来源：商务部国别报告网、UN Comtrade 数据库、全球贸易观察等，经本课题组整理所得。

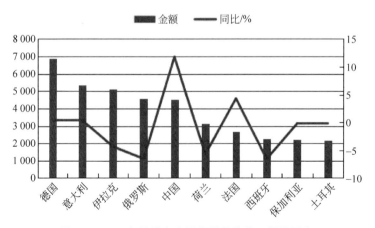

图 8-5　2019 年希腊自主要贸易伙伴进口额及同比

8.3 主要进出口商品结构

2019 年希腊出口商品总额为 37 833 百万美元,同比下降 4.2%。在出口商品构成中,有商品编码为 27(矿物燃料、矿物油及其蒸馏产品;沥青物质;矿物蜡)、30(药品)、84(核反应堆、锅炉、机器、机械器具及其零件)、85(电机、电气设备及其零件;声音的录制和重放设备及其零件、附件)、76(铝及其制品)、39(塑料及其制品)等商品,上述商品金额超过总出口金额的五成。相比 2018 年,商品编号为 15(动、植物油、脂及其分解产品;精制的食用油脂;动、植物蜡)的商品下降幅度最大。具体数据见表 8-4 和图 8-6。

表 8-4 2019 年希腊主要出口商品结构

商品编码	商品类别	金额/百万美元	占比/%	同比/%
总值	—	37 833.00	100.00	−4.20
27	矿物燃料、矿物油及其蒸馏产品;沥青物质;矿物蜡	11 953.09	31.56	−11.71
30	药品	2 169.53	5.73	24.98
84	核反应堆、锅炉、机器、机械器具及其零件	1 984.58	5.24	3.41
76	铝及其制品	1 913.31	5.05	−7.75
39	塑料及其制品	1 338.49	3.53	−5.54
85	电机、电气设备及其零件;声音的录制和重放设备及其零件、附件	1 292.75	3.41	7.45
20	蔬菜、水果、坚果或植物其他部分的制品	1 210.38	3.20	−3.01
08	食用水果及坚果;柑橘属水果或甜瓜的果皮	1 090.64	2.88	1.57
04	乳品;蛋品;天然蜂蜜;其他食用动物产品	785.67	2.07	−0.35
03	鱼、甲壳动物,软体动物及其他水生无脊椎动物	763.23	2.02	−5.79
74	铜及其制品	723.35	1.91	−9.09
61	针织或钩编的服装及衣着附件	661.78	1.75	41.27
25	盐;硫黄;泥土及石料;石膏料、石灰及水泥	641.01	1.69	−12.52
52	棉花	638.35	1.69	39.68
72	钢铁	611.17	1.61	−18.96
73	钢铁制品	610.31	1.61	−19.63
24	烟草及烟草代用品的制品	586.98	1.55	−1.58
99	其他产品	554.38	1.46	−8.68
15	动、植物油、脂及其分解产品;精制的食用油脂;动、植物蜡	496.80	1.31	−42.76
90	光学、照相、电影、计量、检验、医疗或外科用仪器及设备,精密仪器及设备;上述物品的零件、附件	394.86	1.04	9.17
38	杂项化学产品	389.33	1.03	6.97
62	非针织或非钩编的服装及衣着附件	377.97	1.00	33.32
21	杂项食品	362.58	0.96	5.56
19	谷物、粮食粉、淀粉或乳的制品;糕饼点心	330.03	0.87	2.54
33	精油及香膏,芳香料制品,化妆盥洗品	323.90	0.86	5.74
95	玩具、游戏品、运动用品及其零件、附件	315.99	0.83	−0.62
64	鞋靴、护腿和类似品及其零件	289.04	0.76	71.83
22	饮料、酒及醋	287.39	0.76	−4.33
32	鞣料浸膏及染料浸膏;鞣酸及其衍生物;染料、颜料及其他着色料;油漆及清漆;油灰及其他类似胶黏剂;墨水、油墨	272.55	0.72	−2.53

续表

商品编码	商品类别	金额/百万美元	占比/%	同比/%
48	纸及纸板；纸浆、纸或纸板制品	260.22	0.69	4.41
68	石料、石膏、水泥、石棉、云母及类似材料的制品	254.64	0.67	−6.17
28	无机化学品；贵金属、稀土金属、放射性元素及其同位素的有机及无机化合物	207.95	0.55	−13.23
94	家具；寝具、褥垫、弹簧床垫、软坐垫及类似的填充制品；未列名灯具及照明装置；发光标志、发光铭牌及类似品；活动房屋	206.41	0.54	1.00
07	食用蔬菜、根及块茎	197.97	0.52	−1.56
43	毛皮、人造毛皮及其制品	197.82	0.52	−18.66
87	车辆及其零件、附件，但铁道及电车道车辆除外	194.75	0.51	−3.86
31	肥料	174.80	0.46	21.70
34	肥皂、有机表面活性剂、洗涤剂、润滑剂、人造蜡、调制蜡、光洁剂、蜡烛及类似品、塑型用膏、"牙科用蜡"及牙科用熟石膏制剂	167.26	0.44	17.19
56	絮胎、毡呢及无纺织物；特种纱线；线、绳、索、缆及其制品	157.49	0.42	2.09
10	谷物	145.82	0.39	−8.47
83	贱金属杂项制品	140.46	0.37	−10.75
26	矿砂、矿渣及矿灰	136.38	0.36	3.73
96	杂项制品	133.29	0.35	3.61
60	针织物及钩编织物	124.93	0.33	6.78
02	肉及食用杂碎	106.88	0.28	6.04
89	船舶及浮动结构体	104.15	0.27	−33.27
71	天然或养殖珍珠、宝石或半宝石、贵金属、包贵金属及其制品；仿首饰；硬币	101.36	0.27	−12.12
23	食品工业的残渣及废料配制的动物饲料	100.44	0.27	2.98
12	含油子仁及果实；杂项子仁及果实；工业用或药用植物；稻草、秸秆及饲料	99.52	0.26	−2.47
44	木及木制品；木炭	96.81	0.26	8.93
54	化学纤维长丝	90.74	0.24	−8.09
49	书籍、报纸、印刷图画及其他印刷品；手稿、打字稿及设计图纸	84.72	0.22	0.86
63	其他纺织制成品；成套物品；旧衣着及旧纺织品；碎织物	72.50	0.19	14.73
42	皮革制品；鞍具及挽具；旅行用品、手提包及类似容器；动物肠线（蚕胶丝除外）制品	66.31	0.18	59.97
17	糖及糖食	64.23	0.17	−23.57
16	肉、鱼、甲壳动物、软体动物及其他水生无脊椎动物的制品	56.24	0.15	13.37
40	橡胶及其制品	48.50	0.13	1.00
91	钟表及其零件	48.28	0.13	−15.80
29	有机化学品	47.74	0.13	7.00
18	可可及可可制品	46.79	0.12	8.64

数据来源：全球贸易观察、UN Comtrade 数据库等，经本课题组整理所得。

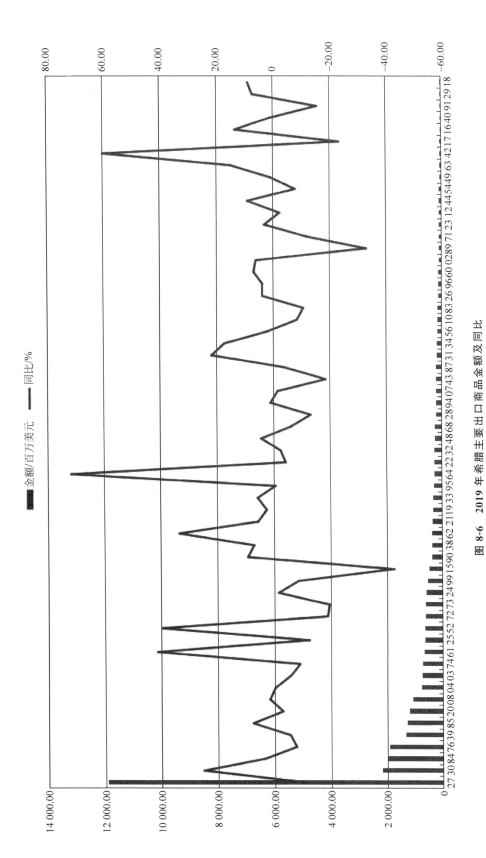

图 8-6　2019 年希腊主要出口商品金额及同比

2019 年希腊进口商品总额为 62 157 百万美元,同比下降 2.6％。在进口商品构成中,主要有商品编号为 27(矿物燃料、矿物油及其蒸馏产品;沥青物质;矿物蜡)、84(核反应堆、锅炉、机器、机械器具及其零件)、85(电机、电气设备及其零件;声音的录制和重放设备及其零件、附件)、87(车辆及其零件、附件,但铁道及电车道车辆除外)、30(药品)、39(塑料及其制品)等商品,上述商品进口金额超过总进口金额的五成。相比 2018 年,89(船舶及浮动结构体)等商品呈现增长趋势,尤其是 99(其他产品)增幅最大。同时,商品编号为 72(钢铁)的商品下降幅度最大。具体数据见表 8-5 和图 8-7。

表 8-5　2019 年希腊主要进口商品结构

商品编码	商品类别	金额/百万美元	占比/％	同比/％
总值		62 157.0	100.00	−2.60
27	矿物燃料、矿物油及其蒸馏产品;沥青物质;矿物蜡	16 740.9	26.91	−11.04
84	核反应堆、锅炉、机器、机械器具及其零件	4 584.0	7.37	−4.67
85	电机、电气设备及其零件;声音的录制和重放设备及其零件、附件	3 625.3	5.83	1.85
30	药品	3 101.2	4.98	−8.03
87	车辆及其零件、附件,但铁道及电车道车辆除外	2 896.0	4.65	3.86
39	塑料及其制品	2 178.8	3.50	−2.45
29	有机化学品	2 127.3	3.42	39.39
02	肉及食用杂碎	1 385.9	2.23	1.19
61	针织或钩编的服装及衣着附件	1 292.5	2.08	26.59
72	钢铁	1 269.3	2.04	−19.91
90	光学、照相、电影、计量、检验、医疗或外科用仪器及设备,精密仪器及设备;上述物品的零件、附件	1 201.9	1.93	0.76
62	非针织或非钩编的服装及衣着附件	1 113.2	1.79	14.42
48	纸及纸板;纸浆、纸或纸板制品	1 096.3	1.76	−3.55
76	铝及其制品	1 052.3	1.69	−19.06
04	乳品;蛋品;天然蜂蜜;其他食用动物产品	930.1	1.49	−2.28
64	鞋靴、护腿和类似品及其零件	804.4	1.29	14.31
74	铜及其制品	765.8	1.23	−2.19
38	杂项化学产品	756.2	1.22	−5.17
33	精油及香膏,芳香料制品,化妆盥洗品	731.9	1.18	1.28
94	家具;寝具、褥垫、弹簧床垫、软坐垫及类似的填充制品;未列名灯具及照明装置;发光标志、发光铭牌及类似品;活动房屋	666.6	1.07	7.38
73	钢铁制品	579.1	0.93	−11.22
23	食品工业的残渣及废料配制的动物饲料	563.1	0.90	0.28
03	鱼、甲壳动物,软体动物及其他水生无脊椎动物	541.7	0.87	−2.95
89	船舶及浮动结构体	519.4	0.83	119.82
10	谷物	470.5	0.76	−3.65
95	玩具、游戏品、运动用品及其零件、附件	464.6	0.75	−5.44
44	木及木制品;木炭	449.5	0.72	0.86
40	橡胶及其制品	441.0	0.71	−4.12
21	杂项食品	437.9	0.70	−2.87

续表

商品编码	商品类别	金额/百万美元	占比/%	同比/%
08	食用水果及坚果；柑橘属水果或甜瓜的果皮	423.1	0.68	0.05
22	饮料、酒及醋	414.0	0.67	3.33
19	谷物、粮食粉、淀粉或乳的制品；糕饼点心	399.0	0.64	1.61
32	鞣料浸膏及染料浸膏；鞣酸及其衍生物；染料、颜料及其他着色料；油漆及清漆；油灰及其他类似胶黏剂；墨水、油墨	387.8	0.62	−4.70
24	烟草及烟草代用品的制品	367.1	0.59	−10.57
34	肥皂、有机表面活性剂、洗涤剂、润滑剂、人造蜡、调制蜡、光洁剂、蜡烛及类似品、塑型用膏、"牙科用蜡"及牙科用熟石膏制剂	345.9	0.56	1.14
07	食用蔬菜、根及块茎	316.8	0.51	15.90
20	蔬菜、水果、坚果或植物其他部分的制品	303.7	0.49	−3.89
99	其他产品	293.1	0.47	499.95
15	动、植物油、脂及其分解产品；精制的食用油脂；动、植物蜡	288.7	0.46	−14.73
42	皮革制品；鞍具及挽具；旅行用品、手提包及类似容器；动物肠线（蚕胶丝除外）制品	286.9	0.46	8.62
12	含油子仁及果实；杂项子仁及果实；工业用或药用植物；稻草、秸秆及饲料	286.1	0.46	−3.56
70	玻璃及其制品	278.7	0.45	5.99
09	咖啡、茶、马黛茶及调味香料	275.5	0.44	−1.28
31	肥料	267.3	0.43	−9.92
83	贱金属杂项制品	263.6	0.42	1.62
69	陶瓷产品	233.3	0.37	0.64
96	杂项制品	232.4	0.37	−2.35
28	无机化学品；贵金属、稀土金属、放射性元素及其同位素的有机及无机化合物	213.5	0.34	−1.11
17	糖及糖食	212.5	0.34	−1.13
63	其他纺织制成品；成套物品；旧衣着及旧纺织品；碎织物	210.9	0.34	8.92
18	可可及可可制品	200.3	0.32	1.06
82	贱金属工具、器具、利口器、餐匙、餐叉及其零件	186.4	0.30	0.90
71	天然或养殖珍珠、宝石或半宝石、贵金属、包贵金属及其制品；仿首饰；硬币	166.3	0.27	2.65
16	肉、鱼、甲壳动物，软体动物及其他水生无脊椎动物的制品	154.1	0.25	−1.81
60	针织物及钩编织物	153.7	0.25	14.34
91	钟表及其零件	151.3	0.24	0.92
54	化学纤维长丝	134.9	0.22	−0.94
35	蛋白类物质；改性淀粉；胶；酶	126.2	0.20	3.86
25	盐；硫黄；泥土及石料；石膏料、石灰及水泥	118.5	0.19	4.58
56	絮胎、毡呢及无纺织物；特种纱线；线、绳、索、缆及其制品	117.3	0.19	4.02

数据来源：全球贸易观察、UN Comtrade 数据库等，经本课题组整理所得。

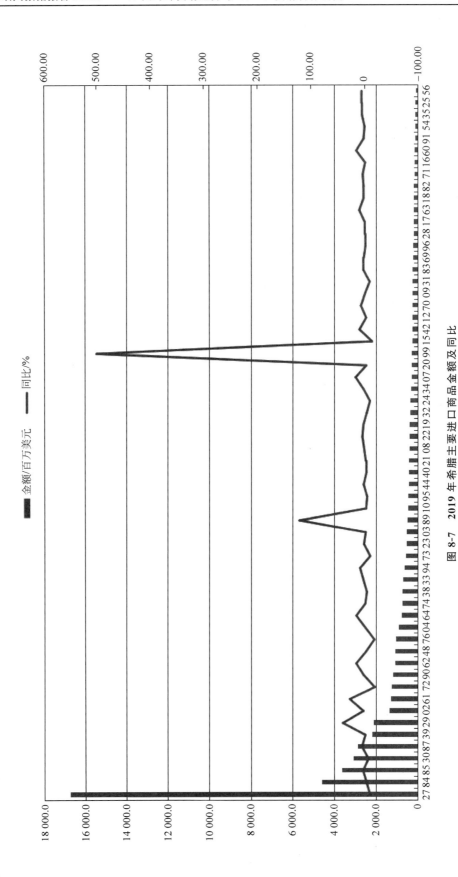

图 8-7　2019 年希腊主要进口商品金额及同比

8.4　主要优势产业及其特征

希腊主要在新能源，节水浇灌，海洋、生物，地震预报，文物保护等产业方面有一定优势，具体优势产业特征如下。

1. 新能源

希腊自然资源相对贫乏，但太阳能和风能等资源丰富，高度重视太阳能和风能等新能源的研发与投资，光能转换技术较为成熟。

2. 节水浇灌

农业是希腊传统优势产业，农产品是希腊出口最具竞争力的产品之一。希腊全年干旱少雨，属于典型的地中海气候。针对其气候特点，希腊大力研究节水浇灌，技术水平较高。

3. 海洋、生物

希腊在海洋环境保护和海产品养殖等领域处于世界领先位置，海水养殖技术高，多类产品产量居欧盟前列。近年来，希腊大力发展生物制药技术，部分高端医药产品出口海外。

4. 地震预报

希腊地处欧亚板块的连接带，地震较为频繁。希腊着手研究地震预报的时间比较早，掌握着大量的数据资料，研究成果丰硕，预测水平高。

5. 文物保护

古迹的保护与修复技术是希腊传统的优势领域。希腊是文明古国之一，拥有丰富的文化遗产，在人才培养、设备更新与技术开发等方面都走在世界前列。

希腊政府致力于积极吸引外资，鼓励外商投资的重点领域包括：

一是新能源，如风能等绿色能源；

二是新技术，如通信、网络、软件开发等；

三是旅游产业，如酒店业、旅游配套设施等；

四是农副产品加工和食品等；

五是节能、环保项目；

六是物流业，包括道路、交通、停车场等物流基础设施；

七是生命科学和制药业；

八是房地产业；

九是对落后地区的投资。

8.5 中国和希腊双边贸易概况

2019 年,希腊与中国的双边货物贸易额为 5 550 百万美元,增长 8.3%。从商品类别看,矿产品是希腊对中国出口的首位产品,而机电产品是希腊自中国进口的第一大类商品。

2019 年希腊对中国出口商品总额为 1 000 百万美元,同比下降 5.4%。在出口商品构成中,以商品编号为 27(矿物燃料、矿物油及其产品;沥青等)、25(盐;硫黄;土及石料;石灰及水泥等)的商品为主,上述商品超过对中国出口商品总额的七成。相比 2018 年,商品编码为 56(絮胎、毡呢及无纺织物;线绳制品等)、33(精油及香膏;香料制品及化妆盥洗品)、84(核反应堆、锅炉、机械器具及零件)、34(洗涤剂、润滑剂、人造蜡、塑型膏等)、38(杂项化学产品)、73(钢铁制品)、39(塑料及其制品)、90(光学、照相、医疗等设备及零附件)、20(蔬菜、水果等或植物其他部分的制品)等商品呈现增长趋势,尤其是 56(絮胎、毡呢及无纺织物;线绳制品等)增幅最大。与此同时,商品编号为 43(毛皮、人造毛皮及其制品)的商品下降幅度最大。具体数据见表 8-6 和图 8-8。

表 8-6 2019 年希腊对中国出口主要商品构成

商品编码	商 品 类 别	金额/百万美元	同比/%	占比/%
总值		1 000	−5.4	100.0
27	矿物燃料、矿物油及其产品;沥青等	469	−9.7	46.9
25	盐;硫黄;土及石料;石灰及水泥等	238	−18.4	23.8
84	核反应堆、锅炉、机械器具及零件	85	129.7	8.5
26	矿砂、矿渣及矿灰	54	42.7	5.4
30	药品	34	41.6	3.5
52	棉花	22	−53.3	2.2
90	光学、照相、医疗等设备及零附件	12	50.5	1.2
85	电机、电气、音像设备及其零附件	11	−8.2	1.1
32	鞣料;着色料;涂料;油灰;墨水等	7	4.1	0.7
20	蔬菜、水果等或植物其他部分的制品	5	49.7	0.5
76	铝及其制品	5	−45.3	0.5
33	精油及香膏;香料制品及化妆盥洗品	4	167.4	0.5
08	食用水果及坚果;甜瓜等水果的果皮	4	33.3	0.5
68	矿物材料的制品	4	−8.4	0.4
39	塑料及其制品	3	51.3	0.4
22	饮料、酒及醋	3	10.7	0.3
19	谷物粉、淀粉等或乳的制品;糕饼	2	5.2	0.2
15	动、植物油、脂、蜡;精制食用油脂	2	−45.2	0.2
31	肥料	2	−54.4	0.2
49	印刷品;手稿、打字稿及设计图纸	1	−2.1	0.1
38	杂项化学产品	1	56.7	0.1
56	絮胎、毡呢及无纺织物;线绳制品等	1	428.9	0.1
73	钢铁制品	1	52.5	0.1
94	家具;寝具等;灯具;活动房	1	−9.3	0.1
34	洗涤剂、润滑剂、人造蜡、塑型膏等	1	72.5	0.1

续表

商品编码	商品类别	金额/百万美元	同比/%	占比/%
03	鱼及其他水生无脊椎动物	1	−13.8	0.1
43	毛皮、人造毛皮及其制品	1	−62.4	0.1
87	车辆及其零附件,但铁道车辆除外	1	−3.2	0.1
04	乳;蛋;蜂蜜;其他食用动物产品	1	5.4	0.1
05	其他动物产品	1	−16.4	0.1

数据来源:商务部国别报告网、UN Comtrade 数据库等,经本课题组整理所得。

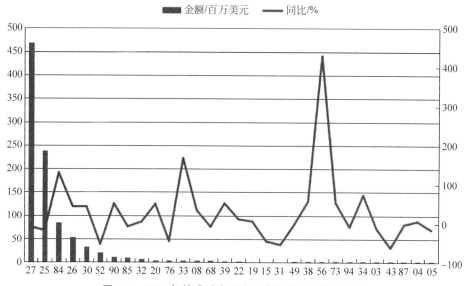

图 8-8　2019 年希腊对中国主要出口商品金额及同比

2019 年希腊自中国进口商品总额为 4 550 百万美元,同比增加 11.8%。在进口商品构成中,以商品编号为 84(核反应堆、锅炉、机械器具及零件)、85(电机、电气、音像设备及其零附件)、64(鞋靴、护腿和类似品及其零件)、94(家具;寝具等;灯具;活动房)的商品为主,上述商品将近占自中国进口商品总额的五成。相比 2018 年,商品编码为 61(针织或钩编的服装及衣着附件)、62(非针织或非钩编的服装及衣着附件)、60(针织物及钩编织物)、64(鞋靴、护腿和类似品及其零件)、65(头饰)、55(化学纤维短纤)等商品呈现增长趋势,尤其是 61(针织或钩编的服装及衣着附件)增幅最大。与此同时,商品编号为 72(钢铁)的商品下降幅度最大。具体数据见表 8-7 和图 8-9。

表 8-7　2019 年希腊自中国进口主要商品构成

商品编码	商品类别	金额/百万美元	同比/%	占比/%
总值		4 550	11.8	100.0
84	核反应堆、锅炉、机械器具及零件	1 086	−5.6	23.9
85	电机、电气、音像设备及其零附件	549	−3.1	12.1
61	针织或钩编的服装及衣着附件	365	214.0	8.0
62	非针织或非钩编的服装及衣着附件	288	98.1	6.3
64	鞋靴、护腿和类似品及其零件	242	65.8	5.3

商品编码	商品类别	金额/百万美元	同比/%	占比/%
94	家具；寝具等；灯具；活动房	219	13.4	4.8
95	玩具、游戏或运动用品及其零附件	203	−4.4	4.5
76	铝及其制品	197	−20.2	4.3
39	塑料及其制品	149	8.9	3.3
42	皮革制品；旅行箱包；动物肠线制品	112	28.1	2.5
90	光学、照相、医疗等设备及零附件	89	21.1	2.0
73	钢铁制品	88	1.2	2.0
87	车辆及其零附件，但铁道车辆除外	63	5.5	1.4
48	纸及纸板；纸浆、纸或纸板制品	58	10.7	1.3
63	其他纺织制品；成套物品；旧纺织品	56	22.8	1.2
29	有机化学品	55	6.9	1.2
54	化学纤维长丝	48	22.8	1.1
60	针织物及钩编织物	44	76.3	1.0
83	贱金属杂项制品	43	17.5	0.9
96	杂项制品	37	11.9	0.8
69	陶瓷产品	35	17.6	0.8
40	橡胶及其制品	34	−6.5	0.8
70	玻璃及其制品	33	6.1	0.7
55	化学纤维短纤	27	38.1	0.6
82	贱金属器具、利口器、餐具及零件	26	−1.3	0.6
03	鱼及其他水生无脊椎动物	26	−3.2	0.6
44	木及木制品；木炭	25	13.3	0.6
71	珠宝、贵金属及制品；仿首饰；硬币	24	0.3	0.5
72	钢铁	22	−41.1	0.5
65	头饰	21	46.4	0.5

数据来源：商务部国别报告网、UN Comtrade 数据库等，经本课题组整理所得。

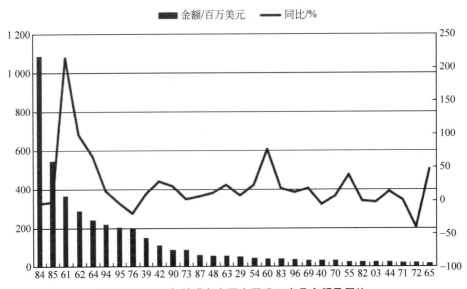

图8-9　2019年希腊自中国主要进口商品金额及同比

8.6 中国和希腊贸易竞争性与互补性分析

8.6.1 中国和希腊显性比较优势指数(RCA)分析

利用《国际贸易商品标准分类(第四版)》(SITC. Rev4),以 2018 年为例,对中国与希腊显性比较优势指数(RCA)进行分析。具体数据见表8-8。

表 8-8　2018 年希腊商品出口额

SITC	商品类别名称	金额/百万美元
SITC0	食品和活动物	5 353.22
SITC1	饮料及烟草	840.33
SITC2	非食用燃料(不包含燃料)	1 604.24
SITC3	矿物燃料、润滑油及有关原料	13 556.15
SITC4	动植物油、油脂和蜡	822.54
SITC5	未列明的化学品和有关产品	4 068.30
SITC6	主要按原材料分类的制成品	6 110.34
SITC7	机械及运输设备	3 384.75
SITC8	杂项制品	2 653.53
SITC9	没有分类的其他商品	1 097.13

数据来源:UN Comtrade 数据库等,经本课题组整理所得。

通过 UN Comtrade 数据库等相关数据库的数据,经本课题组整理得到:2018 年中国所有商品出口额约为 2 494 230 百万美元,希腊所有商品出口额 39 477 百万美元,世界所有商品出口额 19 051 239 百万美元。

按照公式 $RCA_{xik}=(X_{ik}/X_{wk})/(X_i/X_w)$,得出计算结果如表 8-9 所示。

表 8-9　2018 年中国和希腊显性比较优势指数(RCA)计算结果

国家	商品									
	SITC0	SITC1	SITC2	SITC3	SITC4	SITC5	SITC6	SITC7	SITC8	SITC9
中国	0.43	0.18	0.19	0.18	0.10	0.59	1.35	1.34	1.94	0.04
希腊	2.19	2.56	1.12	3.32	4.64	0.89	1.26	0.24	0.57	0.43

根据上述结果分析得到:

(1)希腊除了 SITC5、SITC7、SITC8 和 SITC9 四类商品外,其余商品均具有显性比较优势。其中,SITC4 的 RCA 值最高,值超过 4.6,说明具有明显的显性比较优势。

(2)在 SITC6 类商品中,中国与希腊都具有显性比较优势。在 SITC5 和 SITC9 这两类商品中,两国显性优势比较指数均小于 1,说明两国都不具备比较优势。

8.6.2　中国和希腊贸易互补性指数（TCI）分析

利用《国际贸易商品标准分类（第四版）》（SITC. Rev4），以 2018 年为例，对中国与希腊贸易互补性指数（TCI）进行分析。具体数据见表 8-10。

表 8-10　2018 年希腊商品进口额

SITC	商品类别名称	金额/百万美元
SITC0	食品和活动物	6 576.48
SITC1	饮料及烟草	774.13
SITC2	非食用燃料（不包含燃料）	1 566.56
SITC3	矿物燃料、润滑油及有关原料	18 874.07
SITC4	动植物油、油脂和蜡	296.02
SITC5	未列明的化学品和有关产品	9 193.76
SITC6	主要按原材料分类的制成品	7 382.05
SITC7	机械及运输设备	12 317.08
SITC8	杂项制品	6 485.63
SITC9	没有分类的其他商品	1 675.67

数据来源：UN Comtrade 数据库等，经本课题组整理所得。

通过 UN Comtrade 数据库等相关数据库的数据，经本课题组整理得到：2018 年中国所有商品进口额约为 2 134 982 百万美元，希腊所有商品进口额 63 808 百万美元，世界所有商品进口额 19 253 036 百万美元。

按照公式 $TCI_{ij} = RCA_{xik} \times RCA_{mjk}$，得出计算结果如表 8-11 所示。

表 8-11　2018 年中国和希腊贸易互补性指数（TCI）计算结果

国家	SITC0	SITC1	SITC2	SITC3	SITC4	SITC5	SITC6	SITC7	SITC8	SITC9
中国	0.77	0.28	0.12	0.43	0.10	0.73	1.36	0.73	1.81	0.03
希腊	1.12	1.19	3.48	4.17	3.86	0.80	0.79	0.29	0.37	0.42

根据上述结果分析得到：

（1）在对中国与希腊贸易互补性指数（TCI）分析中，并未出现两国贸易互补性指数（TCI）都大于 1 的情况。

（2）在 SITC5、SITC7 和 SITC9 这三类商品中，双方 TCI 值均小于 1，说明两国互补性较弱。

8.7　中国和希腊贸易合作展望

近年来，中国和希腊贸易发展较快。两国建有双边经贸混合委员会机制，截至 2019 年共召开了 13 次会议。截至 2019 年 12 月，希腊对华直接投资项目累计 194 个，实际投资额

1.05 亿美元。2008 年,中远公司取得希腊比雷埃夫斯港 2 号和 3 号集装箱码头 35 年特许经营权。2016 年,中远海运集团中标比雷埃夫斯港港务局私有化项目。当前,项目经营良好,产生了良好的政治、经济和社会效益。此外,在投资方面,中国和希腊双向投资集中在海运、电信和光伏领域。2018 年 8 月,两国签署政府间共建"一带一路"合作谅解备忘录。2019 年 4 月,两国签署《关于重点领域 2020—2022 年合作框架计划》。2019 年 8 月,希腊成为亚洲基础设施投资银行正式成员。这些都为两国不断发展经贸关系奠定了坚实的基础。

据分析了解,希腊整体上工业基础比较落后,同时铁路系统利用率较低,经济收益不高。对此,结合两国近些年发展势头良好的双边贸易关系,可在以下方面展开深入合作。

(1) 中国可针对希腊在工业上基础薄弱的现状,加大此方面的投资,如加大在机械、纺织等工业上的投入,通过政府主导、企业自筹等方式来实现。

(2) 对于希腊铁路系统发展速度缓慢的问题,希腊政府已计划建设南北铁路大动脉,以提高希腊经济和交通运输的能力。鉴于此,铁路作为中国"走出去"产业,中国企业可实行工程总承包的模式,对希腊铁路系统的设计等过程负责,以此推动两国交通基础设施建设的全面合作。

(3) 希腊拥有地中海第一大港——比雷埃夫斯港,港口资源丰富。双方可在海洋基础设施建设、海洋科技、海洋文化等诸多领域开展交流活动。例如,中远海运等企业可继续落实比港项目总体投资规划,协助希腊政府将比港邮轮码头建设成为地中海地区邮轮码头的枢纽。

(4) 旅游业是希腊获得外汇和维持国际收支平衡的重要经济部门,希腊很重视旅游资源的开发。因此,双方可加强在旅游业上的投资,不断促进服务产业的快速发展,从而提升两国双边贸易发展水平。

第9章
匈牙利的对外贸易

　　匈牙利,中欧内陆国。东邻罗马尼亚、乌克兰,南接斯洛文尼亚、克罗地亚、塞尔维亚,西靠奥地利,北连斯洛伐克,边界线全长 2 246 公里。属大陆性气候,凉爽湿润,全年平均气温为 10℃,年平均降水量约为 630 毫米。面积 93 023 平方公里。截至 2019 年,总人口 976.4 万人。主要民族为匈牙利(马扎尔)族,约占 90%。少数民族有斯洛伐克、罗马尼亚、克罗地亚、塞尔维亚、斯洛文尼亚、德意志等。官方语言为匈牙利语。

　　匈牙利自然资源较贫乏,主要矿产资源是铝矾土,蕴藏量居欧洲第三位,此外有少量褐煤、石油、天然气、铀、铁、锰等。森林覆盖率为 20.4%。工业方面,发展较快,其中,加工工业占 91.9%,电力工业占 3.9%,矿产工业占 0.4%。工业从业人员 111.3 万,占全国就业人口总数的 24.9%。农业方面,基础较好。主要种植小麦、玉米、甜菜、土豆、葡萄等。农牧林渔业从业人员 21.5 万,约占全国就业人口总数的 4.8%。服务业方面,发展迅速。各种小商店、小饮食店、小旅馆和其他服务网点的私有化已经完成。旅游业方面,旅游资源较丰富。主要旅游点有布达佩斯、巴拉顿湖、多瑙河湾、马特劳山。交通运输方面,目前已形成以首都为中心、通向全国和邻国的铁路和公路网。铁路总长 7 682 公里,其中电气化铁路 3 066 公里。全国机动车持有量为 364 万辆。公路货运量 379.5 亿吨公里,占货运总量的 63%,客运量 136 亿人公里。公路总长 3.2 万公里,其中高速公路 1 173 公里。水路长 1 638 公里。水运在匈牙利交通运输中起辅助作用,仅占货运总量的 3.6%。拥有 1 个国际机场——布达佩斯李斯特·费兰茨机场。管道总长 8 109 公里。总输送量 75.9 亿吨,占货运总量的 15%,其中输送石油 16.8 亿吨,输送天然气 50.9 亿吨。

　　对外贸易方面,匈牙利同欧盟国家的进、出口贸易分别占匈牙利进、出口总额的 75.6% 和 80.8%,同其他国家的进、出口贸易分别占 24.4% 和 19.2%。主要进口产品中,机械设备占 48.3%,加工产品占 36.3%,能源占 7.7%,原材料占 2.2%,食品、烟、酒占 5.4%。主要出口产品中,机械设备占 58%,能源占 23.3%,食品、烟、酒占 11.4%,加工产品占 5.7%,原料占 1.7%。

　　据欧盟统计局统计,2018 年匈牙利贸易顺差 4 100 百万美元。从国别(地区)看,匈牙利是欧盟成员国,其超过一半的货物贸易是在欧盟内部进行。在欧盟区域内,匈牙利最主要的出口国是德国、斯洛伐克和罗马尼亚,2019 年出口额分别为 34 222 百万美元、6 542 百万美元和 6 424 百万美元,分别占匈牙利出口总额的 27.68%、5.29% 和 5.2%;欧盟区域内主要的进口国是德国和奥地利,2019 年进口额分别为 29 271 百万美元和 7 388 百万美元,下降2.6% 和 3.3%,分别占匈牙利进口总额的 24.4% 和 6.2%。在欧盟区域外,美国是匈牙利最主要的出口国,2019 年出口额为 3 000 百万美元,增加 2.0%,占匈牙利出口总额的 2.4%。从商品看,机电产品、机械零件及其器具和车辆及其零件是匈牙利的主要出口商品,2019 年出口额分别为 28 264.6 百万美元、20 504.5 百万美元和 20 131.6 百万美元,增减幅分别为 5.99%、−8.02%和 10.73%,占匈牙利出口总额的 22.86%、16.59%和 16.29%。机电产品、机械、器具及其零件和车辆是匈牙利的前三大类进口商品,2019 年分别进口 25 949.7 百万美元、18 866.0 百万美元和 12 370.4 百万美元,增减幅分别为 5.49%、−0.44%和 −2.8%,占匈牙利进口总额的 21.66%、15.75%和 10.32%。

据欧盟统计局统计,2019 年匈牙利对中国出口 1 625 百万美元,减少 8.1%;自中国进口 8 350 百万美元,增长 10.5%。2019 年机电产品对中国出口额为 508 百万美元,增加 0.2%,占匈牙利对中国出口总额的 31.2%。机械器具及其零件产品是匈牙利对中国出口的第二大类商品,出口 293 百万美元,降低 0.3%,占匈牙利对中国出口总额的 18.0%。精密仪器是匈牙利对中国出口的第三大类产品,出口 129 百万美元,降低 0.4%。匈牙利自中国进口的主要商品为机电产品、机械器具及其零件和精密仪器,2019 年三类商品分别进口 4 064 百万美元、1 835 百万美元和 368 百万美元,合计占匈牙利自中国进口总额的 75.1%。

9.1　对外贸易发展趋势

2019 年匈牙利货物进出口额为 243 430 百万美元,比上年(下同)下降 1.6%。其中,出口 123 616 百万美元,下降 1.7%;进口 119 814 百万美元,下降 1.5%。

匈牙利在 2008 年至 2019 年对外贸易总额呈现波动趋势。经历 2008 年的明显上升后,2009 年出现了下滑。2010 年和 2011 年保持稳定增长,但在 2012 年出现了小幅下跌。2013 年与 2014 年止跌反弹,但在 2015 年出现了明显下滑。经历 2016 年至 2018 年比较明显的增幅后,2019 年又出现了小幅下滑。具体数据见表 9-1 和图 9-1。

表 9-1　匈牙利对外贸易年度表

时间	总额/百万美元	同比/%	出口/百万美元	同比/%	进口/百万美元	同比/%
2008 年	218 002	14.0	108 769	13.8	109 233	14.1
2009 年	161 095	−26.1	83 195	−23.5	77 900	−28.7
2010 年	183 662	14.0	95 489	14.8	88 173	13.2
2011 年	214 727	16.9	112 298	17.6	102 429	16.2
2012 年	198 809	−7.4	103 602	−7.7	95 207	−7.1
2013 年	207 623	4.4	107 503	3.8	100 120	5.2
2014 年	215 519	3.8	110 622	2.9	104 897	4.8
2015 年	190 498	−11.6	98 524	−10.9	91 974	−12.3
2016 年	195 800	2.8	101 919	3.5	93 880	2.1
2017 年	220 923	12.8	113 585	11.5	107 339	14.3
2018 年	247 477	12.0	125 795	10.8	121 682	13.4
2019 年	243 430	−1.6	123 616	−1.7	119 814	−1.5

数据来源:商务部国别报告网、UN Comtrade 数据库、全球贸易观察等,经本课题组整理所得。

匈牙利在 2008 年至 2019 年对外贸易出口额存在波动趋势。2008 年和 2009 年情况截然相反,2008 年飞速上升,而 2009 年大幅下滑。2010 年和 2011 年止跌反弹,并维持明显上升趋势。但是,2012 年又出现了下滑,2013 年和 2014 年小幅回升。经历了 2015 年同比下降之后,2016 年至 2018 年对外贸易出口额稳定增长,但在 2019 年下滑 1.7 个百分点。具体数据见表 9-1 和图 9-2。

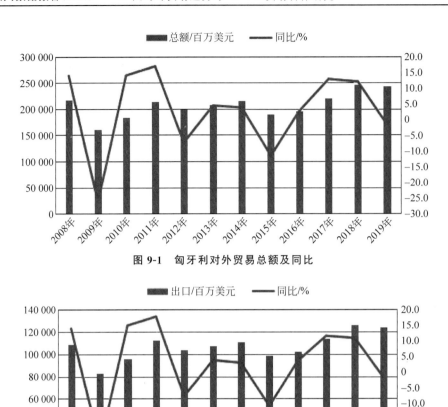

图 9-1　匈牙利对外贸易总额及同比

图 9-2　匈牙利对外贸易出口额及同比

匈牙利在 2008 年至 2019 年对外贸易进口额中,2018 年进口额最多,为 121 682 百万美元。2011 年增幅最大,为 16.2%。相比之下,2009 年进口额最少,为 77 900 百万美元,且下降幅度最大,为 28.7%。同时,2019 年对外贸易进口额呈现下降趋势,比 2018 年下跌 1.5 个百分点。具体数据见表 9-1 和图 9-3。

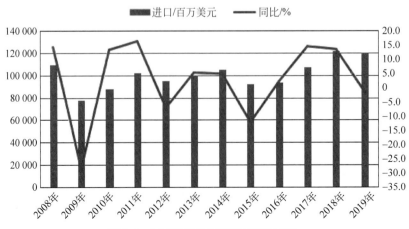

图 9-3　匈牙利对外贸易进口额及同比

9.2　主要贸易市场结构

2019 年匈牙利出口商品总额为 123 616 百万美元,出口伙伴国主要有德国、斯洛伐克、罗马尼亚等;进口商品总额为 119 814 百万美元,进口伙伴国主要有德国、中国、奥地利等。

2019 年匈牙利出口至德国的货物金额最多,为 34 222 百万美元。在主要出口伙伴国中,全部相较于 2018 年呈下降趋势。具体数据见表 9-2 和图 9-4。

表 9-2　2019 年匈牙利对主要贸易伙伴出口额

国家和地区	金额/百万美元	同比/%	占比/%
总值	123 616	−1.7	100.00
德国	34 222	−0.5	27.68
斯洛伐克	6 542	−0.7	5.29
罗马尼亚	6 424	−3.5	5.20
意大利	6 315	−1.6	5.11
奥地利	5 849	−5.6	4.73
捷克	5 286	−6.1	4.28
法国	5 282	−1.8	4.27
波兰	5 280	−0.9	4.27
荷兰	4 284	−1.7	3.47
英国	4 058	−2.0	3.28

数据来源:商务部国别报告网、UN Comtrade 数据库、全球贸易观察等,经本课题组整理所得。

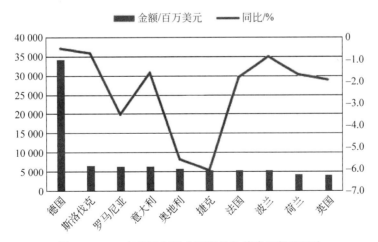

图 9-4　2019 年匈牙利对主要贸易伙伴出口额及同比

2019 年匈牙利自德国进口货物的金额占比最大,为 29 271 百万美元。在主要进口伙伴国中,只有自中国和荷兰两国进口货物的金额较 2018 年有增加趋势。具体数据见表 9-3 和图 9-5。

表 9-3　2019 年匈牙利自主要贸易伙伴进口额

国家和地区	金额/百万美元	同比/%	占比/%
总值	119 814	−1.5	100.0
德国	29 271	−2.6	24.4
中国	8 350	10.5	7.0
奥地利	7 388	−3.3	6.2
波兰	6 726	−1.0	5.6
荷兰	6 275	1.3	5.2
捷克	5 801	−3.1	4.8
斯洛伐克	5 754	−2.3	4.8
俄罗斯	5 054	−11.9	4.2
意大利	5 051	−9.0	4.2
法国	4 337	−3.8	3.6

数据来源：商务部国别报告网、UN Comtrade 数据库、全球贸易观察等，经本课题组整理所得。

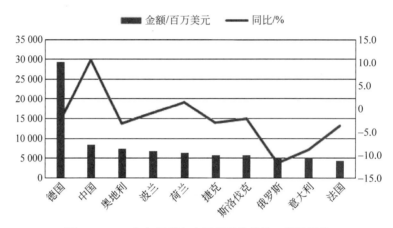

图 9-5　2019 年匈牙利自主要贸易伙伴进口额及同比

9.3　主要进出口商品结构

2019 年匈牙利出口商品总额为 123 616 百万美元，同比下降 1.73%。在出口商品构成中，商品编码为 85(电机、电气设备及其零件；声音的录制和重放设备及其零件、附件)、87(车辆及其零件、附件，但铁道及电车道车辆除外)、30(药品)、23(食品工业的残渣及废料配制的动物饲料)、38(杂项化学产品)等商品呈现增长趋势，尤其是 99(其他产品)增幅最大。与此同时，商品编号为 29(有机化学品)的商品下降幅度最大。具体数据见表 9-4 和图 9-6。

表 9-4　2019 年匈牙利主要出口商品结构

商品编码	商 品 类 别	金额/百万美元	占比/%	同比/%
总值		123 616.0	100.00	1.73
85	电机、电气设备及其零件；声音的录制和重放设备及其零件、附件	28 264.6	22.86	5.99

续表

商品编码	商品类别	金额/百万美元	占比/%	同比/%
84	核反应堆、锅炉、机器、机械器具及其零件	20 504.5	16.59	−8.02
87	车辆及其零件、附件,但铁道及电车道车辆除外	20 131.6	16.29	10.73
30	药品	6 471.6	5.24	1.50
39	塑料及其制品	4 495.7	3.64	−7.27
27	矿物燃料、矿物油及其蒸馏产品;沥青物质;矿物蜡	4 238.9	3.43	−22.15
90	光学、照相、电影、计量、检验、医疗或外科用仪器及设备、精密仪器及设备;上述物品的零件、附件	3 909.5	3.16	−6.91
40	橡胶及其制品	2 618.9	2.12	−7.48
94	家具;寝具、褥垫、弹簧床垫、软坐垫及类似的填充制品;未列名灯具及照明装置;发光标志、发光铭牌及类似品;活动房屋	1 839.7	1.49	−6.95
73	钢铁制品	1 715.5	1.39	−6.49
10	谷物	1 559.1	1.26	13.32
29	有机化学品	1 550.4	1.25	−24.57
76	铝及其制品	1 542.2	1.25	−11.28
72	钢铁	1 486.3	1.20	−20.88
02	肉及食用杂碎	1 166.6	0.94	−1.00
23	食品工业的残渣及废料配制的动物饲料	1 064.4	0.86	1.36
38	杂项化学产品	1 052.4	0.85	2.66
48	纸及纸板;纸浆、纸或纸板制品	1 017.8	0.82	−9.59
22	饮料、酒及醋	834.6	0.68	1.97
70	玻璃及其制品	828.7	0.67	−6.76
99	其他产品	792.0	0.64	50.64
33	精油及香膏,芳香料制品,化妆盥洗品	785.4	0.64	−9.96
44	木及木制品;木炭	778.5	0.63	−6.27
12	含油子仁及果实;杂项子仁及果实;工业用或药用植物;稻草、秸秆及饲料	748.7	0.61	12.50
21	杂项食品	729.6	0.59	0.58
64	鞋靴、护腿和类似品及其零件	698.5	0.57	−11.00
95	玩具、游戏品、运动用品及其零件、附件	655.5	0.53	−1.01
15	动、植物油、脂及其分解产品;精制的食用油脂;动、植物蜡	633.3	0.51	0.25
34	肥皂、有机表面活性剂、洗涤剂、润滑剂、人造蜡、调制蜡、光洁剂、蜡烛及类似品、塑型用膏	617.5	0.50	−0.91
20	蔬菜、水果、坚果或植物其他部分的制品	592.6	0.48	−9.87
28	无机化学品;贵金属、稀土金属、放射性元素及其同位素的有机及无机化合物	556.3	0.45	−2.98
96	杂项制品	538.7	0.44	−10.21
04	乳品;蛋品;天然蜂蜜;其他食用动物产品	533.1	0.43	−1.44

续表

商品编码	商 品 类 别	金额/百万美元	占比/%	同比/%
01	活动物/动物产品	494.7	0.40	5.17
61	针织或钩编的服装及衣着附件	474.2	0.38	−3.24
83	贱金属杂项制品	470.5	0.38	−9.68
42	皮革制品；鞍具及挽具；旅行用品、手提包及类似容器；动物肠线（蚕胶丝除外）制品	469.2	0.38	−17.43
68	石料、石膏、水泥、石棉、云母及类似材料的制品	467.9	0.38	−2.02
69	陶瓷产品	436.4	0.35	−11.86
86	铁道及电车道机车、车辆及其零件；铁道及电车道轨道固定装置及其零件、附件；各种机械	414.0	0.33	2.76
16	肉、鱼、甲壳动物，软体动物及其他水生无脊椎动物的制品	361.7	0.29	9.95
62	非针织或非钩编的服装及衣着附件	329.2	0.27	−1.19
19	谷物、粮食粉、淀粉或乳的制品；糕饼点心	302.3	0.24	1.04
07	食用蔬菜、根及块茎	282.6	0.23	−11.48
74	铜及其制品	253.0	0.20	−14.59
63	其他纺织制成品；成套物品；旧衣着及旧纺织品；碎织物	241.3	0.20	22.21
24	烟草及烟草代用品的制品	239.1	0.19	−8.32
17	糖及糖食	223.8	0.18	−10.49
49	书籍、报纸、印刷图画及其他印刷品；手稿、打字稿及设计图纸	220.8	0.18	−9.32
56	絮胎、毡呢及无纺织物；特种纱线；线、绳、索、缆及其制品	210.0	0.17	5.07
18	可可及可可制品	208.1	0.17	7.24
32	鞣料浸膏及染料浸膏；鞣酸及其衍生物；染料、颜料及其他着色剂；油漆及清漆；油灰及其他类似胶黏剂；墨水、油墨	207.7	0.17	5.06
71	天然或养殖珍珠、宝石或半宝石、贵金属、包贵金属及其制品；仿首饰；硬币	173.3	0.14	22.71
82	贱金属工具、器具、利口器、餐匙、餐叉及其零件	171.0	0.14	6.58
08	食用水果及坚果；柑橘属水果或甜瓜的果皮	159.1	0.13	7.00
59	浸渍、涂布、包覆或层压的纺织物；工业用纺织制品	153.8	0.12	19.61
11	制粉工业产品；麦芽；淀粉；菊粉；面筋	146.4	0.12	9.61
31	肥料	136.7	0.11	−7.75
54	化学纤维长丝	135.1	0.11	−5.64
05	其他动物产品	132.1	0.11	18.64

数据来源：全球贸易观察、UN Comtrade 数据库等，经本课题组整理所得。

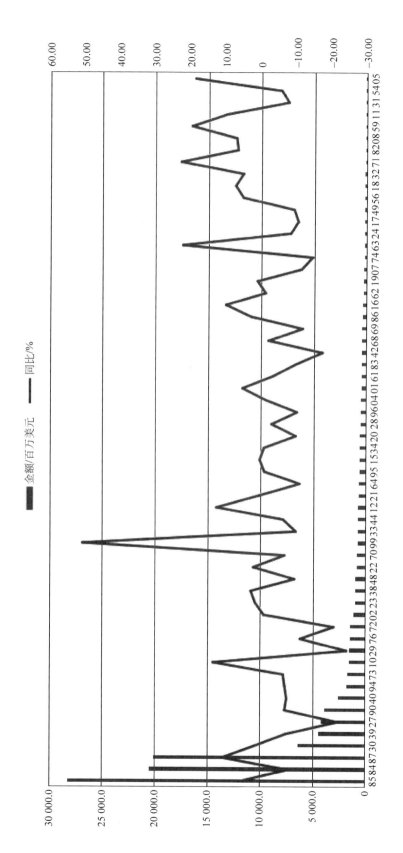

图 9-6　2019 年匈牙利主要出口商品金额及同比

2019年匈牙利进口商品总额为119 814百万美元,同比下降1.53%。在进口商品构成中,商品编号为85(电机、电气设备及其零件;声音的录制和重放设备及其零件、附件)、90(光学、照相、电影、计量、检验、医疗或外科用仪器及设备、精密仪器及设备;上述物品的零件、附件)、94(家具;寝具、褥垫、弹簧床垫、软坐垫及类似的填充制品;未列名灯具及照明装置;发光标志、发光铭牌及类似品;活动房屋)、38(杂项化学产品)、02(肉及食用杂碎)、99(其他产品)等商品呈现增长趋势,尤其是99(其他产品)增幅最大。同时,商品编号为88(航空器、航天器及其零件)的商品下降幅度最大。具体数据见表9-5和图9-7。

表9-5 2019年匈牙利主要进口商品结构

商品编码	商品类别	金额/百万美元	占比/%	同比/%
总值		119 814.0	100.00	−1.53
85	电机、电气设备及其零件;声音的录制和重放设备及其零件、附件	25 949.7	21.66	5.49
84	核反应堆、锅炉、机器、机械器具及其零件	18 866.0	15.75	−0.44
87	车辆及其零件、附件,但铁道及电车道车辆除外	12 370.4	10.32	−2.80
27	矿物燃料、矿物油及其蒸馏产品;沥青物质;矿物蜡	10 404.8	8.68	−9.58
39	塑料及其制品	5 435.3	4.54	−3.99
30	药品	5 287.4	4.41	−5.03
73	钢铁制品	2 875.0	2.40	−0.73
90	光学、照相、电影、计量、检验、医疗或外科用仪器及设备,精密仪器及设备;上述物品的零件、附件	2 833.4	2.36	7.37
72	钢铁	2 477.1	2.07	−14.75
76	铝及其制品	2 096.7	1.75	−13.64
40	橡胶及其制品	2 017.0	1.68	−7.21
94	家具;寝具、褥垫、弹簧床垫、软坐垫及类似的填充制品;未列名灯具及照明装置;发光标志、发光铭牌及类似品;活动房屋	1 607.2	1.34	6.52
29	有机化学品	1 486.0	1.24	−6.82
38	杂项化学产品	1 465.2	1.22	16.44
48	纸及纸板;纸浆、纸或纸板制品	1 453.1	1.21	−7.15
61	针织或钩编的服装及衣着附件	995.1	0.83	−7.19
33	精油及香膏,芳香料制品,化妆盥洗品	865.3	0.72	−2.50
64	鞋靴、护腿和类似品及其零件	856.2	0.71	−1.46
44	木及木制品;木炭	824.0	0.69	0.36
74	铜及其制品	765.3	0.64	−10.34
83	贱金属杂项制品	710.4	0.59	−0.18
02	肉及食用杂碎	703.6	0.59	8.79
88	航空器、航天器及其零件	688.2	0.57	−49.19
62	非针织或非钩编的服装及衣着附件	683.4	0.57	−9.23
70	玻璃及其制品	659.5	0.55	−1.51
34	肥皂,有机表面活性剂,洗涤剂、润滑剂、人造蜡、调制蜡,光洁剂,蜡烛及类似品,塑型用膏,"牙科用蜡"	638.0	0.53	−1.31
95	玩具、游戏品、运动用品及其零件、附件	597.9	0.50	11.16

续表

商品编码	商 品 类 别	金额/百万美元	占比/%	同比/%
32	鞣料浸膏及染料浸膏；鞣酸及其衍生物；染料、颜料及其他着色料；油漆及清漆；油灰及其他类似胶黏剂；墨水、油墨	595.9	0.50	−0.88
21	杂项食品	595.6	0.50	−0.93
23	食品工业的残渣及废料配制的动物饲料	577.7	0.48	−1.50
99	其他产品	555.5	0.46	149.26
04	乳品；蛋品；天然蜂蜜；其他食用动物产品	520.8	0.43	−0.42
19	谷物、粮食粉、淀粉或乳的制品；糕饼点心	506.0	0.42	5.04
28	无机化学品；贵金属、稀土金属、放射性元素及其同位素的有机及无机化合物	488.5	0.41	−10.28
82	贱金属工具、器具、利口器、餐匙、餐叉及其零件	463.8	0.39	−0.64
68	石料、石膏、水泥、石棉、云母及类似材料的制品	452.9	0.38	2.47
31	肥料	429.5	0.36	5.40
22	饮料、酒及醋	415.2	0.35	4.60
16	肉、鱼、甲壳动物、软体动物及其他水生无脊椎动物的制品	346.5	0.29	3.39
08	食用水果及坚果；柑橘属水果或甜瓜的果皮	339.7	0.28	4.32
12	含油子仁及果实；杂项子仁及果实；工业用或药用植物；稻草、秸秆及饲料	330.5	0.28	2.68
96	杂项制品	326.9	0.27	−1.66
18	可可及可可制品	324.3	0.27	−2.42
25	盐；硫黄；泥土及石料；石膏料、石灰及水泥	317.3	0.26	1.51
20	蔬菜、水果、坚果或植物其他部分的制品	315.9	0.26	5.64
63	其他纺织制成品；成套物品；旧衣着及旧纺织品；碎织物	309.6	0.26	4.48
42	皮革制品；鞍具及挽具；旅行用品、手提包及类似容器；动物肠线（蚕胶丝除外）制品	309.0	0.26	5.40
07	食用蔬菜、根及块茎	308.2	0.26	8.06
24	烟草及烟草代用品的制品	296.3	0.25	−5.06
15	动、植物油、脂及其分解产品；精制的食用油脂；动、植物蜡	293.1	0.24	1.85
01	活动物/动物产品	266.6	0.22	−9.79
59	浸渍、涂布、包覆或层压的纺织物；工业用纺织制品	265.8	0.22	−4.46
69	陶瓷产品	263.0	0.22	0.86
86	铁道及电车道机车、车辆及其零件；铁道及电车道轨道固定装置及其零件、附件；各种机械（包括电动机械）交通信号设备	250.8	0.21	24.82
41	生皮（毛皮除外）及皮革	238.8	0.20	−25.18
35	蛋白类物质；改性淀粉；胶；酶	230.7	0.19	−6.85
10	谷物	229.0	0.19	18.90
26	矿砂、矿渣及矿灰	212.6	0.18	−4.15
54	化学纤维长丝	196.3	0.16	8.84
17	糖及糖食	184.1	0.15	−1.99

数据来源：全球贸易观察、UN Comtrade 数据库等，经本课题组整理所得。

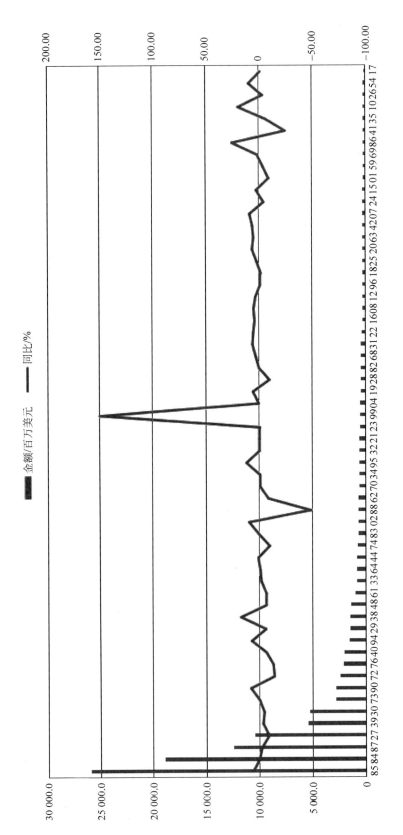

图 9-7　2019 年匈牙利主要进口商品金额及同比

9.4　主要优势产业及其特征

1. 橡胶和塑料制品业

该行业的相对比较优势奠定了匈牙利在汽车零部件供应领域的优势。主要企业包括：ContiTech 企业集团，产品覆盖空气弹簧系统、减震系统、传送皮带等；SIC 公司，拥有 80 年以上的橡胶生产经验，是欧洲最主要的硅胶管生产企业，其生产的橡胶管和弯形连接头可承受高于标准的温度和压力。

2. 汽车制造业

汽车制造业是匈牙利核心产业之一，其产品出口约占出口总额 20%，目前，行业拥有 700 多家企业，雇员 17.6 万人。戴姆勒公司设在匈牙利中南部城市凯奇凯梅特（Kecskemet）的梅赛德斯－奔驰新工厂正式投产。奥迪设在匈牙利杰尔（Gyor）的工厂规模进一步扩张成为第二大汽车引擎生产基地。此外，通用电气（GM）和日本铃木（SUZUKI）加快了在匈牙利扩张的步伐，跨国公司投资规模的膨胀吸引了众多设备和零部件供应商的加入。汽车企业与当地高校进行的研发合作与联合培养则提升了企业的研发实力，使匈牙利主要城市成为研发中心聚集地。匈牙利政府鼓励电动汽车的研发与生产，并致力于成为欧洲地区最大的电动汽车电池生产基地，目前，包括比亚迪、奥迪、博世、三星等多家企业已在匈牙利开展相关业务，进行纯电动车的生产或电动车电池与引擎的研发制造。

3. 电子设备制造业

电子设备制造业是匈牙利规模最大的产业之一。同时，匈牙利也是中东欧地区最大的电子产品生产国，提供该地区约 25% 的产品，其中，93.5% 的产品用于出口。该部门雇员数量达 17 万，如国际顶端无线射频和光纤通信技术制造商罗森伯格（Rosenberger）将新增超过 1 000 万欧元的投资生产汽车零部件，三星投资 3 亿欧元为电动汽车生产蓄电池组，日本汽车电子产品企业阿尔派（Alpine）投资近 4 000 万美元进行新技术研发，并将其工厂产能提升一倍，以上三家企业雇员分别为 2 500 名、2 700 名和 1 100 名。此外，紧密的产学研合作关系为该行业技术研发提供助力。博世集团在匈牙利设立其欧洲最大规模的研发中心，与 Miskolc 大学共建实验室，支持以实践为导向的教育和电子工程研发；布达佩斯经济技术大学与思科、GE、IBM、西门子等知名企业合作进行半导体仪器测试、微米及纳米电子产品和能量传输系统的研发等。

4. 信息通信技术服务业

信息通信技术服务业包括通信、IT 外包、IT 服务及软、硬件产品，过去 20 年匈牙利 ICT 产业经历了迅猛发展，成为中东欧地区计算机组装和通信设备制造龙头，金融危机期间依然稳步增长。目前，行业内企业超过 6 万家，数字经济领域雇员约 40 万人，劳动力成本相对较低，IT 雇员平均月工资 1 652 欧元。硬件生产集中在中部地区，软件则集聚在首都布达佩斯，匈牙利成为包括过程控制、游戏、汽车卫星导航系统等软件的孵化器，爱立信、甲骨文、智乐(Gameloft)等软件企业在防护病毒、生物信息和信息技术安全等领域取得成功。

5. 商务服务业

商务服务中心主要集中在布达佩斯,超过 90 家企业提供共享服务、流程外包、IT 和 R&D 服务等,雇员超过 4 万人,主要企业包括 BP、British Telecom、Citigroup、Exxon Mobil、GE、IBM、Morgan Stanley 等,考虑到布达佩斯相对较高的劳动力成本(平均高出 20%),越来越多的企业选择 Debrecen、Miscolc、Pecs 和 Szeged 等大学城附近地区,享受政府税收激励的同时,劳动力和租金成本较低。BT 和 National Instruments 等 10 多家企业选择 Debrecen 作为其服务中心,目前,该地区雇员近 3 000 人。

9.5 中国和匈牙利双边贸易概况

2019 年,匈牙利与中国双边货物进出口额为 9 975 百万美元,同比增加 4.72%。从商品类别看,机电产品是匈牙利对中国出口的主力产品,也是匈牙利自中国进口的首位产品。

2019 年匈牙利对中国出口商品总额为 1 625 百万美元,同比下降 8.1%。在出口商品构成中,商品编号为 85(电机、电气设备及其零件;声音的录制和重放设备及其零件、附件)、95(玩具、游戏品、运动用品及其零件、附件)、73(钢铁制品)、72(钢铁)、29(有机化学品)、40(橡胶及其制品)等商品呈现增长趋势,尤其是 28(无机化学品;贵金属、稀土金属、放射性元素及其同位素的有机及无机化合物)增幅最大。与此同时,商品编号为 87(车辆及其零件、附件,但铁道及电车道车辆除外)的商品下降幅度最大。具体数据见表 9-6 和图 9-8。

表 9-6　2019 年匈牙利对中国出口主要商品构成

商品编码	商品类别	金额/百万美元	同比/%	占比/%
总值		1 625	−8.1	100.0
85	电机、电气设备及其零件;声音的录制和重放设备及其零件、附件	508	0.2	31.2
84	核反应堆、锅炉、机器、机械器具及其零件	293	−0.3	18.0
90	光学、照相、电影、计量、检验、医疗或外科用仪器及设备、精密仪器及设备;上述物品的零件、附件	129	−0.4	7.9
87	车辆及其零件、附件,但铁道及电车道车辆除外	124	−0.8	7.6
30	药品	115	−0.2	7.1
95	玩具、游戏品、运动用品及其零件、附件	55	0.4	3.4
73	钢铁制品	51	0.1	3.2
72	钢铁	48	0.8	3.0
29	有机化学品	47	0.5	2.9
96	杂项制品	45	0.0	2.8
40	橡胶及其制品	34	0.4	2.1
39	塑料及其制品	30	−0.2	1.8
28	无机化学品;贵金属、稀土金属、放射性元素及其同位素的有机及无机化合物	20	6.9	1.2
05	其他动物产品	19	0.3	1.1

续表

商品编码	商品类别	金额/百万美元	同比/%	占比/%
38	杂项化学产品	18	0.4	1.1
86	铁道及电车道机车、车辆及其零件；铁道及电车道轨道固定装置及其零件、附件；各种机械（包括电动机械）交通信号设备	17	0.7	1.0
94	家具；寝具、褥垫、弹簧床垫、软坐垫及类似的填充制品；未列名灯具及照明装置；发光标志、发光铭牌及类似品；活动房屋	16	−0.5	1.0
74	铜及其制品	11	0.1	0.7
27	矿物燃料、矿物油及其蒸馏产品；沥青物质；矿物蜡	10	0.3	0.6
83	贱金属杂项制品	8	−0.2	0.5
44	木及木制品；木炭	7	−0.2	0.4
22	饮料、酒及醋	6	−0.2	0.4
68	石料、石膏、水泥、石棉、云母及类似材料的制品	6	−0.2	0.4
02	肉及食用杂碎	5	−0.7	0.3
42	皮革制品；鞍具及挽具；旅行用品、手提包及类似容器；动物肠线（蚕胶丝除外）制品	4	−0.3	0.3
59	浸渍、涂布、包覆或层压的纺织物；工业用纺织制品	4	3.1	0.2
70	玻璃及其制品	3	0.1	0.2
34	肥皂、有机表面活性剂、洗涤剂、润滑剂、人造蜡、调制蜡、光洁剂、蜡烛及类似品、塑型用膏、"牙科用蜡"及牙科用熟石膏制剂	3	1.4	0.2
48	纸及纸板；纸浆、纸或纸板制品	3	1.1	0.2
49	书籍、报纸、印刷图画及其他印刷品；手稿、打字稿及设计图纸	2	0.4	0.1

数据来源：商务部国别报告网、UN Comtrade 数据库等，经本课题组整理所得。

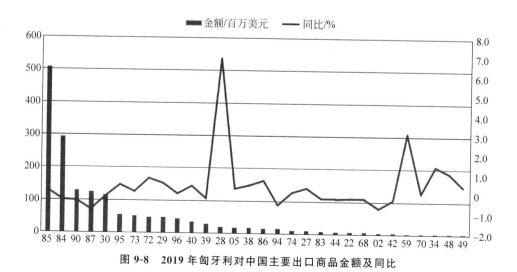

图 9-8　2019 年匈牙利对中国主要出口商品金额及同比

2019年，匈牙利自中国进口商品总额为8 350百万美元，同比增长10.5%。在进口商品构成中，商品编号为85(电机、电气设备及其零件；声音的录制和重放设备及其零件、附件)、84(核反应堆、锅炉、机器、机械器具及其零件)、90(光学、照相、电影、计量、检验、医疗或外科用仪器及设备、精密仪器及设备；上述物品的零件、附件)、29(有机化学品)、87(车辆及其零件、附件，但铁道及电车道车辆除外)、73(钢铁制品)、95(玩具、游戏品、运动用品及其零件、附件)、94(家具；寝具、褥垫、弹簧床垫、软坐垫及类似的填充制品；未列名灯具及照明装置；发光标志、发光铭牌及类似品；活动房屋)、38(杂项化学产品)、54(化学纤维长丝)等商品呈现增长趋势，尤其是55(化学纤维短纤)增幅最大。与此同时，商品编号为61(针织或钩编的服装及衣着附件)的商品下降幅度最大。具体数据见表9-7和图9-9。

表9-7　2019年匈牙利自中国进口主要商品构成

商品编码	商 品 类 别	金额/百万美元	同比/%	占比/%
总值		8 350	10.5	100.0
85	电机、电气设备及其零件；声音的录制和重放设备	4 064	15.4	48.7
84	核反应堆、锅炉、机器、机械器具及其零件	1 835	3.6	22.0
90	光学、照相、电影、计量、检验、医疗或外科用仪器及设备	368	52.6	4.4
29	有机化学品	216	7.7	2.6
39	塑料及其制品	178	-5.2	2.1
87	车辆及其零件、附件，但铁道及电车道车辆除外	176	23.2	2.1
73	钢铁制品	155	12.2	1.9
95	玩具、游戏品、运动用品及其零件、附件	123	33.2	1.5
94	家具；寝具、褥垫、弹簧床垫、软坐垫及类似的填充制品	123	26.6	1.5
64	鞋靴、护腿和类似品及其零件	106	-9.2	1.3
42	皮革制品；鞍具及挽具；旅行用品、手提包	76	4.3	0.9
38	杂项化学产品	70	110.4	0.8
61	针织或钩编的服装及衣着附件	65	-60.5	0.8
76	铝及其制品	60	-4.5	0.7
62	非针织或非钩编的服装及衣着附件	59	-59.6	0.7
54	化学纤维长丝	52	83.6	0.6
83	贱金属杂项制品	49	12.8	0.6
40	橡胶及其制品	46	-8.9	0.6
82	贱金属工具、器具、利口器、餐匙、餐叉及其零件	45	27.3	0.5
70	玻璃及其制品	42	2.3	0.5
96	杂项制品	39	43.9	0.5
63	其他纺织制成品；成套物品；旧衣着及旧纺织品；碎织物	36	19.4	0.4
60	针织物及钩编织物	34	133.4	0.4
48	纸及纸板；纸浆、纸或纸板制品	31	105.0	0.4
55	化学纤维短纤	25	357.7	0.3
99	其他产品	23	-49.5	0.3
59	浸渍、涂布、包覆或层压的纺织物；工业用纺织品	20	34.8	0.2

续表

商品编码	商品类别	金额/百万美元	同比/%	占比/%
68	石料、石膏、水泥、石棉、云母及类似材料的制品	15	12.4	0.2
28	无机化学品；贵金属、稀土金属、放射性元素及其同位素的有机及无机化合物	13	−37.5	0.2
30	药品	11	15.8	0.1

数据来源：商务部国别报告网、UN Comtrade 数据库等，经本课题组整理所得。

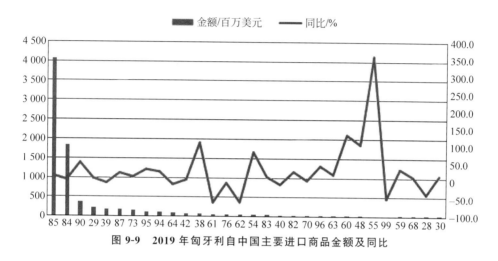

图 9-9　2019 年匈牙利自中国主要进口商品金额及同比

9.6　中国和匈牙利贸易竞争性与互补性分析

9.6.1　中国和匈牙利显性比较优势指数（RCA）分析

利用《国际贸易商品标准分类（第四版）》（SITC. Rev4），以 2018 年为例，对中国与匈牙利显性比较优势指数（RCA）进行分析。具体数据见表 9-8。

表 9-8　2018 年匈牙利商品出口额

SITC	商品类别名称	金额/百万美元
SITC0	食品和活动物	7 707.02
SITC1	饮料及烟草	692.58
SITC2	非食用燃料（不包含燃料）	2 162.67
SITC3	矿物燃料、润滑油及有关原料	3 479.15
SITC4	动植物油、油脂和蜡	618.68
SITC5	未列明的化学品和有关产品	14 822.66
SITC6	主要按原材料分类的制成品	13 652.27
SITC7	机械及运输设备	68 569.33
SITC8	杂项制品	11 401.56
SITC9	没有分类的其他商品	851.97

数据来源：UN Comtrade 数据库等，经本课题组整理所得。

通过 UN Comtrade 数据库等相关数据库的数据,经本课题组整理得到:2018 年中国所有商品出口额约为 2 494 230 百万美元,匈牙利所有商品出口额 125 795 百万美元,世界所有商品出口额 19 051 239 百万美元。

按照公式 $RCA_{xik} = (X_{ik}/X_{wk})/(X_i/X_w)$,得出计算结果如表 9-9 所示。

表 9-9　2018 年中匈显性比较优势指数(RCA)计算结果

国家	商　品									
	SITC0	SITC1	SITC2	SITC3	SITC4	SITC5	SITC6	SITC7	SITC8	SITC9
中国	0.43	0.18	0.19	0.18	0.10	0.59	1.35	1.34	1.94	0.04
匈牙利	1.01	0.68	2.12	0.27	1.12	1.05	0.90	1.53	0.79	0.11

根据上述结果分析得到:

(1) 匈牙利 SITC0、SITC2、SITC4、SITC5、SITC7 五类商品具有显性比较优势,其中,SITC2 的 RCA 值最高,说明具有比较明显的显性比较优势。

(2) 在 SITC7 类商品中,中国与匈牙利都具有显性比较优势。而在 SITC0、SITC1、SITC2、SITC3、SITC4、SITC5 和 SITC9 这七类商品中,中国显性比较优势小于 1,说明中国不具有显性比较优势。

9.6.2　中国和匈牙利贸易互补性指数(TCI)分析

利用《国际贸易商品标准分类(第四版)》(SITC. Rev4),以 2018 年为例,对中国与匈牙利贸易互补性指数(TCI)进行分析。具体数据见表 9-10。

表 9-10　2018 年匈牙利商品进口额

SITC	商品类别名称	金额/百万美元
SITC0	食品和活动物	5 389.20
SITC1	饮料及烟草	679.63
SITC2	非食用燃料(不包含燃料)	2 268.03
SITC3	矿物燃料、润滑油及有关原料	9 582.88
SITC4	动植物油、油脂和蜡	235.63
SITC5	未列明的化学品和有关产品	14 655.68
SITC6	主要按原材料分类的制成品	17 137.75
SITC7	机械及运输设备	54 925.69
SITC8	杂项制品	10 853.30
SITC9	没有分类的其他商品	1 653.79

数据来源:UN Comtrade 数据库等,经本课题组整理所得。

通过 UN Comtrade 数据库等相关数据库的数据,经本课题组整理得到:2018 年中国所有商品进口额约为 2 134 982 百万美元,匈牙利所有商品进口额 121 682 百万美元,世界所有商品进口额 19 253 036 百万美元。

按照公式 $TCI_{ij} = RCA_{xik} \times RCA_{mjk}$,得出计算结果如表 9-11 所示。

表 9-11　2018 年中匈贸易互补性指数(TCI)计算结果

国家	商　品									
	SITC0	SITC1	SITC2	SITC3	SITC4	SITC5	SITC6	SITC7	SITC8	SITC9
中国	20.84	0.13	0.09	0.12	0.04	0.63	1.70	1.74	1.63	0.01
匈牙利	0.45	0.27	5.68	0.30	0.81	0.81	0.49	1.64	0.44	0.09

根据上述结果分析得到:

(1) 在 SITC7 类商品中,中国与匈牙利贸易互补性指数(TCI)均大于 1,说明两国在这类商品中互补性强,并未因为在该领域中双方都具有显性比较优势而出现激烈竞争的场面,反而表现出很强的贸易互补性。

(2) 在 SITC0、SITC6 和 SITC8 这三类商品中,中国的 TCI 值均大于匈牙利且大于 1,说明中国这三类商品具有较强的竞争优势。

9.7　中国和匈牙利贸易合作展望

近年来,中国和匈牙利经贸合作稳步提升。截至 2019 年底,中国对匈牙利累计投资达 3 687 百万美元,投资领域涵盖化工、金融、通信设备、新能源、物流等行业。烟台万华集团收购的匈牙利宝思德化学公司项目,是中国在中东欧地区最大投资项目。华为公司在匈牙利设立了欧洲供应中心和欧洲物流中心,建立了覆盖欧洲、独联体、中亚、北非等地区的物流网络。中国通用技术集团中技公司在匈牙利考波什堡市投资兴建 100MW 光伏电站项目,系中东欧地区最大光伏电站之一。深圳比亚迪、四川波鸿集团和上海延锋汽车内饰系统等汽车产业企业均在匈牙利投资设厂。我国在匈牙利设有中国匈牙利宝思德经贸合作区和中欧商贸物流合作园区两个国家级境外经贸合作区。截至 2019 年底,匈牙利对中国累计投资 393 百万美元,投资领域涵盖污水处理、水禽养殖、环保建材生产等。

据了解,中国和匈牙利科技合作良好,富有成果。根据其与中国稳中有升的经贸合作关系,两国可在以下方面展开深入合作。

(1) 中国和匈牙利科技领域涉及电子、化工、通信、电力机械、交通工具生产、制铝、真空技术等,合作方式从交换技术资料、种子、苗木,发展到互派专家考察组、共同研究、互换科技成果等。可以继续加强中匈之间的科技交流,向着高精尖方向发展。

(2) 中国和匈牙利双方人员互访稳步扩大,旅游合作势头良好,因此,两国可加强在此方面的投资。例如,在酒店、景区、商超等大型场所展开合作投资,共同开发两国的旅游资源。

(3) 中国和匈牙利两国在文化教育领域合作密切,可以通过文化交流的形式开办双语中小学、孔子学院等,举办电影展、歌剧表演、文化节等。

　　拉脱维亚共和国,简称拉脱维亚,位于波罗的海东岸,北与爱沙尼亚相邻,南与立陶宛接壤,东与俄罗斯相邻,东南与白俄罗斯接壤。国界线总长 1 862 公里。平均海拔 87 米,地貌为丘陵和平原。气候属海洋性气候向大陆性气候过渡的中间类型。1 月平均气温－4.6℃,7 月平均气温 21.4℃,夜晚平均气温 11℃,全年平均气温 6.7℃。平均年降水量 732 毫米。面积 64 589 平方公里。截至 2020 年,总人口 191.9 万,拉脱维亚族占 62%,俄罗斯族占25.4%,白俄罗斯族占 3.3%,乌克兰族占 2.2%,波兰族占 2.1%,此外还有犹太、爱沙尼亚等民族。官方语言为拉脱维亚语,通用俄语。首都里加,人口 63.26 万。

　　1991 年恢复独立后,拉脱维亚按西方模式进行经济体制改革,推行私有化和自由市场经济。1998 年被正式接纳为世界贸易组织成员。2008 年遭国际金融危机重创,国内生产总值连续两年下降达 20%。2009 年接受国际货币基金组织和欧盟 75 亿欧元贷款援助,成功实施财政紧缩,2011 年起恢复经济增长。2014 年加入欧元区。2019 年拉脱维亚主要经济数据如下:国内生产总值 35 886 百万美元,GDP 增长率 2.2%,人均 GDP 20 986.3 美元。资源方面,有泥炭、石灰石、石膏、白云石、石英砂等少量矿产。有 1.4 万个野生物种。森林面积 349.7 万公顷,其中 168.6 万公顷为国有林,覆盖率为 49.9%。工业方面,主要支柱是采矿、加工制造及水电气供应等。2019 年工业产值为 7 105 百万美元,同比增长 2%,占GDP 比重为 19.8%,其中制造业同比上升 0.8%,采矿、采石业产出下降 5%,电力、天然气供应产出下降 4.4%。农业方面,包括种植业、畜牧业、渔业等行业。交通运输方面,铁路总长 1 860 公里,其中有 250 公里电气化铁路,2019 年铁路货运量 4 148.95 万吨,客运量 1.86万人次。国家级公路线总长 20 093 公里。主要海港有里加、文茨皮尔斯和利耶帕亚。2019年拉脱维亚港口货运量 6 237.92 万吨,同比下降 6.7%。航空运输有里加、文茨皮尔斯、利耶帕亚 3 个国际机场。里加机场是波罗的海三国最大的机场,属于拉脱维亚国营机场。2019 年,里加国际机场客运量为 779.7 万人次,同比增长 10.5%。2018 年,里加国际机场货运量 2.63 万吨,同比增长 12.1%。波罗的海航空(A/S Air Baltic)创建于 1995 年,是拉唯一的国际航空公司,国家占 80.05%股份,丹麦商人 Lars Thuesen 持有该公司近 20%的股份。里加现有直飞莫斯科、伦敦、曼彻斯特、斯图加特、维也纳、巴黎、罗马、米兰、法兰克福、都柏林、慕尼黑、布鲁塞尔、斯德哥尔摩、赫尔辛基、哥本哈根、华沙、特拉维夫、布拉格、塔林、维尔纽斯、基辅、奥德萨、明斯克、塔什干、伊斯坦布尔等地的国际航班。输油管道总长 766 公里,其中原油输送管道 437 公里,石油产品输送管道 329 公里。天然气输送管道 1 242 公里。

　　对外贸易方面,拉脱维亚与世界 120 多个国家和地区有贸易关系。2019 年拉脱维亚对欧盟国家出口额同比增长 2%,占拉脱维亚 2019 年总出口额的 72%。2019 年,立陶宛、俄罗斯和爱沙尼亚是拉脱维亚前三大出口市场,2019 年拉脱维亚对三国出口分别为 2 481 百万美元、2 204 百万美元和 1 699 百万美元,对立陶宛的出口总额同比下降 3.9%,对俄罗斯和爱沙尼亚的出口总额分别同比增加 1.7% 和 1.8%,三国合计占拉脱维亚出口总额的41.2%。进口方面,立陶宛为拉脱维亚第一进口来源国,2019 年进口 3 165 百万美元,同比下降 3.3%,占拉脱维亚进口总额的 16.9%。德国和波兰也是其主要进口来源国,2019 年拉脱维亚自两国分别进口 2 072 百万美元和 1 616 百万美元,同比下降 3.3% 和 2.8%,分别占拉脱维亚进口总额的 11.1% 和 8.6%。从产品看,木及木制品、木炭是拉脱维亚主要出口商品,2019 年出口 2 148.68 百万美元,下降 7.77%,占拉脱维亚出口总额的 16.14%。电机、电气设备及其零件、声音的录制和重放设备及其零件、附件、核反应堆、锅炉、机器、机械器具及其零件和饮料、酒及醋也是拉脱维亚主要出口商品,2019 年分别出口 1 464.02 百万美元、1 047.22 百万美元和 874.61 百万美元,前两类商品分别下降 1.64% 和 27.4%,后一类增加8.2%。上述四类商品合计占拉脱维亚出口总额的 39.56%。进口方面,2019 年第一大类进口商品是机电产品,进口额为 1 904.45 百万美元,下降 2.81%,占拉脱维亚进口总额的10.17%。其他主要进口商品包括机械产品、矿产品和车辆,进口额分别是 1 845.28 百万美元、1 617.17 百万美元和 1 478.93 百万美元,分别同比下降 20.86%、17.83% 和 7.89%。以上四类产品合计占拉脱维亚进口总额的 36.57%。

据欧盟统计局统计,2019 年拉脱维亚对中国出口 178.2 百万美元,下降 6.7%,占其总出口额的 1.1%;拉脱维亚自中国进口 572 百万美元,下降 1.4%,占其总进口额的 3.1%。2019 年拉脱维亚对中国出口木制品 92.1 百万美元,增加 8.1%,占拉脱维亚对中国出口总额的 51.7%。矿产品出口中国 23.2 百万美元,占比 13.0%,下降 3.2%。拉脱维亚自中国进口商品主要是机电产品,2019 年进口 230 百万美元,下降 0.2%,占拉脱维亚自中国进口总额的 40.3%。机械类产品自中国进口 68 百万美元,下降 19.2%,占拉脱维亚自中国进口总额的 12%;家居类产品进口 38 百万美元,增加 8.3%;橡胶制品进口 26 百万美元,下降 12.5%,占拉脱维亚自中国进口总额的 4.6%。

10.1　对外贸易发展趋势

2019 年拉脱维亚货物进出口额为 34 207 百万美元,比上年(下同)下降 4.6%。其中,出口 15 489 百万美元,下降 4.2%;进口 18 718 百万美元,下降 4.9%。

拉脱维亚在 2008 年到 2019 年对外贸易总额呈波动趋势。经过 2008 年至 2009 年的大幅下降后,开始稳步增加,直至 2015 年开始出现下滑,随后经过 2016 年到 2018 年比较明显的增幅后,2019 年又出现小幅下滑。具体数据见表 10-1 和图 10-1。

表 10-1　拉脱维亚对外贸易年度表

时间	总额/百万美元	同比/%	出口/百万美元	同比/%	进口/百万美元	同比/%
2008 年	26 346	11.29	10 161	11.29	16 184	5.48
2009 年	17 538	−33.43	7 728	−23.95	9 810	−39.39
2010 年	21 200	20.88	9 523	23.22	11 678	19.04

时间	总额/百万美元	同比/%	出口/百万美元	同比/%	进口/百万美元	同比/%
2011 年	29 420	38.77	13 129	37.87	16 291	39.51
2012 年	31 339	6.52	14 111	7.48	17 227	5.75
2013 年	32 346	3.21	14 477	2.59	17 869	3.72
2014 年	32 156	−0.60	14 530	0.30	17 625	−1.40
2015 年	26 616	−17.20	12 134	−16.50	14 482	−17.80
2016 年	26 398	−0.80	12 148	0.10	14 250	−1.60
2017 年	30 752	16.50	13 909	14.50	16 843	18.20
2018 年	34 899	12.90	15 642	11.60	19 257	14.00
2019 年	34 207	−4.60	15 489	−4.20	18 718	−4.90

数据来源：商务部国别报告网、UN Comtrade 数据库、全球贸易观察等，经本课题组整理所得。

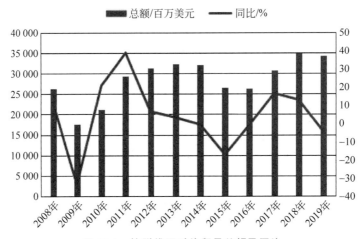

图 10-1　拉脱维亚对外贸易总额及同比

拉脱维亚在 2008 年至 2019 年对外出口额存在波动趋势。2009 年对外出口额下滑最严重，然后又大幅反弹到 2011 年，2011 年至 2014 年间起伏不明显。在 2015 年出现明显下滑，经过 2016 至 2018 年的增加，2019 年又出现小幅下滑。具体数据见表 10-1 和图 10-2。

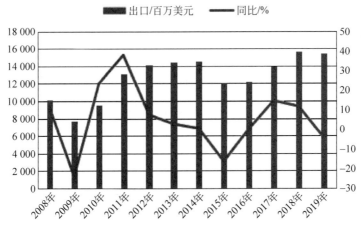

图 10-2　拉脱维亚对外贸易出口额及同比

拉脱维亚在 2008 年至 2019 年间的对外贸易额中,2011 年增幅最大,为 39.51%。相比之下 2009 年下降幅度最大,为 39.39%。同时,2019 年对外贸易进口额呈现下降趋势,比 2018 年下跌 4.9 个百分点。具体数据见表 10-1 和图 10-3。

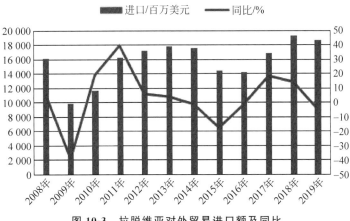

图 10-3　拉脱维亚对外贸易进口额及同比

10.2　主要贸易市场结构

2019 年拉脱维亚出口商品总额为 15 489 百万美元,出口伙伴国主要有立陶宛、俄罗斯、爱沙尼亚等。其中,出口至立陶宛的货物金额最多,为 2 481 百万美元。在主要出口伙伴国中,只有出口至俄罗斯、爱沙尼亚、荷兰、挪威四国的货物金额较 2018 年呈增加趋势。具体数据见表 10-2 和图 10-4。

表 10-2　2019 年拉脱维亚对主要贸易伙伴出口额

国家和地区	金额/百万美元	同比/%	占比/%
总值	15 489	−4.2	100.0
立陶宛	2 481	−3.9	16.0
俄罗斯	2 204	1.7	14.2
爱沙尼亚	1 699	1.8	11.0
德国	1 042	−0.1	6.7
瑞典	943	−12.3	6.1
英国	799	−7.2	5.2
丹麦	620	−5.2	4.0
波兰	532	−11.8	3.4
荷兰	391	14.9	2.5
挪威	362	5.9	2.3

数据来源:商务部国别报告网、UN Comtrade 数据库、全球贸易观察等,经本课题组整理所得。

2019 年拉脱维亚进口商品总额为 18 718 百万美元,进口伙伴国主要有立陶宛、德国、波兰等。其中,自立陶宛进口的货物金额占比最大,为 3 165 百万美元。在主要进口伙伴国中,只有自荷兰和意大利两国进口的货物金额较 2018 年呈增加趋势,其他均较 2018 年呈减少的趋势,尤其是自加拿大进口的货物减少 22.4%,降幅明显。具体数据见表 10-3 和图 10-5。

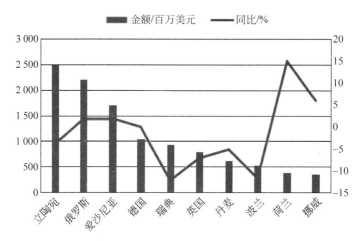

图 10-4　2019 年拉脱维亚对主要贸易伙伴出口额及同比

表 10-3　拉脱维亚自主要贸易伙伴进口额

国家和地区	金额/百万美元	同比/%	占比/%
总值	18 718	−4.9	100.0
立陶宛	3 165	−3.3	16.9
德国	2 072	−3.3	11.1
波兰	1 616	−2.8	8.6
爱沙尼亚	1 567	−5.6	8.4
俄罗斯	1 310	−19.3	7.0
芬兰	759	−5.2	4.1
荷兰	740	4.6	4.0
意大利	732	4.9	3.9
加拿大	669	−22.4	3.6
瑞典	614	−0.3	3.3

数据来源：商务部国别报告网、UN Comtrade 数据库、全球贸易观察等，经本课题组整理所得。

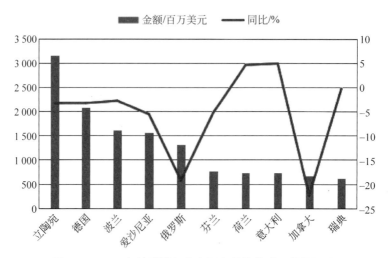

图 10-5　2019 年拉脱维亚自主要贸易伙伴进口额及同比

10.3　主要进出口商品结构

　　2019 年拉脱维亚出口商品总额为 15 489 百万美元,同比下降 4.20%。在出口商品构成中,有商品编码为 44(木及木制品;木炭)、85(电机、电气设备及其零件;声音的录制和重放设备及其零件、附件)、84(核反应堆、锅炉、机器、机械器具及其零件)、22(饮料、酒及醋)、87(车辆及其零件、附件,但铁道及电车道车辆除外)、27(矿物燃料、矿物油及其蒸馏产品;沥青物质;矿物蜡)、30(药品)、72(钢铁)、10(谷物)等商品,上述商品金额占总出口金额的近六成。相比 2018 年,商品编码为 22(饮料、酒及醋)、30(药品)、10(谷物)、73(钢铁制品)、94(家具;寝具、褥垫、弹簧床垫、软坐垫及类似的填充制品;未列名灯具及照明装置;发光标志、发光铭牌及类似品;活动房屋)、04(乳品;蛋品;天然蜂蜜;其他食用动物产品)、12(含油子仁及果实;杂项子仁及果实;工业用或药用植物;稻草、秸秆及饲料)、62(非针织或非钩编的服装及衣着附件)、48(纸及纸板;纸浆、纸或纸板制品)、49(书籍、报纸、印刷图画及其他印刷品;手稿、打字稿及设计图纸)、16(肉、鱼、甲壳动物、软体动物及其他水生无脊椎动物的制品)、19(谷物、粮食粉、淀粉或乳的制品;糕饼点心)、61(针织或钩编的服装及衣着附件)、21(杂项食品)、32(鞣料浸膏及染料浸膏;鞣酸及其衍生物;染料、颜料及其他着色料;油漆及清漆;油灰及其他类似胶黏剂;墨水、油墨)、40(橡胶及其制品)、63(其他纺织制成品;成套物品;旧衣着及旧纺织品;碎织物)、01(活动物/动物产品)、24(烟草及烟草代用品的制品)、29(有机化学品)、20(蔬菜、水果、坚果或植物其他部分的制品)、83(贱金属杂项制品)、64(鞋靴、护腿和类似品及其零件)、11(制粉工业产品;麦芽;淀粉;菊粉;面筋)、31(肥料)、42[皮革制品;鞍具及挽具;旅行用品、手提包及类似容器;动物肠线(蚕胶丝除外)制品]、15(动、植物油、脂及其分解产品;精制的食用油脂;动、植物蜡)、56(絮胎、毡呢及无纺织物;特种纱线;线、绳、索、缆及其制品)等商品呈现增长趋势,尤其是 12(含油子仁及果实;杂项子仁及果实;工业用或药用植物;稻草、秸秆及饲料)增幅最大,与此同时,商品编号为 88(航空器、航天器及其零件)的商品下降幅度最大。具体数据见表 10-4 和图 10-6。

表 10-4　2019 年拉脱维亚主要出口商品结构

商品编码	商 品 类 别	金额/百万美元	占比/%	同比/%
总值		15 489.00	100.00	−4.20
44	木及木制品;木炭	2 148.68	16.14	−7.77
85	电机、电气设备及其零件;声音的录制和重放设备及其零件、附件	1 464.02	10.05	−1.64
84	核反应堆、锅炉、机器、机械器具及其零件	1 047.22	6.72	−27.40
22	饮料、酒及醋	874.61	6.65	8.20
87	车辆及其零件、附件,但铁道及电车道车辆除外	716.29	5.13	−6.96
27	矿物燃料、矿物油及其蒸馏产品;沥青物质;矿物蜡	542.49	4.47	−14.75
30	药品	494.38	3.59	2.51
72	钢铁	489.58	3.10	−21.67
10	谷物	469.99	3.79	29.58

商品编码	商 品 类 别	金额/百万美元	占比/%	同比/%
73	钢铁制品	433.74	3.36	4.35
94	家具；寝具、褥垫、弹簧床垫、软坐垫及类似的填充制品；未列名灯具及照明装置；发光标志、发光铭牌及类似品；活动房屋	430.91	2.99	0.12
39	塑料及其制品	387.02	2.84	−0.91
04	乳品；蛋品；天然蜂蜜；其他食用动物产品	318.17	2.12	5.74
90	光学、照相、电影、计量、检验、医疗或外科用仪器及设备、精密仪器及设备；上述物品的零件、附件	247.65	1.95	−3.20
70	玻璃及其制品	184.23	1.09	−5.14
33	精油及香膏，芳香料制品，化妆盥洗品	159.21	0.97	−16.42
12	含油子仁及果实；杂项子仁及果实；工业用或药用植物；稻草、秸秆及饲料	150.46	1.06	86.48
68	石料、石膏、水泥、石棉、云母及类似材料的制品	150.26	1.05	−8.83
62	非针织或非钩编的服装及衣着附件	147.85	1.15	11.56
48	纸及纸板；纸浆、纸或纸板制品	144.52	0.99	3.73
38	杂项化学产品	142.84	1.11	−9.68
49	书籍、报纸、印刷图画及其他印刷品；手稿、打字稿及设计图纸	138.01	0.97	4.29
03	鱼、甲壳动物、软体动物及其他水生无脊椎动物	136.98	0.75	−21.93
16	肉、鱼、甲壳动物、软体动物及其他水生无脊椎动物的制品	122.19	0.97	8.43
23	食品工业的残渣及废料配制的动物饲料	111.40	0.71	−6.07
76	铝及其制品	110.56	0.82	−10.93
19	谷物、粮食粉、淀粉或乳的制品；糕饼点心	107.29	0.78	6.83
61	针织或钩编的服装及衣着附件	105.39	0.81	16.64
21	杂项食品	85.38	0.63	6.61
02	肉及食用杂碎	84.43	0.54	−7.64
32	鞣料浸膏及染料浸膏；鞣酸及其衍生物；染料、颜料及其他着色剂；油漆及清漆；油灰及其他类似胶黏剂；墨水、油墨	81.44	0.52	2.02
40	橡胶及其制品	80.98	0.55	8.24
34	肥皂、有机表面活性剂、洗涤剂、润滑剂、人造蜡、调制蜡、光洁剂、蜡烛及类似品、塑型用膏、	79.04	0.53	−7.09
08	食用水果及坚果；柑橘属水果或甜瓜的果皮	76.23	0.61	−0.02
95	玩具、游戏品、运动用品及其零件、附件	64.99	0.47	−1.50
25	盐；硫黄；泥土及石料；石膏料、石灰及水泥	59.34	0.43	−1.11
07	食用蔬菜、根及块茎	59.24	0.54	−15.87
63	其他纺织制成品；成套物品；旧衣着及旧纺织品；碎织物	58.58	0.46	5.26
88	航空器、航天器及其零件	57.09	0.17	−68.32
01	活动物/动物产品	56.47	0.37	0.98
62	非针织或非钩编的服装及衣着附件	147.85	1.15	11.56

续表

商品编码	商品类别	金额/百万美元	占比/%	同比/%
48	纸及纸板；纸浆、纸或纸板制品	144.52	0.99	3.73
74	铜及其制品	56.3	0.35	−8.23
24	烟草及烟草代用品的制品	54.4	0.66	63.25
29	有机化学品	54.2	0.47	25.13
09	咖啡、茶、马黛茶及调味香料	53.4	0.33	−1.09
20	蔬菜、水果、坚果或植物其他部分的制品	52.7	0.35	0.05
83	贱金属杂项制品	51.4	0.38	6.32
06	活树及其他活植物；鳞茎、根及类似品；插花及装饰用簇叶	50.4	0.25	−21.99
64	鞋靴、护腿和类似品及其零件	49.7	0.41	36.78
11	制粉工业产品；麦芽；淀粉；菊粉；面筋	48.2	0.42	20.23
71	天然或养殖珍珠、宝石或半宝石、贵金属、包贵金属及其制品；仿首饰；硬币	47.3	0.34	−18.43
18	可可及可可制品	41.5	0.29	−1.03
69	陶瓷产品	39.6	0.25	−6.64
31	肥料	39.2	0.39	63.20
54	化学纤维长丝	37.0	0.25	−1.46
89	船舶及浮动结构体	31.0	0.15	−40.30
42	皮革制品；鞍具及挽具；旅行用品、手提包及类似容器；动物肠线（蚕胶丝除外）制品	26.7	0.22	6.20
15	动、植物油、脂及其分解产品；精制的食用油脂；动、植物蜡	26.3	0.20	5.46
82	贱金属工具、器具、利口器、餐匙、餐叉及其零件	25.7	0.20	−8.66
96	杂项制品	25.4	0.19	−3.15
56	絮胎、毡呢及无纺织物；特种纱线；线、绳、索、缆及其制品	24.3	0.19	9.56

数据来源：全球贸易观察、UN Comtrade 数据库等，经本课题组整理所得。

2019 年拉脱维亚进口商品总额为 18 718 百万美元，同比下降 4.90%。在进口商品构成中，主要有商品编号为 27（电机、电气设备及其零件；声音的录制和重放设备及其零件、附件）、85（核反应堆、锅炉、机器、机械器具及其零件）、84（矿物燃料、矿物油及其蒸馏产品；沥青物质；矿物蜡）、87（车辆及其零件、附件，但铁道及电车道车辆除外）、39（饮料、酒及醋）、30（塑料及其制品）、26（药品）等商品，上述商品进口额占总进口金额近五成。相比 2018 年，商品编码为 39（饮料、酒及醋）、26（药品）、72（航空器、航天器及其零件）、90（光学、照相、电影、计量、检验、医疗或外科用仪器及设备，精密仪器及设备；上述物品的零件、附件）、76（家具；寝具、褥垫、弹簧床垫、软坐垫及类似的填充制品；未列名灯具及照明装置；发光标志、发光铭牌及类似品；活动房屋）、94（非针织或非钩编的服装及衣着附件）、61（食用水果及坚果；柑橘属水果或甜瓜的果皮）、12（针织或钩编的服装及衣着附件）、33（乳品；蛋品；天然蜂蜜；其他食用动物产品）、31（肥料）、29（肉及食用杂碎）等商品呈现增长趋势，尤其是 95（烟草及烟草代用品的制品）增长幅度最大，同时，商品编号为 04（谷物）的商品下降幅度最大。具体数据见表 10-5 和图 10-7。

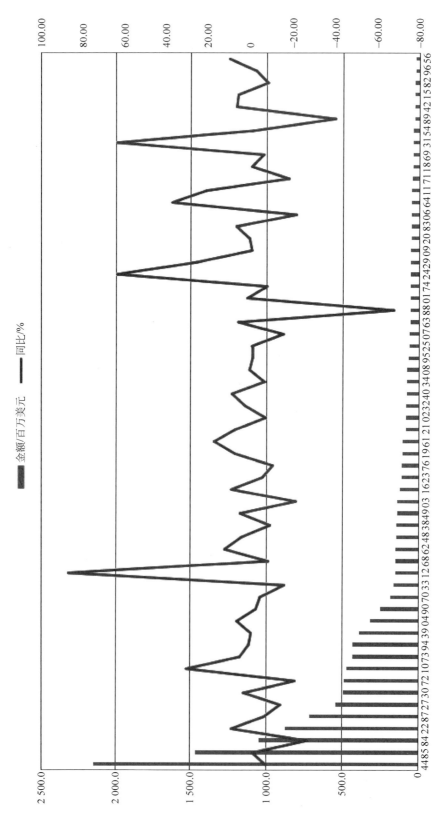

图 10-6　2019 年拉脱维亚主要出口商品金额及同比

表 10-5　2019 年拉脱维亚主要进口商品结构

商品编码	商品类别	金额/百万美元	占比/%	同比/%
总值		18 718.00	100.00	−4.90
27	电机、电气设备及其零件；声音的录制和重放设备及其零件、附件	1 904.45	10.17	−2.81
85	核反应堆、锅炉、机器、机械器具及其零件	1 845.28	9.86	−20.86
84	矿物燃料、矿物油及其蒸馏产品；沥青物质；矿物蜡	1 617.77	8.64	−17.83
87	车辆及其零件、附件，但铁道及电车道车辆除外	1 478.93	7.90	−7.89
39	饮料、酒及醋	919.70	4.91	5.09
30	塑料及其制品	760.48	4.06	−3.21
26	药品	736.75	3.94	2.95
72	航空器、航天器及其零件	709.71	3.79	32.10
73	木及木制品；木炭	678.46	3.62	−5.22
38	钢铁	616.65	3.29	−22.62
74	钢铁制品	453.53	2.42	−0.32
90	光学、照相、电影、计量、检验、医疗或外科用仪器及设备、精密仪器及设备；上述物品的零件、附件	426.61	2.28	1.51
48	纸及纸板；纸浆、纸或纸板制品	335.31	1.79	−0.22
76	家具；寝具、褥垫、弹簧床垫、软坐垫及类似的填充制品；未列名灯具及照明装置；发光标志、发光铭牌及类似品；活动房屋	307.15	1.64	0.02
02	橡胶及其制品	236.19	1.26	−4.05
94	非针织或非钩编的服装及衣着附件	226.52	1.21	6.38
40	精油及香膏 芳香料制品 化妆盥洗品	214.91	1.15	−5.54
61	食用水果及坚果；柑橘属水果或甜瓜的果皮	211.52	1.13	2.77
22	杂项化学产品	210.93	1.13	−7.24
12	针织或钩编的服装及衣着附件	203.08	1.08	15.91
33	乳品；蛋品；天然蜂蜜；其他食用动物产品	200.85	1.07	3.47
31	肥料	198.57	1.06	14.73
29	肉及食用杂碎	179.38	0.96	0.02
62	食品工业的残渣及废料配制的动物饲料	174.62	0.93	−2.49
24	鞋靴、护腿和类似品及其零件	170.36	0.91	9.64
18	鱼、甲壳动物、软体动物及其他水生无脊椎动物	168.19	0.90	−2.50
04	谷物	164.73	0.88	−32.29
64	杂项食品	155.74	0.83	−1.88
44	食用蔬菜、根及块茎	151.08	0.81	15.16
95	烟草及烟草代用品的制品	138.54	0.74	34.42
51	玻璃及其制品	138.30	0.74	3.08
21	鞣料浸膏及染料浸膏；鞣酸及其衍生物；染料、颜料及其他着色料；油漆及清漆；油灰及其他类似胶黏剂；墨水、油墨	138.09	0.74	−1.24
08	谷物、粮食粉、淀粉或乳的制品；糕饼点心	134.03	0.72	2.32
60	石料、石膏、水泥、石棉、云母及类似材料的制品	131.04	0.70	3.37

续表

商品编码	商品类别	金额/百万美元	占比/%	同比/%
32	玩具、游戏品、运动用品及其零件、附件	126.61	0.68	0.59
55	有机化学品	118.35	0.63	2.32
99	肥皂、有机表面活性剂、洗涤剂、润滑剂、人造蜡、调制蜡、光洁剂、蜡烛及类似品、塑型用膏、"牙科用蜡"及牙科用熟石膏制剂	117.26	0.63	2.33
07	铝及其制品	112.22	0.60	−7.75
19	动、植物油、脂及其分解产品;精制的食用油脂;动、植物蜡	97.30	0.52	17.20
83	蔬菜、水果、坚果或植物其他部分的制品	96.05	0.51	1.57
34	其他纺织制成品;成套物品;旧衣着及旧纺织品;碎织物	93.92	0.50	6.31
54	含油子仁及果实;杂项子仁及果实;工业用或药用植物;稻草、秸秆及饲料	92.34	0.49	18.24
28	贱金属杂项制品	91.59	0.49	4.00
70	咖啡、茶、马黛茶及调味香料	90.25	0.48	1.58
20	肉、鱼、甲壳动物,软体动物及其他水生无脊椎动物的制品	90.05	0.48	4.98
23	杂项制品	80.74	0.43	−2.95
52	贱金属工具、器具、利口器、餐匙、餐叉及其零件	78.06	0.42	2.46
69	可可及可可制品	77.56	0.41	2.49
17	皮革制品;鞍具及挽具;旅行用品、手提包及类似容器;动物肠线(蚕胶丝除外)制品	71.07	0.38	4.29
09	糖及糖食	70.71	0.38	−1.30
15	天然或养殖珍珠、宝石或半宝石、贵金属、包贵金属及其制品;仿首饰;硬币	67.33	0.36	−0.07
96	活树及其他活植物;鳞茎、根及类似品;插花及装饰用簇叶	66.13	0.35	6.26
63	盐;硫黄;泥土及石料;石膏料、石灰及水泥	63.76	0.34	−7.22
86	陶瓷产品	63.67	0.34	−1.42
93	铜及其制品	55.65	0.30	−9.83
82	无机化学品;贵金属、稀土金属、放射性元素及其同位素的有机及无机化合物	43.37	0.23	−2.39
25	武器、弹药及其零件、附件	41.47	0.22	−19.23
68	化学纤维长丝	36.39	0.19	−5.48
03	蛋白类物质;改性淀粉;胶;酶	33.85	0.18	2.15
10	书籍、报纸、印刷图画及其他印刷品;手稿、打字稿及设计图纸	28.96	0.15	3.59

数据来源:全球贸易观察、UN Comtrade 数据库等,经本课题组整理所得。

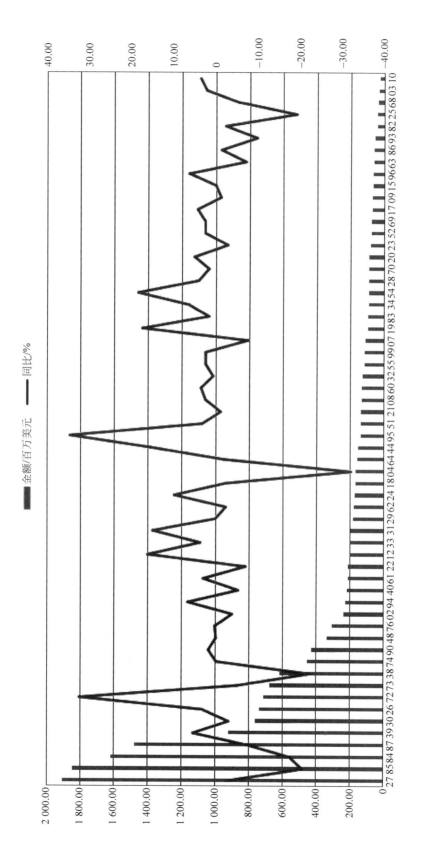

图 10-7　2019 年拉脱维亚主要进口商品金额及同比

10.4 主要优势产业及其特征

1. 木质制品制造业

拉脱维亚森林资源丰富,森林面积达 3.26 万平方公里,占国土面积的 49％,森林覆盖率位居欧洲第四,其中,1.47 万平方公里为国有林;阔叶林占 54.8％,主要树种为桦树、山杨;针叶林占 45.2％,主要树种为松树和云杉。拉脱维亚林业、木材加工及家具制造业在其制造业中占据重要位置。2018 年,我国从拉脱维亚进口总额 191 百万美元,同比增加 20.2％,其中,木材及木制品金额为 69 百万美元,占比达 46.4％。拉脱维亚林产品出口市场主要为英国(占比 17.2％,金额 3.81 亿欧元,同比下降 3.6％)、爱沙尼亚(占比 10.9％,金额 284 百万美元,同比增长 16.5％)和德国(占比 9.8％,金额 256 百万美元,同比增长 5.8％)。

2. 食品和饮料制造业

食品和饮料生产是拉脱维亚最大的工业部门,2017 年占制造业总产量的 23.0％。拉脱维亚近 20％的土地是耕地,大部分原材料都是当地种植的,为生产者提供了强大而有效的供应链。生产商有广泛的国内供应商可供选择,从而实现在价格和质量方面的良性竞争。随着全球消费者越来越重视食品的成分,国内食品和饮料制造商可以有效地从田间到餐桌跟踪其产品的质量,使其在全球市场中占据优势。事实上,拉脱维亚的生产者通过商品的高品质和品位在全球范围内获得了认可。该部门有全系列产品线,包括乳制品、鱼类加工、肉类和蛋类生产、谷物和烘焙食品、水果和蔬菜、草药和香料,以及糖果。饮料生产包括果汁、碳酸和非碳酸软饮料、矿泉水和饮用水、啤酒和其他酒精产品。

3. 农副食品加工、食品制造业

拉脱维亚生态良好,出产大量的浆果、野草莓、蓝莓、牛肝菌、鸡油菌和高品质的乳制品、肉类产品、油浸鲱鱼罐头及蜂蜜。拉脱维亚 12 家乳制品企业和 33 家水产品企业先后在中国国家认证认可监督管理委员会注册,一些牛羊肉和蜂蜜企业也在积极申请进入中国市场。在中国—中东欧国家博览会、中国义乌进口商品博览会和拉脱维亚进口商品购物节上,拉脱维亚优质食品得到中国消费者喜爱。

4. 交通运输、仓储和邮政业

拉脱维亚地处俄罗斯与西欧、北欧的十字交叉口,坐拥波罗的海地区最大机场里加国际机场,因其优越的地理位置以及良好的基础设施,在波罗的海乃至中东欧地区运输中扮演了重要的货物转运角色。转运业在拉脱维亚是仅次于林业及木材加工业的第二大国民经济部门,每年带来超过 10 亿欧元的收入。航空业占拉脱维亚国内生产总值接近 3％,就业人数占总就业人数的 2％。

5. 化工医药产业

自从拉脱维亚政府重新获得独立,已经作出了相当大的努力来提高医疗保健部门的效率。就业方面,医疗保健仍然是拉脱维亚经济中最大的部门之一,该部门产值占国内生产总值的 3.5％。拉脱维亚是欧盟卫生支出最低的国家之一。拉脱维亚人习惯于支付医疗保健费用,39％的医疗保健服务由个人支付,因此,其私营医疗服务得到快速发展。鉴于具有竞争力的薪酬,高质量的医疗服务,与西欧、俄罗斯和独联体等地区的主要城市的良好交通连接,以及拉脱维亚在俄罗斯作为温泉目的地的良好声誉,该行业显然具有巨大潜力。

10.5　中国和拉脱维亚双边贸易概况

2019 年,拉脱维亚与中国双边货物进出口额为 750.2 百万美元,同比减少 2.71％。从商品类别看,木及木制品、木炭是拉脱维亚对中国出口的主力产品,而机电产品是拉脱维亚自中国进口的首位产品。

2019 年,拉脱维亚对中国出口商品总额为 178.2 百万美元,同比下降 6.7％。在出口商品构成中,以商品编号为 44(木及木制品;木炭)的商品为主,该类商品占对中国出口商品总额的五成。相比 2018 年,08(食用水果及坚果;甜瓜等水果的果皮)、90(光学、照相、医疗等设备及零附件)、22(饮料、酒及醋)、73(钢铁制品)、53(其他植物纤维;纸纱线及其机织物)、04(乳;蛋;蜂蜜;其他食用动物产品)、62(非针织或非钩编的服装及衣着附件)、60(针织物及钩编织物)等商品呈增长趋势,尤其是 04(乳;蛋;蜂蜜;其他食用动物产品)增幅最大。与此同时,商品编号为 87(车辆及其零附件,但铁道车辆除外)的商品下降幅度最大。具体数据见表 10-6 和图 10-8。

表 10-6　2019 年拉脱维亚对中国出口主要商品构成

商品编码	商 品 类 别	金额/百万美元	同比/％	占比/％
总值		178.2	−6.7	100.0
44	木及木制品;木炭	92.1	8.1	51.7
27	矿物燃料、矿物油及其产品;沥青等	23.2	−3.2	13.0
85	电机、电气、音像设备及其零附件	13.9	−3.2	7.8
08	食用水果及坚果;甜瓜等水果的果皮	13.1	38.2	7.4
90	光学、照相、医疗等设备及零附件	6.1	58.1	3.4
74	铜及其制品	4.3	−68.0	2.4
84	核反应堆、锅炉、机械器具及零件	4.2	1.1	2.4
22	饮料、酒及醋	3.3	23.1	1.8
76	铝及其制品	3.1	−31.2	1.7
94	家具;寝具等;灯具;活动房	2.7	7.0	1.5
87	车辆及其零附件,但铁道车辆除外	2.6	−80.7	1.4
33	精油及香膏;香料制品及化妆盥洗品	2.4	−14.2	1.3
39	塑料及其制品	1.6	−24.1	0.9
70	玻璃及其制品	1.2	−15.0	0.7
34	洗涤剂、润滑剂、人造蜡、塑型膏等	0.8	−61.1	0.5
95	玩具、游戏或运动用品及其零附件	0.6	−7.2	0.3
73	钢铁制品	0.4	625.8	0.2
53	其他植物纤维;纸纱线及其机织物	0.4	226.0	0.2
30	药品	0.3	−35.6	0.2
38	杂项化学产品	0.3	0.8	0.2
04	乳;蛋;蜂蜜;其他食用动物产品	0.2	1 160.4	0.1
12	油籽;子仁;工业或药用植物;饲料	0.2	−32.7	0.1

续表

商品编码	商 品 类 别	金额/百万美元	同比/%	占比/%
88	航空器、航天器及其零件	0.2	39.3	0.1
63	其他纺织制品；成套物品；旧纺织品	0.1	−69.3	0.1
62	非针织或非钩编的服装及衣着附件	0.1	270.4	0.1
16	肉、鱼及其他水生无脊椎动物的制品	0.1	−30.2	0.1
60	针织物及钩编织物	0.1	119.9	0.1
96	杂项制品	0.1	−22.5	0.1
20	蔬菜、水果等或植物其他部分的制品	0.1	508.8	0.1
32	鞣料；着色料；涂料；油灰；墨水等	0.1	−49.9	0.1

数据来源：商务部国别报告网、UN Comtrade 数据库等，经本课题组整理所得。

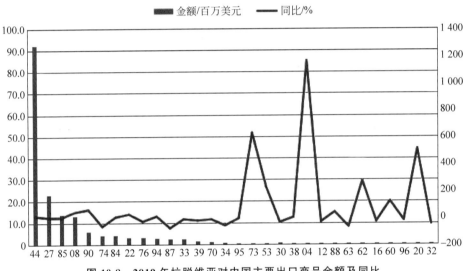

图 10-8　2019 年拉脱维亚对中国主要出口商品金额及同比

　　2019 年拉脱维亚自中国进口商品总额为 572 百万美元，同比下降 1.4％。在进口商品构成中，以商品编号为 85（电机、电气、音像设备及其零附件）的商品为主，占自中国进口商品总额的四成。相比 2018 年，商品编码为 94（家具；寝具等；灯具；活动房）、90（光学、照相、医疗等设备及零附件）、39（塑料及其制品）、73（钢铁制品）、95（玩具、游戏或运动用品及其附件）、29（有机化学品）、87（车辆及其零附件，但铁道车辆除外）、63（其他纺织制品；成套物品；旧纺织品）、76（铝及其制品）、70（玻璃及其制品）、82（贱金属器具、利口器、餐具及零件）、48（纸及纸板；纸浆、纸或纸板制品）、54（化学纤维长丝）、64（鞋靴、护腿和类似品及其零件）、03（鱼及其他水生无脊椎动物）、27（矿物燃料、矿物油及其产品；沥青等）等商品呈现增长趋势，尤其是 03（鱼及其他水生无脊椎动物）增幅最大。与此同时，商品编号为 38（杂项化学产品）的商品下降幅度最大。具体数据见表 10-7 和图 10-9。

表 10-7　2019 年拉脱维亚自中国进口主要商品构成

商品编码	商 品 类 别	金额/百万美元	同比/%	占比/%
总值		572	−1.4	100.0
85	电机、电气、音像设备及其零附件	230	−0.2	40.3
84	核反应堆、锅炉、机械器具及零件	68	−19.2	12.0

续表

商品编码	商品类别	金额/百万美元	同比/%	占比/%
94	家具；寝具等；灯具；活动房	38	8.3	6.6
40	橡胶及其制品	26	-12.5	4.6
90	光学、照相、医疗等设备及零附件	24	45.5	4.2
39	塑料及其制品	18	6.2	3.1
73	钢铁制品	17	14.2	3.0
95	玩具、游戏或运动用品及其零附件	11	7.1	1.9
29	有机化学品	10	12.1	1.8
87	车辆及其零附件，但铁道车辆除外	9	47.0	1.6
63	其他纺织制品；成套物品；旧纺织品	8	25.8	1.5
76	铝及其制品	7	26.9	1.3
83	贱金属杂项制品	7	-12.6	1.2
96	杂项制品	6	-17.0	1.1
62	非针织或非钩编的服装及衣着附件	6	-12.6	1.0
33	精油及香膏；香料制品及化妆盥洗品	6	-33.3	1.0
61	针织或钩编的服装及衣着附件	5	-21.7	1.0
42	皮革制品；旅行箱包；动物肠线制品	5	-1.3	0.8
70	玻璃及其制品	5	13.2	0.8
82	贱金属器具、利口器、餐具及零件	4	4.6	0.8
48	纸及纸板；纸浆、纸或纸板制品	4	4.5	0.7
54	化学纤维长丝	4	2.3	0.7
64	鞋靴、护腿和类似品及其零件	4	0.4	0.6
38	杂项化学产品	3	-57.4	0.6
37	照相及电影用品	3	1.3	0.5
91	钟表及其零件	3	13.5	0.4
32	鞣料；着色料；涂料；油灰；墨水等	2	2.4	0.4
03	鱼及其他水生无脊椎动物	2	60.8	0.4
44	板木制品；木炭	2	4.3	0.4
27	矿物燃料、矿物油及其产品；沥青等	2	52.5	0.3

数据来源：商务部国别报告网、UN Comtrade 数据库等，经本课题组整理所得。

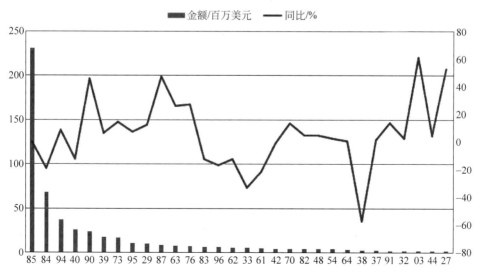

图 10-9　2019 年拉脱维亚自中国主要进口商品金额及同比

10.6　中国和拉脱维亚贸易竞争性与互补性分析

10.6.1　中国和拉脱维亚显性比较优势指数(RCA)分析

利用《国际贸易商品标准分类(第四版)》(SITC. Rev4),以 2018 年为例,对中国与拉脱维亚显性比较优势指数(RCA)进行分析。具体数据见表 10-8。

表 10-8　2018 年拉脱维亚商品出口额

SITC	商品类别名称	金额/百万美元
SITC0	食品和活动物	1 872.48
SITC1	饮料及烟草	772.86
SITC2	非食用燃料(不包含燃料)	2 126.79
SITC3	矿物燃料、润滑油及有关原料	789.55
SITC4	动植物油、油脂和蜡	18.06
SITC5	未列明的化学品和有关产品	1 279.29
SITC6	主要按原材料分类的制成品	2 800.87
SITC7	机械及运输设备	3 671.16
SITC8	杂项制品	1 461.12
SITC9	没有分类的其他商品	272.83

数据来源：UN Comtrade 数据库等,经本课题组整理所得。

通过 UN Comtrade 数据库等相关数据库的数据,经本课题组整理得到：2018 年中国所有商品出口额约为 2 494 230 百万美元,拉脱维亚所有商品出口额 15 642 百万美元,世界所有商品出口额 19 051 239 百万美元。

按照公式 $RCA_{xik} = (X_{ik}/X_{wk})/(X_i/X_w)$,得出计算结果如表 10-9 所示。

表 10-9　2018 年中拉显性比较优势指数(RCA)计算结果

国家	商品									
	SITC0	SITC1	SITC2	SITC3	SITC4	SITC5	SITC6	SITC7	SITC8	SITC9
中国	0.43	0.18	0.19	0.18	0.10	0.59	1.35	1.34	1.94	0.04
拉脱维亚	6.72	12.10	8.06	2.54	5.52	7.32	16.47	21.64	14.17	0.64

根据上述结果分析得到：

(1) 拉脱维亚除了 SITC9 之外的商品均具有显性比较优势。其中,SITC7 的 RCA 值最高,说明具有比较明显的显性比较优势。

(2) 在 SITC6、SITC7 和 SITC8 三类商品中,中国与拉脱维亚都具有显性比较优势。而在 SITC0、SITC1、SITC2、SITC3、SITC4、SITC5 和 SITC9 这七类商品中,中国显性比较优势小于 1,说明中国不具有显性比较优势。

10.6.2　中国和拉脱维亚贸易互补性指数(TCI)分析

利用《国际贸易商品标准分类(第四版)》(SITC. Rev4),以 2018 年为例,对中国与拉脱维亚贸易互补性指数(TCI)进行分析。具体数据见表 10-10。

表 10-10　2018 年拉脱维亚商品进口额

SITC	商品类别名称	金额/百万美元
SITC0	食品和活动物	2 008.37
SITC1	饮料及烟草	752.82
SITC2	非食用燃料(不包含燃料)	781.17
SITC3	矿物燃料、润滑油及有关原料	1 932.33
SITC4	动植物油、油脂和蜡	65.19
SITC5	未列明的化学品和有关产品	2 081.55
SITC6	主要按原材料分类的制成品	2 649.29
SITC7	机械及运输设备	5 943.03
SITC8	杂项制品	1 818.57
SITC9	没有分类的其他商品	580.65

数据来源:UN Comtrade 数据库等,经本课题组整理所得。

通过 UN Comtrade 数据库等相关数据库的数据,经本课题组整理得到:2018 年中国所有商品进口额约为 2 134 982 百万美元,拉脱维亚所有商品进口额 19 257 百万美元,世界所有商品进口额 19 253 036 百万美元。

按照公式 $TCI_{ij} = RCA_{xik} \times RCA_{mjk}$,得出计算结果如表 10-11 所示。

表 10-11　2018 年中国和拉脱维亚贸易互补性指数(TCI)计算结果

国家	商品									
	SITC0	SITC1	SITC2	SITC3	SITC4	SITC5	SITC6	SITC7	SITC8	SITC9
中国	0.79	0.92	0.20	0.15	0.08	0.56	1.65	1.19	1.72	0.03
拉脱维亚	2.97	4.85	21.63	2.76	3.98	5.59	8.96	23.16	7.99	0.54

根据上述结果分析得到:

(1) 在 SITC6、SITC7 和 SITC8 三类商品中,中国与拉脱维亚贸易互补性指数(TCI)均大于 1,说明两国在这三类商品中互补性强,并未因为在该领域中双方都具有显性比较优势而出现激烈竞争的场面,反而表现出很强的贸易互补性。

(2) 在 SITC0、SITC1、SITC2、SITC3、SITC4 和 SITC5 这六类商品中,中国的 TCI 值均小于拉脱维亚且小于 1,说明拉脱维亚的这六类商品具有较强的竞争优势。

10.7　中国和拉脱维亚拉贸易合作展望

近年来,两国贸易合作稳步提升,近年来取得了一定的发展。迄今为止,两国签署了经贸合作协定、避免双重征税和防止偷漏税协定、商检协定等合作协定,为双方具体领域合作奠定了较好的法律基础。截至 2019 年年底,中国对拉脱维亚直接投资存量 12 百万美元,拉对华直接投资存量 4 百万美元。

根据拉脱维亚与中国的贸易合作关系,两国可在以下方面展开深入合作。

（1）自 2000 年以来,中国和拉脱维亚双方一直保持着文化交流。中国相关企业可通过开办双语中小学、影院、博物馆等方式加强文化方面的经贸合作。

（2）拉脱维亚对于发展与中国在旅游业方面的合作认可度很高,因此,两国可加强在此方面的投资,例如,在酒店、景区、商超等大型场所展开合作投资,共同开发两国的旅游资源。

（3）中国与拉脱维亚两国之间的农业合作还有发展空间,拉脱维亚农业在波罗的海三国居第二位,可以加强两国农业合作,引领农业发展与创新。

第 11 章
立陶宛的对外贸易

　　立陶宛共和国,简称立陶宛,位于波罗的海东岸,北接拉脱维亚,东连白俄罗斯,南邻波兰,西濒波罗的海和俄罗斯加里宁格勒州。国境线总长 1 644 公里,海岸线长 90 公里。属海洋性向大陆性过渡气候。最高点海拔 293.6 米。1 月平均气温－1℃,7 月平均气温 19℃。面积 6.53 万平方公里。截至 2019 年,总人口 279.4 万人,立陶宛族占 84.2%,波兰族占 6.6%,俄罗斯族占 5.8%,此外还有白俄罗斯、乌克兰、犹太等民族。官方语言为立陶宛语,多数居民懂俄语。首都维尔纽斯,人口 55.7 万人。

　　2019 年 GDP 54 442 百万美元,人均国内生产总值 19 510.5 美元,GDP 增长率 3.9%。森林和水资源丰富。森林面积 217.7 万公顷,覆盖率为 33.4%。有 722 条河流,长度超过 100 公里的河流有 21 条,最长的涅曼河全长 937 公里,在立陶宛境内长度为 475 公里。立陶宛境内湖泊众多,水域面积超过 880 平方公里,面积超过 0.5 公顷的湖泊有 2 834 个,其中最大的德鲁克夏伊湖面积 4 479 公顷(42.26 平方公里)。此外还有泥炭、矿物建筑材料等资源。工业方面,2019 年工业(不含建筑业)产值 26 261 百万美元,同比增长 3.2%。农业方面,2019 年农业产值 29.5 亿欧元,同比增长 11.1%。旅游业方面,外国游客主要来自俄罗斯、波兰、德国和拉脱维亚等国。主要旅游景点有维尔纽斯老城、特拉盖古堡、凯尔纳维遗址、尼达沙丘、帕兰加、希奥利艾十字架山、德鲁斯基宁盖等。交通运输方面,交通体系完备,铁路网与欧洲及独联体国家连成一体,可直接或转车前往有关国家;公路网发达,有 E28、E67、E77、E85、E262、E272 等 6 条欧洲公路干线经过;克莱佩达港是立陶宛最大海港,与世界 200 多个港口通航。国内交通运输以公路、铁路为主。主要国际机场有维尔纽斯机场、考纳斯机场、帕兰加机场。

　　对外贸易方面,据立陶宛国家统计局数据显示,主要出口商品为矿产品、机电设备、电气设备、木材等,主要进口商品为矿产品、机电设备、电气设备、化工产品、蔬菜及水果等。

　　据欧盟统计局统计,2018 年立陶宛主要出口目的地是俄罗斯,占出口总额的 13.5%,其次为拉脱维亚(9.9%)、波兰(9.1%)、德国(7.7%)。主要进口国为俄罗斯,占比 14.4%,其次为德国(12.1%)、波兰(10.8%)以及拉脱维亚(8%)。

　　据欧盟统计局统计,2019 年立陶宛对中国出口 309.4 百万美元,增长 38.9%;自中国进口 1 040 美元,增长 3.0%。2019 年立陶宛对中国谷物年出口额为 52.3 百万美元,与上年持平,占立陶宛对中国出口总额的 16.9%。木以及木制品是立陶宛对中国出口的第二大类商品,出口 52.1 百万美元,增长 0.4%,占立陶宛对中国出口总额的 16.8%。家具产品是立陶宛对中国出口的第三大类产品,出口 45.9 百万美元,与上年持平。立陶宛自中国进口的主要商品为机电产品、机械器具及其零件和车辆及其零件,2019 年三类商品分别进口 189 百万美元、138 百万美元和 61 百万美元,合计占立陶宛自中国进口总额的 37.2%。

11.1 对外贸易发展趋势

2019 年立陶宛货物进出口额为 68 736 百万美元,比上年(下同)下降 1.6%。其中,出口 33 124 百万美元,下降 0.6%;进口 35 612 百万美元,下降 2.4%。

立陶宛在 2008 年至 2019 年对外贸易总额呈现波动趋势。经历 2008 年的明显上升后,2009 年出现了剧烈下滑。2010 年到 2013 年连续增长,2014 年至 2016 年又出现了下滑。经历 2017 年至 2018 年比较明显的增幅后,2019 年又出现了小幅下滑。具体数据见表 11-1 和图 11-1。

表 11-1　立陶宛对外贸易年度表

时间	总额/百万美元	同比/%	出口/百万美元	同比/%	进口/百万美元	同比/%
2008 年	55 013	32.2	23 746	38.3	31 267	27.9
2009 年	34 834	−36.7	16 494	−30.5	18 340	−41.3
2010 年	44 102	26.6	20 722	25.6	23 381	27.5
2011 年	59 830	35.7	28 050	35.4	31 780	35.9
2012 年	61 600	3.0	29 619	1.1	31 981	0.6
2013 年	67 431	9.5	32 610	10.1	34 821	8.9
2014 年	66 678	−1.1	32 319	−0.9	34 360	−1.3
2015 年	53 546	−19.7	25 393	−21.4	28 154	−18.1
2016 年	52 343	−2.3	25 009	−1.5	27 333	−2.9
2017 年	62 465	19.3	29 923	19.7	32 542	19.1
2018 年	69 839	11.8	33 337	11.4	36 502	12.2
2019 年	68 736	−1.6	33 124	−0.6	35 612	−2.4

数据来源:商务部国别报告网、UN Comtrade 数据库、全球贸易观察等,经本课题组整理所得。

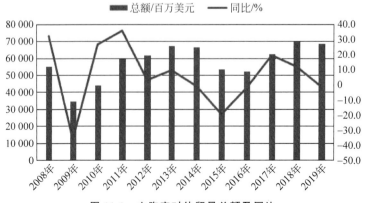

图 11-1　立陶宛对外贸易总额及同比

　　立陶宛在 2008 年至 2019 年对外贸易出口额存在波动趋势。2008 年和 2009 年情况截然相反,2008 年飞速上升,而 2009 年大幅下滑。2010 年至 2013 年出现明显上升。2014 年出现小幅下滑,2015 年经历了大幅下跌。2016 年小幅下滑,2017 年至 2018 年稳定上升之后,在 2019 年又出现小幅下滑。具体数据见表 11-1 和图 11-2。

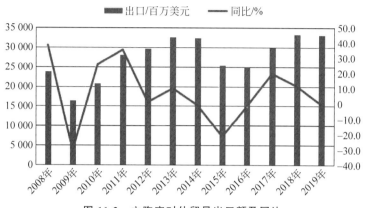

图 11-2　立陶宛对外贸易出口额及同比

　　立陶宛在 2008 年至 2019 年对外贸易进口额中,2018 年进口额最多,为 36 502 百万美元。2008 年增幅最大,为 27.9%。相比之下,2009 年进口额最少,为 18 340 百万美元,且下降幅度最大,为 41.3%。同时,2019 年对外贸易进口额呈现下降趋势,比 2018 年下跌 2.4 个百分点。具体数据见表 11-1 和图 11-3。

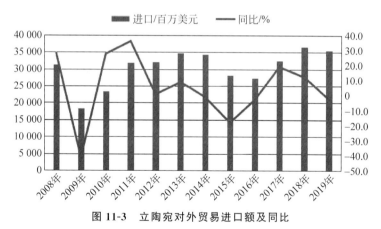

图 11-3　立陶宛对外贸易进口额及同比

11.2　主要贸易市场结构

　　2019 年立陶宛出口总额为 33 124 百万美元,出口伙伴国主要有俄罗斯、拉脱维亚和波兰等;进口总额为 35 612 百万美元,进口伙伴国主要有俄罗斯、波兰和德国等。

　　2019 年立陶宛出口至俄罗斯的货物金额最多,为 4 633 百万美元。在主要出口伙伴国中,只有出口德国、爱沙尼亚、白俄罗斯和荷兰四国货物的金额较 2018 年呈增加趋势。具体数据见表 11-2 和图 11-4。

表 11-2　2019 年立陶宛对主要贸易伙伴出口额

国家和地区	金额/百万美元	同比/%	占比/%
总值	33 124	−0.64	100.00
俄罗斯	4 633	−0.72	13.99
拉脱维亚	3 142	−3.84	9.49
波兰	2 620	−4.70	7.91
德国	2 498	1.54	7.54
爱沙尼亚	1 666	1.64	5.03
瑞典	1 487	−7.95	4.49
白俄罗斯	1 283	0.92	3.87
英国	1 273	−0.02	3.84
美国	1 231	−26.55	3.72
荷兰	1 204	7.30	3.63

数据来源：商务部国别报告网、UN Comtrade 数据库、全球贸易观察等，经本课题组整理所得。

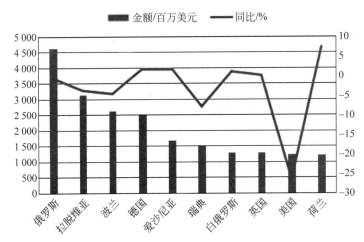

图 11-4　2019 年立陶宛对主要贸易伙伴出口额及同比

2019 年立陶宛自俄罗斯进口货物的金额占比最大，为 5 240 百万美元。在主要进口伙伴国中，只有自俄罗斯、波兰、荷兰、爱沙尼亚和中国五国进口货物的金额较 2018 年有增长趋势。具体数据见表 11-3 和图 11-5。

表 11-3　2019 年立陶宛自主要贸易伙伴进口额

国家和地区	金额/百万美元	同比/%	占比/%
总值	35 612	−2.44	100.0
俄罗斯	5 240	1.3	14.7
波兰	4 227	0.6	11.9
德国	4 143	−5.2	11.6
拉脱维亚	2 534	−3.0	7.1
荷兰	1 915	6.3	5.4
意大利	1 719	−3.5	4.8

续表

国家和地区	金额/百万美元	同比/%	占比/%
瑞典	1 332	−2.7	3.7
爱沙尼亚	1 222	9.0	3.4
法国	1 153	−6.5	3.2
中国	1 040	3.0	2.9

数据来源：商务部国别报告网、UN Comtrade 数据库、全球贸易观察等，经本课题组整理所得。

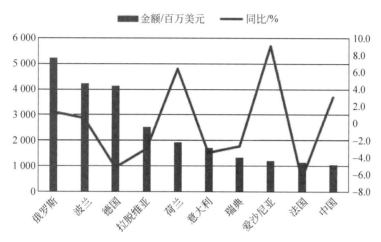

图 11-5　2019 年立陶宛自主要贸易伙伴进口额及同比

11.3　主要进出口商品结构

2019 年立陶宛出口商品总额为 33 124.0 百万美元，同比下降 0.64%。在出口商品构成中，商品编码为 94（家具；寝具、褥垫、弹簧床垫、软坐垫及类似的填充制品；未列名灯具及照明装置；发光标志、发光铭牌及类似品；活动房屋）、87（车辆及其零件、附件，但铁道及电车道车辆除外）、90（光学、照相、电影、计量、检验、医疗或外科用仪器及设备、精密仪器及设备；上述物品的零件、附件）、31（肥料）、30（药品）、10（谷物）、04（乳品；蛋品；天然蜂蜜；其他食用动物产品）、03（鱼、甲壳动物，软体动物及其他水生无脊椎动物）、71（天然或养殖珍珠、宝石或半宝石、贵金属、包贵金属及其制品；仿首饰；硬币）等商品呈现增长趋势，尤其是10（谷物）增幅最大。与此同时，商品编号为 72（钢铁）的商品下降幅度最大。具体数据见表 11-4 和图 11-6。

表 11-4　2019 年立陶宛主要出口商品结构

商品编码	商品类别	金额/百万美元	占比/%	同比/%
总值		33 124.0	100.00	−0.64
27	矿物燃料、矿物油及其蒸馏产品；沥青物质；矿物蜡	4 490.8	13.56	−10.32
84	核反应堆、锅炉、机器、机械器具及其零件	2 740.4	8.27	−1.99

续表

商品编码	商 品 类 别	金额/百万美元	占比/%	同比/%
94	家具；寝具、褥垫、弹簧床垫、软坐垫及类似的填充制品；未列名灯具及照明装置；发光标志、发光铭牌及类似品；活动房屋	2 558.7	7.72	1.77
85	电机、电气设备及其零件；声音的录制和重放设备及其零件、附件	2 158.9	6.52	−5.46
39	塑料及其制品	2 037.3	6.15	−2.22
87	车辆及其零件、附件，但铁道及电车道车辆除外	1 825.4	5.51	17.42
44	木及木制品；木炭	1 240.8	3.75	−3.43
90	光学、照相、电影、计量、检验、医疗或外科用仪器及设备、精密仪器及设备；上述物品的零件、附件	948.0	2.86	7.92
31	肥料	938.5	2.83	6.50
30	药品	894.3	2.70	5.12
73	钢铁制品	850.0	2.57	0.99
10	谷物	843.3	2.55	70.79
24	烟草及烟草代用品的制品	745.0	2.25	−15.18
04	乳品；蛋品；天然蜂蜜；其他食用动物产品	655.7	1.98	5.21
38	杂项化学产品	652.7	1.97	−9.32
03	鱼、甲壳动物，软体动物及其他水生无脊椎动物	560.6	1.69	3.27
72	钢铁	463.0	1.40	−23.91
22	饮料、酒及醋	437.6	1.32	0.93
33	精油及香膏，芳香料制品，化妆盥洗品	376.5	1.14	5.58
62	非针织或非钩编的服装及衣着附件	370.1	1.12	−9.53
48	纸及纸板；纸浆、纸或纸板制品	352.6	1.06	−0.37
61	针织或钩编的服装及衣着附件	289.5	0.87	−9.40
23	食品工业的残渣及废料配制的动物饲料	286.7	0.87	−4.33
02	肉及食用杂碎	261.3	0.79	−2.46
19	谷物、粮食粉、淀粉或乳的制品；糕饼点心	258.7	0.78	7.37
76	铝及其制品	248.2	0.75	1.51
08	食用水果及坚果；柑橘属水果或甜瓜的果皮	228.8	0.69	0.34
56	絮胎、毡呢及无纺织物；特种纱线；线、绳、索、缆及其制品	224.7	0.68	11.51
21	杂项食品	222.4	0.67	8.86
16	肉、鱼、甲壳动物，软体动物及其他水生无脊椎动物的制品	219.8	0.66	4.15
07	食用蔬菜、根及块茎	215.5	0.65	−18.94
63	其他纺织制成品；成套物品；旧衣着及旧纺织品；碎织物	211.2	0.64	−9.09
12	含油子仁及果实；杂项子仁及果实；工业用或药用植物；稻草、秸秆及饲料	210.7	0.64	37.41
71	天然或养殖珍珠、宝石或半宝石、贵金属、包贵金属及其制品；仿首饰；硬币	204.3	0.62	51.90
29	有机化学品	192.8	0.58	17.83

续表

商品编码	商 品 类 别	金额/百万美元	占比/%	同比/%
11	制粉工业产品；麦芽；淀粉；菊粉；面筋	186.1	0.56	12.87
68	石料、石膏、水泥、石棉、云母及类似材料的制品	186.0	0.56	1.27
32	鞣料浸膏及染料浸膏；鞣酸及其衍生物；染料、颜料及其他着色料；油漆及清漆；油灰及其他类似胶黏剂	176.3	0.53	5.63
70	玻璃及其制品	175.5	0.53	−4.03
40	橡胶及其制品	156.3	0.47	4.59
34	肥皂、有机表面活性剂、洗涤剂、润滑剂、人造蜡、调制蜡、光洁剂、蜡烛及类似品、塑型用膏	154.9	0.47	6.87
83	贱金属杂项制品	153.4	0.46	3.30
18	可可及可可制品	146.5	0.44	6.40
06	活树及其他活植物；鳞茎、根及类似品；插花及装饰用簇叶	138.9	0.42	−4.76
28	无机化学品；贵金属、稀土金属、放射性元素及其同位素的有机及无机化合物	133.5	0.40	−5.65
95	玩具、游戏品、运动用品及其零件、附件	132.5	0.40	−13.76
35	蛋白类物质；改性淀粉；胶；酶	128.0	0.39	9.94
49	书籍、报纸、印刷图画及其他印刷品；手稿、打字稿及设计图纸	124.9	0.38	−9.88
17	糖及糖食	117.1	0.35	−1.81
51	羊毛、动物细毛或粗毛；马毛纱线及其机织物	108.6	0.33	−9.16
64	鞋靴、护腿和类似品及其零件	105.0	0.32	−2.18
74	铜及其制品	102.3	0.31	−5.84
20	蔬菜、水果、坚果或植物其他部分的制品	95.6	0.29	−8.29
15	动、植物油、脂及其分解产品；精制的食用油脂；动、植物蜡	94.5	0.29	0.60
82	贱金属工具、器具、利口器、餐匙、餐叉及其零件	75.3	0.23	4.77
01	活动物/动物产品	74.5	0.22	−19.91
53	其他植物纺织纤维；纸纱线及其机织物	72.2	0.22	10.79
96	杂项制品	70.5	0.21	−2.19
54	化学纤维长丝	70.0	0.21	−7.66
09	咖啡、茶、马黛茶及调味香料	66.7	0.20	1.33

数据来源：全球贸易观察、UN Comtrade 数据库等，经本课题组整理所得。

2019 年立陶宛进口商品总额为 35 612 百万美元，同比下降 2.44%。在进口商品构成中，商品编号为 30（药品）、90（光学、照相、电影、计量、检验、医疗或外科用仪器及设备、精密仪器及设备；上述物品的零件、附件）、22（饮料、酒及醋）、33（精油及香膏，芳香料制品，化妆盥洗品）、31（肥料）、04（乳品；蛋品；天然蜂蜜；其他食用动物产品）、40（橡胶及其制品）、32（鞣料浸膏及染料浸膏；鞣酸及其衍生物；染料、颜料及其他着色料；油漆及清漆；油灰及其他类似胶黏剂；墨水、油墨）、02（肉及食用杂碎）等商品呈现增长趋势，尤其是 88（航空器、航天器及其零件）增幅最大。同时，商品编号为 51（羊毛、动物细毛或粗毛；马毛纱线及其机织物）的商品下降幅度最大。具体数据见表 11-5 和图 11-7。

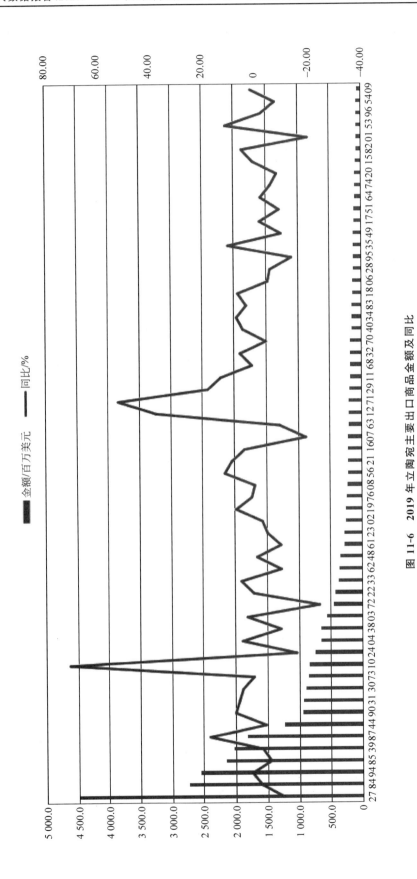

图 11-6　2019 年立陶宛主要出口商品金额及同比

表 11-5　2019 年立陶宛主要进口商品结构

商品编码	商 品 类 别	金额/百万美元	占比/%	同比/%
总值		35 612.3	100.00	−2.44
27	矿物燃料、矿物油及其蒸馏产品；沥青物质；矿物蜡	6 534.3	18.35	−8.66
84	核反应堆、锅炉、机器、机械器具及其零件	3 573.3	10.03	−2.67
87	车辆及其零件、附件,但铁道及电车道车辆除外	3 516.4	9.87	−0.64
85	电机、电气设备及其零件；声音的录制和重放设备及其零件、附件	2 629.7	7.38	−2.81
39	塑料及其制品	1 556.4	4.37	−4.51
30	药品	1 390.7	3.91	16.41
29	有机化学品	814.5	2.29	−13.50
44	木及木制品；木炭	804.9	2.26	−1.94
72	钢铁	778.8	2.19	−12.16
90	光学、照相、电影、计量、检验、医疗或外科用仪器及设备、精密仪器及设备；上述物品的零件、附件	764.8	2.15	1.99
73	钢铁制品	759.2	2.13	−0.07
03	鱼、甲壳动物,软体动物及其他水生无脊椎动物	566.3	1.59	−4.79
22	饮料、酒及醋	543.5	1.53	0.96
33	精油及香膏,芳香料制品,化妆盥洗品	532.0	1.49	3.66
94	家具；寝具、褥垫、弹簧床垫、软坐垫及类似的填充制品；未列名灯具及照明装置；发光标志、发光铭牌	522.4	1.47	−0.94
48	纸及纸板；纸浆、纸或纸板制品	516.6	1.45	−6.40
38	杂项化学产品	491.0	1.38	−5.53
08	食用水果及坚果；柑橘属水果或甜瓜的果皮	410.8	1.15	−7.40
31	肥料	388.0	1.09	16.46
04	乳品；蛋品；天然蜂蜜；其他食用动物产品	351.4	0.99	2.90
40	橡胶及其制品	330.8	0.93	2.08
32	鞣料浸膏及染料浸膏；鞣酸及其衍生物；染料、颜料及其他着色料；油漆及清漆；油灰及其他类似胶黏剂；墨水、油墨	322.7	0.91	0.81
62	非针织或非钩编的服装及衣着附件	295.8	0.83	−4.88
25	盐；硫黄；泥土及石料；石膏料、石灰及水泥	290.0	0.81	−7.27
02	肉及食用杂碎	285.0	0.80	5.89
83	贱金属杂项制品	272.0	0.76	−0.52
61	针织或钩编的服装及衣着附件	269.2	0.76	−6.33
76	铝及其制品	259.9	0.73	−4.79
23	食品工业的残渣及废料配制的动物饲料	247.6	0.70	2.10
64	鞋靴、护腿和类似品及其零件	228.3	0.64	−3.60
21	杂项食品	226.9	0.64	0.59
24	烟草及烟草代用品的制品	221.1	0.62	12.31
07	食用蔬菜、根及块茎	207.3	0.58	3.69
70	玻璃及其制品	201.9	0.57	−5.08

续表

商品编码	商 品 类 别	金额/百万美元	占比/%	同比/%
15	动、植物油、脂及其分解产品；精制的食用油脂；动、植物蜡	201.3	0.57	10.30
19	谷物、粮食粉、淀粉或乳的制品；糕饼点心	197.9	0.56	−0.23
06	活树及其他活植物；鳞茎、根及类似品；插花及装饰用簇叶	190.9	0.54	7.23
71	天然或养殖珍珠、宝石或半宝石、贵金属、包贵金属及其制品；仿首饰；硬币	188.0	0.53	34.94
95	玩具、游戏品、运动用品及其零件、附件	181.0	0.51	−7.71
34	肥皂、有机表面活性剂、洗涤剂、润滑剂、人造蜡、调制蜡、光洁剂、蜡烛及类似品、塑型用膏、"牙科用蜡"及牙科用熟石膏制剂	174.8	0.49	−3.72
63	其他纺织制成品；成套物品；旧衣着及旧纺织品；碎织物	170.4	0.48	−4.81
68	石料、石膏、水泥、石棉、云母及类似材料的制品	158.5	0.44	4.39
20	蔬菜、水果、坚果或植物其他部分的制品	156.5	0.44	−8.35
09	咖啡、茶、马黛茶及调味香料	153.9	0.43	−0.53
55	化学纤维短纤	147.6	0.41	−13.58
18	可可及可可制品	141.3	0.40	6.53
10	谷物	132.1	0.37	38.60
82	贱金属工具、器具、利口器、餐匙、餐叉及其零件	131.9	0.37	1.96
69	陶瓷产品	127.1	0.36	1.27
16	肉、鱼、甲壳动物、软体动物及其他水生无脊椎动物的制品	122.6	0.34	6.61
74	铜及其制品	120.8	0.34	−10.54
88	航空器、航天器及其零件	116.8	0.33	51.52
96	杂项制品	112.2	0.32	−2.54
28	无机化学品；贵金属、稀土金属、放射性元素及其同位素的有机及无机化合物	104.5	0.29	−5.73
51	羊毛、动物细毛或粗毛；马毛纱线及其机织物	95.7	0.27	−14.09
56	絮胎、毡呢及无纺织物；特种纱线；线、绳、索、缆及其制品	88.1	0.25	−6.17
42	皮革制品；鞍具及挽具；旅行用品、手提包及类似容器；动物肠线(蚕胶丝除外)制品	84.4	0.24	2.36
35	蛋白类物质；改性淀粉；胶；酶	83.4	0.23	−9.09
12	含油子仁及果实；杂项子仁及果实；工业用或药用植物；稻草、秸秆及饲料	83.2	0.23	−4.54

数据来源：全球贸易观察、UN Comtrade 数据库等，经本课题组整理所得。

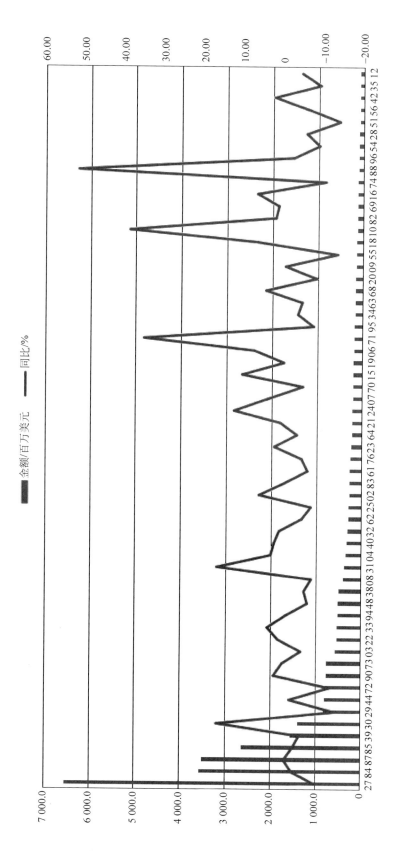

图 11-7　2019 年立陶宛进口商品金额及同比

11.4 主要优势产业及其特征

1. 化学原料和化学制品制造业

化学制品制造业是立陶宛第三大产业,仅次于炼油和食品的生产。新兴的生命科学、制药和生物技术部门发展迅速,年销售额超过 352 百万美元。该产业有受过良好教育的劳动力、大学创建研发中心,并且容易在俄罗斯市场获得专业知识,道路运输与海上运输的物流都很便捷,以上便利条件有利于该产业的蓬勃发展。化学工业分散在全国各地,包括沿海地区。近年来,立陶宛已经建立了 3 个综合性的科学研究和商业中心,即维尔纽斯的日出谷、维尔纽斯的物理科学和技术中心、考纳斯的 Santaka(药物和生命科学机构),旨在促进其化学工业的发展。立陶宛提出的六项智能专业化优先项目中有两项与化学有关,分别是医学和药物工程以及新型功能材料。

2. 烟草制品业

根据 2018 年贸易数据计算得出该行业 RCA 指数为 1.19,表明立陶宛在烟草制品方面具有较强的比较优势。立陶宛烟草市场经历了结构性转变,传统上占主导地位的香烟,由于消费税的增加、非法贸易的增长和消费者的减少,价格上涨,销售额急剧下降。不断上涨的税收驱使消费者远离香烟,但立陶宛烟草业仍保持高度稳定。在烟草这一迄今为止最大的主要市场类别中,3 个国际重量级企业菲利普·莫里斯国际公司、JTI Marketing & Sales UAB 和英美烟草公司继续占据着零售总额的绝大部分。立陶宛烟草产品的分销渠道已融合了现代和传统的销售方式。大型超市、大卖场和便利店都由于其广泛的销售网络,卷烟销量最多。但随着消费税的进一步增加,立陶宛烟草业将继续面临严峻挑战。

3. 农副食品加工业

2018 年,立陶宛农产品出口目的地达 143 个国家或地区,出口额占出口总额 1/5,同比增长 10%。主要出口农产品为燕麦、乳制品、烟草产品、海产品、肉制品及动物内脏。其中,乳制品、肉制品出口增长显著,出口量分别为 63 000 吨、12 000 吨,同比增长 16%、17%。近两年,在中国和立陶宛两国共同努力下,两国农业及农产品合作不断取得突破,先后签署《中立 2018—2020 年农业领域合作行动计划》及立陶宛输中国乳制品、冷冻牛肉卫生检验检疫议定书。据立方统计数据,近九成输华农产品原产于立陶宛。

4. 铁路、船舶、航空航天和其他运输设备制造业

立陶宛的铁路作为苏联运输网络的一部分,与俄罗斯及其他独联体国家连通十分方便。立陶宛制造业投资增长速度位列全球第四,越来越多的国际制造工程企业在立陶宛落户,推动立陶宛制造业在近年快速发展。这些大型制造工程企业包括 Schmitz Cargobull、Mars、Peikko、Cowi 以及 Phillip Morris 等。立陶宛在机械工程和电子制造业领域表现突出,尤其是石油和天然气、机器人、航空和汽车工业领域都有成功的案例。这些技术专长结合优越的地理位置,使立陶宛成为全球投资的良好选择。立陶宛航空 MRO(维护、维修、运行)部门拥有丰富的人才和良好的基础设施,每年有 300 多名航空工程专业毕业生,专业能力适用于更广泛的航空业需求设计、工程和其他技术、技能。

5. 交通运输、仓储和邮政业

根据初步数据,立陶宛国内运输服务出口每年增长 26.8%,运输服务收入增长 19.0%,该部门增加值总额增长约 12%。随着对汽车和智能产品的更新投资,运输企业营业额正在增长。在货物运输和装卸方面,陆路运输每年增长最快——增长率 13.4%(高达 1.26 亿吨)。立陶宛的运营商越来越多地在北欧和西欧市场上占据一席之地,与俄罗斯的货物运输也正在复苏。铁路运输的增长主要来自对克莱佩达(增加 12.6%)和加里宁格勒(增加 28.8%)的货物运输流量的增长。分析表明,立陶宛的运输服务对北欧和西欧国家的出口迅速增长,对丹麦的运输服务出口同比增长了 80%,德国和法国市场增长了 40%以上。立陶宛运输服务最大的出口市场是德国,其服务量和增长率领先俄罗斯,占有迄今为止最大的市场份额。

11.5 中国和立陶宛双边贸易概况

2019 年立陶宛与中国双边货物进出口额为 1 349 百万美元,同比增加 9.52%。从商品类别看,谷物是立陶宛对中国出口的主力产品,而机电产品是立陶宛自中国进口的首位产品。

2019 年立陶宛对中国共出口商品 309.4 百万美元,同比增长 38.9%。在出口商品构成中,商品编号为 10(谷物)、44(木及木制品;木炭)、94(家具;寝具、褥垫、弹簧床垫、软坐垫及类似的填充制品;未列名灯具及照明装置;发光标志、发光铭牌及类似品;活动房屋)、74(铜及其制品)、90(光学、照相、电影、计量、检验、医疗或外科用仪器及设备、精密仪器及设备;上述物品的零件、附件)、38(杂项化学产品)、85(电机、电气设备及其零件;声音的录制和重放设备及其零件、附件)、08(食用水果及坚果;柑橘属水果或甜瓜的果皮)等商品呈现增长趋势,尤其是 87(车辆及其零件、附件,但铁道及电车道车辆除外)增幅最大。与此同时,商品编号为 95(玩具、游戏品、运动用品及其零件、附件)的商品下降幅度最大。具体数据见表 11-6 和图 11-8。

表 11-6 2019 年立陶宛对中国出口主要商品构成

商品编码	商 品 类 别	金额/百万美元	同比/%	占比/%
总值		309.4	38.94	16.9
10	谷物	52.3	0.0	16.8
44	木及木制品;木炭	52.1	0.4	14.8
94	家具;寝具、褥垫、弹簧床垫、软坐垫及类似的填充制品;未列名灯具及照明装置;发光标志、发光铭牌及类似品;活动房屋	45.9	0.0	9.8
74	铜及其制品	30.4	0.6	8.3
90	光学、照相、电影、计量、检验、医疗或外科用仪器及设备,精密仪器及设备;上述物品的零件、附件	25.6	0.0	5.3
38	杂项化学产品	16.4	0.2	4.8
84	核反应堆、锅炉、机器、机械器具及其零件	14.8	-0.2	4.6
85	电机、电气设备及其零件;声音的录制和重放设备及其零件、附件	14.1	0.3	3.5

续表

商品编码	商品类别	金额/百万美元	同比/%	占比/%
27	矿物燃料、矿物油及其蒸馏产品;沥青物质;矿物蜡	10.8	−0.2	2.2
08	食用水果及坚果;柑橘属水果或甜瓜的果皮	6.8	1.5	1.3
56	絮胎、毡呢及无纺织物;特种纱线;线、绳、索、缆及其制品	4.1	0.3	1.2
35	蛋白类物质;改性淀粉;胶;酶	3.8	0.1	1.2
30	药品	3.8	0.4	1.2
04	乳品;蛋品;天然蜂蜜;其他食用动物产品	3.7	1.5	1.2
29	有机化学品	3.6	0.9	1.1
39	塑料及其制品	3.4	0.3	0.7
34	肥皂、有机表面活性剂、洗涤剂、润滑剂、人造蜡、调制蜡、光洁剂、蜡烛及类似品、塑型用膏、"牙科用蜡"及牙科用熟石膏制剂	2.2	−0.2	0.7
22	饮料、酒及醋	2.1	0.8	0.6
54	化学纤维长丝	1.7	0.1	0.5
53	其他植物纺织纤维;纸纱线及其机织物	1.5	−0.5	0.4
87	车辆及其零件、附件,但铁道及电车道车辆除外	1.1	7.0	0.3
48	纸及纸板;纸浆,纸或纸板制品	1.0	0.0	0.2
23	食品工业的残渣及废料配制的动物饲料	0.7	4.3	0.2
73	钢铁制品	0.7	2.4	0.2
12	含油子仁及果实;杂项子仁及果实;工业用或药用植物;稻草、秸秆及饲料	0.5	−0.1	0.2
25	盐;硫黄;泥土及石料;石膏料、石灰及水泥	0.5	−0.3	0.1
49	书籍、报纸、印刷图画及其他印刷品;手稿、打字稿及设计图纸	0.4	0.3	0.1
96	杂项制品	0.4	5.3	0.1
95	玩具、游戏品、运动用品及其零件、附件	0.4	−0.6	0.1
51	羊毛、动物细毛或粗毛;马毛纱线及其机织物	0.4	0.1	98.6

数据来源:商务部国别报告网、UN Comtrade 数据库等,经本课题组整理所得。

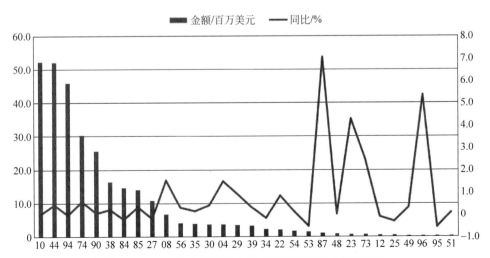

图 11-8　2019 年立陶宛对中国主要出口商品金额及同比

2019 年立陶宛自中国进口商品总额为 1 040 百万美元,同比增长 3.0%。在进口商品构成中,商品编号为 85(电机、电气设备及其零件;声音的录制和重放设备及其零件、附件)、84(核反应堆、锅炉、机器、机械器具及其零件)、87(车辆及其零件、附件,但铁道及电车道车辆除外)、94(家具;寝具、褥垫、弹簧床垫、软坐垫及类似的填充制品;未列名灯具及照明装置;发光标志、发光铭牌及类似品;活动房屋)、90(光学、照相、电影、计量、检验、医疗或外科用仪器及设备、精密仪器及设备;上述物品的零件、附件)、73(钢铁制品)、39(塑料及其制品)、95(玩具、游戏品、运动用品及其零件、附件)等商品呈现增长趋势,尤其是 68(石料、石膏、水泥、石棉、云母及类似材料的制品)增幅最大。与此同时,商品编号为 29(有机化学品)的商品下降幅度最大。具体数据见表 11-7 和图 11-9。

表 11-7　2019 年立陶宛自中国进口主要商品构成

商品编码	商 品 类 别	金额/百万美元	同比/%	占比/%
总值		1 040	3.0	100.0
85	电机、电气设备及其零件;声音的录制和重放设备及其零件、附件	189	3.2	18.1
84	核反应堆、锅炉、机器、机械器具及其零件	138	6.9	13.2
87	车辆及其零件、附件,但铁道及电车道车辆除外	61	18.8	5.9
94	家具;寝具、褥垫、弹簧床垫、软坐垫及类似的填充制品;未列名灯具及照明装置;发光标志、发光铭牌及类似品;活动房屋	53	0.1	5.1
90	光学、照相、电影、计量、检验、医疗或外科用仪器及设备、精密仪器及设备;上述物品的零件、附件	49	7.7	4.8
73	钢铁制品	46	5.3	4.4
39	塑料及其制品	39	11.9	3.7
83	贱金属杂项制品	38	−4.3	3.7
95	玩具、游戏品、运动用品及其零件、附件	35	4.6	3.4
29	有机化学品	31	−30.4	3.0
40	橡胶及其制品	29	−16.2	2.8
63	其他纺织制成品;成套物品;旧衣着及旧纺织品;碎织物	23	13.4	2.2
64	鞋靴、护腿和类似品及其零件	23	−4.1	2.2
61	针织或钩编的服装及衣着附件	19	−11.2	1.8
70	玻璃及其制品	18	12.1	1.8
62	非针织或非钩编的服装及衣着附件	17	6.9	1.7
76	铝及其制品	15	4.2	1.4
82	贱金属工具、器具、利口器、餐匙、餐叉及其零件	14	20.4	1.3
55	化学纤维短纤	13	6.7	1.3
53	其他植物纺织纤维;纸纱线及其机织物	12	7.4	1.1
96	杂项制品	11	4.5	1.0
68	石料、石膏、水泥、石棉、云母及类似材料的制品	10	75.1	1.0
54	化学纤维长丝	9	−4.6	0.9
31	肥料	9	−0.7	0.9
69	陶瓷产品	9	8.3	0.8
48	纸及纸板;纸浆、纸或纸板制品	8	18.8	0.8

续表

商品编码	商品类别	金额/百万美元	同比/%	占比/%
23	食品工业的残渣及废料配制的动物饲料	7	14.3	0.7
42	皮革制品；鞍具及挽具；旅行用品、手提包及类似容器	7	6.1	0.7
03	鱼、甲壳动物，软体动物及其他水生无脊椎动物	6	24.3	0.6
38	杂项化学产品	6	4.7	0.6

数据来源：商务部国别报告网、UN Comtrade 数据库等，经本课题组整理所得。

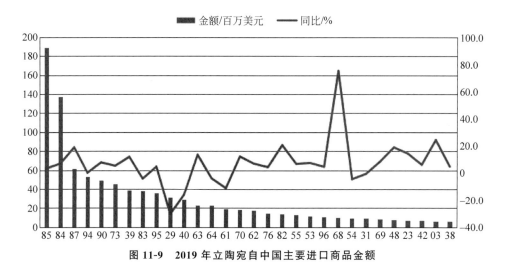

图 11-9　2019 年立陶宛自中国主要进口商品金额

11.6　中国和立陶宛贸易竞争性与互补性分析

11.6.1　中国和立陶宛显性比较优势指数（RCA）分析

利用《国际贸易商品标准分类（第四版）》（SITC. Rev4），以 2018 年为例，对中国与立陶宛显性比较优势指数（RCA）进行分析。具体数据见表 11-8。

表 11-8　2018 年立陶宛商品出口额

SITC	商品类别名称	金额/百万美元
SITC0	食品和活动物	3 973.63
SITC1	饮料及烟草	1 289.22
SITC2	非食用燃料（不包含燃料）	1 696.37
SITC3	矿物燃料、润滑油及有关原料	4 868.04
SITC4	动植物油、油脂和蜡	72.89
SITC5	未列明的化学品和有关产品	4 981.00
SITC6	主要按原材料分类的制成品	3 803.36
SITC7	机械及运输设备	6 638.08

SITC	商品类别名称	金额/百万美元
SITC8	杂项制品	5 464.80
SITC9	没有分类的其他商品	547.17

数据来源：UN Comtrade 数据库等，经本课题组整理所得。

通过 UN Comtrade 数据库等相关数据库的数据，经本课题组整理得到：2018 年中国所有商品出口额约为 2 494 230 百万美元，立陶宛所有商品出口额 33 337 百万美元，世界所有商品出口额 19 051 239 百万美元。

按照公式 $RCA_{xik} = (X_{ik}/X_{wk})/(X_i/X_w)$，得出计算结果如表 11-9 所示。

表 11-9　2018 年中国和立陶宛显性比较优势指数（RCA）计算结果

国家	商　　品									
	SITC0	SITC1	SITC2	SITC3	SITC4	SITC5	SITC6	SITC7	SITC8	SITC9
中国	0.43	0.18	0.19	0.18	0.10	0.59	1.35	1.34	1.94	0.04
立陶宛	0.62	0.64	1.29	0.77	0.90	0.28	0.62	0.44	0.69	0.24

根据上述结果分析得到：

(1) 立陶宛除了 SITC2 之外的产品均不具有显性比较优势。

(2) 在 SITC6、SITC7 和 SITC8 三类商品中，中国具有显性比较优势。而在 SITC0、SITC1、SITC2、SITC3、SITC4、SITC5 和 SITC9 这七类商品中，中国显性比较优势小于 1，说明中国不具有显性比较优势。

10.6.2　中国和立陶宛贸易互补性指数（TCI）分析

利用《国际贸易商品标准分类（第四版）》（SITC. Rev4），以 2018 年为例，对中国与立陶宛贸易互补性指数（TCI）进行分析。具体数据见表 11-10。

表 11-10　2018 年立陶宛商品进口额

SITC	商品类别名称	金额/百万美元
SITC0	食品和活动物	3 330.97
SITC1	饮料及烟草	712.49
SITC2	非食用燃料（不包含燃料）	1 466.34
SITC3	矿物燃料、润滑油及有关原料	7 143.24
SITC4	动植物油、油脂和蜡	173.66
SITC5	未列明的化学品和有关产品	5 273.06
SITC6	主要按原材料分类的制成品	4 764.68
SITC7	机械及运输设备	9 595.02
SITC8	杂项制品	3 092.30
SITC9	没有分类的其他商品	949.65

数据来源：UN Comtrade 数据库等，经本课题组整理所得。

通过 UN Comtrade 数据库等相关数据库的数据，经本课题组整理得到：2018 年中国所有商品进口额约为 2 134 982 百万美元,立陶宛所有商品进口额 36 502 百万美元,世界所有商品进口额 19 253 036 百万美元。

按照公式 $TCI_{ij} = RCA_{xik} \times RCA_{mjk}$,得出计算结果如表 11-11 所示。

表 11-11　2018 年中国和立陶宛贸易互补性指数(TCI)计算结果

国家	商　品									
	SITC0	SITC1	SITC2	SITC3	SITC4	SITC5	SITC6	SITC7	SITC8	SITC9
中国	0.67	0.44	0.19	0.28	0.11	0.73	1.52	0.98	1.49	0.03
立陶宛	0.27	0.26	3.46	0.83	0.65	0.22	0.33	0.47	0.39	0.20

根据上述结果分析得到:

(1) 两个国家在所有类型商品中没有一类商品的 TCI 均大于 1,说明两国在所有商品中的互补性都不强,并未表现出很强的贸易互补性。

(2) 在 SITC2 类商品中,中国的 TCI 值小于立陶宛且小于 1,说明立陶宛的这类商品具有较强的竞争优势。

11.7　中国和立陶宛贸易合作展望

2019 年 4 月,立陶宛交通与通信部副部长德古蒂斯来华出席第二届"一带一路"国际合作高峰论坛高级别会议。5 月,立陶宛农业部部长苏尔普利斯来华出席第四届中国—中东欧国家农业部长会议,其间会见中国农业农村部部长韩长赋。6 月,立陶宛经济与创新部部长辛克维丘斯来华出席第五届中国—中东欧国家投资贸易博览会。11 月,中国人民银行副行长朱鹤新赴立陶宛出席中国—中东欧国家高级别金融科技论坛。年内,双方签署关于立青贮饲草、小麦、野生海捕水产品输华议定书。

据了解,立陶宛国内基础设施设备较为陈旧、老化,在交通基础设施建设等方面存在一些亟待解决的问题。因此,两国可能在以下方面展开合作。

(1) 立陶宛木制品以及贱金属对中国出口激增,发展空间较大,中国可以增强与立陶宛在木制品以及贱金属方面的合作,提高对木制品以及贱金属的需求,增加进口数量。

(2) 立陶宛矿产资源比较贫乏,主要依赖进口,中国可以加强对立陶宛的矿产品出口,引领企业开展资源开发与生产等活动。

(3) 立陶宛旅游业较为发达,但是游客主要来自波兰、德国、俄罗斯、拉脱维亚等国家,中国可以开发与立陶宛之间的旅游资源,鼓励两国民众进行文化交流等活动。

第12章
北马其顿的对外贸易

　　北马其顿共和国,简称北马其顿,是位于欧洲东南部的巴尔干半岛中部的南欧内陆国,东临保加利亚,北连塞尔维亚,西接阿尔巴尼亚,南毗希腊。北马其顿面积 25 713 平方公里,气候以温带大陆性气候为主,平均降水量为 680 毫米。截至 2019 年 8 月,北马其顿共设 85 个地方行政单位,首都为斯科普里。北马其顿人口为 207.7 万人(2019 年),主要民族为马其顿族(64.18%)、阿尔巴尼亚族(25.17%)、土耳其族(3.85%)、罗姆族(2.66%)和塞尔维亚族(1.78%)。官方语言为马其顿语。

　　独立后,北马其顿经济深受前南危机影响,后又因国内安全形势恶化再遭重创。近年来,随着国内外环境的改善和各项改革措施的推进,北马其顿经济有所恢复和发展。2019 年,北马其顿 GDP 12 690 百万美元,人均 GDP 6 112 美元,GDP 增长率为 3.6%。资源方面,矿产资源比较丰富,有煤、铁、铅、锌、铜、镍等,其中煤的蕴藏量约 9.4 亿吨。还有非金属矿产碳、斑脱土、耐火黏土、石膏、石英、蛋白石、长石等。森林覆盖率为 38.9%。工业方面,2019 年工业产值约占 GDP 的 21.22%。主要工业部门有矿石开采、冶金、化工、电力、木材加工、食品加工等。农业方面,2019 年农业产值约占 GDP 的 10.05%。农业用地面积为 126.4 万公顷,其中耕种面积为 51.9 万公顷,畜牧面积 74.4 万公顷。旅游业方面,北马其顿有 1 000 余处教堂和修道院,4 200 余处考古遗址。主要旅游设施有旅店、浴场、家庭旅馆、汽车宿营地等。主要旅游区有奥赫里德湖、斯特鲁加、多伊兰湖、莱森、马弗洛沃山和普雷斯帕湖等地。2019 年,旅游直接从业人员 2 万人,带动就业 10 万人。交通运输方面,客运以公路为主,货运以公路(约 97%)和铁路(约 3%)为主。主要机场是斯科普里机场和奥赫里德机场,2019 年航空客运量 266.7 万人次。

　　对外贸易方面,北马其顿 2015 年至 2019 年持续保持增长趋势。据数据统计,2019 年,德国、保加利亚、科索沃是北马其顿的前三大出口市场,2019 年北马其顿对三国(地区)出口额 3507 百万美元、351 百万美元和 333 百万美元,同比分别为 7.9%、−2.7% 和 25.2%,三国(地区)合计占北马其顿出口总额的 58.3%。进口方面,英国为北马其顿第一进口来源国,2019 年进口额 1 085 百万美元,增长 25.9%,占北马其顿进口总额的 11.5%。德国和希腊也是其主要进口来源国,2019 年北马其顿分别自两国进口 1 074 百万美元和 765 百万美元,其中自德国进口额增长 2.3%,自希腊进口额下降 0.2%,分别占北马其顿进口总额的 11.3% 和 8.1%。从商品看,杂项化学产品是北马其顿的首要出口商品,2019 年共出口 1 509.6 百万美元,增长 3.9%,占北马其顿出口总额的 20.99%。其次,电机、电气设备及其零件,声音的录制和重放设备及其零件、附件商品和核反应堆、锅炉、机器、机械器具及其零

件商品，分别是 2019 年北马其顿第二、三大类出口商品，出口总额 1 087.4 百万美元和
899.8 百万美元，两种商品分别增长 6.85％和 12.72％，占北马其顿出口总额的 15.12％和
12.51％。上述三类商品合计占北马其顿出口总额的 48.62％。进口方面，2019 年北马其顿
主要进口产品的进口额普遍下降，其中第一大类进口产品是天然或养殖珍珠、宝石等商品，
进口额为 1 329.3 百万美元，上升 23.05％，占北马其顿进口总额的 14.04％。其他主要进口
商品包括电机电器设备、矿物燃料，进口额分别为 989.7 百万美元和 971.4 百万美元。以上
三类产品合计占北马其顿进口总额的 34.75％。

2019 年北马其顿对中国出口总金额 166.13 百万美元，增长 154.92％；自中国进口总金
额 545 百万美元。2019 年北马其顿对中国出口钢铁金额 125.94 百万美元，上升 329.41％，
占北马其顿对中国出口总额的 75.81％。2019 年北马其顿对中国出口额占比大于 1 的还有
两类商品：盐、硫黄、泥土及石料、石膏料、石灰及水泥；饮料、酒及醋，出口金额分别为
35.20 百万美元和 1.85 百万美元，两类商品同比分别为 16.56％和 －13.11％，占北马其顿
出口总额的 21.19％和 1.12％。以上三类商品占对中国出口总额的 98.12％。北马其顿自
中国进口的商品主要集中在电机、电气设备及其零件，声音的录制和重放设备及其零件、附
件，2019 年进口额为 185 百万美元，增长 7.7％，占北马其顿自中国进口总额的 33.9％。其
次，核反应堆、锅炉、机器、机械器具及其零件，2019 年进口额为 97 百万美元，增长 1.7％，占
北马其顿自中国进口总额的 17.9％。以上两类商品占总金额的 51.8％。

2.2 对外贸易发展趋势

2019 年北马其顿商品进出口额为 16 661 百万美元，比上年（下同）增长 4.4％。其中，出
口额 7 193 百万美元，增长 4.1％；进口额 9 467 百万美元，增长 4.6％。

北马其顿在 2014 年至 2019 年对外贸易总额呈现波动趋势。2015 年出现了快速下跌，
下降 10.7％。2016 年至 2019 年保持快速增长，2016 年对外贸易总额 11 691 百万美元，
2019 年对外贸易总额 16 661 百万美元。具体数据见表 12-1 和图 12-1。

表 12-1　北马其顿对外贸易年度表

时间	总额/百万美元	同比/％	出口额/百万美元	同比/％	进口额/百万美元	同比/％
2014 年	12 269	—	4 968	—	7 301	—
2015 年	10 959	－10.7	4 534	－8.7	6 425	－12.0
2016 年	11 691	6.7	4 858	7.1	6 834	6.4
2017 年	13 387	14.5	5 666	16.7	7 721	13.0
2018 年	15 961	19.2	6 911	22.0	9 050	17.2
2019 年	16 661	4.4	7 193	4.1	9 467	4.6

数据来源：商务部国别报告网、UN Comtrade 数据库、全球贸易观察等，经本课题组整理所得。

北马其顿在 2014 年至 2019 年对外贸易出口额存在波动趋势。2015 年出现一定程度的
下滑趋势，下降 8.7％。2016 年至 2019 年保持快速增长，2018 年同比增长 22.0％，2019 年
同比增长变缓。具体数据见表 12-1 和图 12-2。

图 12-1　北马其顿对外贸易总额及同比

图 12-2　北马其顿对外贸易出口额及同比

北马其顿在 2014—2019 年对外贸易进口额中,2019 年达到顶峰,为 9 467 百万美元。2018 年增幅最大,为 17.2%。相比之下,2015 年进口额最少,仅为 6 425 百万美元,同时下跌幅度也最大,为 12.0%。具体数据见表 12-1 和图 12-3。

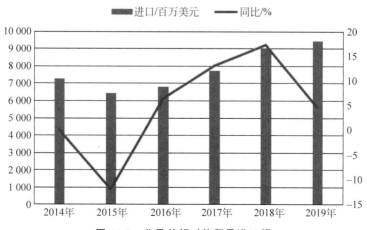

图 12-3　北马其顿对外贸易进口额

12.2 主要贸易市场结构

2019年北马其顿出口总额为7 193百万美元，出口伙伴(或地区)主要有德国、保加利亚、科索沃等。其中，出口至德国的货物金额最多，为3 507百万美元。在主要出口伙伴国(或地区)中，出口德国、科索沃、塞尔维亚、匈牙利和中国的货物金额较2018年呈增加趋势。具体数据见表12-2和图12-4。

表12-2　北马其顿对主要贸易伙伴出口额

国家和地区	金额/百万美元	同比/%	占比/%
总值	7 193	4.1	100.0
德国	3 507	7.9	48.8
保加利亚	351	−2.7	4.9
科索沃	333	25.2	4.6
塞尔维亚	278	0.2	3.9
比利时	239	−8.1	3.3
意大利	195	−10.4	2.7
希腊	194	−14.0	2.7
匈牙利	183	29.1	2.6
罗马尼亚	172	−11.6	2.4
中国	166	154.9	2.3

数据来源：商务部国别报告网、UN Comtrade数据库、全球贸易观察等，经本课题组整理所得。

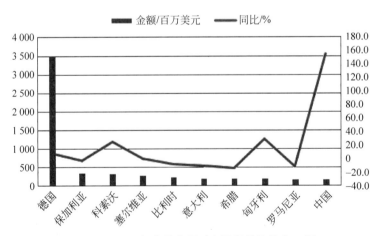

图12-4　2019年北马其顿对主要贸易伙伴出口额

2019年北马其顿进口总额为9 467百万美元，进口伙伴国主要有英国、德国、希腊等国家。其中，自英国进口货物的金额占比最大，为1 085百万美元。在主要进口伙伴国中，只有自希腊和保加利亚两国进口货物的金额较2018年呈减少趋势。具体数据见表12-3和图12-5。

表 12-3　北马其顿自主要贸易伙伴进口额

国家和地区	金额/百万美元	同比/%	占比/%
总值	9 467	4.6	100.0
英国	1 085	25.9	11.5
德国	1 074	2.3	11.3
希腊	765	−0.2	8.1
塞尔维亚	678	10.8	7.2
中国	545	4.1	5.8
意大利	527	3.8	5.6
土耳其	452	6.3	4.8
保加利亚	363	−6.7	3.8
美国	309	26.2	3.3
波兰	265	11.5	2.8

数据来源：商务部国别报告网、UN Comtrade 数据库、全球贸易观察等，经本课题组整理所得。

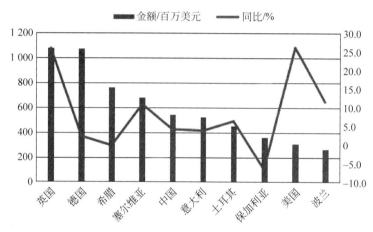

图 12-5　2019 年北马其顿自主要贸易伙伴进口额

12.3　主要进出口商品结构

2019 年北马其顿出口商品总额为 7 193.4 百万美元，同比增长 4.09%。在出口商品构成中，有商品编码为 38（杂项化学产品）、85（电机、电气设备及其零件；声音的录制和重放设备及其零件、附件）、84（核反应堆、锅炉、机器、机械器具及其零件）、72（钢铁）等商品。相比 2018 年，商品编号为 27（矿物燃料、矿物油及其蒸馏产品；沥青物质；矿物蜡）、07（食用蔬菜、根及块茎）、08（食用水果及坚果；柑橘属水果或甜瓜的果皮）、28（无机化学品；贵金属、稀土金属、放射性元素及其同位素的有机及无机化合物）、04（乳品；蛋品；天然蜂蜜；其他食用动物产品）等商品呈现增长趋势，尤其是 28（无机化学品；贵金属、稀土金属、放射性元素及其同位素的有机及无机化合物）增幅最大。与此同时，商品编号为 55（化学纤维短纤）的商品下降幅度最大。具体数据见表 12-4 和图 12-6。

表 12-4　2019 年北马其顿主要出口商品结构

商品编码	商 品 类 别	金额/百万美元	占比/%	同比/%
总值		7 193.4	100.00	4.09
38	杂项化学产品	1509.6	20.99	3.90
85	电机、电气设备及其零件；声音的录制和重放设备及其零件、附件	1087.4	15.12	6.85
84	核反应堆、锅炉、机器、机械器具及其零件	899.8	12.51	12.72
72	钢铁	552.6	7.68	11.63
62	非针织或非钩编的服装及衣着附件	380.4	5.29	−8.91
87	车辆及其零件、附件,但铁道及电车道车辆除外	356.4	4.95	−1.11
94	家具；寝具、褥垫、弹簧床垫、软坐垫及类似的填充制品；未列名灯具及照明装置；发光标志、发光铭牌及类似品；活动房屋	314.5	4.37	8.36
26	矿砂、矿渣及矿灰	219.2	3.05	1.00
73	钢铁制品	194.8	2.71	−24.97
24	烟草及烟草代用品的制品	160.7	2.23	6.60
27	矿物燃料、矿物油及其蒸馏产品；沥青物质；矿物蜡	149.1	2.07	27.01
39	塑料及其制品	118.3	1.64	5.41
61	针织或钩编的服装及衣着附件	105.2	1.46	−6.67
30	药品	104.8	1.46	0.69
25	盐；硫黄；泥土及石料；石膏料、石灰及水泥	90.1	1.25	3.90
22	饮料、酒及醋	85.0	1.18	8.58
07	食用蔬菜、根及块茎	79.5	1.11	20.63
19	谷物、粮食粉、淀粉或乳的制品；糕饼点心	79.0	1.10	−3.55
20	蔬菜、水果、坚果或植物其他部分的制品	59.5	0.83	1.99
08	食用水果及坚果；柑橘属水果或甜瓜的果皮	57.1	0.79	20.67
64	鞋靴、护腿和类似品及其零件	43.3	0.60	−25.13
68	石料、石膏、水泥、石棉、云母及类似材料的制品	36.5	0.51	13.76
21	杂项食品	33.3	0.46	7.51
63	其他纺织制成品；成套物品；旧衣着及旧纺织品；碎织物	31.5	0.44	3.71
86	铁道及电车道机车、车辆及其零件；铁道及电车道轨道固定装置及其零件、附件；各种机械（包括电动机械）交通信号设备	22.4	0.31	29.31
48	纸及纸板；纸浆、纸或纸板制品	21.9	0.30	7.51
06	活树及其他活植物；鳞茎、根及类似品；插花及装饰用簇叶	20.9	0.29	11.10
28	无机化学品；贵金属、稀土金属、放射性元素及其同位素的有机及无机化合物	20.4	0.28	132.72
04	乳品；蛋品；天然蜂蜜；其他食用动物产品	19.2	0.27	59.84
90	光学、照相、电影、计量、检验、医疗或外科用仪器及设备、精密仪器及设备；上述物品的零件、附件	18.5	0.26	18.86

续表

商品编码	商品类别	金额/百万美元	占比/%	同比/%
16	肉、鱼、甲壳动物,软体动物及其他水生无脊椎动物的制品	17.8	0.25	3.85
74	铜及其制品	17.5	0.24	−19.29
70	玻璃及其制品	16.5	0.23	4.53
32	鞣料浸膏及染料浸膏;鞣酸及其衍生物;染料、颜料及其他着色料;油漆及清漆;油灰及其他类似胶黏剂;墨水、油墨	15.5	0.21	2.99
76	铝及其制品	15.3	0.21	−19.18
15	动、植物油、脂及其分解产品;精制的食用油脂;动、植物蜡	15.2	0.21	50.62
52	棉花	14.5	0.20	12.02
69	陶瓷产品	14.4	0.20	−14.35
18	可可及可可制品	14.0	0.19	4.00
40	橡胶及其制品	12.9	0.18	6.68
02	肉及食用杂碎	11.7	0.16	−9.87
33	精油及香膏,芳香料制品,化妆盥洗品	11.6	0.16	−7.63
83	贱金属杂项制品	11.5	0.16	−7.50
10	谷物	10.1	0.14	−7.62
44	木及木制品;木炭	9.5	0.13	3.62
17	糖及糖食	8.4	0.12	−11.22
56	絮胎、毡呢及无纺织物;特种纱线;线、绳、索、缆及其制品	7.0	0.10	29.05
71	天然或养殖珍珠、宝石或半宝石、贵金属、包贵金属及其制品;仿首饰;硬币	6.4	0.09	−45.28
95	玩具、游戏品、运动用品及其零件、附件	6.1	0.08	11.19
03	鱼、甲壳动物,软体动物及其他水生无脊椎动物	5.9	0.08	18.45
09	咖啡、茶、马黛茶及调味香料	5.7	0.08	7.83
54	化学纤维长丝	5.4	0.08	4.61
99	其他产品	5.3	0.07	15.55
49	书籍、报纸、印刷图画及其他印刷品;手稿、打字稿及设计图纸	4.9	0.07	−22.84
55	化学纤维短纤	4.9	0.07	−65.75
41	生皮(毛皮除外)及皮革	4.4	0.06	−29.62
60	针织物及钩编织物	4.3	0.06	−24.64
34	肥皂、有机表面活性剂、洗涤剂、润滑剂、人造蜡、调制蜡、光洁剂、蜡烛及类似品、塑型用膏、"牙科用蜡"及牙科用熟石膏制剂	4.0	0.06	−4.69
12	含油子仁及果实;杂项子仁及果实;工业用或药用植物;稻草、秸秆及饲料	4.0	0.06	17.56
58	特种机织物;簇绒织物;花边;装饰毯;装饰带;刺绣品	3.9	0.05	3.47

数据来源:商务部国别报告网、UN Comtrade 数据库、全球贸易观察等,经本课题组整理所得。

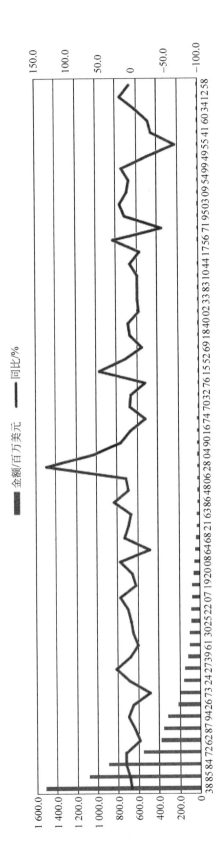

图 12-6　2019 年北马其顿主要出口商品金额

2019 年北马其顿进口商品总额为 9 467.1 百万美元,同比增长 4.61%。在进口商品构成中,主要有商品编号为 71(天然或养殖珍珠、宝石或半宝石、贵金属、包贵金属及其制品;仿首饰;硬币)、85(电机、电气设备及其零件;声音的录制和重放设备及其零件、附件)、27(矿物燃料、矿物油及其蒸馏产品;沥青物质;矿物蜡)、84(核反应堆、锅炉、机器、机械器具及其零件)等商品。相比 2018 年,商品编码为 28(无机化学品;贵金属、稀土金属、放射性元素及其同位素的有机及无机化合物)、26(矿砂、矿渣及矿灰)、94(家具;寝具、褥垫、弹簧床垫、软坐垫及类似的填充制品;未列名灯具及照明装置;发光标志、发光铭牌及类似品;活动房屋)等商品呈现增长趋势,尤其是 26(矿砂、矿渣及矿灰)增幅最大。同时,商品编号为 41[生皮(毛皮除外)及皮革]的商品下降幅度最大。具体数据见表 12-5 和图 12-7。

表 12-5　2019 年北马其顿进口商品结构

商品编码	商品类别	金额/百万美元	占比/%	同比/%
总值		9 467.1	100.00	4.61
71	天然或养殖珍珠、宝石或半宝石、贵金属、包贵金属及其制品;仿首饰;硬币	1 329.3	14.04	23.05
85	电机、电气设备及其零件;声音的录制和重放设备及其零件、附件	989.7	10.45	0.05
27	矿物燃料、矿物油及其蒸馏产品;沥青物质;矿物蜡	971.4	10.26	5.75
84	核反应堆、锅炉、机器、机械器具及其零件	612.8	6.47	4.51
72	钢铁	508.9	5.38	-9.03
69	陶瓷产品	472.4	4.99	8.96
87	车辆及其零件、附件,但铁道及电车道车辆除外	440.2	4.65	1.26
39	塑料及其制品	382.4	4.04	1.87
38	杂项化学产品	223.9	2.36	-3.50
30	药品	198.7	2.10	-7.21
28	无机化学品;贵金属、稀土金属、放射性元素及其同位素的有机及无机化合物	179.6	1.90	86.20
73	钢铁制品	146.8	1.55	-2.37
26	矿砂、矿渣及矿灰	138.5	1.46	90.62
02	肉及食用杂碎	131.9	1.39	-0.39
48	纸及纸板;纸浆、纸或纸板制品	119.3	1.26	-3.61
94	家具;寝具、褥垫、弹簧床垫、软坐垫及类似的填充制品;未列名灯具及照明装置;发光标志、发光铭牌及类似品;活动房屋	113.4	1.20	15.09
59	浸渍、涂布、包覆或层压的纺织物;工业用纺织制品	104.9	1.11	1.96
90	光学、照相、电影、计量、检验、医疗或外科用仪器及设备,精密仪器及设备;上述物品的零件、附件	101.2	1.07	-1.52
44	木及木制品;木炭	94.8	1.00	-2.02
52	棉花	92.0	0.97	-15.19
21	杂项食品	91.2	0.96	3.59
55	化学纤维短纤	86.2	0.91	-11.39
76	铝及其制品	80.0	0.85	5.19
40	橡胶及其制品	77.1	0.81	0.65
33	精油及香膏,芳香料制品,化妆盥洗品	75.0	0.79	1.78

商品编码	商 品 类 别	金额/百万美元	占比/%	同比/%
54	化学纤维长丝	74.1	0.78	−7.22
04	乳品；蛋品；天然蜂蜜；其他食用动物产品	69.8	0.74	9.73
34	肥皂、有机表面活性剂、洗涤剂、润滑剂、人造蜡、调制蜡、光洁剂、蜡烛及类似品、塑型用膏、"牙科用蜡"及牙科用熟石膏制剂	62.6	0.66	−1.61
19	谷物、粮食粉、淀粉或乳的制品；糕饼点心	61.9	0.65	1.74
60	针织物及钩编织物	59.1	0.62	−7.57
15	动、植物油、脂及其分解产品；精制的食用油脂；动、植物蜡	57.2	0.60	−4.98
32	鞣料浸膏及染料浸膏；鞣酸及其衍生物；染料、颜料及其他着色料；油漆及清漆；油灰及其他类似胶黏剂；墨水、油墨	56.4	0.60	−3.30
70	玻璃及其制品	55.7	0.59	−2.00
62	非针织或非钩编的服装及衣着附件	54.3	0.57	2.76
22	饮料、酒及醋	53.8	0.57	8.72
18	可可及可可制品	52.7	0.56	−0.25
08	食用水果及坚果；柑橘属水果或甜瓜的果皮	49.6	0.52	−3.96
96	杂项制品	47.2	0.50	−3.49
42	皮革制品；鞍具及挽具；旅行用品、手提包及类似容器；动物肠线(蚕胶丝除外)制品	45.6	0.48	5.97
61	针织或钩编的服装及衣着附件	44.8	0.47	3.48
17	糖及糖食	43.4	0.46	−0.97
16	肉、鱼、甲壳动物,软体动物及其他水生无脊椎动物的制品	42.3	0.45	2.89
64	鞋靴、护腿和类似品及其零件	41.0	0.43	−6.98
29	有机化学品	40.6	0.43	2.49
24	烟草及烟草代用品的制品	40.5	0.43	−16.35
95	玩具、游戏品、运动用品及其零件、附件	38.9	0.41	12.97
20	蔬菜、水果、坚果或植物其他部分的制品	38.0	0.40	−2.18
83	贱金属杂项制品	37.9	0.40	−1.32
10	谷物	34.8	0.37	6.86
25	盐；硫黄；泥土及石料；石膏料、石灰及水泥	32.1	0.34	8.24
23	食品工业的残渣及废料配制的动物饲料	29.4	0.31	−4.48
09	咖啡、茶、马黛茶及调味香料	28.8	0.30	−4.55
78	铅及其制品	28.6	0.30	12.24
41	生皮(毛皮除外)及皮革	28.5	0.30	−22.06
11	制粉工业产品；麦芽；淀粉；菊粉；面筋	27.3	0.29	6.31
56	絮胎、毡呢及无纺织物；特种纱线；线、绳、索、缆及其制品	26.4	0.28	−13.29
31	肥料	24.1	0.25	1.31
68	石料、石膏、水泥、石棉、云母及类似材料的制品	21.9	0.23	−10.32
74	铜及其制品	21.7	0.23	−4.22
07	食用蔬菜、根及块茎	20.8	0.22	1.38

数据来源：全球贸易观察、UN Comtrade 数据库等，经本课题组整理所得。

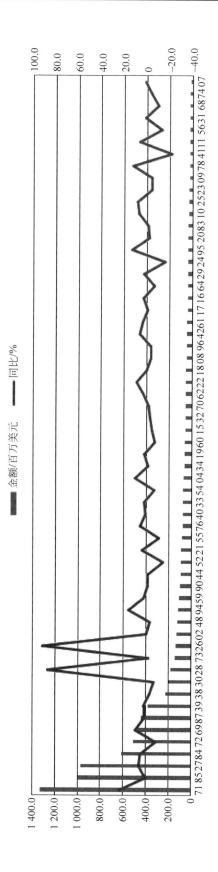

图 12-7　2019 年北马其顿主要进口商品金额及同比

12.4 主要优势产业及其特征

1. 化学原料和化学制品制造业

北马其顿拥有较发达的化学工业,其化学工业占其工业生产的 10%。北马其顿在基础化工产品、人造纤维、聚氯乙烯以及洗涤剂、化肥、聚氨酯泡沫塑料和纤维等产品方面具有很强的生产能力。医药和化妆品公司每年生产 3 500 吨药品和医药物资,以及 1.25 万种化妆品。主要企业有阿克罗伊德公司,年营业额为 159.96 百万美元。除绿地投资机会外,包括化妆品在内的现有化学加工能力对国外投资者具有较大吸引力。特色产品包括杂项化学产品、基础化工产品、人造纤维、聚氯乙烯以及洗涤剂、化肥和纤维。

2. 纺织服装、皮革制品业

纺织品工业包括纺织服装和皮革制品两大部门,是北马其顿国内领先的加工工业之一,在 GDP 构成、吸收劳动力和产品出口方面有突出贡献。纺织和皮革业产值占 GDP 的 20%,拥有企业约 800 家,其中,250 人以上大企业仅占企业总数的 2.6%,近 70% 为不足 10 人的小微型企业,行业雇员约 3.8 万人,35% 受雇于服装业。主要产品包括棉线和布料、羊毛纱线及其制品、针织品等,出口供应欧洲和北美市场。该产业特色产品为非针织或非钩编的服装及衣着附件,棉线和布料、羊毛纱线及其制品、针织品,皮革制品。在过去几年有超过 400个小型纺织厂,年生产能力为皮革 350 万平方米、毛皮 130 万平方米、橡胶制品 5 000 吨,有超过 70 家小型鞋厂。从就业角度看,加工业在北马其顿整体经济中尤其重要。与其他经济活动不同,企业家创业活动在这个领域更加显著,这使得企业与外国投资者的关系更加密切,为进行下一步合作打下了基础。纺织业的一个突出特点在于亚麻的高产量,它占服装生产的 93%。

3. 烟草制品业

烟草的生产是以培育小叶子的东方芳香烟草为基础的。北马其顿的气候条件适合烟草的种植和加工,烟草质量优良,产品远销欧美、亚洲的多个国家和地区。烟草是农产品出口总额的最大贡献者,据估计,有 4.3 万户家庭从事烟草生产,由于国家对烟草生产的高补贴,这个数字在过去几年显著增加。特色产品是烟草、烟草及烟草代用品的制品等,主要企业为帝王烟草集团,年营业额为 103.2 百万美元。

4. 农副食品加工、食品制造业

农业部门在北马其顿经济中发挥着重要作用,该国近一半的人口生活在农村地区。大约 49% 的土地面积是农业用地,耕地和牧场各占一半。据官方统计,北马其顿 1/5 的人口从事农业生产,农业有 14.8% 的生产部门增加值总额,并且 10% 的出口额来源于农业。北马其顿是大陆和亚地中海结合气候,夏季长而温暖,冬季短,不太严寒,土壤肥沃,为生产一系列食品提供了一般优良的条件。具体来说,北马其顿有农业用地 126.8 万公顷,可耕地 41.4万公顷。气候条件良好,适合各种农作物的生长。主要农作物有小麦、燕麦、玉米、水稻、棉花、烟草、向日葵,其中水果和蔬菜出口量较大。小麦年产量约 29 万吨,玉米年产量约 14 万吨,大米年产量约 3 万吨。主要农产品包括烟草原料和制成品、葡萄酒、羊肉和园艺产品。主要农产品贸易伙伴是欧盟、塞尔维亚和黑山。

5. 建筑服务业

北马其顿拥有较为完善的建筑业,其技术人员和现代技术的使用得到了国际认可,特别是在土木工程和水电建设方面。民用建筑土木工程营业额超过 400 百万美元,其中约 20%～25%的建筑项目在国外完成。其较大企业有格拉尼特 AD 公司,年营业额约 154.8 百万美元;贝通公司,年营业额约 77.4 百万美元。该国是中欧、东欧、中东和俄罗斯的主要建筑劳工供应国。建筑业是北马其顿较为发达的行业,较大型公司有 6 家。该行业依赖于国内建筑原料,如长石、碳酸钙、膨润土、超细石英、珍珠岩等,生产瓷砖、洁具、石棉、水泥及水泥制品等建筑材料。

12.5 中国和北马其顿双边贸易概况

2019 年,北马其顿与中国双边货物进出口总额为 711 百万美元。从商品类别看,北马其顿对中国出口金额最多的商品为钢铁,对中国进口金额最多的商品为机电设备。

2019 年,北马其顿对中国出口商品总额为 166.13 百万美元,同比增长 154.92%。在出口商品构成中,以商品编号 72(钢铁)的商品为主,该类商品占对中国出口商品总额的 75.81%。相比 2018 年,商品编码为 25(盐;硫黄;泥土及石料;石膏料、石灰及水泥)、91(钟表及其零件)、86[铁道及电车道机车、车辆及其零件;铁道及电车道轨道固定装置及其零件、附件;各种机械(包括电动机械)交通信号设备]、39(塑料及其制品)等商品呈现增长趋势,尤其是 20(蔬菜、水果、坚果或植物其他部分的制品)增幅最大。与此同时,商品编号为 26(矿砂、矿渣及矿灰)、71(天然或养殖珍珠、宝石或半宝石、贵金属、包贵金属及其制品;仿首饰;硬币)和 58(特种机织物;簇绒织物;花边;装饰毯;装饰带;刺绣品)的商品下降幅度最大。具体数据见表 12-6 和图 12-8。

表 12-6　2019 年北马其顿对中国出口主要商品构成

商品编码	商品类别	金额/百万美元	占比/%	同比/%
总值		166.13	100.00	154.92
72	钢铁	125.94	75.81	329.41
25	盐;硫黄;泥土及石料;石膏料、石灰及水泥	35.20	21.19	16.56
22	饮料、酒及醋	1.85	1.12	−13.11
85	电机、电气设备及其零件;声音的录制和重放设备及其零件、附件	1.18	0.71	39.36
91	钟表及其零件	1.17	0.71	235.57
86	铁道及电车道机车、车辆及其零件;铁道及电车道轨道固定装置及其零件、附件;各种机械(包括电动机械)交通信号设备	0.33	0.20	438.06

续表

商品编码	商品类别	金额/百万美元	占比/%	同比/%
44	木及木制品；木炭	0.13	0.08	46.06
87	车辆及其零件、附件,但铁道及电车道车辆除外	0.12	0.07	−65.42
19	谷物、粮食粉、淀粉或乳的制品；糕饼点心	0.05	0.03	−14.06
27	矿物燃料、矿物油及其蒸馏产品；沥青物质；矿物蜡	0.03	0.02	—
56	絮胎、毡呢及无纺织物；特种纱线；线、绳、索、缆及其制品	0.03	0.02	—
84	核反应堆、锅炉、机器、机械器具及其零件	0.02	0.01	−98.51
39	塑料及其制品	0.02	0.01	2 180.30
01	活动物/动物产品	0.01	0.01	−80.96
20	蔬菜、水果、坚果或植物其他部分的制品	0.01	0.01	11 024.04
90	光学、照相、电影、计量、检验、医疗或外科用仪器及设备、精密仪器及设备；上述物品的零件、附件	0.01	0.01	—
99	其他产品	0.01	0.01	—
38	杂项化学产品	0.00	0.00	−39.70
43	毛皮、人造毛皮及其制品	0.00	0.00	—
02	肉及食用杂碎	0.00	0.00	—
73	钢铁制品	0.00	0.00	−95.73
40	橡胶及其制品	0.00	0.00	643.74
49	书籍、报纸、印刷图画及其他印刷品；手稿、打字稿及设计图纸	0.00	0.00	—
74	铜及其制品	0.00	0.00	230.99
76	铝及其制品	0.00	0.00	−60.95
94	家具；寝具、褥垫、弹簧床垫、软坐垫及类似的填充制品；未列名灯具及照明装置；发光标志、发光铭牌及类似品；活动房屋	0.00	0.00	−98.73
61	针织或钩编的服装及衣着附件	0.00	0.00	—
26	矿砂、矿渣及矿灰	0.00	0.00	−100.00
71	天然或养殖珍珠、宝石或半宝石、贵金属、包贵金属及其制品；仿首饰；硬币	0.00	0.00	−100.00
58	特种机织物；簇绒织物；花边；装饰毯；装饰带；刺绣品	0.00	0.00	−100.00

数据来源：商务部国别报告网、UN Comtrade 数据库、全球贸易观察等，经本课题组整理所得。

2019 年,北马其顿自中国进口商品总额为 545 百万美元,同比增长 4.14%。在进口商品构成中,以商品编号为 85(电机、电气设备及其零件；声音的录制和重放、设备及其零件、附件)、84(核反应堆、锅炉、机械器具及零件)的商品为主,上述商品共占自中国进口商品总额的 51.8%。相比 2018 年,商品编码为 87(车辆及其零件、附件,但铁道及电车道车辆除外)、28(无机化学品；贵金属、稀土金属、放射性元素及其同位素的有机及无机化合物)、83(贱金属杂项制品)等商品呈现增长趋势,尤其是 56(絮胎、毡呢及无纺织物；特种纱线；线、绳、索、缆及其制品)增幅最大。与此同时,商品编号为 12(含油子仁及果实；杂项子仁及果实；工业用或药用植物；稻草、秸秆及饲料)的商品下降幅度最大。具体数据见表 12-7 和图 12-9。

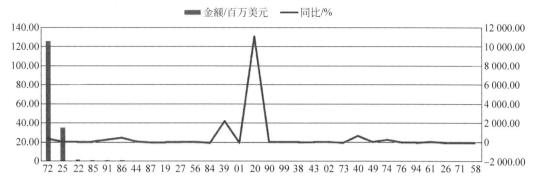

图 12-8　2019 年北马其顿对中国主要出口商品金额及同比

表 12-7　2019 年北马其顿自中国进口主要商品构成

商品编码	商品类别	金额/百万美元	占比/%	同比/%
总值		545	100.0	4.1
85	电机、电气设备及其零件；声音的录制和重放设备及其零件、附件	185	33.9	7.7
84	核反应堆、锅炉、机器、机械器具及其零件	97	17.9	1.7
39	塑料及其制品	19	3.4	−11.7
87	车辆及其零件、附件，但铁道及电车道车辆除外	16	2.9	28.0
94	家具；寝具、褥垫、弹簧床垫、软坐垫及类似的填充制品；未列名灯具及照明装置；发光标志、发光铭牌及类似品；活动房屋	15	2.8	13.3
95	玩具、游戏品、运动用品及其零件、附件	12	2.3	12.9
52	棉花	11	2.1	−20.2
55	化学纤维短纤	11	2.1	−9.9
90	光学、照相、电影、计量、检验、医疗或外科用仪器及设备、精密仪器及设备；上述物品的零件、附件	10	1.9	9.6
28	无机化学品；贵金属、稀土金属、放射性元素及其同位素的有机及无机化合物	10	1.8	109.6
72	钢铁	9	1.7	−17.0
62	非针织或非钩编的服装及衣着附件	9	1.6	−6.3
40	橡胶及其制品	9	1.6	−15.6
73	钢铁制品	8	1.5	23.6
64	鞋靴、护腿和类似品及其零件	8	1.5	−0.2
54	化学纤维长丝	7	1.3	−18.3
69	陶瓷产品	7	1.3	−6.8
29	有机化学品	7	1.3	4.1
70	玻璃及其制品	7	1.2	−11.4
42	皮革制品；鞍具及挽具；旅行用品、手提包及类似容器；动物肠线（蚕胶丝除外）制品	7	1.2	−16.6
56	絮胎、毡呢及无纺织物；特种纱线；线、绳、索、缆及其制品	6	1.2	134.6
61	针织或钩编的服装及衣着附件	6	1.1	0.4

续表

商品编码	商 品 类 别	金额/百万美元	占比/%	同比/%
96	杂项制品	5	0.9	5.3
63	其他纺织制成品；成套物品；旧衣着及旧纺织品；碎织物	5	0.8	10.8
82	贱金属工具、器具、利口器、餐匙、餐叉及其零件	4	0.8	10.8
83	贱金属杂项制品	4	0.7	20.8
44	木及木制品；木炭	4	0.7	5.2
12	含油子仁及果实；杂项子仁及果实；工业用或药用植物；稻草、秸秆及饲料	4	0.7	−26.1
48	纸及纸板；纸浆、纸或纸板制品	3	0.6	−11.0
99	其他产品	3	0.5	12.4

数据来源：商务部国别报告网、UN Comtrade 数据库、全球贸易观察等，经本课题组整理所得。

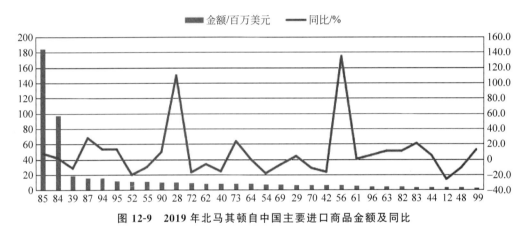

图 12-9 2019 年北马其顿自中国主要进口商品金额及同比

12.6 中国和北马其顿贸易竞争性与互补性分析

12.6.1 中国和北马其顿显性比较优势指数(RCA)分析

利用《国际贸易商品标准分类(第四版)》(SITC. Rev4)，以 2018 年为例，对中国与北马其顿显性比较优势指数(RCA)进行分析。具体数据见表 12-8。

表 12-8 2018 年北马其顿商品出口额

SITC	商品类别名称	金额/百万美元
SITC0	食品和活动物	378.22
SITC1	饮料及烟草	228.33
SITC2	非食用燃料(不包含燃料)	373.70
SITC3	矿物燃料、润滑油及有关原料	117.27
SITC4	动植物油、油脂和蜡	9.86

续表

SITC	商品类别名称	金额/百万美元
SITC5	未列明的化学品和有关产品	1 673.02
SITC6	主要按原材料分类的制成品	969.50
SITC7	机械及运输设备	2 192.80
SITC8	杂项制品	958.90
SITC9	没有分类的其他商品	4.73

数据来源：UN Comtrade 数据库等，经本课题组整理所得。

通过 UN Comtrade 数据库等相关数据库的数据，经本课题组整理得到：2018 年中国所有商品出口额约为 2 494 230 百万美元，北马其顿所有商品出口额 6 911 百万美元，世界所有商品出口额 19 051 239 百万美元。

按照公式 $RCA_{xik} = (X_{ik}/X_{wk})/(X_i/X_w)$，得出计算结果如表 12-9 所示。

表 12-9　2018 年中国和北马其顿显性比较优势指数（RCA）计算结果

国家	商品									
	SITC0	SITC1	SITC2	SITC3	SITC4	SITC5	SITC6	SITC7	SITC8	SITC9
中国	0.43	0.18	0.19	0.18	0.10	0.59	1.35	1.34	1.94	0.04
北马其顿	0.89	4.01	1.51	0.17	0.32	2.12	1.15	0.88	1.19	0.01

根据上述结果分析得到：

（1）北马其顿除了 SITC0、SITC3、SITC4、SITC7 和 SITC9 五类商品外，其余商品均具有显性比较优势。其中，SITC1 的 RCA 值最高，为 4.01，说明具有比较明显的显性比较优势。

（2）在 SITC6 和 SITC8 两类商品中，中国与北马其顿都具有显性比较优势。在 SITC0、SITC3、SITC4、SITC9 这四类商品中，两国显性优势比较指数均小于 1，说明两国都不具备比较优势。

12.6.2　中国和北马其顿贸易互补性指数（TCI）分析

利用《国际贸易商品标准分类（第四版）》（SITC.Rev4），以 2018 年为例，对中国与北马其顿贸易互补性指数（TCI）进行分析。具体数据见表 12-10 所示。

表 12-10　2018 年北马其顿商品进口额

SITC	商品类别名称	金额/百万美元
SITC0	食品和活动物	741.93
SITC1	饮料及烟草	96.62
SITC2	非食用燃料（不包含燃料）	238.44
SITC3	矿物燃料、润滑油及有关原料	918.16
SITC4	动植物油、油脂和蜡	52.91
SITC5	未列明的化学品和有关产品	1 052.34
SITC6	主要按原材料分类的制成品	3 330.76

续表

SITC	商品类别名称	金额/百万美元
SITC7	机械及运输设备	2 007.87
SITC8	杂项制品	607.23
SITC9	没有分类的其他商品	5.42

数据来源：UN Comtrade 数据库等，经本课题组整理所得。

通过 UN Comtrade 数据库等相关数据库的数据，经本课题组整理得到：2018 年中国所有商品进口额约为 2 134 982 百万美元，北马其顿所有商品进口额 9 050 百万美元，世界所有商品进口额 19 253 036 百万美元。

按照公式 $TCI_{ij} = RCA_{xik} \times RCA_{mjk}$，得出计算结果如表 12-11 所示。

表 12-11 2018 年中国和北马其顿贸易互补性指数（TCI）计算结果

国家	商品									
	SITC0	SITC1	SITC2	SITC3	SITC4	SITC5	SITC6	SITC7	SITC8	SITC9
中国	0.59	0.24	0.12	0.14	0.13	0.57	4.17	0.80	1.15	0.00
北马其顿	0.39	1.57	3.96	0.18	0.23	1.60	0.61	0.92	0.65	0.01

根据上述结果分析得到：

（1）中国与北马其顿贸易互补性指数（TCI）差异较大，两国在各类商品中无明显比较优势。

（2）在 SITC0、SITC3、SITC4、SITC7 和 SITC9 这几类商品中，双方 TCI 值均小于 1，说明两国互补性较弱。

12.7 中国和北马其顿贸易合作展望

近些年来，中国和北马其顿经贸关系发展快速，中国是北马其顿的主要贸易伙伴国。两国政府间建有经贸混委会和科技合作委员会机制，签有《经贸合作协定》（1995 年 6 月）、《鼓励和保护相互投资协定》（1997 年 6 月）、《避免双重征税协定》（1997 年 6 月）、《经济技术合作协定》（2007 年 12 月）、《关于在经贸混委会框架下推进共建丝绸之路经济带谅解备忘录》（2015 年 4 月）等合作文件。

据分析了解，北马其顿属于中东欧地区技术环境较差的国家且基础设施条件较差，需要进一步加强，结合其与中国奠定的良好的贸易关系，对中国与北马其顿双边贸易的发展进行展望。

（1）针对技术环境差、基础设施不完善等问题，中国企业可以采取对基础设施进行投资等方式，加强基础设施的产业合作和技术的提升。

（2）北马其顿有煤、铁、铅、锌、铜、镍等。据不完全统计，煤的蕴藏量为 9.4 亿吨，铜矿的蕴藏量约 3 亿吨。中国经济快速增长，对矿产、矿物燃料资源的依存度持续上涨，双方可以在这一方面进行贸易合作，促进双方的贸易增长。

（3）旅游是增进民间交往、促进民众感情交流的重要载体。关于旅游合作，北马其顿重视程度最高，因此旅游业合作可以全面铺开。例如，可采取旅游基础设施投资、旅游重点项目投资等模式，大力推广两国的旅游胜地，推动旅游业的服务产业向更深层次发展。

第13章
黑山的对外贸易

　　黑山共和国,简称黑山,位于欧洲巴尔干半岛中西部,东南部同阿尔巴尼亚为邻,东北部同塞尔维亚相连,西北部同波黑和克罗地亚接壤,西南部濒临亚得里亚海,海岸线长293公里,面积1.38万平方公里。西部和中部为丘陵平原地带,北部和东北部为高原与山地。气候依地形自南向北分为地中海气候、温带大陆性气候和山地气候。人口62.2万(2019年1月)。其中和黑山山族占45%,塞尔维亚族占29%,波什尼亚克族占8.6%,阿尔巴尼亚族占4.9%。官方语言为黑山语。首都为波德戈里察。

　　旅游业和制铝工业是黑山经济支柱,前南斯拉夫解体后,黑山因受战乱、国际制裁影响,经济一路下滑。近年来随着外部环境改善及各项经济改革推进,经济逐步恢复,总体呈增长态势。黑山政府将旅游、能源、农业、基础设施作为重点领域,重视改善投资环境和吸引外资。2019年黑山GDP 8 256百万美元,GDP增长率4.2%。资源方面,森林和水利资源丰富,森林覆盖率39.43%。铝、煤等资源丰富,约有3 600万吨铝土矿石和3.5亿吨褐煤。工业方面,主要工业有采矿、建筑、冶金、食品加工、电力和木材加工等。农牧业方面,农牧业为黑山重要产业。全国农业用地面积约为51.6万公顷,占国土总面积的37.4%。农业用地中绝大部分为牧场和人工草场,可耕地面积为18.9万公顷。主要农产品为小麦、大麦、玉米、土豆、李子、橄榄、葡萄。主要畜牧产品为牛、猪、羊、马及家禽。服务业方面,服务业较为发达,其中旅游业为黑山最重要的产业之一。黑山服务业主要包括批发零售、住宿餐饮、房地产、电信、金融等。旅游业方面,旅游业是黑山国民经济的重要组成部分和主要外汇收入来源。主要风景区有亚得里亚海滨和国家公园等。2019年,赴黑山游客总数约250万人次,旅游者主要来自塞尔维亚、俄罗斯、波黑、德国等。

　　对外贸易方面,2019年,塞尔维亚、匈牙利、波黑是黑山的前三大出口市场,2019年黑山对三国出口额分别为121百万美元、50百万美元和33百万美元,同比分别为10.3%、-7.7%和-8.6%,三国合计占黑山出口总额的44%。进口方面,塞尔维亚为黑山第一进口来源国,2019年进口额口560百万美元,下降3.4%,占黑山进口总额的19.2%。德国和中国也是其主要进口来源国,2019年黑山自两国进口额分别为273百万美元和248百万美元,其中自德国进口额减少1.1%,自中国进口额下降18.5%,占黑山进口总额的9.4%和8.5%。从商品看,矿物燃料、矿物油及其蒸馏产品,沥青物质,矿物蜡是黑山的首要出口商品,2019年出口额101.1百万美元,增长4.00%,占黑山出口总额的21.73%。其次,铝及其制品;木及木制品,木炭,分别是2019年黑山第二、三大类出口商品,出口总额分别为75.4百万美元和39.0百万美元,两类商品同比上一年分别为-17.15%和14.12%,占黑山出口总额的16.21%和

8.38％。上述三类商品合计占黑山出口总额的 46.32％。进口方面,2019 年黑山主要进口商品的进口额普遍下降,其中第一进口商品是矿物燃料、矿物油及其蒸馏产品,沥青物质,矿物蜡,进口额为 317.8 百万美元,下降 1.03％,占黑山进口总额的 10.92％。其他主要进口商品包括核反应堆、锅炉、机器、机械器具及其零件,车辆及其零件、附件(但铁道及电车道车辆除外),进口额分别为 233.9 百万美元和 212 百万美元。以上三类产品合计占黑山进口总额的 26.25％。

2019 年黑山对中国出口总金额 19.59 百万美元,增长 17.72％;自中国进口总金额 248 百万美元。2019 年黑山对中国出口矿砂、矿渣及矿灰金额 17.09 百万美元,增长 24.85％,占黑山对中国出口总额的 87.25％。2019 年黑山对中国出口额占比大于 1 的还有饮料、酒及醋,金额为 1.70 百万美元,同比减少 22.29％,占黑山对中国出口总额的 8.67％。以上两类商品占对中国出口总额 95.92％。黑山自中国进口的商品主要集中在电机、电气设备及其零件,声音的录制和重放设备及其零件、附件,2019 年进口额为 69 百万美元,下降 42.2％,占黑山自中国进口总额的 27.6％。其次,核反应堆、锅炉、机器、机械器具及其零件,2019 年进口额 41 百万美元,增长 0.7％,占黑山自中国进口总额的 16.3％。以上两类商品占自中国进口总额的 43.9％。

13.1 对外贸易发展趋势

2019 年黑山货物进出口总额为 3 374 百万美元,比上年(下同)下降 3.1％。其中,出口额 465 百万美元,下降 1.5％;进口额 2 909 百万美元,下降 3.4％。

黑山在 2014 年至 2019 年对外贸易总额呈现波动趋势。2015 年相较于 2014 年明显下降。经历 2016 年至 2018 年比较明显的增幅后,2019 年又出现了小幅下滑。具体数据见表 13-1 和图 13-1。

表 13-1 黑山对外贸易年度表

时间	总额/百万美元	同比/％	出口额/百万美元	同比/％	进口额/百万美元	同比/％
2014 年	2 810	—	441	—	2 369	—
2015 年	2 391	−14.9	352	−20.2	2 039	−13.9
2016 年	2 646	10.7	361	2.5	2 286	12.1
2017 年	3 034	14.7	421	16.9	2 613	14.3
2018 年	3 482	14.8	472	12.1	3 010	15.2
2019 年	3 374	−3.1	465	−1.5	2 909	−3.4

数据来源:商务部国别报告网、UN Comtrade 数据库、全球贸易观察等,经本课题组整理所得。

黑山在 2014 年至 2019 年对外贸易出口额存在波动趋势。经历 2015 年下降之后,2016 年至 2018 年对外贸易出口额稳定增长,但在 2019 年较 2018 年再次下降 1.5 个百分点。具体数据见表 13-1 和图 13-2。

黑山在 2014—2019 年对外贸易进口额中,2018 年增幅最多,为 15.2％。相比之下,2015 年下降幅度最大,为 13.9％。同时,2019 年对外贸易进口额呈现下降趋势,比 2018 年下跌 3.4 个百分点。具体数据见表 13-1 和图 13-3。

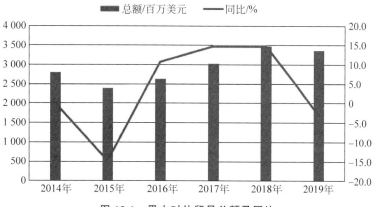

图 13-1　黑山对外贸易总额及同比

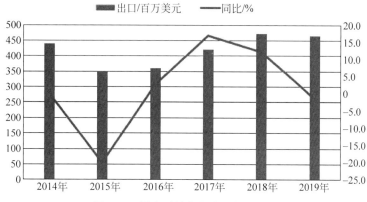

图 13-2　黑山对外贸易出口额及同比

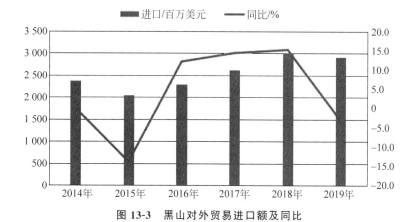

图 13-3　黑山对外贸易进口额及同比

13.2　主要贸易市场结构

2019 年黑山出口总额为 465 百万美元,出口伙伴国主要有塞尔维亚、匈牙利、波黑国家。其中,出口至塞尔维亚的货物金额最多,为 121 百万美元。在主要出口伙伴国(地区)中,出口到塞尔维亚、科索沃、捷克、中国、德国和土耳其的货物金额较2018年呈增加趋势。具体数据见表13-2和图13-4。

表13-2　黑山对主要贸易伙伴出口额

国家和地区	金额/百万美元	同比/％	占比/％
总值	465	−1.5	100.0
塞尔维亚	121	10.3	26.0
匈牙利	50	−7.7	10.8
波黑	33	−8.6	7.2
科索沃	33	63.4	7.0
斯洛文尼亚	28	−14.4	6.1
捷克	22	7.5	4.8
中国	20	17.7	4.2
德国	17	13.2	3.7
土耳其	16	4.1	3.5
波兰	15	−26.2	3.3

数据来源：商务部国别报告网、UN Comtrade数据库、全球贸易观察等，经本课题组整理所得。

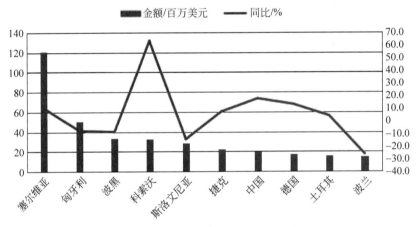

图13-4　2019年黑山对主要贸易伙伴出口额及同比

　　2019年黑山进口总额为2 909百万美元，进口伙伴国主要有塞尔维亚、德国、中国等国家。其中，自塞尔维亚进口货物的金额占比最大，为560百万美元。在主要进口伙伴国中，只有自土耳其和法国进口货物的金额较2018年有增长趋势，其他均是下降趋势。具体数据见表13-3和图13-5。

表13-3　黑山自主要贸易伙伴进口额

国家和地区	金额/百万美元	同比/％	占比/％
总值	2 909	−3.4	100.0
塞尔维亚	560	−3.4	19.2

续表

国家和地区	金额/百万美元	同比/%	占比/%
德国	273	−1.1	9.4
中国	248	−18.5	8.5
意大利	207	−7.6	7.1
波黑	183	−0.4	6.3
希腊	174	−9.7	6.0
克罗地亚	169	−6.5	5.8
土耳其	152	47.1	5.2
法国	66	7.8	2.3
斯洛文尼亚	61	−8.6	2.1

数据来源：商务部国别报告网、UN Comtrade 数据库、全球贸易观察等，经本课题组整理所得。

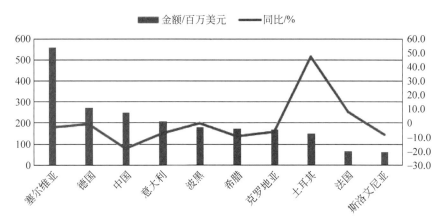

图 13-5 2019 年黑山自主要贸易伙伴进口额及同比

13.3 主要进出口商品结构

2019 年黑山出口商品总额为 465.2 百万美元，同比下降 1.50%。在出口商品构成中，有商品编码为 27（矿物燃料、矿物油及其蒸馏产品；沥青物质；矿物蜡）、76（铝及其制品）、44（木及木制品；木炭）、26（矿砂、矿渣及矿灰）等商品。相比 2018 年，商品编号为 87（车辆及其零件、附件，但铁道及电车道车辆除外）、16（肉、鱼、甲壳动物，软体动物及其他水生无脊椎动物的制品）、24（烟草及烟草代用品的制品）、93（武器、弹药及其零件、附件）、09（咖啡、茶、马黛茶及调味香料）、38（杂项化学产品）等商品呈现增长趋势，尤其是 97（艺术品、收藏品及古物）增幅最大。与此同时，商品编号为 91（钟表及其零件）的商品下降幅度最大。具体数据见表 13-4 和图 13-6。

表 13-4　2019 年黑山主要出口商品结构

商品编码	商品类别	金额/百万美元	占比/%	同比/%
总值		465.2	100.00	−1.50
27	矿物燃料、矿物油及其蒸馏产品；沥青物质；矿物蜡	101.1	21.73	4.00
76	铝及其制品	75.4	16.21	−17.15
44	木及木制品；木炭	39.0	8.38	14.12
26	矿砂、矿渣及矿灰	35.4	7.61	−0.64
72	钢铁	31.7	6.82	−7.74
30	药品	25.3	5.44	1.24
22	饮料、酒及醋	21.7	4.67	−6.26
84	核反应堆、锅炉、机器、机械器具及其零件	20.6	4.43	9.32
87	车辆及其零件、附件，但铁道及电车道车辆除外	14.6	3.14	27.23
02	肉及食用杂碎	10.4	2.23	13.85
73	钢铁制品	8.0	1.72	−2.72
85	电机、电气设备及其零件；声音的录制和重放设备及其零件、附件	6.8	1.47	10.06
74	铜及其制品	6.5	1.39	6.91
16	肉、鱼、甲壳动物，软体动物及其他水生无脊椎动物的制品	5.2	1.11	27.21
71	天然或养殖珍珠、宝石或半宝石、贵金属、包贵金属及其制品；仿首饰；硬币	4.8	1.03	−34.43
08	食用水果及坚果；柑橘属水果或甜瓜的果皮	4.3	0.92	−6.32
24	烟草及烟草代用品的制品	4.2	0.90	87.49
39	塑料及其制品	3.9	0.84	21.41
93	武器、弹药及其零件、附件	3.7	0.80	467.32
07	食用蔬菜、根及块茎	3.0	0.64	−47.23
68	石料、石膏、水泥、石棉、云母及类似材料的制品	2.8	0.60	−10.01
41	生皮（毛皮除外）及皮革	2.7	0.58	−27.92
88	航空器、航天器及其零件	2.5	0.54	9.51
25	盐；硫黄；泥土及石料；石膏料、石灰及水泥	2.4	0.52	158.76
36	炸药；烟火制品；火柴；引火合金；易燃材料制品	2.4	0.51	−45.76
48	纸及纸板；纸浆、纸或纸板制品	2.1	0.45	−3.37
18	可可及可可制品	2.0	0.43	−10.38
23	食品工业的残渣及废料配制的动物饲料	2.0	0.42	240.67
33	精油及香膏，芳香料制品，化妆盥洗品	1.9	0.41	−33.87
49	书籍、报纸、印刷图画及其他印刷品；手稿、打字稿及设计图纸	1.9	0.41	−14.74
90	光学、照相、电影、计量、检验、医疗或外科用仪器及设备、精密仪器及设备；上述物品的零件、附件	1.7	0.36	96.68
62	非针织或非钩编的服装及衣着附件	1.6	0.34	25.11

续表

商品编码	商品类别	金额/百万美元	占比/%	同比/%
94	家具；寝具、褥垫、弹簧床垫、软坐垫及类似的填充制品；未列名灯具及照明装置；发光标志、发光铭牌及类似品；活动房屋	1.4	0.31	21.77
70	玻璃及其制品	1.4	0.29	−4.47
47	木浆及其他纤维状纤维素浆；回收（废碎）纸或纸板	1.3	0.27	−19.83
28	无机化学品；贵金属、稀土金属、放射性元素及其同位素的有机及无机化合物	1.2	0.27	−14.69
97	艺术品、收藏品及古物	0.7	0.14	3 009.89
19	谷物、粮食粉、淀粉或乳的制品；糕饼点心	0.6	0.14	−7.29
95	玩具、游戏品、运动用品及其零件、附件	0.6	0.13	4.30
89	船舶及浮动结构体	0.5	0.12	−73.76
91	钟表及其零件	0.5	0.11	−82.39
64	鞋靴、护腿和类似品及其零件	0.4	0.10	−24.22
12	含油子仁及果实；杂项子仁及果实；工业用或药用植物；稻草、秸秆及饲料	0.4	0.09	−27.32
09	咖啡、茶、马黛茶及调味香料	0.4	0.09	166.69
15	动、植物油、脂及其分解产品；精制的食用油脂；动、植物蜡	0.3	0.08	104.89
86	铁道及电车道机车、车辆及其零件；铁道及电车道轨道固定装置及其零件、附件；各种机械（包括电动机械）交通信号设备	0.3	0.07	24.44
21	杂项食品	0.3	0.07	−29.20
06	活树及其他活植物；鳞茎、根及类似品；插花及装饰用簇叶	0.2	0.06	33.27
69	陶瓷产品	0.2	0.05	135.04
83	贱金属杂项制品	0.2	0.05	−7.06
82	贱金属工具、器具、利口器、餐匙、餐叉及其零件	0.2	0.04	−18.97
42	皮革制品；鞍具及挽具；旅行用品、手提包及类似容器；动物肠线（蚕胶丝除外）制品	0.5	0.04	48.11
04	乳品；蛋品；天然蜂蜜；其他食用动物产品	0.2	0.04	−40.67
57	地毯及纺织材料的其他铺地制品	0.2	0.04	55.77
78	铅及其制品	0.1	0.03	−25.94
61	针织或钩编的服装及衣着附件	0.1	0.03	−40.54
38	杂项化学产品	0.1	0.03	169.33
63	其他纺织制成品；成套物品；旧衣着及旧纺织品；碎织物	0.1	0.02	−56.96
32	鞣料浸膏及染料浸膏；鞣酸及其衍生物；染料、颜料及其他着色料；油漆及清漆；油灰及其他类似胶黏剂；墨水、油墨	0.1	0.02	7.86
20	蔬菜、水果、坚果或植物其他部分的制品	0.1	0.02	−8.64

数据来源：商务部国别报告网、UN Comtrade 数据库、全球贸易观察等，经本课题组整理所得。

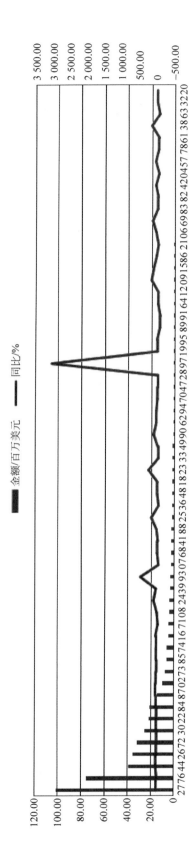

图 13-6　2019 年黑山主要出口商品金额及同比

　　2019 年黑山进口商品总额为 2 909 百万美元,同比下降 3.35%。在进口商品构成中,主要有商品编号为 27(矿物燃料、矿物油及其蒸馏产品;沥青物质;矿物蜡)、84(核反应堆、锅炉、机器、机械器具及其零件)、87(车辆及其零件、附件,但铁道及电车道车辆除外)、85(电机、电气设备及其零件;声音的录制和重放设备及其零件、附件)、73(钢铁制品)等商品。相比 2018 年,商品编码为 30(药品)、68(石料、石膏、水泥、石棉、云母及类似材料的制品)、70(玻璃及其制品)、24(烟草及烟草代用品的制品)、29(有机化学品)、89(船舶及浮动结构体)等商品呈现增长趋势,尤其是 24(烟草及烟草代用品的制品)增幅最大。同时,商品编号为 85(电机、电气设备及其零件;声音的录制和重放设备及其零件、附件)的商品下降幅度最大。具体数据见表 13-5 和图 13-7。

表 13-5　2019 年黑山进口商品构成

商品编码	商 品 类 别	金额/百万美元	占比/%	同比/%
总值		2 908.79	100.00	−3.35
27	矿物燃料、矿物油及其蒸馏产品;沥青物质;矿物蜡	317.78	10.92	−1.03
84	核反应堆、锅炉、机器、机械器具及其零件	233.88	8.04	3.77
87	车辆及其零件、附件,但铁道及电车道车辆除外	212.01	7.29	−6.31
85	电机、电气设备及其零件;声音的录制和重放设备及其零件、附件	193.56	6.65	−27.55
73	钢铁制品	115.95	3.99	−5.07
30	药品	115.43	3.97	16.27
94	家具、寝具、褥垫、弹簧床垫、软坐垫及类似的填充制品;未列名灯具及照明装置;发光标志、发光铭牌及类似品;活动房屋	106.12	3.65	14.58
02	肉及食用杂碎	101.03	3.47	0.22
39	塑料及其制品	90.85	3.12	−4.69
22	饮料、酒及醋	75.57	2.60	−1.59
72	钢铁	72.74	2.50	−12.96
04	乳品;蛋品;天然蜂蜜;其他食用动物产品	54.16	1.86	−0.61
62	非针织或非钩编的服装及衣着附件	53.23	1.83	5.19
21	杂项食品	52.58	1.81	6.48
19	谷物、粮食粉、淀粉或乳的制品;糕饼点心	51.75	1.78	2.43
25	盐;硫黄;泥土及石料;石膏料、石灰及水泥	50.53	1.74	−25.08
44	木及木制品;木炭	44.01	1.51	15.43
68	石料、石膏、水泥、石棉、云母及类似材料的制品	42.62	1.47	68.54
64	鞋靴、护腿和类似品及其零件	40.36	1.39	−4.81
33	精油及香膏,芳香料制品,化妆盥洗品	37.86	1.30	1.16
69	陶瓷产品	37.15	1.28	−7.72
76	铝及其制品	37.01	1.27	5.43
90	光学、照相、电影、计量、检验、医疗或外科用仪器及设备、精密仪器及设备;上述物品的零件、附件	36.43	1.25	−16.76
08	食用水果及坚果;柑橘属水果或甜瓜的果皮	36.23	1.25	2.65
48	纸及纸板;纸浆、纸或纸板制品	36.06	1.24	2.39

续表

商品编码	商 品 类 别	金额/百万美元	占比/%	同比/%
28	无机化学品;贵金属、稀土金属、放射性元素及其同位素的有机及无机化合物	35.14	1.21	−13.53
61	针织或钩编的服装及衣着附件	34.71	1.19	−1.50
32	鞣料浸膏及染料浸膏;鞣酸及其衍生物;染料、颜料及其他着色料;油漆及清漆;油灰及其他类似胶黏剂;墨水、油墨	32.62	1.12	5.38
16	肉、鱼、甲壳动物,软体动物及其他水生无脊椎动物的制品	32.42	1.11	−5.26
01	活动物/动物产品	30.35	1.04	5.71
38	杂项化学产品	29.14	1.00	−13.07
34	肥皂、有机表面活性剂、洗涤剂、润滑剂、人造蜡、调制蜡、光洁剂、蜡烛及类似品、塑型用膏、"牙科用蜡"及牙科用熟石膏制剂	26.56	0.91	−1.99
07	食用蔬菜、根及块茎	26.45	0.91	9.29
40	橡胶及其制品	26.01	0.89	−4.46
18	可可及可可制品	25.88	0.89	1.00
70	玻璃及其制品	23.77	0.82	16.96
20	蔬菜、水果、坚果或植物其他部分的制品	22.92	0.79	1.93
11	制粉工业产品;麦芽;淀粉;菊粉;面筋	22.91	0.79	12.64
23	食品工业的残渣及废料配制的动物饲料	22.44	0.77	1.04
95	玩具、游戏品、运动用品及其零件、附件	22.19	0.76	19.85
96	杂项制品	18.42	0.63	−15.16
24	烟草及烟草代用品的制品	16.38	0.56	38.53
03	鱼、甲壳动物,软体动物及其他水生无脊椎动物	15.58	0.54	0.58
15	动、植物油、脂及其分解产品;精制的食用油脂;动、植物蜡	15.09	0.52	−19.11
83	贱金属杂项制品	13.93	0.48	−2.57
42	皮革制品;鞍具及挽具;旅行用品、手提包及类似容器;动物肠线(蚕胶丝除外)制品	13.43	0.46	1.54
71	天然或养殖珍珠、宝石或半宝石、贵金属、包贵金属及其制品;仿首饰;硬币	12.84	0.44	18.63
09	咖啡、茶、马黛茶及调味香料	12.84	0.44	−1.81
63	其他纺织制成品;成套物品;旧衣着及旧纺织品;碎织物	12.42	0.43	6.77
49	书籍、报纸、印刷图画及其他印刷品;手稿、打字稿及设计图纸	12.26	0.42	−14.24
17	糖及糖食	10.83	0.37	−4.94
82	贱金属工具、器具、利口器、餐匙、餐叉及其零件	9.95	0.34	−14.19
10	谷物	9.73	0.33	−10.64
06	活树及其他活植物;鳞茎、根及类似品;插花及装饰用簇叶	7.94	0.27	21.88
91	钟表及其零件	7.54	0.26	−6.70

续表

商品编码	商品类别	金额/百万美元	占比/%	同比/%
29	有机化学品	7.25	0.25	33.04
89	船舶及浮动结构体	6.98	0.24	42.89
57	地毯及纺织材料的其他铺地制品	4.50	0.15	11.27
12	含油子仁及果实;杂项子仁及果实;工业用或药用植物;稻草、秸秆及饲料	3.90	0.13	−22.40
74	铜及其制品	3.63	0.12	−7.36

数据来源:商务部国别报告网、UN Comtrade 数据库、全球贸易观察等,经本课题组整理所得。

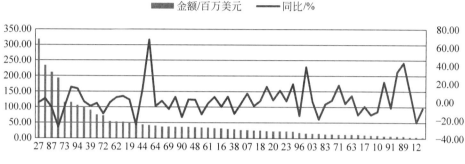

图 13-7　2019 年黑山主要进口商品金额及同比

13.4 主要优势产业及其特征

1. 采矿业

黑山最重要的矿产资源是煤、红铝土矿、铅和锌等。在开采煤、红铝土矿、海盐等矿物的基础上,黑山还发展起其他加工业,如火力发电厂、铝厂和盐加工厂,形成了较为完整的再加工产业链条。到目前为止,黑山已经发现 26 种矿产资源,目前已经开采的有 15 种,还有 11 种矿产资源尚待开发。地质勘探队已经在不同层次上确定了潜在和可利用的矿产资源储量,除海水、矿泉水、地下水和砾石以及来自水道的沙子等五种矿产资源是可再生的外,其他矿产资源均是不可再生的。黑山还有大量的地下水库,其中有大量矿泉水。

2. 金属加工业

金属加工业包括初级金属和金属产品(有色金属、钢铁)的生产,是黑山制造业最重要的部门。铝制品业是黑山出口规模最大的行业,采矿和金属加工业具有进一步发展的巨大潜力。吸引具有高环境保护标准和做法的外国投资进一步发展采矿和金属加工部门,仍然是黑山的主要优先事项之一。该行业最大的公司是铝厂(KAP)和钢厂(Nikšić),该部门已被公认为是具有吸引力的出口行业。铝行业的全球趋势表明,各国需要根据金属行业现有的劳动力技能和材料科学的研究能力,重点关注铝的再加工和回收,还有其他金属加工子行业的发展,还有用于建筑行业的金属产品的扩展。

3．木质制品制造业

木材工业是黑山经济的重要组成部分,其发展基于当地自然资源的使用,森林和水利资源丰富,森林覆盖面积 54 万公顷,约占黑山总面积 45％。原材料资源和加工能力是提高生产水平的良好基础,也是 GDP、出口和就业的重要组成部分。目前,木材工业生产包括初级生产(木材和原材料的生产)、二次加工和最终产品生产,即家具、镶木地板、预制木屋、乳胶条和细木工(门窗)的生产。其中,初级生产和二次加工占该部门产值的 90％,最终产品加工生产规模仍然很小,仅占 10％,这表明外国投资者在该领域投资机会巨大。

4．农产品及其加工业

黑山全国农业用地面积为 51.6 万公顷,约占国土总面积的 37.4％。农业用地中绝大部分为牧场和人工草场,可耕地面积为 18.9 万公顷。黑山拥有最佳的蜂蜜生产条件,大量栽培葡萄,葡萄酒是食品加工业最重要的出口产品。黑土还有橄榄种植和橄榄油生产,水果和蔬菜加工、天然草药的有机生产(超过 5 000 种草本植物,黑山特有物种 200 种)、畜牧业和木材加工技术。在农产品加工部门,食品加工包括罐头、鱼类加工、水果和蔬菜加工、乳制品加工和食品包装等,具有较大的投资潜力,特别是有机食品和传统特色产品,主要农产品为小麦、大麦、玉米、土豆、李子、橄榄、葡萄等。木材加工,被归类为农业部门的一部分,特别是考虑到黑山蓬勃发展的房地产和旅游业(涉及优质家具制造、酒店和住宅),该行业具有一定投资潜力。

5．旅游业

旅游业是黑山国民经济的重要组成部分和主要外汇收入来源。黑山是一个地中海小国,拥有丰富的建筑和文化遗产,多样化的景观和气候,以及保存完好的自然环境。黑山的面积很小,但它拥有迷人的山地景观、引人注目的海岸线、历史古迹和真正美丽的城墙。主要风景区是亚得里亚海滨和国家公园等,海洋类旅游资源开发较为完善,山区旅游资源尚待深度开发,黑山的几乎所有经济活动都是为了促进旅游业的发展。政府的目标是吸引绿地投资,以充分利用海岸的未开发部分,这些投资可能会重塑黑山对游客的吸引力,使其成为可持续优质旅游的极具竞争力的目的地。黑山可以提供多样化的景点,并通过宣传其各种各样的旅游来实现全年旅游。因此,黑山旅游总体规划也为自然旅游的国家发展计划铺平了道路,特别是徒步旅行和骑自行车,并提供新的基础设施和服务。

13.5 中国和黑山双边贸易概况

2019 年黑山与中国双边货物进出口额为 267.59 百万美元。从商品类别看,黑山对中国出口金额最多的商品为矿砂、矿渣及矿灰,对中国进口金额最多的商品为机电产品。

2019 年黑山对中国出口商品总额为 19.59 百万美元,同比增长 17.72％。在出口商品构成中,以商品编号为 26(矿砂、矿渣及矿灰)的商品为主,该类商品占对中国出口商品总额的 87.25％。相比 2018 年,商品编码为 73(钢铁制品)、90(光学、照相、电影、计量、检验、医疗或外科用仪器及设备、精密仪器及设备；上述物品的零件、附件）、25（盐；硫黄；泥土及石料；石膏料、石灰及水泥）等商品呈现增长趋势，尤其是 39（塑料及其制品）增幅最大。与此同时，商品编号为 91（钟表及其零件）和 72（钢铁）的商品下降幅度最大。具体数据见表 13-6和图 13-8。

表 13-6　2019 年黑山对中国出口主要商品构成

商品编码	商 品 类 别	金额/百万美元	占比/%	同比/%
总值		19.59	100.00	17.72
26	矿砂、矿渣及矿灰	17.09	87.25	24.85
22	饮料、酒及醋	1.70	8.67	−22.29
90	光学、照相、电影、计量、检验、医疗或外科用仪器及设备、精密仪器及设备；上述物品的零件、附件	0.36	1.86	75.84
73	钢铁制品	0.25	1.28	112.55
87	车辆及其零件、附件，但铁道及电车道车辆除外	0.06	0.31	—
44	木及木制品；木炭	0.04	0.21	−83.54
68	石料、石膏、水泥、石棉、云母及类似材料的制品	0.04	0.18	
39	塑料及其制品	0.02	0.11	21 021.13
42	皮革制品；鞍具及挽具；旅行用品、手提包及类似容器；动物肠线（蚕胶丝除外）制品	0.01	0.06	
62	非针织或非钩编的服装及衣着附件	0.00	0.02	
84	核反应堆、锅炉、机器、机械器具及其零件	0.00	0.01	−59.31
61	针织或钩编的服装及衣着附件	0.00	0.01	
64	鞋靴、护腿和类似品及其零件	0.00	0.01	
85	电机、电气设备及其零件；声音的录制和重放设备及其零件、附件	0.00	0.01	−99.43
97	艺术品、收藏品及古物	0.00	0.01	
63	其他纺织制成品；成套物品；旧衣着及旧纺织品；	0.00	0.00	
25	盐；硫黄；泥土及石料；石膏料、石灰及水泥	0.00	0.00	6 748.08
49	书籍、报纸、印刷图画及其他印刷品；手稿、打字稿及设计图纸	0.00	0.00	
94	家具；寝具、褥垫、弹簧床垫、软坐垫及类似的填充制品；未列名灯具及照明装置；发光标志、发光铭牌及类似品；活动房屋	0.00	0.00	−92.10
57	地毯及纺织材料的其他铺地制品	0.00	0.00	—
48	纸及纸板；纸浆、纸或纸板制品	0.00	0.00	—
69	陶瓷产品	0.00	0.00	—
34	肥皂、有机表面活性剂、洗涤剂、润滑剂、人造蜡、调制蜡、光洁剂、蜡烛及类似品、塑型用膏、"牙科用蜡"及牙科用熟石膏制剂	0.00	0.00	
15	动、植物油、脂及其分解产品；精制的食用油脂；动、植物蜡	0.00	0.00	—
91	钟表及其零件	0.00	0.00	−100.00
72	钢铁	0.00	0.00	−100.00

数据来源：商务部国别报告网、UN Comtrade 数据库、全球贸易观察等，经本课题组整理所得。

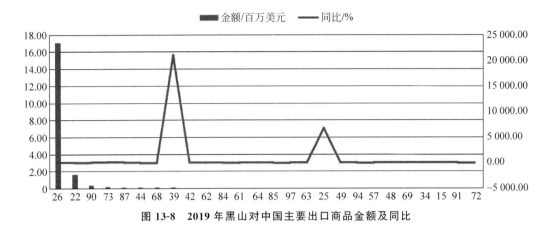

图 13-8　2019 年黑山对中国主要出口商品金额及同比

2019 年黑山自中国进口商品总额为 248 百万美元，同比下降 18.5％。在进口商品构成中，以商品编号为 85（电机、电气设备及其零件；声音的录制和重放设备及其零件、附件）、84（核反应堆、锅炉、机器、机械器具及其零件）商品为主，上述商品占自中国进口商品总额的43.9％。相比 2018 年，商品编码为 90（光学、照相、电影、计量、检验、医疗或外科用仪器及设备、精密仪器及设备；上述物品的零件、附件）、48（纸及纸板；纸浆、纸或纸板制品）、76（铝及其制品）、37（照相及电影用品）、32（鞣料浸膏及染料浸膏；鞣酸及其衍生物；染料、颜料及其他着色料；油漆及清漆；油灰及其他类似胶黏剂；墨水、油墨）等商品呈现增长趋势，尤其是37（照相及电影用品）增幅最大。与此同时，商品编号为 85（电机、电气设备及其零件；声音的录制和重放设备及其零件、附件）的商品下降幅度最大。具体数据见表 13-7 和图 13-9。

表 13-7　2019 年黑山自中国进口主要商品构成

商品编码	商品类别	金额/百万美元	占比/％	同比/％
总值		248	100.0	−18.5
85	电机、电气设备及其零件；声音的录制和重放设备及其零件、附件	69	27.6	−42.2
84	核反应堆、锅炉、机器、机械器具及其零件	41	16.3	0.7
62	非针织或非钩编的服装及衣着附件	14	5.5	−3.0
94	家具；寝具、褥垫、弹簧床垫、软坐垫及类似的填充制品；未列名灯具及照明装置；发光标志、发光铭牌及类似品；活动房屋	13	5.3	13.3
64	鞋靴、护腿和类似品及其零件	12	5.0	−1.9
95	玩具、游戏品、运动用品及其零件、附件	11	4.3	9.2
73	钢铁制品	10	4.2	−37.6
61	针织或钩编的服装及衣着附件	8	3.4	−19.6
39	塑料及其制品	6	2.5	−33.3
87	车辆及其零件、附件，但铁道及电车道车辆除外	6	2.5	19.2
42	皮革制品；鞍具及挽具；旅行用品、手提包及类似容器；动物肠线（蚕胶丝除外）制品	6	2.3	−11.6
40	橡胶及其制品	6	2.2	−4.0

续表

商品编码	商 品 类 别	金额/百万美元	占比/%	同比/%
90	光学、照相、电影、计量、检验、医疗或外科用仪器及设备、精密仪器及设备；上述物品的零件、附件	5	2.2	28.9
69	陶瓷产品	3	1.3	7.9
72	钢铁	3	1.3	16.9
82	贱金属工具、器具、利口器、餐匙、餐叉及其零件	3	1.2	−21.8
63	其他纺织制成品；成套物品；旧衣着及旧纺织品；碎织物	2	1.0	0.6
83	贱金属杂项制品	2	1.0	−8.3
44	木及木制品；木炭	2	1.0	−8.9
70	玻璃及其制品	2	0.9	20.1
96	杂项制品	2	0.9	−4.9
48	纸及纸板；纸浆、纸或纸板制品	2	0.8	45.9
76	铝及其制品	2	0.7	45.3
91	钟表及其零件	1	0.5	24.6
37	照相及电影用品	1	0.5	69.7
33	精油及香膏,芳香料制品,化妆盥洗品	1	0.5	−2.0
65	帽类及其零件	1	0.4	1.3
68	石料、石膏、水泥、石棉、云母及类似材料的制品	1	0.3	−1.2
32	鞣料浸膏及染料浸膏；鞣酸及其衍生物；染料、颜料及其他着色料；油漆及清漆；油灰及其他类似胶黏剂；墨水、油墨	1	0.3	52.4
66	雨伞、阳伞、手杖、鞭子、马鞭及其零件	1	0.3	−8.6

数据来源：商务部国别报告网、UN Comtrade 数据库、全球贸易观察等,经本课题组整理所得。

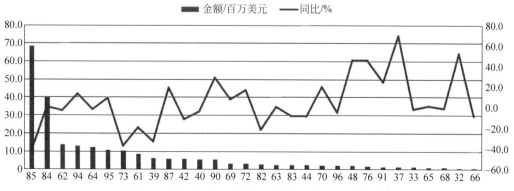

图 13-9　2019 年黑山自中国主要进口商品金额及同比

13.6 中国和黑山贸易竞争性与互补性分析

13.6.1 中国和黑山显性比较优势指数（RCA）分析

利用《国际贸易商品标准分类（第四版）》（SITC. Rev4），以 2018 年为例，对中国与黑山显性比较优势指数（RCA）进行分析。具体数据见表 13-8。

表 13-8　2018 年黑山商品出口额

SITC	商品类别名称	金额/百万美元
SITC0	食品和活动物	28.59
SITC1	饮料及烟草	25.63
SITC2	非食用燃料（不包含燃料）	95.61
SITC3	矿物燃料、润滑油及有关原料	96.96
SITC4	动植物油、油脂和蜡	0.67
SITC5	未列明的化学品和有关产品	34.98
SITC6	主要按原材料分类的制成品	126.78
SITC7	机械及运输设备	41.53
SITC8	杂项制品	15.25
SITC9	没有分类的其他商品	0.00

数据来源：UN Comtrade 数据库等，经本课题组整理所得。

通过 UN Comtrade 数据库等相关数据库的数据，经本课题组整理得到：2018 年中国所有商品出口额约为 2 494 230 百万美元，黑山所有商品出口额 472 百万美元，世界所有商品出口额 19 051 239 百万美元。

按照公式 $RCA_{xik}=(X_{ik}/X_{wk})/(X_i/X_w)$，得出计算结果如表 13-9 所示。

表 13-9　2018 年中国和黑山显性比较优势指数（RCA）计算结果

国家	商品									
	SITC0	SITC1	SITC2	SITC3	SITC4	SITC5	SITC6	SITC7	SITC8	SITC9
中国	0.43	0.18	0.19	0.18	0.10	0.59	1.35	1.34	1.94	0.04
黑山	1.00	6.67	5.72	2.03	0.32	0.66	2.23	0.25	0.28	0.00

根据上述结果分析得到：

（1）黑山除了 SITC4、SITC5、SITC7、SITC8 和 SITC9 五类商品外，其余商品均具有显性比较优势。其中，SITC1 的 RCA 值最高，接近 7，说明具有比较明显的显性比较优势。

（2）在 SITC6 这类商品中，中国与黑山都具有显性比较优势。在 SITC4、SITC5 和 SITC9 这三类商品中，两国显性优势比较指数均小于 1，说明两国都不具备比较优势。

13.6.2 中国和黑山贸易互补性指数（TCI）分析

利用《国际贸易商品标准分类（第四版）》（SITC. Rev4），以 2018 年为例，对中国与黑山贸易互补性指数（TCI）进行分析。具体数据见表 13-10。

表 13-10　2018 年黑山商品进口额

SITC	商品类别名称	金额/百万美元
SITC0	食品和活动物	522.93
SITC1	饮料及烟草	88.69
SITC2	非食用燃料(不包含燃料)	58.47
SITC3	矿物燃料、润滑油及有关原料	322.02
SITC4	动植物油、油脂和蜡	16.53
SITC5	未列明的化学品和有关产品	295.75
SITC6	主要按原材料分类的制成品	545.15
SITC7	机械及运输设备	751.75
SITC8	杂项制品	403.48
SITC9	没有分类的其他商品	0.02

数据来源：UN Comtrade 数据库等，经本课题组整理所得。

通过 UN Comtrade 数据库等相关数据库的数据，经本课题组整理得到：2018 年中国所有商品进口额约为 2 134 982 百万美元，黑山所有商品进口额 3 010 百万美元，世界所有商品进口额 19 253 036 百万美元。

按照公式 $TCI_{ij} = RCA_{xik} \times RCA_{mjk}$，得出计算结果如表 13-11 所示。

表 13-11　2018 年中国和黑山贸易互补性指数(TCI)计算结果

国家	商品									
	SITC0	SITC1	SITC2	SITC3	SITC4	SITC5	SITC6	SITC7	SITC8	SITC9
中国	1.25	0.65	0.09	0.15	0.12	0.48	2.05	0.91	2.31	0.00
黑山	0.43	2.62	15.01	2.16	0.23	0.50	1.19	0.26	0.15	0.00

根据上述结果分析得到：

(1) 在 SITC6 这类商品中，中国与黑山贸易互补性指数(TCI)均大于 1，说明两国在该类商品中互补性强，并未因为在该领域中双方都具有显性比较优势而激烈竞争。

(2) 在 SITC4、SITC5、SITC7 和 SITC9 这几类商品中，双方 TCI 值均小于 1，说明两国互补性较弱。

13.7　中国和黑山贸易合作展望

近些年来，中国和黑山经贸关系发展顺利，中国为黑山的主要贸易伙伴，双边经贸合作具有良好的基础。中国同黑山政府间建有经济联委会和科技合作委员会等机制，签有共建"一带一路"谅解备忘录等多项合作文件。2019 年 11 月，中国企业参与的黑山莫茹拉风电站投产。中国企业参与的黑山南北高速公路项目积极推进。7 月，中国国际电视总公司同黑山国家广播电视台就该台加入"丝绸之路电视国际合作共同体"签署合作备忘录。

据了解，黑山的产业技术水平和技术环境相对落后，是劳动力最贫瘠的国家之一，同时其政治环境相对较弱，需要进一步的加强。为了进一步加强中国与黑山的良好贸易往来，对双边贸易发展进行如下展望：

（1）中国工程企业可以通过承包国家基础设施类项目进入黑山市场，来提高黑山的技术水平。从而在国际合作过程中，推动双方在政策、人才等领域的合作。

（2）根据中东欧国家的资源禀赋与其早期对外贸易结构，黑山在中东欧国家中显现出更大的能源优势与合作可能性，中国可以与其建立能源合作关系。

（3）针对黑山的政治环境相对较弱，应扩大双边贸易投资协定范围，积极构建政府层面的双边协商。

第 14 章

波兰的对外贸易

波兰共和国,简称波兰,是一个位于中欧、由 16 个省组成的民主共和制国家。东与乌克兰及白俄罗斯相连,东北与立陶宛及俄罗斯的飞地加里宁格勒州接壤,西与德国接壤,南与捷克和斯洛伐克为邻,北面濒临波罗的海。海岸线长 528 公里。属海洋性气候向大陆性气候过渡的温带阔叶林气候。平均气温 1 月为 −5～−1℃,7 月为 17～19℃。面积 32.26 万平方公里。人口 3 839 万(2019 年 6 月)。其中和波兰兰族约占 97.1%(2016 年),此外还有德意志、白俄罗斯、乌克兰、俄罗斯、立陶宛、犹太等少数民族。官方语言为波兰语,首都为华沙。

近年来,波兰经济保持稳定增长。2019 年,波兰经济增长 4.1%,经济总量位列欧盟第 7 位(不含英国),GDP 906 442 百万美元,人均 GDP 23 341 美元。自然资源方面:主要矿产有煤、页岩气、硫黄、铜、锌、铅、铝、银等。森林(绿地)面积 945.95 万公顷,森林覆盖率 30.9%。工业方面,工业部门从业人员 323.38 万,占就业总数的 20.9%。主要工业产品有煤炭、原钢、小轿车、水泥等。农牧业方面,农业就业人数 232.4 万,占就业总数的 14.57%。主要粮食农作物有小麦、黑麦、大麦、燕麦、甜菜、马铃薯、油菜籽等,主要出口的农副产品有肉、奶、蔬菜、水果、可可及其加工食品。旅游业方面,游客多来自德国、英国、乌克兰、意大利、法国、俄罗斯、西班牙、以色列、瑞典、白俄罗斯、荷兰、立陶宛等。主要旅游胜地有首都华沙,沿海城市革但斯克、索波特和什切青,以及托伦、奥尔什丁、南部古城克拉科夫、山城扎科帕内、克雷尼察和东部的比亚沃维扎森林区等。

对外贸易方面,从国别(地区)看,2019 年波兰对德国、捷克、英国、法国和意大利的出口额分别占波兰出口总额的 27.6%、6.1%、6.0%、5.8% 和 4.6%,分别为 72 829 百万美元、16 143 百万美元、15 811 百万美元、15 375 百万美元和 12 110 百万美元,对德国、捷克、英国和意大利分别下降 2.0%、4.0%、3.8% 和 0.3%,对法国增长 4.9%。自德国、中国、俄罗斯、荷兰和意大利的进口额分别占波兰进口总额的 26.8%、8.8%、6.1%、5.6% 和 5.0%,为 70 124 百万美元、22 984 百万美元、15 920 百万美元、14 559 百万美元和 13 149 百万美元,除与中国增长 8.4% 以外,对德国、俄罗斯、荷兰和意大利分别下降 5.4%、15.4%、2.4% 和 5.1%。

分商品看,核反应堆类、车辆及其零件和电机是波兰的主要出口额商品,2019 年出口额分别占波兰出口总额的 13.88%、11.39% 和 11.11%,为 36 635.8 百万美元、30 074.9 百万美元和 29 331.1 百万美元,其中,核反应堆和电机产品分别增长 3.72% 和 2.71%,车辆产品下降 0.2%。同样,核反应堆、电机设备和车辆及其零件是波兰进口额的前三大类商品,分别占波兰进口总额的 12.41%、11.56% 和 10.20%,为 30 621.7 百万美元、28 506.9 百万美元和 25 161.3 百万美元,其中,核反应堆、电机设备和车辆及其零件均下降 8.02％、7.82％ 和 4.65％。

据欧盟统计局统计,2019 年,波兰与中国货物进出口额为 25 950 百万美元,增长 9.6％。其中,波兰对中国出口额 2 966 百万美元,增长 19.4％;波兰自中国进口额 22 984 百万美元,增长 8.4％。波方贸易逆差 20 018 百万美元,增长 7.0％,中国是波兰最大的逆差来源国。截止到 12 月,中国为波兰第二十大出口额市场和第二大进口额来源地。铜及其制品、核反应堆类、电机类是波兰对中国出口额的主要产品,2019 年三类产品出口额合计占波兰对中国出口总额的 52.4％,分别为 661 百万美元、528 百万美元和 365 百万美元,分别增长 18.9％、31.2％ 和 9.9％,另外,活动物;动物产品的出口额增幅较多,为 156.8％。波兰自中国进口额的主要商品为电机产品、核反应堆、家具类,2019 年三类产品进口额合计占波兰自中国进口总额的 55.5％,分别为 7 053 百万美元、4 532 百万美元和 1 178 百万美元,分别增长 8.7％、7.1％ 和 13.2％。这些产品在波兰进口额市场中分别占有 30.7％、19.7％ 和 5.1％的份额。另外,波兰自中国进口额的杂项化学产品总额增幅较多,增长 103.3％。

14.1 对外贸易发展趋势

2019 年波兰货物进出口额为 526 023 百万美元,比上年(下同)下降 1.2％。其中,出口额 264 019 百万美元,上升 0.2％;进口额 262 004 百万美元,下降 2.6％。

波兰在 2008 年至 2019 年对外贸易总额呈现波动趋势。2008 年相较于 2007 年明显增长,但在 2009 年出现了明显下滑。经历 2016 年至 2018 年比较明显的增幅后,2019 年又出现了小幅下滑。具体数据见表 14-1 和图 14-1。

表 14-1　波兰对外贸易年度表

时间	总额/百万美元	同比/％	出口额/百万美元	同比/％	进口额/百万美元	同比/％
2008 年	380 382	24.1	171 022	21.8	209 360	26.0
2009 年	286 505	−24.7	136 787	−20.0	149 718	−28.5
2010 年	337 956	18.0	159 819	16.8	178 137	19.0
2011 年	399 552	18.2	188 794	18.1	210 758	18.3
2012 年	384 903	−3.7	185 569	−1.7	199 334	−5.4
2013 年	412 809	7.3	205 088	10.5	207 721	4.2
2014 年	443 640	7.5	220 067	7.3	223 572	7.6
2015 年	395 751	−10.8	199 201	−9.5	196 550	−12.1
2016 年	399 829	1.0	202 533	1.7	197 296	0.4
2017 年	461 602	15.4	231 006	14.1	230 596	16.9
2018 年	527 098	12.5	260 601	11.2	266 497	13.9
2019 年	526 023	−1.2	264 019	0.2	262 004	−2.6

数据来源:商务部国别报告网、UN Comtrade 数据库、全球贸易观察等,经本课题组整理所得。

波兰在 2008 年至 2019 年对外贸易出口额存在波动趋势。经历 2015 年下降之后,2016 年至 2018 年对外贸易出口额稳定增长,但在 2019 年出口额 264 019 百万美元,较 2018 年上升 0.2 个百分点。具体数据见表 14-1 和图 14-2。

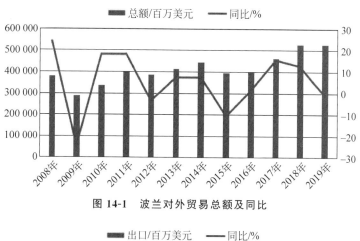

图 14-1　波兰对外贸易总额及同比

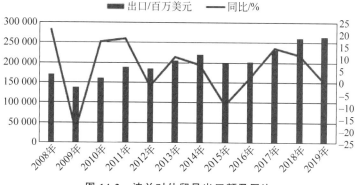

图 14-2　波兰对外贸易出口额及同比

波兰在 2008—2019 年对外贸易进口额中,2008 年增幅最多,为 26%。相比之下,2009年下降幅度最大,为 28.5%。同时,2019 年对外贸易进口额呈现下降趋势,比 2018 年下跌 2.6 个百分点。具体数据见表 14-1 和图 14-3。

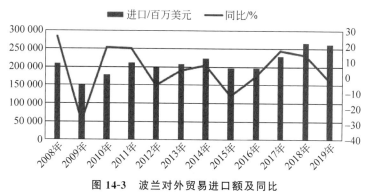

图 14-3　波兰对外贸易进口额及同比

14.2　主要贸易市场结构

2019 年波兰出口总额为 264 019 百万美元,出口伙伴国主要有德国、捷克、英国等国家。其中,出口至德国的货物金额最多,为 72 829 百万美元。在主要出口伙伴国中,出口至法国、俄罗斯、美国、瑞典和匈牙利五国的货物金额较2018年呈增加趋势。具体数据见表14-2和图14-4。

表14-2　2019年波兰对主要贸易伙伴出口额

国家和地区	金额/百万美元	同比/%	占比/%
总值	264 019	0.2	100
德国	72 829	−2	27.6
捷克	16 143	−4	6.1
英国	15 811	−3.8	6
法国	15 375	4.9	5.8
意大利	12 110	−0.3	4.6
荷兰	11 616	−2.4	4.4
俄罗斯	8 316	4.5	3.2
美国	7 577	4.6	2.9
瑞典	7 376	0.4	2.8
匈牙利	7 294	3.8	2.8

数据来源：商务部国别报告网、UN Comtrade数据库、全球贸易观察等，经本课题组整理所得。

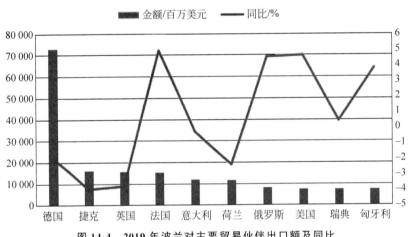

图14-4　2019年波兰对主要贸易伙伴出口额及同比

2019年波兰进口总额262 004百万美元，进口伙伴国主要有德国、中国、俄罗斯等国家。其中，自德国进口货物的金额占比最大，为70 124百万美元。在主要进口伙伴国中，只有自中国进口货物的金额较2018年呈增长趋势，其他均是下降趋势。具体数据见表14-3和图14-5。

表14-3　2019年波兰自主要贸易伙伴进口额

国家和地区	金额/百万美元	同比/%	占比/%
总值	262 004	−2.6	100.0
德国	70 124	−5.4	26.8
中国	22 984	8.4	8.8
俄罗斯	15 920	−15.4	6.1

续表

国家和地区	金额/百万美元	同比/%	占比/%
荷兰	14 559	−2.4	5.6
意大利	13 149	−5.1	5.0
法国	10 536	−1.5	4.0
捷克	10 398	−3.5	4.0
比利时	9 622	−4.4	3.7
英国	6 607	−5.8	2.5
西班牙	6 172	−2.4	2.4

数据来源：商务部国别报告网、UN Comtrade 数据库、全球贸易观察等，经本课题组整理所得。

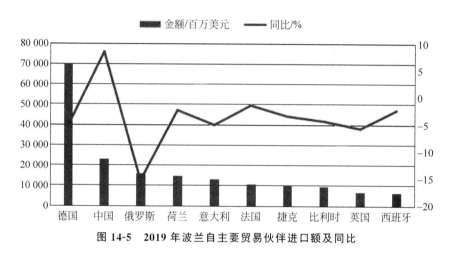

图 14-5　2019 年波兰自主要贸易伙伴进口额及同比

14.3　主要进出口商品结构

2019 年波兰出口商品总额为 264 019 百万美元，同比增长 0.17%。在出口商品构成中，有商品编码为 84（核反应堆、锅炉、机器、机械器具及其零件）、87（车辆及其零件、附件，但铁道及电车道车辆除外）、85（电机、电气设备及其零件；声音的录制和重放设备及其零件、附件）、94（家具；寝具、褥垫、弹簧床垫、软座垫及类似的填充制品；未列名灯具及照明装置；发光标志、发光铭牌及类似品；活动房屋）等商品。相比 2018 年，商品编号为 90（光学、照相、电影、计量、检验、医疗或外科用仪器及设备、精密仪器及设备；上述物品的零件、附件）、38（杂项化学产品）、71（天然或养殖珍珠、宝石或半宝石、贵金属、包贵金属及其制品；仿首饰；硬币）、12（含油子仁及果实；杂项子仁及果实；工业用或药用植物；稻草、秸秆及饲料）等商品呈现增长趋势，尤其是 86〔铁道及电车道机车、车辆及其零件；铁道及电车道轨道固定装置及其零件、附件；各种机械（包括电动机械）交通信号设备〕增幅最大。与此同时，商品编号为 27（矿物燃料、矿物油及其蒸馏产品；沥青物质；矿物蜡）的商品下降幅度最大。具体数据见表 14-4 和图 14-6。

表 14-4　2019 年波兰主要出口商品结构

商品编码	商品类别	金额/百万美元	占比/%	同比/%
总值		264 019.0	100.00	0.17
84	核反应堆、锅炉、机器、机械器具及其零件	36 635.8	13.88	3.72
87	车辆及其零件、附件,但铁道及电车道车辆除外	30 074.9	11.39	−0.20
85	电机、电气设备及其零件；声音的录制和重放设备及其零件、附件	29 331.1	11.11	2.71
94	家具；寝具、褥垫、弹簧床垫、软坐垫及类似的填充制品；未列名灯具及照明装置；发光标志、发光铭牌及类似品；活动房屋	14 924.9	5.65	−1.20
39	塑料及其制品	12 833.2	4.86	−1.98
73	钢铁制品	8 835.8	3.35	−0.01
27	矿物燃料、矿物油及其蒸馏产品；沥青物质；矿物蜡	5 896.0	2.23	−14.60
02	肉及食用杂碎	5 818.2	2.20	−3.43
40	橡胶及其制品	5 450.7	2.06	−6.64
44	木及木制品；木炭	5 327.7	2.02	−5.21
90	光学、照相、电影、计量、检验、医疗或外科用仪器及设备、精密仪器及设备；上述物品的零件、附件	5 253.0	1.99	6.65
48	纸及纸板；纸浆、纸或纸板制品	5 006.5	1.90	−4.24
72	钢铁	4 864.9	1.84	−11.70
24	烟草及烟草代用品的制品	4 127.1	1.56	3.86
30	药品	4 057.8	1.54	5.61
33	精油及香膏,芳香料制品,化妆盥洗品	3 899.6	1.48	0.54
74	铜及其制品	3 707.7	1.40	6.32
76	铝及其制品	3 681.3	1.39	−4.39
62	非针织或非钩编的服装及衣着附件	3 658.1	1.39	−1.92
61	针织或钩编的服装及衣着附件	3 181.0	1.20	6.33
19	谷物、粮食粉、淀粉或乳的制品；糕饼点心	3 019.4	1.14	3.33
89	船舶及浮动结构体	2 960.6	1.12	−13.16
04	乳品；蛋品；天然蜂蜜；其他食用动物产品	2 764.5	1.05	−3.53
38	杂项化学产品	2 716.9	1.03	20.17
95	玩具、游戏品、运动用品及其零件、附件	2 712.0	1.03	−7.20
34	肥皂、有机表面活性剂、洗涤剂、润滑剂、人造蜡、调制蜡、光洁剂、蜡烛及类似品、塑型用膏、"牙科用蜡"及牙科用熟石膏制剂	2 475.9	0.94	3.34
64	鞋靴、护腿和类似品及其零件	2 436.8	0.92	16.26
21	杂项食品	2 272.4	0.86	3.82
70	玻璃及其制品	2 265.4	0.86	−1.25
83	贱金属杂项制品	2 177.0	0.82	−5.45
49	书籍、报纸、印刷图画及其他印刷品；手稿、打字稿及设计图纸	2 160.6	0.82	3.84
16	肉、鱼、甲壳动物,软体动物及其他水生无脊椎动物的制品	1 997.6	0.76	−0.78
18	可可及可可制品	1 886.4	0.71	3.25

续表

商品编码	商 品 类 别	金额/百万美元	占比/%	同比/%
03	鱼、甲壳动物、软体动物及其他水生无脊椎动物	1 852.2	0.70	0.52
86	铁道及电车道机车、车辆及其零件；铁道及电车道轨道固定装置及其零件、附件；各种机械（包括电动机械）交通信号设备	1 806.3	0.68	39.94
82	贱金属工具、器具、利口器、餐匙、餐叉及其零件	1 657.8	0.63	5.53
23	食品工业的残渣及废料配制的动物饲料	1 613.6	0.61	8.49
29	有机化学品	1 591.8	0.60	−8.90
20	蔬菜、水果、坚果或植物其他部分的制品	1 542.6	0.58	−5.99
96	杂项制品	1 541.7	0.58	2.66
68	石料、石膏、水泥、石棉、云母及类似材料的制品	1 526.2	0.58	3.83
71	天然或养殖珍珠、宝石或半宝石、贵金属、包贵金属及其制品；仿首饰；硬币	1 497.9	0.57	31.24
69	陶瓷产品	1 371.6	0.52	0.92
07	食用蔬菜、根及块茎	1 363.3	0.52	1.36
63	其他纺织制成品；成套物品；旧衣着及旧纺织品；碎织物	1 338.5	0.51	−1.75
08	食用水果及坚果；柑橘属水果或甜瓜的果皮	1 270.4	0.48	−4.76
32	鞣料浸膏及染料浸膏；鞣酸及其衍生物；染料、颜料及其他着色料；油漆及清漆；油灰及其他类似胶黏剂；墨水、油墨	1 233.2	0.47	−2.50
88	航空器、航天器及其零件	1 202.4	0.46	−9.45
22	饮料、酒及醋	1 145.7	0.43	3.88
28	无机化学品；贵金属、稀土金属、放射性元素及其同位素的有机及无机化合物	1 103.1	0.42	0.33
10	谷物	919.2	0.35	−4.50
17	糖及糖食	782.7	0.30	−6.06
31	肥料	744.0	0.28	2.79
42	皮革制品；鞍具及挽具；旅行用品、手提包及类似容器；动物肠线（蚕胶丝除外）制品	692.0	0.26	7.93
09	咖啡、茶、马黛茶及调味香料	641.6	0.24	6.69
15	动、植物油、脂及其分解产品；精制的食用油脂；动、植物蜡	521.5	0.20	6.41
12	含油子仁及果实；杂项子仁及果实；工业用或药用植物；稻草、秸秆及饲料	485.0	0.18	21.46
59	浸渍、涂布、包覆或层压的纺织物；工业用纺织制品	481.8	0.18	9.50
56	絮胎、毡呢及无纺织物；特种纱线；线、绳、索、缆及其制品	476.2	0.18	3.16
05	其他动物产品	393.0	0.15	2.17

数据来源：商务部国别报告网、UN Comtrade 数据库、全球贸易观察等，经本课题组整理所得。

2019 年波兰进口商品总额为 262 004 百万美元，同比下降 2.6%。在进口商品构成中，主要有商品编号为 84（核反应堆、锅炉、机器、机械器具及其零件）、85（电机、电气设备及其零件；声音的录制和重放设备及其零件、附件）、87（车辆及其零件、附件，但铁道及电车道车辆

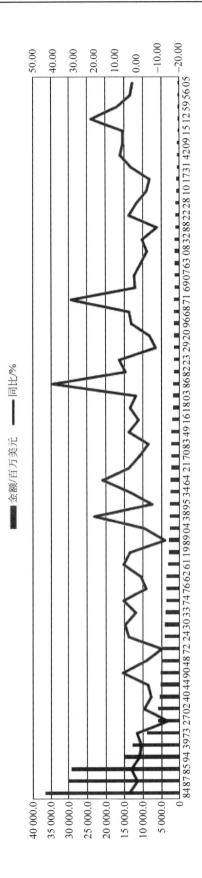

图 14-6　2019 年波兰主要出口商品金额及同比

除外）、27（矿物燃料、矿物油及其蒸馏产品；沥青物质；矿物蜡）、39（塑料及其制品）等商品。相比 2018 年，商品编码为 61（针织或钩编的服装及衣着附件）、64（鞋靴、护腿和类似品及其零件）、88（航空器、航天器及其零件）、07（食用蔬菜、根及块茎）、71（天然或养殖珍珠、宝石或半宝石、贵金属、包贵金属及其制品；仿首饰；硬币）等商品呈现增长趋势，尤其是 86〔铁道及电车道机车、车辆及其零件；铁道及电车道轨道固定装置及其零件、附件；各种机械（包括电动机械）交通信号设备〕增幅最大。同时，商品编号为 44（木及木制品；木炭）的商品下降幅度最大。具体数据见表 14-5 和图 14-7。

表 14-5　2019 年波兰主要进口商品结构

商品编码	商 品 类 别	金额/百万美元	占比/%	同比/%
总值		262 004.0	100.00	−2.60
84	核反应堆、锅炉、机器、机械器具及其零件	30 621.7	12.41	−8.02
85	电机、电气设备及其零件；声音的录制和重放设备及其零件、附件	28 506.9	11.56	−7.82
87	车辆及其零件、附件，但铁道及电车道车辆除外	25 161.3	10.20	−4.65
27	矿物燃料、矿物油及其蒸馏产品；沥青物质；矿物蜡	20 049.5	8.13	−17.50
39	塑料及其制品	13 335.7	5.41	−18.08
72	钢铁	9 120.4	3.70	−18.42
30	药品	6 469.2	2.62	−16.05
73	钢铁制品	5 581.9	2.26	−15.71
90	光学、照相、电影、计量、检验、医疗或外科用仪器及设备、精密仪器及设备；上述物品的零件、附件	5 579.9	2.26	−6.42
48	纸及纸板；纸浆、纸或纸板制品	4 992.6	2.02	−8.83
76	铝及其制品	4 388.9	1.78	−17.44
62	非针织或非钩编的服装及衣着附件	4 234.4	1.72	−0.51
61	针织或钩编的服装及衣着附件	4 047.1	1.64	4.24
94	家具；寝具、褥垫、弹簧床垫、软坐垫及类似的填充制品；未列名灯具及照明装置；发光标志、发光铭牌及类似品；活动房屋	3 980.6	1.61	3.49
99	其他产品	3 946.2	1.60	−2.02
40	橡胶及其制品	3 918.1	1.59	−9.29
95	玩具、游戏品、运动用品及其零件、附件	3 200.9	1.30	−8.79
29	有机化学品	3 150.8	1.28	−29.76
64	鞋靴、护腿和类似品及其零件	3 055.4	1.24	8.37
38	杂项化学产品	2 882.2	1.17	−19.50
33	精油及香膏，芳香料制品，化妆盥洗品	2 828.7	1.15	0.46
03	鱼、甲壳动物、软体动物及其他水生无脊椎动物	2 387.4	0.97	0.19
89	船舶及浮动结构体	2 282.6	0.93	6.10
23	食品工业的残渣及废料配制的动物饲料	2 245.6	0.91	0.89
83	贱金属杂项制品	2 017.9	0.82	−0.78
02	肉及食用杂碎	1 957.1	0.79	−1.82
32	鞣料浸膏及染料浸膏；鞣酸及其衍生物；染料、颜料及其他着色料；油漆及清漆；油灰及其他类似胶黏剂；墨水、油墨	1 931.3	0.78	−9.29
88	航空器、航天器及其零件	1 917.5	0.78	6.80
08	食用水果及坚果；柑橘属水果或甜瓜的果皮	1 802.9	0.73	−17.43
74	铜及其制品	1 800.3	0.73	−7.46

续表

商品编码	商 品 类 别	金额/百万美元	占比/%	同比/%
82	贱金属工具、器具、利口器、餐匙、餐叉及其零件	1 498.2	0.61	−4.14
70	玻璃及其制品	1 480.3	0.60	−6.46
28	无机化学品；贵金属、稀土金属、放射性元素及其同位素的有机及无机化合物	1 430.2	0.58	−6.40
34	肥皂、有机表面活性剂、洗涤剂、润滑剂、人造蜡、调制蜡、光洁剂、蜡烛及类似品、塑型用膏、"牙科用蜡"及牙科用熟石膏制剂	1 422.7	0.58	0.67
18	可可及可可制品	1 330.6	0.54	0.44
21	杂项食品	1 319.6	0.53	−4.02
44	木及木制品；木炭	1 284.7	0.52	−63.90
04	乳品；蛋品；天然蜂蜜；其他食用动物产品	1 182.8	0.48	0.77
26	矿砂、矿渣及矿灰	1 179.9	0.48	3.63
07	食用蔬菜、根及块茎	1 134.8	0.46	15.84
63	其他纺织制成品；成套物品；旧衣着及旧纺织品；碎织物	1 130.7	0.46	4.18
22	饮料、酒及醋	1 077.4	0.44	−5.46
15	动、植物油、脂及其分解产品；精制的食用油脂；动、植物蜡	1 049.1	0.43	−1.02
42	皮革制品；鞍具及挽具；旅行用品、手提包及类似容器；动物肠线（蚕胶丝除外）制品	1 035.3	0.42	4.77
31	肥料	1 001.6	0.41	7.49
24	烟草及烟草代用品的制品	987.6	0.40	6.73
71	天然或养殖珍珠、宝石或半宝石、贵金属、包贵金属及其制品；仿首饰；硬币	981.3	0.40	17.43
20	蔬菜、水果、坚果或植物其他部分的制品	929.3	0.38	1.91
96	杂项制品	876.3	0.36	−7.74
68	石料、石膏、水泥、石棉、云母及类似材料的制品	834.5	0.34	−0.29
86	铁道及电车道机车、车辆及其零件；铁道及电车道轨道固定装置及其零件、附件；各种机械（包括电动机械）交通信号设备	822.8	0.33	36.28
25	盐；硫黄；泥土及石料；石膏料、石灰及水泥	822.5	0.33	2.50
01	活动物/动物产品	821.1	0.33	2.04
09	咖啡、茶、马黛茶及调味香料	814.6	0.33	−0.67
54	化学纤维长丝	796.1	0.32	−6.05
19	谷物、粮食粉、淀粉或乳的制品；糕饼点心	787.0	0.32	−27.66
49	书籍、报纸、印刷图画及其他印刷品；手稿、打字稿及设计图纸	777.2	0.32	0.32
56	絮胎、毡呢及无纺织物；特种纱线；线、绳、索、缆及其制品	749.8	0.30	−2.90
12	含油子仁及果实；杂项子仁及果实；工业用或药用植物；稻草、秸秆及饲料	745.8	0.30	−13.20
47	木浆及其他纤维状纤维素浆；回收（废碎）纸或纸板	736.5	0.30	−22.87

数据来源：全球贸易观察、UN Comtrade 数据库等，经本课题组整理所得。

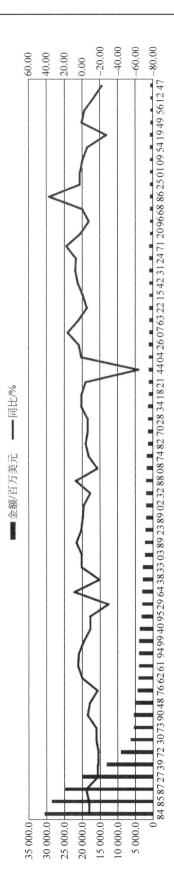

图 14-7　2019 年波兰进口商品金额及同比

14.4 波兰优势产业及其特征

1. 汽车及其零部件制造业

波兰汽车及其零部件制造业优势较为明显,每年约98％的产出出口国外市场。波兰汽车工业的主要特点是外资企业占主导地位,以汽车装配为主,汽车零部件生产商技术标准高、品种齐全,加工生产增长较快。意大利菲亚特公司是该行业的主要西方投资者,占有57％的市场份额,生产基地位于波兰西南部城市别尔斯克一比亚瓦。菲亚特汽车波兰公司、通用汽车波兰公司(波兰欧宝)、大众汽车波兹南公司和波兰FSO股份公司4家汽车制造商的产量,占据波兰汽车总产量的99％。波兰汽车零部件产业蓬勃发展,已成为欧洲汽车零部件主要生产国之一,全球重要的汽车零部件制造商如天合、天纳克、法雷奥、德尔福、威伯拉、佛吉亚、依顿等也在波兰建立了研发中心,大众、欧宝、奥迪、菲亚特、斯柯达和本田等著名品牌的发动机、变速箱等零部件都在波兰生产。

该行业人力资本储备丰富,越来越多的学生选择汽车工程相关专业,仅一学年就有约7％的在校生选择汽车工程专业。

2. 家具制造业

近年来,波兰成为世界第六大家具制造国、第四大家具出口国。家具、寝具、坐垫、床垫、照明装置等均具有较强优势(RCA指标排名第二),特别是坐垫、家具及其零件出口规模较大,出口目的国主要为西欧国家,包括德国、英国、捷克、法国及荷兰等。

波兰是仅次于中国的宜家第二大供应国,拥有超过2.7万家家具制造企业,其中大企业407家,与中等规模企业产量之和占行业总产量的75％以上。波兰当地规模较大的企业包括BRW(Black Red White,波兰和海外拥有21个生产厂)、Nowy Styl集团公司(欧洲第三大办公家具制造商,拥有高技术办公家具生产厂),此外,还有Forte、Szynaka和Wojcik处于行业领先地位。目前,在家具制造业,波兰企业与中国企业合作程度一般,中国和波兰该领域产业内贸易规模可进一步扩大。

3. 烟草制品业

波兰是欧盟第二大烟草制品生产国,按价值链划分为四个阶段:烟草种植、初级加工、烟草制品制造及销售。2016年波兰烟草制品产出15.8万吨,其中包括香烟1750亿支和其他烟草产品2.7万吨。创造相关就业岗位56万个,包括烟草种植5万人,烟草制造约1万人,其他涉及烟草贸易与分销。波兰烟草种植以Virginia和Burley为主,大型烟草加工企业主要有两家,即位于Jędrzejów的Universal LeafTobacco Poland,和Fermentownia Tytoniu Krasnystaw(Krasnystaw),烟草制造商以跨国公司为主,包括Philip Morris(Kraków)、British American Tobacco(Augustów)、Imperial Tobacco(Radom)、Tarnów Podgórny(Poznań)和JTI factory(Stary Gostków,Łódz附近)。坐落于Radom的International Tobacco Machinery Poland S. A.是世界最大的专门设计制造烟草生产设备的企业之一,还有一系列提供设备维护的企业。此外,共享服务中心为大型烟草公司提供行政管理和会计服务。

4. 商务服务业

商务服务业(business services sector，BSS)优势明显。波兰以其高质量服务、可忽略的文化差异、较小的时差成为美欧企业外包服务的首选。传统外包服务以呼叫中心、人力资源和会计服务外包为主,在波兰政府优惠政策的引导下,越来越多的研发中心向波兰转移。此外,大量接受过高等教育的熟练劳动力流入大城市,使劳动力成本得以维持在较低水平。近年来,劳动力金融服务水平的提高吸引企业将资产管理服务外包给波兰企业。与此同时,财政部与经济委员会正积极合作,致力于修改相关法规,预期未来 3~7 年,资产管理服务将新增就业 10 万人,该行业的升级再造为中国企业利用当地劳动力成本优势提供了机会。

5. 运输服务业

波兰位于欧洲中部,西与德国为邻,南与捷克、斯洛伐克接壤,东邻俄罗斯、立陶宛、白俄罗斯、乌克兰,北濒波罗的海,成为架起东西欧、南北欧的桥梁,因此造就出波兰高度发达的运输服务业。其中,公路和铁路运输是规模最大的部门,政府对其基础设施升级改造投入了大量资金,公路运输占货物运输总规模的 88%,而客运则仅占 40.1%,相比而言,旅客运输市场则较为分散,铁路客运和空运各占 30.5% 和 28%。

14.5　中国和波兰双边贸易概况

2019 年波兰与中国双边货物进出口额为 25 950 百万美元。从商品类别看,波兰对中国进口金额最多的商品为机电产品,对中国出口金额最多的商品为铜及其制品。

2019 年波兰对中国出口商品总额为 2 966 百万美元,同比增长 19.4%。在出口商品构成中,以商品编号为 74(铜及其制品)的商品为主,该类商品占对中国出口商品总额的 22.3%。相比 2018 年,商品编码为 84(核反应堆、锅炉、机械器具及零件)、85(电机、电气、音像设备及其零附件)、44(木及木制品;木炭)、94(家具;寝具等;灯具;活动房)等商品呈现增长趋势,尤其是 02(肉及食用杂碎)增幅最大。与此同时,商品编号为 86(铁道车辆;轨道装置;信号设备)的商品下降幅度最大。具体数据见表 14-6 和图 14-8。

表 14-6　2019 年波兰对中国出口主要商品构成

商品编码	商品类别	金额/百万美元	同比/%	占比/%
总值		2 966	19.4	100.0
74	铜及其制品	661	18.9	22.3
84	核反应堆、锅炉、机械器具及零件	528	31.2	17.8
85	电机、电气、音像设备及其零附件	365	9.9	12.3
44	木及木制品;木炭	163	112.2	5.5
94	家具;寝具等;灯具;活动房	153	−18.0	5.2
40	橡胶及其制品	142	27.2	4.8
87	车辆及其零附件,但铁道车辆除外	122	20.9	4.1
90	光学、照相、医疗等设备及零附件	114	8.6	3.8

商品编码	商 品 类 别	金额/百万美元	同比/%	占比/%
39	塑料及其制品	89	−6.4	3.0
04	乳；蛋；蜂蜜；其他食用动物产品	89	50.0	3.0
02	肉及食用杂碎	55	626.5	1.9
73	钢铁制品	53	29.7	1.8
68	矿物材料的制品	48	43.5	1.6
28	无机化学品；贵金属等的化合物	31	92.2	1.0
19	谷物粉、淀粉等或乳的制品；糕饼	30	112.5	1.0
26	矿砂、矿渣及矿灰	26	90.4	0.9
38	杂项化学产品	25	26.5	0.9
48	纸及纸板；纸浆、纸或纸板制品	20	−17.9	0.7
82	贱金属器具、利口器、餐具及零件	20	31.2	0.7
30	药品	18	6.0	0.6
83	贱金属杂项制品	15	−46.5	0.5
69	陶瓷产品	15	8.5	0.5
34	洗涤剂、润滑剂、人造蜡、塑型膏等	13	4.8	0.4
05	其他动物产品	13	−30.0	0.4
33	精油及香膏；香料制品及化妆盥洗品	12	−7.8	0.4
59	浸、包或层压织物；工业用纺织制品	12	36.2	0.4
01	活动物；动物产品	12	156.8	0.4
76	铝及其制品	10	−23.0	0.3
86	铁道车辆；轨道装置；信号设备	9	−47.3	0.3
32	鞣料；着色料；涂料；油灰；墨水等	8	61.6	0.3

数据来源：商务部国别报告网、UN Comtrade 数据库、全球贸易观察等，经本课题组整理所得。

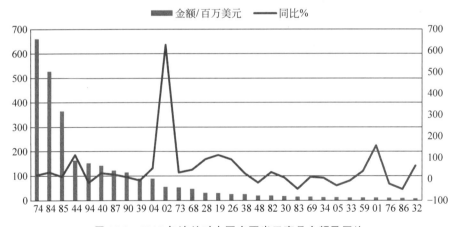

图 14-8　2019 年波兰对中国主要出口商品金额及同比

　　2019 年波兰自中国进口商品总额为 22 984 百万美元，同比增长 8.4%。在进口商品构成中，以商品编号为 85（电机、电气、音像设备及其零件、附件）、84（核反应堆、锅炉、机械器具及零件）等商品为主，上述商品占自中国进口商品总额的 50.4%。相比 2018 年，商品编码为 94（家具；寝具等；灯具；活动房）、87（车辆及其零附件，但铁道车辆除外）、63（其他纺织制品；成套物品；旧纺织品）、30（药品）等商品呈现增长趋势，尤其是 38（杂项化学产品）增幅最大。与此同时，商品编号为 95（玩具、游戏或运动用品及其零附件）的商品下降幅度最大。具体数据见表 14-7 和图 14-9。

表 14-7 2019 年波兰自中国进口主要商品构成

商品编码	商品类别	金额/百万美元	同比/%	占比/%
总值		22 984	8.4	100.0
85	电机、电气、音像设备及其零件、附件	7 053	8.7	30.7
84	核反应堆、锅炉、机械器具及零件	4 532	7.1	19.7
94	家具；寝具等；灯具；活动房	1 178	13.2	5.1
90	光学、照相、医疗等设备及零附件	734	9.2	3.2
95	玩具、游戏或运动用品及其零附件	702	−12.2	3.1
73	钢铁制品	677	8.7	3.0
39	塑料及其制品	637	8.5	2.8
87	车辆及其零附件，但铁道车辆除外	606	15.2	2.6
62	非针织或非钩编的服装及衣着附件	580	9.1	2.5
61	针织或钩编的服装及衣着附件	559	10.6	2.4
64	鞋靴、护腿和类似品及其零件	414	8.4	1.8
29	有机化学品	383	0.7	1.7
83	贱金属杂项制品	346	8.2	1.5
76	铝及其制品	333	6.6	1.5
42	皮革制品；旅行箱包；动物肠线制品	293	3.1	1.3
63	其他纺织制品；成套物品；旧纺织品	289	23.6	1.3
82	贱金属器具、利口器、餐具及零件	289	12.5	1.3
40	橡胶及其制品	217	1.1	1.0
70	玻璃及其制品	216	5.5	0.9
54	化学纤维长丝	199	3.0	0.9
30	药品	195	80.6	0.9
96	杂项制品	186	7.2	0.8
38	杂项化学产品	173	103.3	0.8
48	纸及纸板；纸浆、纸或纸板制品	134	27.2	0.6
72	钢铁	122	−11.5	0.5
69	陶瓷产品	120	12.7	0.5
03	鱼及其他水生无脊椎动物	113	24.3	0.5
68	矿物材料的制品	104	8.9	0.5
67	加工羽毛及制品；人造花；人发制品	88	18.0	0.4
44	木及木制品；木炭	85	−1.8	0.4

数据来源：商务部国别报告网、UN Comtrade 数据库、全球贸易观察等，经本课题组整理所得。

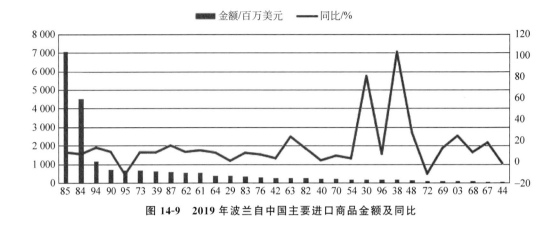

图 14-9　2019 年波兰自中国主要进口商品金额及同比

14.6　中国和波兰贸易竞争性与互补性分析

14.6.1　中国和波兰显性比较优势指数（RCA）分析

利用《国际贸易商品标准分类（第四版）》（SITC. Rev4），以 2018 年为例，对中国与波兰显性比较优势指数（RCA）进行分析。具体数据见表 14-8。

表 14-8　2018 年波兰商品出口额

SITC	商品类别名称	金额/百万美元
SITC0	食品和活动物	28 251.52
SITC1	饮料及烟草	4 980.96
SITC2	非食用燃料（不包含燃料）	5 958.20
SITC3	矿物燃料、润滑油及有关原料	6 802.02
SITC4	动植物油、油脂和蜡	291.18
SITC5	未列明的化学品和有关产品	23 643.64
SITC6	主要按原材料分类的制成品	49 010.63
SITC7	机械及运输设备	97 650.23
SITC8	杂项制品	44 729.72
SITC9	没有分类的其他商品	497.16

数据来源：UN Comtrade 数据库等，经本课题组整理所得。

通过 UN Comtrade 数据库等相关数据库的数据，经本课题组整理得到：2018 年中国所有商品出口额约为 2 494 230 百万美元，波兰所有商品出口额 260 601 百万美元，世界所有商品出口额 19 051 239 百万美元。

按照公式 $RCA_{xik} = (X_{ik}/X_{wk})/(X_i/X_w)$，得出计算结果如表 14-9 所示。

表 14-9　2018 年中国和波兰显性比较优势指数(RCA)计算结果

国家	商品									
	SITC0	SITC1	SITC2	SITC3	SITC4	SITC5	SITC6	SITC7	SITC8	SITC9
中国	0.43	0.18	0.19	0.18	0.10	0.59	1.35	1.34	1.94	0.04
波兰	1.76	2.31	2.76	0.25	0.25	0.79	1.54	1.03	1.46	0.03

根据上述结果分析得到:

(1) 波兰除了 SITC3、SITC4、SITC5、和 SITC9 四类商品外,其余商品均具有显性比较优势。其中,SITC2 的 RCA 值最高,为 2.76,说明具有比较明显的显性比较优势;

(2) 在 SITC6、SITC7 和 SITC8 三类商品中,中国与波兰都具有显性比较优势。在 SITC3、SITC4、SITC5 和 SITC9 这四类商品中,两国显性优势比较指数均小于 1,说明两国都不具备比较优势。

14.6.2　中国和波兰贸易互补性指数(TCI)分析

利用《国际贸易商品标准分类(第四版)》(SITC. Rev4),以 2018 年为例,对中国与波兰贸易互补性指数(TCI)进行分析。具体数据见表 14-10。

表 14-10　2018 年波兰商品进口额

SITC	商品类别名称	金额/百万美元
SITC0	食品和活动物	18 655.49
SITC1	饮料及烟草	1 912.78
SITC2	非食用燃料(不包含燃料)	8 176.19
SITC3	矿物燃料、润滑油及有关原料	23 549.71
SITC4	动植物油、油脂和蜡	915.28
SITC5	未列明的化学品和有关产品	36 447.67
SITC6	主要按原材料分类的制成品	46 744.81
SITC7	机械及运输设备	92 805.60
SITC8	杂项制品	34 314.95
SITC9	没有分类的其他商品	4 177.41

数据来源: UN Comtrade 数据库等,经本课题组整理所得。

通过 UN Comtrade 数据库等相关数据库的数据,经本课题组整理得到:2018 年中国所有商品进口额约为 2 134 982 百万美元,波兰所有商品进口额 266 497 百万美元,世界所有商品进口额 19 253 036 百万美元。

按照公式 $TCI_{ij} = RCA_{xik} \times RCA_{mjk}$,得出计算结果如表 14-11 所示。

表 14-11　2018 年中国和波兰贸易互补性指数(TCI)计算结果

国家	商品									
	SITC0	SITC1	SITC2	SITC3	SITC4	SITC5	SITC6	SITC7	SITC8	SITC9
中国	1.99	0.16	0.14	0.12	0.07	0.67	1.98	1.26	2.20	0.02
波兰	0.76	0.91	7.25	0.27	0.18	0.60	0.82	1.08	0.81	0.02

根据上述结果分析得到:

(1) 在 SITC7 这类商品,中国与波兰贸易互补性指数(TCI)均大于 1,说明两国在该类商品中互补性强,并未因为在该领域中双方都具有显性比较优势而激烈竞争。

(2) 在 SITC1、SITC3、SITC4、SITC5 和 SITC9 这几类商品中,双方 TCI 值均小于 1,说明两国互补性较弱。

14.7 中国和波兰贸易合作展望

近些年来,中国和波兰贸易关系发展顺利,双边贸易合作频繁。2019 年 10 月,第三届中国—中东欧国家海关合作论坛在波兰举办。11 月,波兰政府代表团和 51 家企业来华参加第二届中国国际进口博览会,双方企业成交金额位居中东欧国家之首。截至 2019 年底,中国对波兰直接投资累计约 600 百万美元,波兰对华直接投资累计资约 230 百万美元。中国向波兰出口的主要商品有机电、纺织、鞋类、家电、运输设备、钢铁、家具等,进口铜、化工、机电、钢铁、运输设备、纸制品、家具等产品。

据了解,波兰的基础设施比较落后,大量路线最高行驶速度不足 80 公里/小时,1/3 路线需要维修与维护,同时其铁路网络技术严重退化,波兰铁路货运总量比重近年出现下降趋势。为了进一步加强中国与波兰的良好贸易往来,因此对双边贸易发展进行如下展望。

(1) 波兰针对国内交通基础设施在《2020 交通发展战略及 2030 展望》和《2030 铁路发展计划》等规划中提到了建设与整合。中方企业可以对其项目进行融资、建造,以减轻波兰政府的财政负担。

(2) 波兰的煤、硫黄、铜、银类矿产资源丰富,出口量位居世界前列。中国经济快速增长,对矿产、矿物燃料资源的依存度持续上涨,能源供需缺口不断加大。两方可以进行长期、深度合作。

(3) 服务业是国与国合作最薄弱的环节,而其中的旅游业可以很好地带动中东欧国家的对外服务贸易。当前旅游业已成为多数中东欧国家的经济支柱和重点鼓励发展行业,因此两国旅游业合作可以全面铺开、深入合作。

第 15 章
罗马尼亚的对外贸易

　　罗马尼亚,位于东南欧巴尔干半岛东北部。北和东北分别同乌克兰与摩尔多瓦为邻,南接保加利亚,西南和西北分别同塞尔维亚与匈牙利接壤,东南临黑海。四季分明,平均气温 1 月为 $-3\sim5$℃,7 月为 $22\sim24$℃。面积 23.8 万平方公里。截至 2019 年,总人口 1941 万。罗马尼亚族占 88.6%,匈牙利族占 6.5%,罗姆族占 3.2%,日耳曼族和乌克兰族各占 0.2%,其余民族为俄罗斯、土耳其、鞑靼等。城市人口所占比例为 53.8%,农村人口所占比例为 46.2%。官方语言为罗马尼亚语,主要少数民族语言为匈牙利语。首都布加勒斯特,人口 214 万(2019 年)。

　　2019 年 GDP 249 987 百万美元,人均国内生产总值 1.2 万美元,GDP 增长率 4.1%。矿藏有石油、天然气、煤、铝土矿、金、银、铁、锰、锑、盐、铀、铅等,森林面积为 653 万公顷,约占全国面积的 27.3%,水力资源蕴藏量为 625 万千瓦。内河和沿海产多种鱼类。工业方面,主要工业部门有冶金、汽车制造、石油化工和仪器加工等。2019 年工业产值同比下降 2.3%,其中采掘业下降 2.7%,加工业下降 1.9%,能源业下降 4.2%。农业方面,农业在罗马尼亚经济中占有重要地位。土地肥沃,雨水充足,农业生产条件良好。2018 年粮食产量 3 155 万吨。全国农业种植面积 1 470 万公顷,其中耕地面积 1 000 万公顷。主要种植小麦、玉米、向日葵、土豆、苹果、葡萄等。旅游业方面,旅游资源较丰富。主要旅游点包括布加勒斯特、黑海海滨、多瑙河三角洲、摩尔多瓦地区、喀尔巴阡山山区等。交通运输方面,以公路、铁路运输为主。铁路总长 10 765 公里,其中电气化铁路占 37.4%。铁路货运量 5 542 万吨,客运量 6 650 万人次。公路总长 8.62 万公里,其中高速公路 830 公里,国家级公路 1.8 万公里。公路货运量为 2.4 亿吨,客运量 3.6 亿人次。河道长 1 779 公里,拥有港口 35 个、海港 3 个。内河货运量为 2 971 万吨,客运量 12 万人次;海运货运量为 4 911 万吨。康斯坦察港现有 156 个泊位,是黑海第一大港。空运已开辟连接首都和国内 17 个城市、欧洲大多数国家的航线。主要航空公司为罗马尼亚航空公司(TAROM)。有 6 个国际机场,最重要的是布加勒斯特广达国际机场,还有康斯坦察、蒂米什瓦拉、阿拉德、锡比乌、苏恰瓦等机场。空运货运量为 4.9 万吨,客运量 2 181 万人次。

　　对外贸易方面,罗马尼亚目前同世界 180 多个国家和地区有经贸往来。主要出口产品有鞋类、服装、纺织品。主要进口产品有机电、家电、矿产品、石油产品。主要贸易国为德国、意大利、法国。

　　据欧盟统计局统计,从国别(地区)看,罗马尼亚是欧盟成员国,其超过一半的货物贸易是在欧盟内部进行。在欧盟区域内,罗马尼亚最主要的出口国是德国、意大利和法国,2019 年出口额分别为 17 292 百万美元、8 609 百万美元和 5 326 百万美元,增减幅分别为 -5.9%、-5.1% 和 -6.1%,占罗马尼亚出口总额的 22.5%、11.2% 和 6.9%;在欧盟区域内,罗马尼亚最主要的进口国是德国和意大利,2019 年进口额分别为 19 361 百万美元和 8 711 百万美元,下降 2.6％和 4.7％,占罗马尼亚进口总额的 20.1％和 9.0％。在欧盟区域外,美国是罗马尼亚最主要的出口国,2019 年出口额为 1 372 百万美元,下降 6.7％,占罗马尼亚出口总额的 1.8％。从商品看,机电产品、车辆及其零件和机械器具及其零件是罗马尼亚的主要出口商品,2019 年出口额分别为 13 620.64 百万美元、13 070.03 百万美元和 8 692.96 百万美元,增减幅分别为－2.93％、－5.61％和－0.75％,占罗马尼亚出口总额的 17.72％、17.00％和 11.31％。机电产品、机械器具及其零件和车辆及其零件是罗马尼亚的前三大类进口商品,2019 年分别进口 14 614.3 百万美元、11 548.3 百万美元和 9 612 百万美元,增减幅分别为－3.01％、－5.74％和－0.70％,占罗马尼亚进口总额的 15.14％、11.96％和 9.96％。

据欧盟统计局统计,2019 年罗马尼亚对中国出口 685 百万美元,下降 10.1％;自中国进口 5 059 百万美元,下降 2.3％。2019 年机电产品对中国出口额为 168 百万美元,下降 4.9％,占罗马尼亚对中国出口总额的 24.6％。木及木制品,木炭是罗马尼亚对中国出口的第二大类商品,出口 137 百万美元,下降 6.4％,占罗马尼亚对中国出口总额的 20.0％。机械器具及其零件是罗马尼亚对中国出口的第三大类产品,出口 99 百万美元,下降 16.2％。罗马尼亚自中国进口的主要商品为机电产品、机械器具及其零件和医疗设备及其零件,2019 年三类商品分别进口 1 515 百万美元、1 156 百万美元和 276 百万美元,合计占罗马尼亚自中国进口总额的 58.3％。

15.1 对外贸易发展趋势

2019 年罗马尼亚货物进出口额为 173 407 百万美元,比上年(下同)下降 2.3％。其中,出口 76 875 百万美元,下降 3.5％;进口 96 532 百万美元,下降 1.2％。

罗马尼亚在 2008 年至 2019 年对外贸易总额呈现波动趋势。经历 2008 年的明显上升后,2009 年出现了剧烈下滑。2010 年和 2011 年保持稳定增长,但在 2012 年出现了小幅下跌。2013 年与 2014 年止跌反弹,但在 2015 年出现了明显下滑。经历 2016 年至 2018 年比较明显的增幅后,2019 年又出现了小幅下滑。具体数据见表 15-1 和图 15-1。

表 15-1 罗马尼亚对外贸易年度表

时间	总额/百万美元	同比/％	出口/百万美元	同比/％	进口/百万美元	同比/％
2008 年	133 975	20.6	49 685	22.5	84 291	19.4
2009 年	95 138	－29.0	40 674	－18.1	54 465	－35.4
2010 年	111 618	17.3	49 556	21.8	62 061	13.9
2011 年	139 595	25.1	63 052	27.2	76 543	23.3
2012 年	128 168	－8.2	57 902	－8.2	70 266	－8.2
2013 年	139 391	8.8	65 873	13.8	73 518	4.6
2014 年	147481	5.8	69729	5.9	77 752	5.8
2015 年	130 468	－11.5	60 618	－13.1	69 850	－10.2
2016 年	138 105	5.9	63 539	4.8	74 566	6.8
2017 年	156 299	13.2	70 785	11.4	85 513	14.7
2018 年	177 445	13.5	79 669	12.6	97 775	14.3
2019 年	173 407	－2.3	76 875	－3.5	96 532	－1.2

数据来源:商务部国别报告网、UN Comtrade 数据库、全球贸易观察等,经本课题组整理所得。

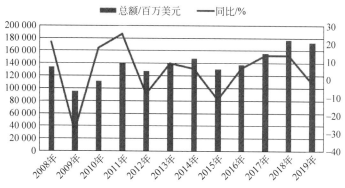

图 15-1　罗马尼亚对外贸易总额及同比

　　罗马尼亚在 2008 年至 2019 年对外贸易出口额存在波动趋势。2008 年和 2009 年情况截然相反,2008 年飞速上升,而 2009 年大幅下滑。2010 年和 2011 年止跌反弹,并维持明显上升趋势。但是,2012 年又出现了下滑,2013 年和 2014 年明显回升。经历了 2015 年同比下降之后,2016 年至 2018 年对外贸易出口额稳定增长,但在 2019 年又出现小幅下滑。具体数据见表 15-1 和图 15-2。

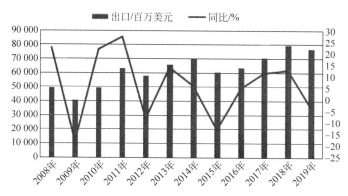

图 15-2　罗马尼亚对外贸易出口额及同比

　　罗马尼亚在 2008 年至 2019 年对外贸易进口额中,2018 年进口额最多,为 97 775 百万美元。2011 年增幅最多,为 23.3%。相比之下,2009 年进口额最少,为 54 465 百万美元,且下降幅度最大,为 35.4%。同时,2019 年对外贸易进口额呈现下降趋势,比 2018 年下跌 1.2个百分点。具体数据见表 15-1 和图 15-3。

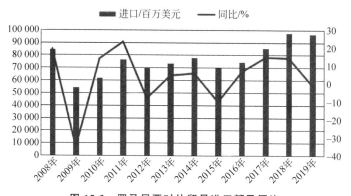

图 15-3　罗马尼亚对外贸易进口额及同比

15.2 主要贸易市场结构

2019 年罗马尼亚共出口 76 875 百万美元，出口伙伴国主要有德国、意大利和法国等。共进口 96 532 百万美元，进口伙伴国主要有德国、俄罗斯、意大利等。

2019 年罗马尼亚出口至德国的货物金额最多，为 17 292 百万美元。在主要出口伙伴国中，只有出口波兰、保加利亚、土耳其、捷克和荷兰五国的金额较 2018 年呈增加趋势。具体数据见表 15-2 和图 15-4。

表 15-2　2019 年罗马尼亚对主要贸易伙伴出口额

国家和地区	金额/百万美元	同比%	占比%
总值	76 875	−3.5	100.0
德国	17 292	−5.9	22.5
意大利	8 609	−5.1	11.2
法国	5 326	−6.1	6.9
匈牙利	3 720	−4.5	4.8
英国	2 887	−15.1	3.8
波兰	2 724	7.3	3.5
保加利亚	2 686	4.9	3.5
土耳其	2 437	6.5	3.2
捷克	2 423	2.4	3.2
荷兰	2 358	14.1	3.1

数据来源：商务部国别报告网、UN Comtrade 数据库、全球贸易观察等，经本课题组整理所得。

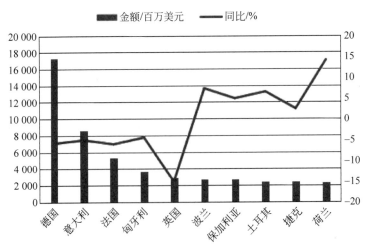

图 15-4　2019 年罗马尼亚对主要贸易伙伴出口额及同比

2019 年罗马尼亚自德国进口的货物金额占比最大，为 19 361 百万美元。在主要进口伙伴国中，只有自匈牙利、波兰、土耳其和荷兰四国进口的货物金额较 2018 年呈增加趋势。具体数据见表 15-3 和图 15-5。

表 15-3　2019 年罗马尼亚自主要贸易伙伴进口额

国家和地区	金额/百万美元	同比/%	占比/%
总值	96 532	−1.2	100.0
德国	19 361	−2.6	20.1
意大利	8 711	−4.7	9.0
匈牙利	6 804	1.4	7.1
波兰	5 770	6.5	6.0
中国	5 059	−2.3	5.2
法国	4 741	−4.7	4.9
土耳其	4 243	1.1	4.4
荷兰	3 810	0.4	4.0
俄罗斯	3 464	−5.6	3.6
奥地利	3 009	−6	3.1

数据来源：商务部国别报告网、UN Comtrade 数据库、全球贸易观察等，经本课题组整理所得。

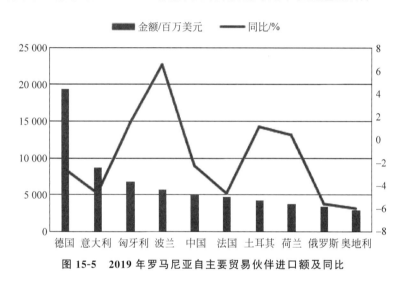

图 15-5　2019 年罗马尼亚自主要贸易伙伴进口额及同比

15.3　主要进出口商品结构

2019 年罗马尼亚出口商品总额为 76 875 百万美元，同比下降 3.5%。在出口商品构成中，有商品编码为 10（谷物）、90（光学、照相、电影、计量、检验、医疗或外科用仪器及设备、精密仪器及设备；上述物品的零件、附件）、24（烟草及烟草代用品的制品）、01（活动物/动物产品）、33（精油及香膏，芳香料制品，化妆盥洗品）、88（航空器、航天器及其零件）、34（肥皂、有机表面活性剂、洗涤剂、润滑剂、人造蜡、调制蜡、光洁剂、蜡烛及类似品、塑型用膏、"牙科用蜡"及牙科用熟石膏制剂）、71（天然或养殖珍珠、宝石或半宝石、贵金属、包贵金属及其制品；仿首饰；硬币）等商品呈现增长趋势，尤其是 71（天然或养殖珍珠、宝石或半宝石、贵金属、包贵金属及其制品；仿首饰；硬币）增幅最大。与此同时，商品编号为 89（船舶及浮动结构体）的商品下降幅度最大。具体数据见表 15-4 和图 15-6。

表 15-4　2019 年罗马尼亚主要出口商品结构

商品编码	商 品 类 别	金额/百万美元	占比/%	同比/%
总值		76 875.00	100.00	−3.50
85	电机、电气设备及其零件；声音的录制和重放设备及其零件、附件	13 620.64	17.72	−2.93
87	车辆及其零件、附件，但铁道及电车道车辆除外	13 070.03	17.00	−5.61
84	核反应堆、锅炉、机器、机械器具及其零件	8 692.96	11.31	−0.75
27	矿物燃料、矿物油及其蒸馏产品；沥青物质；矿物蜡	3 124.63	4.06	−10.16
94	家具；寝具、褥垫、弹簧床垫、软坐垫及类似的填充制品；未列名灯具及照明装置；发光标志、发光铭牌及类似品；活动房屋	2 963.57	3.86	−0.34
10	谷物	2 892.40	3.76	12.92
90	光学、照相、电影、计量、检验、医疗或外科用仪器及设备、精密仪器及设备；上述物品的零件、附件	2 860.42	3.72	1.57
40	橡胶及其制品	2 588.07	3.37	−4.92
73	钢铁制品	2 319.22	3.02	−6.56
72	钢铁	2 158.25	2.81	−6.21
62	非针织或非钩编的服装及衣着附件	1 959.64	2.55	−11.75
39	塑料及其制品	1 825.39	2.37	−1.08
44	木及木制品；木炭	1 667.73	2.17	−7.32
64	鞋靴、护腿和类似品及其零件	1 331.66	1.73	−14.46
12	含油子仁及果实；杂项子仁及果实；工业用或药用植物；稻草、秸秆及饲料	1 207.86	1.57	−14.80
76	铝及其制品	1 193.55	1.55	−5.83
24	烟草及烟草代用品的制品	1 061.85	1.38	29.79
30	药品	927.68	1.21	3.90
61	针织或钩编的服装及衣着附件	679.03	0.88	−8.73
83	贱金属杂项制品	585.06	0.76	−1.97
01	活动物/动物产品	488.92	0.64	10.24
89	船舶及浮动结构体	478.82	0.62	−33.13
63	其他纺织制成品；成套物品；旧衣着及旧纺织品；碎织物	458.68	0.60	−19.53
33	精油及香膏，芳香料制品，化妆盥洗品	440.34	0.57	7.13
48	纸及纸板；纸浆、纸或纸板制品	433.41	0.56	−6.84
88	航空器、航天器及其零件	427.25	0.56	19.57
42	皮革制品；鞍具及挽具；旅行用品、手提包及类似容器；动物肠线（蚕胶丝除外）制品	321.28	0.42	−10.76
34	肥皂、有机表面活性剂、洗涤剂、润滑剂、人造蜡、调制蜡、光洁剂、蜡烛及类似品、塑型用膏、"牙科用蜡"及牙科用熟石膏制剂	284.64	0.37	32.43
71	天然或养殖珍珠、宝石或半宝石、贵金属、包贵金属及其制品；仿首饰；硬币	277.43	0.36	36.80
02	肉及食用杂碎	269.12	0.35	−13.59

续表

商品编码	商品类别	金额/百万美元	占比/%	同比/%
23	食品工业的残渣及废料配制的动物饲料	264.90	0.34	1.79
15	动、植物油、脂及其分解产品；精制的食用油脂；动、植物蜡	250.94	0.33	−5.26
38	杂项化学产品	247.27	0.32	−6.17
19	谷物、粮食粉、淀粉或乳的制品；糕饼点心	241.91	0.31	9.07
28	无机化学品；贵金属、稀土金属、放射性元素及其同位素的有机及无机化合物	239.58	0.31	−30.54
55	化学纤维短纤	239.20	0.31	−10.34
04	乳品；蛋品；天然蜂蜜；其他食用动物产品	229.68	0.30	−2.06
95	玩具、游戏品、运动用品及其零件、附件	229.07	0.30	9.61
29	有机化学品	228.77	0.30	0.47
51	羊毛、动物细毛或粗毛；马毛纱线及其机织物	208.67	0.27	−11.01
70	玻璃及其制品	207.61	0.27	−4.74
21	杂项食品	205.71	0.27	1.24
16	肉、鱼、甲壳动物、软体动物及其他水生无脊椎动物的制品	204.35	0.27	1.92
86	铁道及电车道机车、车辆及其零件铁道及电车道轨道固定装置及其零件、附件；各种机械（包括电动机械）交通信号设备	201.70	0.26	27.31
74	铜及其制品	201.49	0.26	−9.66
54	化学纤维长丝	195.57	0.25	−1.81
22	饮料、酒及醋	183.89	0.24	2.43
69	陶瓷产品	161.79	0.21	−5.89
31	肥料	158.32	0.21	7.73
59	浸渍、涂布、包覆或层压的纺织物；工业用纺织制品	153.26	0.20	3.89
18	可可及可可制品	129.93	0.17	32.80
96	杂项制品	111.62	0.15	−0.59
49	书籍、报纸、印刷图画及其他印刷品；手稿、打字稿及设计图纸	111.07	0.14	7.02
68	石料、石膏、水泥、石棉、云母及类似材料的制品	106.78	0.14	14.93
07	食用蔬菜、根及块茎	106.69	0.14	−5.77
82	贱金属工具、器具、利口器、餐匙、餐叉及其零件	104.92	0.14	−6.99
93	武器、弹药及其零件、附件	103.49	0.13	−27.08
50	蚕丝	98.84	0.13	−6.49
41	生皮（毛皮除外）及皮革	93.35	0.12	−20.30
32	鞣料浸膏及染料浸膏；鞣酸及其衍生物；染料、颜料及其他着色料；油漆及清漆；油灰及其他类似胶黏剂；墨水、油墨	87.22	0.11	−4.96

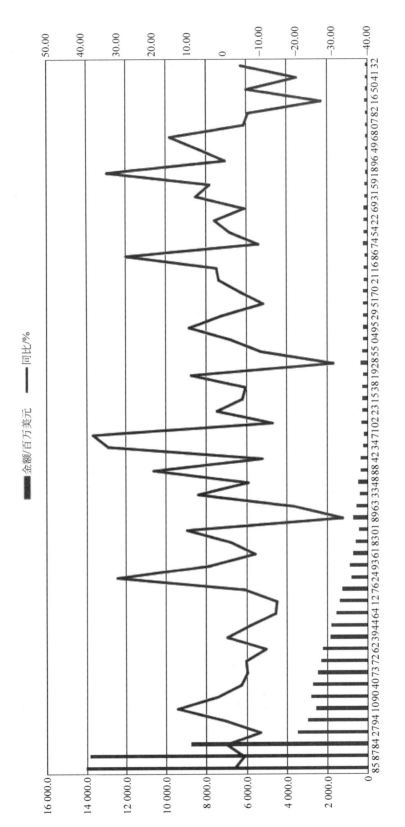

图 15-6　2019 年罗马尼亚主要出口商品金额及同比

2019 年罗马尼亚进口商品总额为 96 532 万美元,同比下降 1.20%。在进口商品构成中,主要有商品编号为 27(矿物燃料、矿物油及其蒸馏产品;沥青物质;矿物蜡)、30(药品)、90(光学、照相、电影、计量、检验、医疗或外科用仪器及设备、精密仪器及设备;上述物品的零件、附件)、38(杂项化学产品)、94(家具;寝具、褥垫、弹簧床垫、软坐垫及类似的填充制品;未列名灯具及照明装置;发光标志、发光铭牌及类似品;活动房屋)、64(鞋靴、护腿和类似品及其零件)、02(肉及食用杂碎)、62(非针织或非钩编的服装及衣着附件)等商品呈现增长趋势,尤其是 71(天然或养殖珍珠、宝石或半宝石、贵金属、包贵金属及其制品;仿首饰;硬币)增幅最大。同时,商品编号为 41[生皮(毛皮除外)及皮革]的商品下降幅度最大。具体数据见表 15-5 和图 15-7。

表 15-5　2019 年罗马尼亚主要进口商品构成

商品编码	商品类别	金额/百万美元	占比/%	同比/%
总值		96 532.0	100.00	−1.20
85	电机、电气设备及其零件;声音的录制和重放设备及其零件、附件	14 614.3	15.14	−3.01
84	核反应堆、锅炉、机器、机械器具及其零件	11 548.3	11.96	−5.74
87	车辆及其零件、附件,但铁道及电车道车辆除外	9 612.0	9.96	−0.70
27	矿物燃料、矿物油及其蒸馏产品;沥青物质;矿物蜡	7 373.9	7.64	0.46
39	塑料及其制品	4 903.3	5.08	−5.58
30	药品	3 823.4	3.96	8.10
72	钢铁	3 125.7	3.24	−6.81
73	钢铁制品	3 054.6	3.16	−5.20
90	光学、照相、电影、计量、检验、医疗或外科用仪器及设备、精密仪器及设备;上述物品的零件、附件	2 495.5	2.59	11.32
40	橡胶及其制品	1 796.2	1.86	0.00
38	杂项化学产品	1 444.1	1.50	9.81
94	家具;寝具、褥垫、弹簧床垫、软坐垫及类似的填充制品;未列名灯具及照明装置;发光标志、发光铭牌	1 354.8	1.40	11.10
48	纸及纸板;纸浆、纸或纸板制品	1 204.1	1.25	−1.07
76	铝及其制品	1 124.3	1.16	−8.49
64	鞋靴、护腿和类似品及其零件	1 108.7	1.15	0.02
02	肉及食用杂碎	1 052.3	1.09	8.93
62	非针织或非钩编的服装及衣着附件	1 040.9	1.08	2.66
61	针织或钩编的服装及衣着附件	958.3	0.99	7.25
33	精油及香膏,芳香料制品,化妆盥洗品	942.2	0.98	2.81
83	贱金属杂项制品	937.3	0.97	−6.10
29	有机化学品	852.7	0.88	0.31
44	木及木制品;木炭	842.4	0.87	−6.19
08	食用水果及坚果;柑橘属水果或甜瓜的果皮	731.9	0.76	−3.41
74	铜及其制品	724.5	0.75	−10.86
95	玩具、游戏品、运动用品及其零件、附件	707.4	0.73	13.59
54	化学纤维长丝	695.6	0.72	−8.76
31	肥料	682.7	0.71	19.71
34	肥皂、有机表面活性剂、洗涤剂、润滑剂、人造蜡、调制蜡、光洁剂、蜡烛及类似品、塑型用膏、"牙科用蜡"及牙科用熟石膏制剂	651.2	0.67	8.15

续表

商品编码	商品类别	金额/百万美元	占比/%	同比/%
04	乳品；蛋品；天然蜂蜜；其他食用动物产品	644.1	0.67	8.83
19	谷物、粮食粉、淀粉或乳的制品；糕饼点心	611.6	0.63	5.87
21	杂项食品	611.0	0.63	4.01
23	食品工业的残渣及废料配制的动物饲料	595.2	0.62	−0.43
42	皮革制品；鞍具及挽具；旅行用品、手提包及类似容器；动物肠线(蚕胶丝除外)制品	589.8	0.61	−10.13
07	食用蔬菜、根及块茎	579.0	0.60	14.84
70	玻璃及其制品	560.9	0.58	3.58
22	饮料、酒及醋	551.8	0.57	18.27
59	浸渍、涂布、包覆或层压的纺织物；工业用纺织制品	546.6	0.57	−8.98
32	鞣料浸膏及染料浸膏；鞣酸及其衍生物；染料、颜料及其他着色料；油漆及清漆；油灰及其他类似胶黏剂；墨水、油墨	517.8	0.54	−5.18
82	贱金属工具、器具、利口器、餐匙、餐叉及其零件	464.4	0.48	1.18
12	含油子仁及果实；杂项子仁及果实；工业用或药用植物；稻草、秸秆及饲料	445.3	0.46	−12.51
10	谷物	445.1	0.46	15.63
41	生皮(毛皮除外)及皮革	442.5	0.46	−20.28
20	蔬菜、水果、坚果或植物其他部分的制品	418.7	0.43	6.88
24	烟草及烟草代用品的制品	408.5	0.42	−8.58
96	杂项制品	408.1	0.42	−1.58
26	矿砂、矿渣及矿灰	402.6	0.42	10.13
69	陶瓷产品	393.6	0.41	0.02
18	可可及可可制品	390.2	0.40	12.58
68	石料、石膏、水泥、石棉、云母及类似材料的制品	367.2	0.38	0.06
55	化学纤维短纤	365.0	0.38	−18.94
28	无机化学品；贵金属、稀土金属、放射性元素及其同位素的有机及无机化合物	347.1	0.36	−2.86
17	糖及糖食	338.7	0.35	8.86
63	其他纺织制成品；成套物品；旧衣着及旧纺织品；碎织物	336.9	0.35	0.89
51	羊毛，动物细毛或粗毛；马毛纱线及其机织物	333.4	0.35	−15.25
52	棉花	332.4	0.34	−16.52
56	絮胎、毡呢及无纺织物；特种纱线；线、绳、索、缆及其制品	324.1	0.34	1.78
71	天然或养殖珍珠、宝石或半宝石、贵金属、包贵金属及其制品；仿首饰；硬币	322.9	0.33	21.36
09	咖啡、茶、马黛茶及调味香料	283.5	0.29	−0.52
16	肉、鱼、甲壳动物、软体动物及其他水生无脊椎动物的制品	279.0	0.29	11.49
88	航空器、航天器及其零件	273.7	0.28	−9.51

数据来源：全球贸易观察、UN Comtrade 数据库等，经本课题组整理所得。

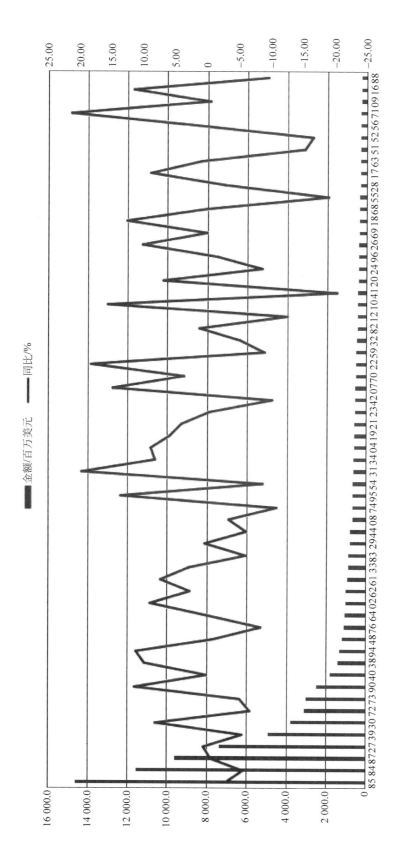

图 15-7　2019 年罗马尼亚主要进口商品金额及同比

15.4 主要优势产业及其特征

1. 烟草制品业

近年来,罗马尼亚的烟草制品业由于受到法律的限制,其产量受到了一定的影响,但由于新技术——加热不燃烧装置的出现,烟草制品业将迎来新的机会。加热不燃烧卷烟是新型烟草制品的一种,具有"加热烟丝或烟草提取物而非燃烧烟丝"的特点,吸食时需要有加热器具和"烟弹"。它通过器具的特殊加热源对"烟弹"中的烟丝进行加热,从而挥发烟丝中的尼古丁及香味物质,产生烟气来满足吸烟者的需求。随着人们对健康诉求的增强,电子烟作为人们戒烟的刚需产品,消费人群正在逐步扩大。英美烟草公司计划在罗马尼亚的 Ploieşti 地区建立一个专门生产 Neosticks 的新型烟草制品加工厂,来满足电子烟市场的需求。同时该厂建成使用后将为罗马尼亚提供 200 多个新的就业岗位。

2. 橡胶和塑料制品业

罗马尼亚橡胶和塑料制品业主要产品有薄膜、管材、聚氨酯泡沫和不饱和聚酯等。目前,罗马尼亚的塑料加工业有企业 600 多家,约 300 家对加工产品的总量贡献较大,其中,约 30 家企业是 1990 年以前的国有化大企业。过去几年,罗马尼亚的橡胶和塑料制品业已取得显著增长,该部门的产值占加工业产值的 3.1％。2000 年后,橡胶和塑料制品行业产量呈上升趋势,其增长率超过加工业的年均增长率。主要企业包括 Flexibil 公司,产品覆盖减震控制系统、噪音隔离技术等,目前,92％以上的产品出口瑞士、德国、荷兰、芬兰、瑞典和保加利亚等国。此外,坐落在首都布加勒斯特南部的 Arteca Jilava S. A. 以生产传送带、橡胶软管和橡胶板为主。

3. 食品制造业

罗马尼亚葡萄产量丰富、品种优质,全国各地遍布着众多的葡萄种植园,很多公路都通向知名种植园或酒窖。罗马尼亚人称自己的国家是"葡萄酒的土地",罗马尼亚葡萄种植面积欧洲排名第五位,在西班牙、法国、意大利和葡萄牙之后,世界排名在前 15 位之内,葡萄种植面积占全国可耕地面积的 5％以上;葡萄产量排在欧洲第六位,仅次于意大利、法国、西班牙、葡萄牙和德国。罗马尼亚重要的葡萄酒生产商有 Murfatlar(穆尔法特拉尔)、Jidvei(吉德韦)、Cotnari(科特纳尔)、Vincon(文孔)、Tohani(托哈尼)等。在有机农产品方面,鲜奶、婴儿食品、谷物早餐和米面等产品销售比重占全部有机食品销售的 70％。但就目前来说,有机食品销售额依旧较少,占全部食品零售额的比重不足 1％,与西欧发达国家存在较大差距。

4. 交通运输、仓储和邮政业

近几年来,罗马尼亚成为欧洲货物运输领域发展最快的国家之一,连续多年处于增长期。交通运输服务贸易进出口的增速在欧盟位居前列。罗马尼亚主要的物流货运公司多数是跨国公司,在信息技术系统、标准化运作以及与重要国际运输公司关系方面具有优势。

DB Schenker 隶属具有 140 年历史的德国铁路运营商 Deutsche Bahn AG,该公司拥有超过 9.46 万名员工,分布在 140 个国家的约 2 000 个地点。DB Schenker 罗马尼亚公司是罗物流行业中的头号货运代理公司,在布加勒斯特、克卢日、阿拉德、雅西和康斯坦察设有分支机构,在罗境内有 60 多个工作点,拥有 1 100 多名员工。该公司提供全方位的公路、铁路、航空和海运服务,物流、海关服务以及港口码头业务。此外,Aquila Part Prod Com 是罗马尼亚的一家分销公司,业务范围涵盖运输、物流、配送。该物流公司拥有 175 辆卡车和 850 辆车,36 个仓库,总面积超过 4 万平方米,还有两个物流中心。

5. 软件和信息技术服务业

罗马尼亚作为中东欧地区面积和人口第二大国,是近年来该地区 IT 和通信市场发展最为迅速的国家之一,IT 通信行业是其经济增长的主要引擎之一,近年来年均增幅在 9% 以上。目前,从事 IT 服务和软件开发的公司超过 9 000 家,就业人数约 11 万人,排名中东欧国家第一位,全国主要的 IT 外包和客户软件开发中心包括布加勒斯特、蒂米什瓦拉、克鲁日—纳波卡、布拉索夫和雅西。罗马尼亚绝大多数 IT 公司从事服务外包工作,为国外公司开发产品,业务范围广泛,涵盖从网页应用程序设计到工业生产线软件开发等复杂产品。罗马尼亚 IT 通信领域的员工中,50% 供职于软件公司,约 6.5 万人,实现了该行业总产值的近 30%,其中克鲁日软件行业的就业人员近 2 万人。

15.5　中国和罗马尼亚双边贸易概况

2019 年罗马尼亚与中国双边货物进出口额为 5 744 百万美元,同比增加 3.36%。从商品类别看,机电产品是罗马尼亚对中国出口的主力产品,同样也是罗马尼亚自中国进口的首位产品。

2019 年罗马尼亚对中国出口商品总额为 685 百万美元,同比减少 10.1%。在出口商品构成中,商品编号为 27(矿物燃料、矿物油及其产品;沥青等)、73(钢铁制品)、26(矿砂、矿渣及矿灰)、62(非针织或非钩编的服装及衣着附件)、04(乳;蛋;蜂蜜;其他食用动物产品)、83(贱金属杂项制品)、58(特种机织物;簇绒织物;刺绣品等)、54(化学纤维长丝)等商品呈现增长趋势,尤其是 26(矿砂、矿渣及矿灰)增幅最大。与此同时,商品编号为 74(铜及其制品)的商品下降幅度最大。具体数据见表 15-6 和图 15-8。

表 15-6　2019 年罗马尼亚对中国出口主要商品构成

商品编码	商品类别	金额/百万美元	同比/%	占比/%
总值		685	−10.1	100.0
85	电机、电气、音像设备及其零附件	168	−4.9	24.6
44	木及木制品;木炭	137	−6.4	20.0
84	核反应堆、锅炉、机械器具及零件	99	−16.2	14.4
90	光学、照相、医疗等设备及零附件	67	−1.8	9.8
27	矿物燃料、矿物油及其产品;沥青等	37	175.0	5.4
39	塑料及其制品	29	−3.8	4.3

续表

商品编码	商 品 类 别	金额/百万美元	同比/%	占比/%
87	车辆及其零附件,但铁道车辆除外	23	−48.7	3.3
40	橡胶及其制品	22	−24.2	3.2
73	钢铁制品	21	28.4	3.1
94	家具;寝具等;灯具;活动房	17	−6.9	2.5
31	肥料	11	−46.6	1.7
26	矿砂、矿渣及矿灰	9	192.5	1.3
62	非针织或非钩编的服装及衣着附件	6	8.4	0.8
30	药品	5	0.0	0.7
72	钢铁	4	−39.6	0.6
59	浸、包或层压织物;工业用纺织制品	3	−25.3	0.4
22	饮料、酒及醋	3	−12.2	0.4
04	乳;蛋;蜂蜜;其他食用动物产品	2	2.1	0.3
63	其他纺织制品;成套物品;旧纺织品	2	−29.9	0.2
76	铝及其制品	1	−33.2	0.2
21	杂项食品	1	38.3	0.2
83	贱金属杂项制品	1	177.9	0.2
58	特种机织物;簇绒织物;刺绣品等	1	53.7	0.2
32	鞣料;着色料;涂料;油灰;墨水等	1	−54.1	0.2
29	有机化学品	1	−67.9	0.1
74	铜及其制品	1	−96.4	0.1
54	化学纤维长丝	1	73.2	0.1
70	玻璃及其制品	1	39.2	0.1
55	化学纤维短纤	1	42.3	0.1
69	陶瓷产品	1	−13.9	0.1

数据来源:商务部国别报告网、UN Comtrade 数据库等,经本课题组整理所得。

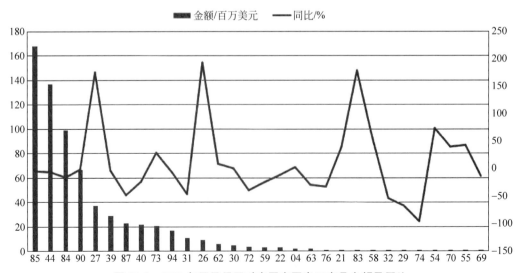

图 15-8　2019 年罗马尼亚对中国主要出口商品金额及同比

　　2019 年罗马尼亚自中国进口商品总额为 5 059 百万美元,同比下降 2.3%。在进口商品构成中,商品编号为 85(电机、电气、音像设备及其零附件)、90(光学、照相、医疗等设备及零附件)、87(车辆及其零附件,但铁道车辆除外)、94(家具;寝具等;灯具;活动房)、95(玩具、游戏或运动用品及其零附件)、64(鞋靴、护腿和类似品及其零件)、54(化学纤维长丝)、83(贱金属杂项制品)、29(有机化学品)、63(其他纺织制品;成套物品;旧纺织品)、82(贱金属器具、利口器、餐具及零件)等商品呈现增长趋势,尤其是 48(纸及纸板;纸浆、纸或纸板制品)增幅最大。与此同时,商品编号为 50(蚕丝)的商品下降幅度最大。具体数据见表 15-7 和图 15-9。

表 15-7　2019 年罗马尼亚自中国进口主要商品构成

商品编码	商品类别	金额/百万美元	同比/%	占比/%
总值		5 059	−2.3	100.0
85	电机、电气、音像设备及其零附件	1 515	3.8	29.9
84	核反应堆、锅炉、机械器具及零件	1 156	−4.4	22.9
90	光学、照相、医疗等设备及零附件	276	3.4	5.5
87	车辆及其零附件,但铁道车辆除外	208	0.4	4.1
94	家具;寝具等;灯具;活动房	177	1.8	3.5
39	塑料及其制品	167	−2.1	3.3
73	钢铁制品	162	−0.5	3.2
95	玩具、游戏或运动用品及其零附件	110	4.9	2.2
64	鞋靴、护腿和类似品及其零件	103	7.4	2.0
54	化学纤维长丝	73	7.7	1.5
40	橡胶及其制品	68	−0.9	1.4
83	贱金属杂项制品	63	0.4	1.2
29	有机化学品	61	16.8	1.2
44	木及木制品;木炭	60	−2.5	1.2
50	蚕丝	53	−37.4	1.1
63	其他纺织制品;成套物品;旧纺织品	53	13.6	1.1
82	贱金属器具、利口器、餐具及零件	52	0.1	1.0
76	铝及其制品	51	−5.2	1.0
42	皮革制品;旅行箱包;动物肠线制品	45	1.3	0.9
62	非针织或非钩编的服装及衣着附件	44	−12.1	0.9
70	玻璃及其制品	44	0.8	0.9
81	其他贱金属、金属陶瓷及其制品	41	15.8	0.8
48	纸及纸板;纸浆、纸或纸板制品	40	22.5	0.8
68	矿物材料的制品	35	−3.4	0.7
72	钢铁	34	−32.7	0.7
96	杂项制品	30	8.2	0.6
61	针织或钩编的服装及衣着附件	27	−16.6	0.5
69	陶瓷产品	26	8.3	0.5
55	化学纤维短纤	23	−24.3	0.5
59	浸、包或层压织物;工业用纺织制品	19	6.8	0.4

数据来源:商务部国别报告网、UN Comtrade 数据库等,经本课题组整理所得。

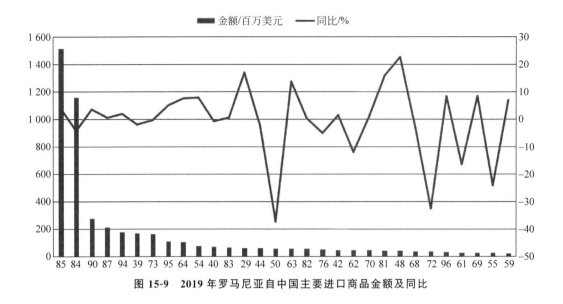

图 15-9 2019 年罗马尼亚自中国主要进口商品金额及同比

15.6 中国和罗马尼亚贸易竞争性与互补性分析

15.6.1 中国和罗马尼亚显性比较优势指数(RCA)分析

利用《国际贸易商品标准分类(第四版)》(SITC.Rev4),以 2018 年为例,对中国与罗马尼亚显性比较优势指数(RCA)进行分析。具体数据见表 15-8。

表 15-8 2018 年罗马尼亚商品出口额

SITC	商品类别名称	金额/百万美元
SITC0	食品和活动物	7 179.65
SITC1	饮料及烟草	845.37
SITC2	非食用燃料(不包含燃料)	2 900.93
SITC3	矿物燃料、润滑油及有关原料	7 375.76
SITC4	动植物油、油脂和蜡	179.95
SITC5	未列明的化学品和有关产品	12 342.50
SITC6	主要按原材料分类的制成品	19 147.48
SITC7	机械及运输设备	37 192.34
SITC8	杂项制品	10 340.33
SITC9	没有分类的其他商品	373.31

数据来源：UN Comtrade 数据库等,经本课题组整理所得。

通过 UN Comtrade 数据库等相关数据库的数据,经本课题组整理得到：2018 年中国所有商品出口额约为 2 494 230 百万美元,罗马尼亚所有商品出口额 79 669 百万美元,世界所有商品出口额 19 051 239 百万美元。

按照公式 $RCA_{xik} = (X_{ik}/X_{wk})/(X_i/X_w)$,得出计算结果如表 15-9 所示。

表 15-9　2018 年中国和罗马尼亚显性比较优势指数（RCA）计算结果

国家	商品									
	SITC0	SITC1	SITC2	SITC3	SITC4	SITC5	SITC6	SITC7	SITC8	SITC9
中国	0.43	0.18	0.19	0.18	0.10	0.59	1.35	1.34	1.94	0.04
罗马尼亚	0.89	1.04	0.46	1.35	1.89	0.36	0.51	0.10	0.23	0.17

根据上述结果分析得到：

（1）罗马尼亚的 SITC1、SITC3 和 SITC4 具有显性比较优势。其中，SITC4 的 RCA 值最高，说明具有比较明显的显性比较优势。

（2）在 SITC6、SITC7 和 SITC8 三类商品中，中国具有显性比较优势。而在 SITC0、SITC1、SITC2、SITC3、SITC4、SITC5 和 SITC9 这七类商品中，中国显性比较优势小于 1，说明中国不具有显性比较优势。

15.6.2　中国和罗马尼亚贸易互补性指数（TCI）分析

利用《国际贸易商品标准分类（第四版）》（SITC. Rev4），以 2018 年为例，对中国与罗马尼亚贸易互补性指数（TCI）进行分析。具体数据见表 15-10。

表 15-10　2018 年罗马尼亚商品进口额

SITC	商品类别名称	金额/百万美元
SITC0	食品和活动物	4 968.66
SITC1	饮料及烟草	997.38
SITC2	非食用燃料（不包含燃料）	3 011.19
SITC3	矿物燃料、润滑油及有关原料	3 279.83
SITC4	动植物油、油脂和蜡	238.05
SITC5	未列明的化学品和有关产品	3 407.66
SITC6	主要按原材料分类的制成品	13 323.22
SITC7	机械及运输设备	37 943.85
SITC8	杂项制品	12 226.14
SITC9	没有分类的其他商品	681.62

数据来源：UN Comtrade 数据库等，经本课题组整理所得。

通过 UN Comtrade 数据库等相关数据库的数据，经本课题组整理得到：2018 年中国所有商品进口额约为 2 134 982 百万美元，罗马尼亚所有商品进口额 97 775 百万美元，世界所有商品进口额 19 253 036 百万美元。

按照公式 $TCI_{ij} = RCA_{xik} \times RCA_{mjk}$，得出计算结果如表 15-11 所示。

表 15-11　2018 年中国和罗马尼亚贸易互补性指数（TCI）计算结果

国家	商品									
	SITC0	SITC1	SITC2	SITC3	SITC4	SITC5	SITC6	SITC7	SITC8	SITC9
中国	0.46	0.28	0.18	0.06	0.07	0.21	1.93	1.76	2.69	0.01
罗马尼亚	0.39	0.42	1.23	1.47	1.36	0.28	0.28	0.10	0.13	0.15

根据上述结果分析得到:

(1)两个国家在所有类型商品中没有一类商品的 TCI 均大于1,说明两国在所有商品中的互补性都不强,并未表现出很强的贸易互补性。

(2)在 SITC2、SITC3 和 SITC4 这三类商品中,中国的 TCI 值均小于罗马尼亚且小于1,说明罗马尼亚的这三类商品具有较强的竞争优势。

15.7 中国和罗马尼亚贸易合作展望

近年来,中国和罗马尼亚贸易合作势头良好。中国和罗马尼亚签有经济合作协定、鼓励和相互保护投资协定,建有政府间经济合作联委会、中国和罗马尼亚基础设施工作组会议等机制。2018 年 11 月,罗马尼亚营商环境部长奥普雷亚来华出席首届中国国际进口博览会和中国和罗马尼亚经济联委会第 27 次例会。2019 年 12 月,中国银行布加勒斯特分行开业。中国和罗马尼亚文化、科技、教育等领域交流合作密切,两国政府建有科技合作委员会等机制。2019 年 5 月,中国和罗马尼亚农业科技园在罗马尼亚落成,罗马尼亚举办第七届中国—中东欧国家教育政策对话和中国—中东欧国家高校联合会第六次会议。8 月,罗马尼亚作为主宾国参加北京国际图书博览会。12 月,中国和罗马尼亚中医药中心在罗马尼亚揭牌。

据了解,罗马尼亚国内基础设施设备较为陈旧、老化,在交通基础设施建设等方面存在一些亟待解决的问题。根据其与中国稳中有升的贸易合作关系,两国可在以下方面展开深入合作。

(1)据中国商务部统计,2018 年中国企业在罗马尼亚新签承包工程合同 16 份,新签合同额 133 百万美元,完成营业额 82 百万美元;年末在罗马尼亚劳务人员 54 人。中国相关企业可增加在罗马尼亚的基础设施工程承包,增加人员就业。

(2)罗马尼亚与中国两国政府建有科技合作委员会等级制,在科技上可以继续加强合作,中国相关科技企业可以在罗发展科技园区、举办科技展览等。

(3)罗马尼亚与中国两国的旅游业还有较大的发展空间,中国相关企业可以在罗马尼亚进行旅游项目的开发与发展。

第 16 章

塞尔维亚的对外贸易

　　塞尔维亚共和国,简称塞尔维亚,是位于欧洲东南部、巴尔干半岛中部的内陆国。塞尔维亚国土总面积为 88 361 平方公里(含科索沃),边界总长 2 457 公里,首都贝尔格莱德。与黑山、波黑、克罗地亚、匈牙利、罗马尼亚、保加利亚、北马其顿及阿尔巴尼亚接壤,欧洲第二大河多瑙河的 1/5 流经其境内。塞尔维亚属于温带大陆性气候。塞尔维亚被称作欧洲的十字路口,是连接欧洲和亚洲、中东、非洲的陆路必经之路。冬季寒冷,夏季炎热,年降水量 550～750 毫米。总人口 696 万(不含科索沃地区,2019 年)。官方语言是塞尔维亚语。

　　近年来,塞尔维亚积极实行经济改革、推进私有化、改善投资环境,经济实现增长。2019 年 GDP 78 948 百万美元,人均 GDP 1.134 万美元,GDP 增长率 4.2%。资源方面,矿藏有煤、铁、锌、铜等,森林覆盖率 31.12%,水力资源丰富。工业方面,主要工业部门有冶金、汽车制造、纺织、仪器加工等。农牧业方面,土地肥沃,雨水充足,农业生产条件良好。农业用地 506 万公顷,主要集中在北部的伏伊伏丁那平原和中部地区,其中耕地 329 万公顷、果园 24 万公顷、葡萄园 5.6 万公顷、草场 62.1 万公顷、牧场 84.5 万公顷。服务业方面,主要包括旅馆、餐厅、咖啡馆和酒吧等。2019 年,共有旅馆 4 000 家。旅游业方面,旅游业发展良好。2019 年共接待外国游客 184.7 万人次,主要来自德国、中国、土耳其、希腊等,接待国内游客 184.3 万人次。主要旅游区有浴场、滑雪场和国家公园等。交通运输方面,以铁路和公路为主。近年交通运输情况如下:铁路,总长 3 808.7 公里,其中电气化铁路 1 279 公里;公路,总长 45 220 公里,其中高速公路 782 公里,共有小轿车 1 833 219 辆,公共汽车 8 900 辆;空运,塞尔维亚航空公司共有 20 架飞机,1 400 个客位,航线总长为 41.510 公里,共有 6 个机场,主要机场为贝尔格莱德尼古拉·特斯拉机场。

　　对外贸易方面,塞尔维亚 2016 年至 2019 年持续保持增长趋势。据数据统计,2019 年,德国、意大利、波黑是塞尔维亚的前三大出口市场,塞尔维亚对三国分别出口 2 476 百万美元、1 980 百万美元和 1 494 百万美元,同比分别为 7.8%、-16.0% 和 -0.9%,三国合计占塞尔维亚出口总额的 30.4%。进口方面,德国为塞尔维亚第一进口来源国,2019 年进口额为 3 443 百万美元,下降 0.7%,占塞尔维亚进口总额的 13.0%。中国和俄罗斯也是其主要进口来源国,2019 年塞尔维亚自两国分别进口 2 503 百万美元和 2 457 百万美元,分别增长 15.7% 和 20.8%,占塞尔维亚进口总额的 9.4% 和 9.3%。从商品看,电机、电气设备及其零件、声音的录制和重放设备及其零件、附件是塞尔维亚的首要出口商品,2019 年出口额 2 972.8 百万美元,增长 12.81%,占塞尔维亚出口总额的 15.14%。其次,核反应堆、锅炉、机器、机械器具及其零件,是 2019 年塞尔维亚第二大类出口商品,出口总额 1 494.1 美元,商品增长 10.52％,占塞尔维亚出口总额的 7.61％。上述两类商品合计占塞尔维亚出口总额的 22.75％。进口方面,2019 年塞尔维亚主要进口产品中第一大类是其他类产品,进口额为 2 950.6 百万美元,下降 2.49％,占塞尔维亚进口总额的 11.04％。其他主要进口商品包括矿物燃料、矿物油及其蒸馏产品,沥青物质,矿物蜡;电机、电气设备及其零件;声音的录制和重放设备及其零件、附件,进口额分别为 2 873.9 百万美元和 2 497.6 百万美元。以上三类产品合计占塞尔维亚进口总额的 31.13％。

2019 年塞尔维亚对中国出口总额为 329.17 百万美元,增长 72.15％;自中国进口总额为 2 503 百万美元,增长 15.72％。2019 年塞尔维亚对中国出口首位的是铜及其制品,金额 263.51 百万美元,增长 91.05％,占塞尔维亚对中国出口总额的 80.05％。2019 年塞尔维亚对中国出口占比较大的还有两类商品:木及木制品,木炭;核反应堆、锅炉、机器、机械器具及其零件两种商品,金额分别为 25.44 百万美元和 10.97 百万美元,两类商品同比分别为 －18.06％ 和 －48.8％,占塞尔维亚对中国出口总额的 7.73％和 3.33％。以上三类商品占对中国出口总额的 91.11％。塞尔维亚自中国进口的商品主要集中在电机、电气设备及其零件;声音的录制和重放设备及其零件、附件,2019 年进口额 611 百万美元,增长 15.9％,占塞尔维亚自中国进口总额的 24.41％。其次,核反应堆、锅炉、机器、机械器具及其零件商品和其他产品分别为塞尔维亚第二、三大类自中国进口商品,2019 年进口额分别为 425 百万美元和 403 百万美元,增长 26.23％ 和 10,76％,占塞尔维亚自中国进口总额的 17.0％和 16.11％。以上三类商品占自中国进口总额的 57.52％。

16.1 对外贸易发展趋势

2019 年塞尔维亚货物进出口额为 46 068 百万美元,比上年(下同)上升 2.6％。其中,出口额 19 544 百万美元,上升 2.1％;进口额 26 524 百万美元,上升 2.9％。

塞尔维亚在 2014 年至 2019 年对外贸易总额呈现波动趋势。2015 年相较于 2014 年明显下降,但在 2016 年出现了明显上升。2016 年至 2019 年保持着持续不断的增长。具体数据见表 16-1 和图 16-1。

表 16-1 塞尔维亚对外贸易年度表

时间	总额/百万美元	同比/％	出口额/百万美元	同比/％	进口额/百万美元	同比/％
2014 年	35 202	—	14 787	—	20 415	—
2015 年	31 505	－10.5	13 348	－9.7	18 157	－11.1
2016 年	34 043	8.1	14 835	11.1	19 209	5.8
2017 年	39 111	14.9	19 137	14.3	22 149	15.3
2018 年	44 906	14.8	19 137	12.8	25 769	16.3
2019 年	46 068	2.6	19 544	2.1	26 524	2.9

数据来源:商务部国别报告网、UN Comtrade 数据库、全球贸易观察等,经本课题组整理所得。

塞尔维亚在 2014 年至 2019 年对外贸易出口额存在波动趋势。经历 2015 年下降之后,2016 年至 2019 年对外贸易出口额稳定增长,2019 年增长到 19 544 百万美元。具体数据见表 16-1 和图 16-2。

图 16-1　塞尔维亚对外贸易总额及同比

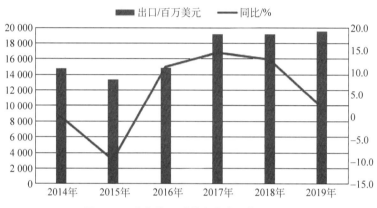

图 16-2　塞尔维亚对外贸易出口额及同比

塞尔维亚在 2014—2019 年对外贸易进口额中,2018 年增幅最大,为 16.3%。相比之下,2015 年下降幅度最大,为 −11.1%。2019 年对外贸易进口额呈现上升趋势,比 2018 年上升 2.9%。具体数据见表 16-1 和图 16-3。

图 16-3　塞尔维亚对外贸易进口额及同比

16.2 主要贸易市场结构

2019 年塞尔维亚出口总额为 19 544 百万美元,出口伙伴国主要有德国、意大利、波黑等国家。进口总额为 26 524 百万美元,进口伙伴国主要有德国、中国、俄罗斯等国家。

2019 年塞尔维亚出口至德国货物的金额最多,为 2 476 百万美元。在主要出口伙伴国中,出口至德国、罗马尼亚、匈牙利、北马其顿和捷克的货物金额较 2018 年呈增加趋势。具体数据见表 16-2 和图 16-4。

表 16-2 2019 年塞尔维亚对主要贸易伙伴出口额

国家和地区	金额/百万美元	同比/%	占比/%
总值	19 544	2.1	100.0
德国	2 476	7.8	12.7
意大利	1 980	−16.0	10.1
波黑	1 494	−0.9	7.6
罗马尼亚	1 141	0.8	5.8
俄罗斯	977	−4.3	5.0
黑山	873	−2.3	4.5
匈牙利	820	7.3	4.2
北马其顿	738	2.0	3.8
捷克	651	12.6	3.3
斯洛文尼亚	648	−3.2	3.3

数据来源:商务部国别报告网、UN Comtrade 数据库、全球贸易观察等,经本课题组整理所得。

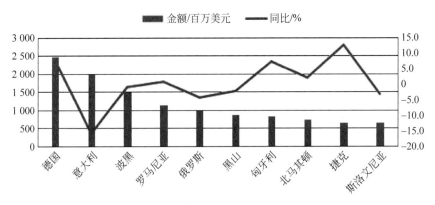

图 16-4 2019 年塞尔维亚对主要贸易伙伴出口额及同比

2019 年塞尔维亚自德国进口货物的金额占比最大,为 3 443 百万美元。在主要进口伙伴国中,自德国、意大利、匈牙利和波兰进口货物的金额较 2018 年呈下降趋势,其他均呈增加趋势。具体数据见表 16-3 和图 16-5。

表 16-3 2019 年塞尔维亚自主要贸易伙伴进口额

国家和地区	金额/百万美元	同比/%	占比/%
总值	26 524	2.9	100.0
德国	3 443	−0.7	13.0

续表

国家和地区	金额/百万美元	同比/%	占比/%
中国	2 503	15.7	9.4
俄罗斯	2 457	20.8	9.3
意大利	2 319	−4.1	8.7
匈牙利	1 140	−8.0	4.3
土耳其	1 055	7.5	4.0
波兰	897	−2.6	3.4
罗马尼亚	815	15.0	3.1
法国	784	8.9	3.0
奥地利	754	4.9	2.8

数据来源：商务部国别报告网、UN Comtrade 数据库、全球贸易观察等，经本课题组整理所得。

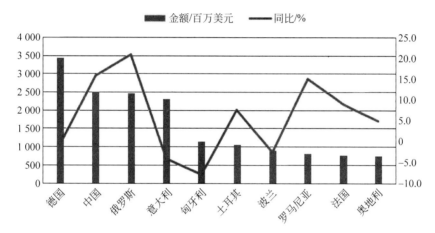

图 16-5　2019 年塞尔维亚自主要贸易伙伴进口额及同比

16.3 主要进出口商品结构

2019 年塞尔维亚出口商品总额为 19 544 百万美元，同比增长 2.13%。在出口商品构成中，主要有商品编码为 85（电机、电气设备及其零件；声音的录制和重放设备及其零件、附件）、84（核反应堆、锅炉、机器、机械器具及其零件）、39（塑料及其制品）、87（车辆及其零件、附件，但铁道及电车道车辆除外）等商品。相比 2018 年，商品编号为 94（家具；寝具、褥垫、弹簧床垫、软坐垫及类似的填充制品；未列名灯具及照明装置；发光标志、发光铭牌及类似品；活动房屋）、10（谷物）、15（动、植物油、脂及其分解产品；精制的食用油脂；动、植物蜡）、70（玻璃及其制品）、89（船舶及浮动结构体）等商品呈现增长趋势，尤其是 42［皮革制品；鞍具及挽具；旅行用品、手提包及类似容器；动物肠线（蚕胶丝除外）制品］增幅最大。与此同时，商品编号为 02（肉及食用杂碎）的商品下降幅度最大。具体数据见表 16-4 和图 16-6。

表 16-4　2019 年塞尔维亚主要出口商品结构

商品编码	商 品 类 别	金额/百万美元	占比/%	同比/%
总值		19 544.0	100.00	2.13
85	电机、电气设备及其零件；声音的录制和重放设备及其零件、附件	2 972.8	15.14	12.81
84	核反应堆、锅炉、机器、机械器具及其零件	1 494.1	7.61	10.52
39	塑料及其制品	962.8	4.90	−0.26
87	车辆及其零件、附件，但铁道及电车道车辆除外	956.8	4.87	−33.35
40	橡胶及其制品	954.8	4.86	2.46
72	钢铁	912.0	4.65	−13.50
94	家具；寝具、褥垫、弹簧床垫、软坐垫及类似的填充制品；未列名灯具及照明装置；发光标志、发光铭牌及类似品；活动房屋	731.7	3.73	16.22
74	铜及其制品	688.6	3.51	5.19
10	谷物	626.3	3.19	21.28
08	食用水果及坚果；柑橘属水果或甜瓜的果皮	610.2	3.11	4.06
27	矿物燃料、矿物油及其蒸馏产品；沥青物质；矿物蜡	524.6	2.67	−10.63
48	纸及纸板；纸浆、纸或纸板制品	512.3	2.61	6.35
73	钢铁制品	489.2	2.49	−5.69
61	针织或钩编的服装及衣着附件	461.8	2.35	−6.50
76	铝及其制品	386.4	1.97	−3.78
99	其他产品	333.4	1.70	−17.77
64	鞋靴、护腿和类似品及其零件	332.7	1.69	−8.66
24	烟草及烟草代用品的制品	323.9	1.65	7.01
44	木及木制品；木炭	306.5	1.56	−10.84
30	药品	290.2	1.48	5.21
22	饮料、酒及醋	259.5	1.32	8.07
15	动、植物油、脂及其分解产品；精制的食用油脂；动、植物蜡	230.3	1.17	23.54
34	肥皂、有机表面活性剂、洗涤剂、润滑剂、人造蜡、调制蜡、光洁剂、蜡烛及类似品、塑型用膏、"牙科用蜡"及牙科用熟石膏制剂	229.8	1.17	12.40
21	杂项食品	224.7	1.14	6.00
23	食品工业的残渣及废料配制的动物饲料	212.9	1.08	4.84
62	非针织或非钩编的服装及衣着附件	210.1	1.07	−1.44
29	有机化学品	203.7	1.04	−39.24
90	光学、照相、电影、计量、检验、医疗或外科用仪器及设备、精密仪器及设备；上述物品的零件、附件	201.5	1.03	10.04
12	含油子仁及果实；杂项子仁及果实；工业用或药用植物；稻草、秸秆及饲料	179.5	0.91	−0.52
19	谷物、粮食粉、淀粉或乳的制品；糕饼点心	159.7	0.81	−2.05
31	肥料	150.0	0.76	16.22
07	食用蔬菜、根及块茎	129.4	0.66	3.45
20	蔬菜、水果、坚果或植物其他部分的制品	123.4	0.63	2.24

续表

商品编码	商品类别	金额/百万美元	占比/%	同比/%
42	皮革制品；鞍具及挽具；旅行用品、手提包及类似容器；动物肠线（蚕胶丝除外）制品	109.5	0.56	46.67
32	鞣料浸膏及染料浸膏；鞣酸及其衍生物；染料、颜料及其他着色料；油漆及清漆；油灰及其他类似胶黏剂；墨水、油墨	108.5	0.55	0.92
04	乳品；蛋品；天然蜂蜜；其他食用动物产品	108.0	0.55	8.10
86	铁道及电车道机车、车辆及其零件；铁道及电车道轨道固定装置及其零件、附件；各种机械（包括电动机械）交通信号设备	104.1	0.53	19.73
70	玻璃及其制品	95.8	0.49	22.09
69	陶瓷产品	90.7	0.46	7.93
83	贱金属杂项制品	82.3	0.42	8.90
41	生皮（毛皮除外）及皮革	78.5	0.40	−16.37
11	制粉工业产品；麦芽；淀粉；菊粉；面筋	77.6	0.40	−7.09
18	可可及可可制品	73.8	0.38	2.44
28	无机化学品；贵金属、稀土金属、放射性元素及其同位素的有机及无机化合物	69.8	0.36	−11.75
63	其他纺织制成品；成套物品；旧衣着及旧纺织品；碎织物	68.1	0.35	9.98
16	肉、鱼、甲壳动物、软体动物及其他水生无脊椎动物的制品	67.7	0.35	−10.37
26	矿砂、矿渣及矿灰	66.5	0.34	−15.56
49	书籍、报纸、印刷图画及其他印刷品；手稿、打字稿及设计图纸	66.0	0.34	−2.45
89	船舶及浮动结构体	64.8	0.33	14.34
17	糖及糖食	61.8	0.32	0.85
33	精油及香膏，芳香料制品，化妆盥洗品	61.0	0.31	10.94
38	杂项化学产品	56.0	0.29	−2.95
68	石料、石膏、水泥、石棉、云母及类似材料的制品	52.9	0.27	−5.12
71	天然或养殖珍珠、宝石或半宝石、贵金属、包贵金属及其制品；仿首饰；硬币	52.8	0.27	22.95
56	絮胎、毡呢及无纺织物；特种纱线；线、绳、索、缆及其制品	46.0	0.23	−12.25
57	地毯及纺织材料的其他铺地制品	42.7	0.22	−4.10
02	肉及食用杂碎	42.4	0.22	−59.32
01	活动物/动物产品	40.7	0.21	−8.52
82	贱金属工具、器具、利口器、餐匙、餐叉及其零件	38.4	0.20	9.87
93	武器、弹药及其零件、附件	35.0	0.18	−21.57

数据来源：商务部国别报告网、UN Comtrade 数据库、全球贸易观察等，经本课题组整理所得。

2019 年塞尔维亚进口商品总额为 26 524 百万美元，同比增长 2.93%。在进口商品构成中，主要有商品编号为 27（矿物燃料、矿物油及其蒸馏产品；沥青物质；矿物蜡）、84（核反应堆、锅炉、机器、机械器具及其零件）、87（车辆及其零件、附件，但铁道及电车道车辆除外）、

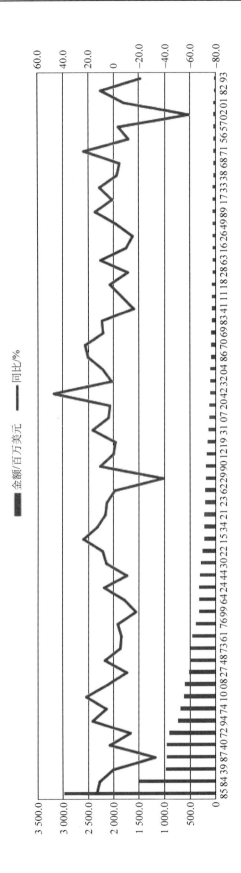

图16-6　2019年塞尔维亚主要出口商品金额及同比

85(电机、电气设备及其零件；声音的录制和重放设备及其零件、附件)等商品。相比 2018 年，商品编码为 07(食用蔬菜、根及块茎)、63(其他纺织制成品；成套物品；旧衣着及旧纺织品；碎织物)、73(钢铁制品)、26(矿砂、矿渣及矿灰)、31(肥料)、88(航空器、航天器及其零件)等商品呈现增长趋势，尤其是 86[铁道及电车道机车、车辆及其零件铁道及电车道轨道固定装置及其零件、附件；各种机械(包括电动机械)交通信号设备]增幅最大。同时，商品编号为 12(含油子仁及果实；杂项子仁及果实；工业用或药用植物；稻草、秸秆及饲料)的商品下降幅度最大。具体数据见表 16-5 和图 16-7。

表 16-5　2019 年塞尔维亚主要进口商品结构

商品编码	商　品　类　别	金额/百万美元	占比/%	同比/%
总值		26 524.0	100.00	2.93
99	其他产品	2950.6	11.04	−2.49
27	矿物燃料、矿物油及其蒸馏产品；沥青物质；矿物蜡	2873.9	10.75	−4.39
85	电机、电气设备及其零件；声音的录制和重放设备及其零件、附件	2497.6	9.34	2.02
84	核反应堆、锅炉、机器、机械器具及其零件	2315.1	8.66	2.08
87	车辆及其零件、附件，但铁道及电车道车辆除外	1615.2	6.04	−14.62
39	塑料及其制品	1483.4	5.55	3.60
30	药品	948.2	3.55	12.06
73	钢铁制品	877.2	3.28	31.30
72	钢铁	647.8	2.42	−9.71
26	矿砂、矿渣及矿灰	638.0	2.39	32.48
48	纸及纸板；纸浆、纸或纸板制品	576.8	2.16	−6.60
76	铝及其制品	506.3	1.89	−3.09
88	航空器、航天器及其零件	443.6	1.66	74.33
40	橡胶及其制品	413.6	1.55	6.97
90	光学、照相、电影、计量、检验、医疗或外科用仪器及设备、精密仪器及设备；上述物品的零件、附件	381.7	1.43	−0.37
74	铜及其制品	367.3	1.37	−1.51
94	家具；寝具、褥垫、弹簧床垫、软坐垫及类似的填充制品；未列名灯具及照明装置；发光标志、发光铭牌及类似品；活动房屋	306.5	1.15	15.38
38	杂项化学产品	295.8	1.11	−8.75
44	木及木制品；木炭	274.4	1.03	2.65
24	烟草及烟草代用品的制品	263.4	0.99	13.04
29	有机化学品	248.9	0.93	−5.74
33	精油及香膏，芳香料制品，化妆盥洗品	245.5	0.92	0.08
08	食用水果及坚果；柑橘属水果或甜瓜的果皮	235.8	0.88	5.42
31	肥料	230.0	0.86	32.85
61	针织或钩编的服装及衣着附件	219.9	0.82	6.10
34	肥皂、有机表面活性剂、洗涤剂、润滑剂、人造蜡、调制蜡、光洁剂、蜡烛及类似品、塑型用膏、"牙科用蜡"及牙科用熟石膏制剂	205.3	0.77	−1.11
62	非针织或非钩编的服装及衣着附件	204.8	0.77	4.51
21	杂项食品	178.8	0.67	2.79
41	生皮(毛皮除外)及皮革	169.9	0.64	−3.52

商品编码	商 品 类 别	金额/百万美元	占比/%	同比/%
32	鞣料浸膏及染料浸膏；鞣酸及其衍生物；染料、颜料及其他着色料；油漆及清漆；油灰及其他类似胶黏剂；墨水、油墨	168.9	0.63	−2.20
28	无机化学品；贵金属、稀土金属、放射性元素及其同位素的有机及无机化合物	164.4	0.62	5.95
25	盐；硫黄；泥土及石料；石膏料、石灰及水泥	160.8	0.60	12.13
70	玻璃及其制品	144.2	0.54	4.46
64	鞋靴、护腿和类似品及其零件	142.4	0.53	−1.10
19	谷物、粮食粉、淀粉或乳的制品；糕饼点心	139.1	0.52	16.03
54	化学纤维长丝	126.1	0.47	−4.31
83	贱金属杂项制品	123.4	0.46	0.49
22	饮料、酒及醋	122.8	0.46	2.08
18	可可及可可制品	119.5	0.45	10.15
59	浸渍、涂布、包覆或层压的纺织物；工业用纺织制品	114.0	0.43	2.90
04	乳品；蛋品；天然蜂蜜；其他食用动物产品	113.9	0.43	18.67
96	杂项制品	111.9	0.42	−5.60
68	石料、石膏、水泥、石棉、云母及类似材料的制品	111.2	0.42	5.19
02	肉及食用杂碎	110.6	0.41	−10.53
07	食用蔬菜、根及块茎	110.2	0.41	20.99
95	玩具、游戏品、运动用品及其零件、附件	106.8	0.40	5.56
86	铁道及电车道机车、车辆及其零件；铁道及电车道轨道固定装置及其零件、附件；各种机械(包括电动机械)交通信号设备	102.8	0.38	77.48
16	肉、鱼、甲壳动物、软体动物及其他水生无脊椎动物的制品	101.7	0.38	16.09
42	皮革制品；鞍具及挽具；旅行用品、手提包及类似容器；动物肠线(蚕胶丝除外)制品	100.9	0.38	12.76
69	陶瓷产品	96.5	0.36	1.13
60	针织物及钩编织物	93.9	0.35	−3.77
82	贱金属工具、器具、利口器、餐匙、餐叉及其零件	92.5	0.35	5.69
56	絮胎、毡呢及无纺织物；特种纱线；线、绳、索、缆及其制品	88.5	0.33	−0.45
20	蔬菜、水果、坚果或植物其他部分的制品	88.4	0.33	13.52
23	食品工业的残渣及废料配制的动物饲料	84.4	0.32	−20.92
09	咖啡、茶、马黛茶及调味香料	79.2	0.30	−0.57
55	化学纤维短纤	73.3	0.27	2.36
63	其他纺织制成品；成套物品；旧衣着及旧纺织品；碎织物	70.1	0.26	24.33
47	木浆及其他纤维状纤维素浆；回收(废碎)纸或纸板	67.1	0.25	−23.73
12	含油子仁及果实；杂项子仁及果实；工业用或药用植物；稻草、秸秆及饲料	64.6	0.24	−29.70

数据来源：商务部国别报告网、UN Comtrade数据库、全球贸易观察等，经本课题组整理所得。

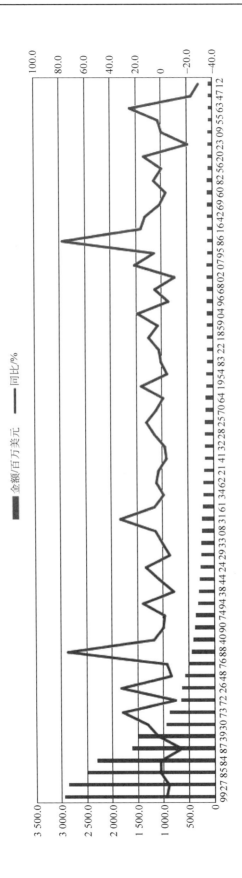

图 16-7　2019 年塞尔维亚进口商品金额及同比

16.4 主要优势产业及其特征

塞尔维亚主要有化学原料和化学制品制造业,农副食品加工、食品制造业,信息通信技术产业,教育服务业等优势产业,具体优势产业及其特征如下。

1. 化学原料和化学制品制造业

塞尔维亚的化学工业有 1 507 家公司。化学工业对缓解全球金融危机的影响更具弹性、更具活力,也更加健康。由于所有大型制药公司的就业人数减少,该部门的总就业人数减少了 3 500 多人,但近年来该产业在产量和出口方面显著增长,到目前为止,石化行业是塞尔维亚表现最强劲的行业,其次是制药和橡胶及轮胎行业。就业最多的部门是橡胶轮胎的生产企业,为超过 5 300 人提供永久性就业岗位,并且每年都在增加。石油炼制和石化工业占世界能源和工业市场的主要份额。在大多数情况下,这些工业部门是塞尔维亚国民经济的经济支柱。塞尔维亚医药市场是中欧和东欧地区较大的市场之一。其医药产品市场在价值和国内市场销量方面都在不断增长。

2. 农副食品加工、食品制造业

农业是塞尔维亚传统优势产业之一,也是塞尔维亚经济中最强大的组成部分和最独特的元素之一。塞尔维亚土地肥沃,雨水充足,农业生产条件良好。在农业生产中,种植业占63.2%,畜牧业生产占 36.8%。主要农作物有玉米、小麦、甜菜、马铃薯、向日葵、大豆、李子及苹果等。特色产品有玉米、小麦、大豆、蔗糖、玉米油和葵花油、食用水果及坚果、麦芽、淀粉、菊粉、面筋等。农产品较为丰富,但加工程度不高,可通过中国技术与当地产品的结合,提高附加值。

3. 信息通信技术产业

信息技术产业(ICT)是塞尔维亚具有比较优势的产业之一。虽然塞尔维亚是小国家,但是其 IT 行业发展迅速,对国家经济增长贡献越来越大,2019 年,塞尔维亚信息技术行业对其 GDP 增长贡献达到 10%。塞尔维亚共有 1 600 余家 ICT 企业,约 14 000 名从业人员。微软也在塞尔维亚投资设立了研发中心,拥有 130 余名技术人员。塞尔维亚的工程师、技术人员良好的教育背景(70% 以上具有大学及以上学历)和相对较低的薪金水平(税前工资1 000～2 000 欧元)是塞尔维亚信息通信技术产业的核心竞争优势。

信息通信技术产业也是塞尔维亚政府大力推动发展的核心产业之一,政府为了将其打造为塞尔维亚经济的支柱产业,积极完善信息通信产业法律法规,推动实施电子商务、电子政务、电子财会、电子健康等智能信息化计划,并提升政务公开、商业效益、政府廉洁和民生关怀水平。此外,塞尔维亚进一步向国外投资者开放了数字电视、有限和无线宽带网络基础设施等信息通信市场,希望吸引更多外商投资。

4. 教育服务业

塞尔维亚的教育体制基本沿用南斯拉夫联盟共和国时期的教育体制。全国性的相关法规所确定的基本原则是：在同等条件下，每个人都有受教育的权利；各少数民族享有依法使用本民族语言接受教育的权利，少数民族成员有依法建立教育组织的权利，其经费原则上自筹，但也可获得国家资助；基础教育为强制性免费义务教育，为发展青年人的个性和对国家现代化发展的需要创造条件；根据当代社会的需要和科技、生产发展的最新成就，不断更新教学内容，提高教学质量和效率。塞尔维亚实行八年制义务教育。全国受过高等教育的人口约占总人口的 13.9％。大学收费较低，全国主要大学有贝尔格莱德大学、诺维萨德大学、尼什大学和克拉古耶瓦茨大学等。

16.5　中国和塞尔维亚双边贸易概况

2019 年塞尔维亚与中国双边货物进出口额为 2 832.17 百万美元。从商品类别看，塞尔维亚对中国出口金额最多的商品为铜及其制品，对中国进口金额最多的商品为机电产品。

2019 年塞尔维亚对中国出口商品总额为 329.17 百万美元，同比增长 72.15％。在出口商品构成中，以商品编号为 74（铜及其制品）的商品为主，该类商品占对中国出口商品总额的 80.05％。相比 2018 年，商品编码为 02（肉及食用杂碎）、15（动、植物油、脂及其分解产品；精制的食用油脂；动、植物蜡）、31（肥料）、24（烟草及烟草代用品的制品）、38（杂项化学产品）等商品呈现增长趋势，尤其是 12（含油子仁及果实；杂项子仁及果实；工业用或药用植物；稻草、秸秆及饲料）增幅最大。与此同时，商品编号为 27（矿物燃料、矿物油及其蒸馏产品；沥青物质；矿物蜡）的商品下降幅度最大。具体数据见表 16-6 和图 16-8。

表 16-6　2019 年塞尔维亚对中国出口主要商品构成

商品编码	商品 类 别	金额/百万美元	占比/％	同比/％
总值		329.17	100.00	72.15
74	铜及其制品	263.51	80.05	91.05
44	木及木制品；木炭	25.44	7.73	−18.06
84	核反应堆、锅炉、机器、机械器具及其零件	10.97	3.33	−48.80
02	肉及食用杂碎	5.91	1.80	95.74
85	电机、电气设备及其零件；声音的录制和重放设备及其零件、附件	4.84	1.47	−36.83
39	塑料及其制品	4.41	1.34	6.14
22	饮料、酒及醋	1.74	0.53	24.24
90	光学、照相、电影、计量、检验、医疗或外科用仪器及设备、精密仪器及设备；上述物品的零件、附件	1.34	0.41	42.05
15	动、植物油、脂及其分解产品；精制的食用油脂；动、植物蜡	1.31	0.40	89.59
31	肥料	1.30	0.39	85.57
82	贱金属工具、器具、利口器、餐匙、餐叉及其零件	1.11	0.34	32.13
87	车辆及其零件、附件，但铁道及电车道车辆除外	0.78	0.24	17.91
24	烟草及烟草代用品的制品	0.75	0.23	97.71
64	鞋靴、护腿和类似品及其零件	0.73	0.22	−7.76

续表

商品编码	商品类别	金额/百万美元	占比/%	同比/%
33	精油及香膏，芳香料制品，化妆盥洗品	0.65	0.20	51.77
08	食用水果及坚果；柑橘属水果或甜瓜的果皮	0.58	0.18	−67.17
94	家具；寝具、褥垫、弹簧床垫、软坐垫及类似的填充制品；未列名灯具及照明装置；发光标志、发光铭牌及类似品；活动房屋	0.58	0.17	0.83
25	盐；硫黄；泥土及石料；石膏料、石灰及水泥	0.51	0.16	58.25
40	橡胶及其制品	0.45	0.14	−57.65
38	杂项化学产品	0.40	0.12	89.21
29	有机化学品	0.39	0.12	61.46
61	针织或钩编的服装及衣着附件	0.25	0.08	6.92
34	肥皂、有机表面活性剂、洗涤剂、润滑剂、人造蜡、调制蜡、光洁剂、蜡烛及类似品、塑型用膏、"牙科用蜡"及牙科用熟石膏制剂	0.21	0.06	35.74
48	纸及纸板；纸浆、纸或纸板制品	0.21	0.06	−39.11
27	矿物燃料、矿物油及其蒸馏产品；沥青物质；矿物蜡	0.12	0.04	−387.7
73	钢铁制品	0.11	0.03	−50.82
19	谷物、粮食粉、淀粉或乳的制品；糕饼点心	0.10	0.03	93.81
20	蔬菜、水果、坚果或植物其他部分的制品	0.07	0.02	62.62
88	航空器、航天器及其零件	0.06	0.02	0.04
12	含油子仁及果实；杂项子仁及果实；工业用或药用植物；稻草、秸秆及饲料	0.04	0.01	99.99

数据来源：商务部国别报告网、UN Comtrade 数据库、全球贸易观察等，经本课题组整理所得。

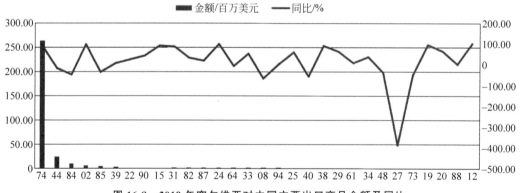

图 16-8　2019 年塞尔维亚对中国主要出口商品金额及同比

2019 年塞尔维亚自中国进口商品总额为 2 503 百万美元，同比增长 15.72%。在进口商品构成中，以商品编号为 85（电机、电气设备及其零件；声音的录制和重放设备及其零件、附件）、84（核反应堆、锅炉、机器、机械器具及零件）、99（其他产品）的商品为主，上述商品占自中国进口商品总额的 57.52%。相比 2018 年，商品编码为 87（车辆及其零件、附件，但铁道及电车道车辆除外）、40（橡胶及其制品）、30（药品）、60（针织物及钩编织物）等商品呈现增长趋势，尤其是 63（其他纺织制成品；成套物品；旧衣着及旧纺织品；碎织物）增幅最大。与此同时,商品编号为 80(锡及其制品)的商品下降幅度最大。具体数据见表 16-7 和图 16-9。

表 16-7　2019 年塞尔维亚自中国进口主要商品构成

商品编码	商 品 类 别	金额/百万美元	占比/%	同比/%
总值		2 503	100.00	15.72
85	电机、电气设备及其零件;声音的录制和重放设备及其零件、附件	611	24.41	15.90
84	核反应堆、锅炉、机器、机械器具及其零件	425	17.00	26.23
99	其他产品	403	16.11	10.76
39	塑料及其制品	106	4.23	15.54
87	车辆及其零件、附件,但铁道及电车道车辆除外	77	3.09	121.35
94	家具;寝具、褥垫、弹簧床垫、软坐垫及类似的填充制品;未列名灯具及照明装置;发光标志、发光铭牌及类似品;活动房屋	65	2.61	19.64
73	钢铁制品	60	2.39	28.51
29	有机化学品	57	2.27	−3.41
62	非针织或非钩编的服装及衣着附件	49	1.95	−5.25
95	玩具、游戏品、运动用品及其零件、附件	48	1.91	28.75
76	铝及其制品	45	1.78	−13.23
90	光学、照相、电影、计量、检验、医疗或外科用仪器及设备、精密仪器及设备;上述物品的零件、附件	44	1.76	9.79
72	钢铁	41	1.65	6.63
64	鞋靴、护腿和类似品及其零件	39	1.57	7.94
40	橡胶及其制品	38	1.51	44.21
42	皮革制品;鞍具及挽具;旅行用品、手提包及类似容器;动物肠线(蚕胶丝除外)制品	36	1.45	28.38
54	化学纤维长丝	32	1.30	6.58
61	针织或钩编的服装及衣着附件	30	1.20	6.11
70	玻璃及其制品	21	0.84	1.41
38	杂项化学产品	19	0.76	2.67
63	其他纺织制成品;成套物品;旧衣着及旧纺织品;碎织物	19	0.75	132.78
82	贱金属工具、器具、利口器、餐匙、餐叉及其零件	18	0.72	26.22
83	贱金属杂项制品	17	0.69	3.96
96	杂项制品	16	0.66	0.81
69	陶瓷产品	13	0.53	−7.52
30	药品	10	0.42	98.38
60	针织物及钩编织物	10	0.40	42.03
48	纸及纸板;纸浆、纸或纸板制品	10	0.40	15.31
81	其他贱金属、金属陶瓷及其制品	10	0.38	−1.86
80	锡及其制品	10	0.38	−36.91

数据来源:商务部国别报告网、UN Comtrade 数据库、全球贸易观察等,经本课题组整理所得。

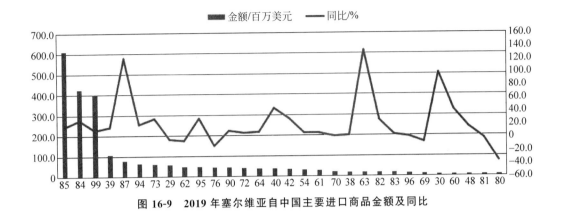

图 16-9　2019 年塞尔维亚自中国主要进口商品金额及同比

16.6　中国和塞尔维亚贸易竞争性与互补性分析

16.6.1　中国和塞尔维亚显性比较优势指数(RCA)分析

利用《国际贸易商品标准分类(第四版)》(SITC. Rev4),以 2018 年为例,对中国与塞尔维亚显性比较优势指数(RCA)进行分析。具体数据见表 16-8。

表 16-8　2018 年塞尔维亚商品出口额

SITC	商品类别名称	金额/百万美元
SITC0	食品和活动物	2 429.65
SITC1	饮料及烟草	538.85
SITC2	非食用燃料(不包含燃料)	655.70
SITC3	矿物燃料、润滑油及有关原料	580.21
SITC4	动植物油、油脂和蜡	167.84
SITC5	未列明的化学品和有关产品	1 861.68
SITC6	主要按原材料分类的制成品	4 776.81
SITC7	机械及运输设备	5 341.08
SITC8	杂项制品	2 470.82
SITC9	没有分类的其他商品	416.48

数据来源:UN Comtrade 数据库等,经本课题组整理所得。

通过 UN Comtrade 数据库等相关数据库的数据,经本课题组整理得到:2018 年中国所有商品出口额约为 2 494 230 百万美元,塞尔维亚所有商品出口额 19 137 百万美元,世界所有商品出口额 19 051 239 百万美元。

按照公式 $RCA_{xik} = (X_{ik}/X_{wk})/(X_i/X_w)$,得出计算结果如表 16-9 所示。

表 16-9　2018 年中国和塞尔维亚显性比较优势指数（RCA）计算结果

国家	商品									
	SITC0	SITC1	SITC2	SITC3	SITC4	SITC5	SITC6	SITC7	SITC8	SITC9
中国	0.43	0.18	0.19	0.18	0.10	0.59	1.35	1.34	1.94	0.04
塞尔维亚	2.06	3.40	0.95	0.29	1.96	0.85	2.04	0.77	1.10	0.34

根据上述结果分析得到：

（1）塞尔维亚除了 SITC2、SITC3、SITC5、SITC7 和 SITC9 五类商品外，其余商品均具有显性比较优势。其中，SITC1 的 RCA 值最高，为 3.4，说明具有比较明显的显性比较优势。

（2）在 SITC6 和 SITC8 两类商品中，中国与塞尔维亚都具有显性比较优势。在 SITC2、SITC3、SITC5 和 SITC9 这四类商品中，两国显性优势比较指数均小于 1，说明两国都不具备比较优势。

16.6.2　中国和塞尔维亚贸易互补性指数（TCI）分析

利用《国际贸易商品标准分类（第四版）》（SITC. Rev4），以 2018 年为例，对中国与塞尔维亚贸易互补性指数（TCI）进行分析。具体数据见表 16-10。

表 16-10　2018 年塞尔维亚商品进口额

SITC	商品类别名称	金额/百万美元
SITC0	食品和活动物	1 472.75
SITC1	饮料及烟草	344.52
SITC2	非食用燃料（不包含燃料）	1 085.89
SITC3	矿物燃料、润滑油及有关原料	3 000.00
SITC4	动植物油、油脂和蜡	61.86
SITC5	未列明的化学品和有关产品	3 508.02
SITC6	主要按原材料分类的制成品	4 797.61
SITC7	机械及运输设备	6 698.19
SITC8	杂项制品	1 886.75
SITC9	没有分类的其他商品	3 027.04

数据来源：UN Comtrade 数据库等，经本课题组整理所得。

通过 UN Comtrade 数据库等相关数据库的数据，经本课题组整理得到：2018 年中国所有商品进口额约为 21 349 82 百万美元，塞尔维亚所有商品进口额 25 769 百万美元，世界所有商品进口额 19 253 036 百万美元。

按照公式 $TCI_{ij} = RCA_{xik} \times RCA_{mjk}$，得出计算结果如表 16-11 所示。

表 16-11　2018 年中国和塞尔维亚贸易互补性指数（TCI）计算结果

国家	商品									
	SITC0	SITC1	SITC2	SITC3	SITC4	SITC5	SITC6	SITC7	SITC8	SITC9
中国	0.41	0.29	0.19	0.16	0.05	0.67	2.10	0.94	1.25	0.12
塞尔维亚	0.89	1.33	2.49	0.31	1.38	0.64	1.08	0.80	0.61	0.28

根据上述结果分析得到:

(1) 在SITC6这类商品中,中国与塞尔维亚贸易互补性指数(TCI)均大于1,说明两国在该类商品中互补性强,并未因为在该领域中双方都具有显性比较优势而激烈竞争。

(2) 在SITC0、SITC3、SITC5、SITC7和SITC9这几类商品中,双方TCI值均小于1,说明两国互补性较弱。

16.7 中国和塞尔维亚贸易合作展望

近些年来,中国和塞尔维亚贸易关系发展顺利,双边贸易合作具有良好的基础。中国和塞尔维亚政府间签有《关于共同推进"一带一路"建设的谅解备忘录》《在共建"一带一路"倡议框架下的双边合作规划》,建有经贸混委会机制,签有《投资保护协定》《避免双重征税协定》《基础设施领域经济技术合作协定》《文化合作协定》《科技合作协定》和《中华人民共和国公安部和塞尔维亚共和国内务部合作协议》等协议。塞尔维亚对外经贸活动日渐活跃,外贸额保持连年上升势头。

据了解,塞尔维亚基础设施发展水平较低,部分设施出现了一定的老化现象。结合上述内容,以下是对中国与塞尔维亚双边贸易发展的一些展望。

(1) 塞尔维亚基础设施发展水平较低,中国工程企业可以通过承包其基础设施建设项目,从硬件与软件两方面提高塞尔维亚的基础设施建设水平,从而更好地加强双方的双边贸易合作。

(2) 中国对国外能源具有一定的依赖性,因此需快速合理地获取和利用全球资源,稳固多元化资源获取渠道。塞尔维亚的煤储量134.1亿吨,天然气储量481亿立方米,铁、锌和铜储量27亿吨,锂储量7.3亿吨,辉钼矿储量28.5亿吨。因此双方可以进行双向合作,进一步促进双边贸易往来。

第17章
斯洛伐克的对外贸易

　　斯洛伐克共和国,简称斯洛伐克,欧洲中部的内陆国。东邻乌克兰,南接匈牙利,西连捷克、奥地利,北毗波兰。属海洋性向大陆性气候过渡的温带气候。截至 2019 年,面积 4.9 万平方公里,总人口 545.7 万人,斯洛伐克族占 81.15%,匈牙利族占 8.43%,罗姆族(吉卜赛人)占 2%,其余为捷克族、卢塞尼亚族、乌克兰族、德意志族、波兰族、俄罗斯族等。官方语言为斯洛伐克语。2019 年人口密度 111 人/平方公里。首都布拉迪斯拉发,2019 年面积 368 平方公里,人口 43 万。

　　近年来,斯洛伐克政府不断加强法制建设,改善企业经营环境,大力吸引外资,逐渐形成以汽车、电子产业为支柱,出口为导向的外向型市场经济。资源有褐煤、硬煤、菱镁矿。石油、天然气依赖进口。工业方面,主要工业部门有钢铁、食品、烟草加工、石化、机械、汽车等,2019 年从业人员 58.89 万,约占总劳动力的 22.29%。农业方面,2019 年森林覆盖率约41.3%,农业人口约 5.89 万,占总劳动力的 2.3%,粮食总产量 403.8 万吨。主要农作物有大麦、小麦、玉米、油料作物、马铃薯、甜菜等。交通运输方面,以公路和铁路运输为主,近年来航空运输有所发展。2019 年 GDP 为 110 800 百万美元,同比增长 2.3%,人均 GDP1.73 万欧元。

　　对外贸易方面,斯洛伐克主要出口商品有钢材、电子产品、交通工具、机械产品、化工产品、矿物燃料、金属和金属制品、电力设备等。主要进口商品有石油、天然气、机械设备、原材料、食品、化工产品等。主要贸易伙伴为德国、捷克、波兰、匈牙利、法国。

　　据欧盟统计局统计,2019 年斯洛伐克贸易逆差 366 百万美元。从国别(地区)看,2019年斯洛伐克对德国、捷克、波兰、法国和匈牙利的出口额分别占斯洛伐克出口总额的 22.4%、11.1%、7.5%、7.1%和 6.4%,为 20 123 百万美元、9 928 百万美元、6 756 百万美元、6 341 百万美元和 5 734 百万美元,对德国、捷克和波兰分别下降 3.0%、10.8%和 7.4%,对法国和匈牙利分别增长 7.4%和 1.1%。自德国、捷克、奥地利、波兰和匈牙利的进口额分别占斯洛伐克进口总额 19.6%、16.5%、9.1%、7.5%和 7.0%,分别为 17 645 百万美元、14 815 百万美元、8 186 百万美元、6 728 百万美元和 6 323 百万美元,自德国、奥地利进口分别下降 4.7%和 12.3%,自捷克进口规模与去年保持不变,自波兰和匈牙利进口增幅分别为 4.3%和2.7%。2019 年斯洛伐克前五大逆差来源国依次是捷克、韩国、奥地利、俄罗斯和中国,逆差分别为 4 890 百万美元、3 640 百万美元、3 150 百万美元、2 080 百万美元和 1 360 百万美元,其中,对捷克增长 32.6%,对韩国、奥地利、俄罗斯和中国分别下降 15.4%、19.8%、26.8%和 23.2%。顺差前三大来源国依次是英国、法国和德国,分别为 2 880 百万美元、2 620 百万美元和 2 480 百万美元,自法国和德国顺差增长分别是 21.5%和 10.6%,自英国顺差下降

6.3%。从商品看,斯洛伐克出口排名前三位的商品是运输设备、机电产品和贱金属及制品,2019 年出口额分别为 29 710 百万美元、27 480 百万美元和 8 340 百万美元,运输设备增长 4.8%,机电产品和贱金属及制品分别下降 5.9%和 14.1%,合计占斯洛伐克出口总额的 73.1%。斯洛伐克的主要进口商品为机电产品、运输设备和贱金属及制品,2019 年进口额分别为 30 290 百万美元、16 410 百万美元和 8 130 百万美元,对机电产品和贱金属及制品分别下降 1.9%和 12.3%,对运输设备增长 6.4%,合计占斯洛伐克进口总额的 60.9%。

据欧盟统计局统计,2019 年斯洛伐克贸易逆差 1 360 百万美元,下降 23.2%。中国是斯洛伐克排名第十二位出口目的地和第九位进口来源地。运输设备、机电产品和木及制品是斯洛伐克对中国出口的主要商品,2019 年三类产品出口额合计占斯洛伐克对中国出口总额的 93.3%,分别为 14 781 百万美元、250 百万美元和 36 百万美元,其中,对运输设备和木及制品分别增长 31.9%和 197.6%,对机电产品下降 20.8%。

17.1 对外贸易发展趋势

2019 年斯洛伐克货物进出口额为 179 736 百万美元,比上年同期(下同)下降 3.5%。其中,出口 89 685 百万美元,下降 4.0%;进口 90 051 百万美元,下降 3.1%。

斯洛伐克在 2008 年至 2019 年对外贸易总额总体呈现波动趋势。经历 2008 年的飞速上升后,2009 年出现了剧烈下滑。2010 年和 2011 年保持快速增长之后,在 2012 年出现了小幅下跌。2013 年止跌反弹,2014 年相较于 2013 年有小幅增长的趋势,但在 2015 年出现了明显下滑。经历 2016 年至 2018 年比较稳定的增幅后,2019 年又下跌了 3.5 个百分点。具体数据见表 17-1 和图 17-1。

表 17-1 斯洛伐克对外贸易年度表

时间	总额/百万美元	同比/%	出口/百万美元	同比/%	进口/百万美元	同比/%
2008 年	145 184	21.5	71 222	21.4	73 961	21.6
2009 年	112 020	−22.8	56 247	−21.0	55 774	−24.6
2010 年	129 774	15.8	64 715	15.1	65 059	16.6
2011 年	159 717	23.1	79 840	23.4	79 877	22.8
2012 年	158 182	−1.0	80 699	1.1	77 483	−3.0
2013 年	167 590	5.9	85 789	6.3	81 801	5.6
2014 年	168 370	0.5	86 460	0.8	81 910	0.1
2015 年	148 651	−11.7	75 263	−13.0	73 388	−10.4
2016 年	153 067	3.0	77 573	3.1	75 494	2.9
2017 年	167 982	9.7	84 652	9.1	83 330	10.4
2018 年	188 248	12.2	94 216	11.5	94 033	12.8
2019 年	179 736	−3.5	89 685	−4.0	90 051	−3.1

数据来源:商务部国别报告网、UN Comtrade 数据库、全球贸易观察等,经本课题组整理所得。

斯洛伐克在 2008 年至 2019 年对外贸易出口额波动趋势与对外贸易总额变化趋势类似。2008 年和 2009 年情况截然相反,2008 年明显上升,而 2009 年大幅下滑。2010 年起至 2014 年维持稳定增长,但 2015 年同比下降 13%,2016 年至 2018 年对外贸易出口额稳定增长,但在 2019 年出口 89 685 百万美元,较 2018 年下滑 4 个百分点。具体数据见表 17-1 和图 17-2。

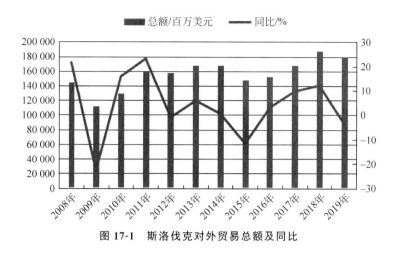

图 17-1　斯洛伐克对外贸易总额及同比

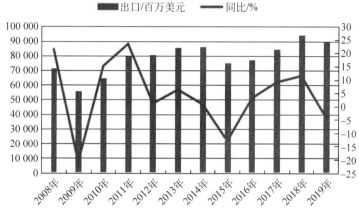

图 17-2　斯洛伐克对外贸易出口额及同比

斯洛伐克在 2008 年至 2019 年对外贸易进口额中,2018 年达到顶峰,为 94 033 百万美元。2011 年增幅最大,为 22.8%。相比之下,2009 年跌到低谷,进口额仅为 55 774 百万美元,下降幅度最大,为 24.6%。同时,2019 年对外贸易进口额呈现下降趋势,比 2018 年下跌 3.1 个百分点。具体数据见表 17-1 和图 17-3。

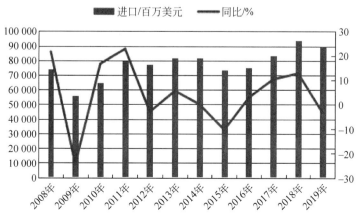

图 17-3　斯洛伐克对外贸易进口额及同比

17.2 主要贸易市场结构

2019 年斯洛伐克出口总额为 89 685 百万美元,出口伙伴国主要有德国、捷克、波兰等。进口总额为 90 051 百万美元,进口伙伴国主要有德国、捷克、奥地利等。

2019 年斯洛伐克出口至德国的货物金额最多,为 20 123 百万美元。在主要出口伙伴国中,只有出口至法国、匈牙利和英国三国的货物金额较 2018 年呈增加趋势。具体数据见表 17-2 和图 17-4。

表 17-2 2019 年斯洛伐克对主要贸易伙伴出口额

国家和地区	金额/百万美元	同比/%	占比/%
总值	89 685	−4.0	100.0
德国	20 123	−3.0	22.4
捷克	9 928	−10.8	11.1
波兰	6 756	−7.4	7.5
法国	6 341	7.4	7.1
匈牙利	5 734	1.1	6.4
奥地利	5 033	−6.9	5.6
英国	4 453	5.7	5.0
意大利	4 192	−22.8	4.7
美国	2 782	−8.5	3.1
西班牙	2 534	−5.6	2.8

数据来源:商务部国别报告网、UN Comtrade 数据库、全球贸易观察等,经本课题组整理所得。

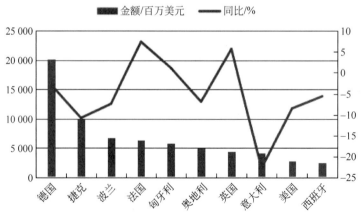

图 17-4 2019 年斯洛伐克对主要贸易伙伴出口额及同比

2019 年斯洛伐克自德国进口的货物金额占比最大,为 17 645 百万美元。在主要进口伙伴国中,只有自波兰和匈牙利两国进口的货物金额较 2018 年呈增加趋势。具体数据见表 17-3 和图 17-5。

表 17-3　2019 年斯洛伐克自主要贸易伙伴进口额

国家和地区	金额/百万美元	同比/%	占比/%
总值	90 051	−3.1	100.0
德国	17 645	−4.7	19.6
捷克	14 815	0.0	16.5
奥地利	8 186	−12.3	9.1
波兰	6 728	4.3	7.5
匈牙利	6 323	2.7	7.0
韩国	3 963	−10.2	4.4
法国	3 725	−0.7	4.1
俄罗斯	3 700	−20.5	4.1
中国	3 248	−3.3	3.6
意大利	3 097	−5.7	3.4

数据来源：商务部国别报告网、UN Comtrade 数据库、全球贸易观察等，经本课题组整理所得。

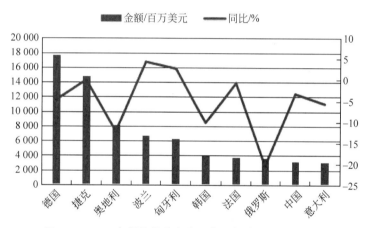

图 17-5　2019 年斯洛伐克自主要贸易伙伴进口额及同比

17.3　主要进出口商品结构

2019 年斯洛伐克出口商品总额为 89 685 百万美元，同比下降 4.01%。在出口商品构成中，以商品编码为 87（车辆及其零件、附件，但铁道及电车道车辆除外）、85（电机、电气设备及其零件；声音的录制和重放设备及其零件、附件）、84（核反应堆、锅炉、机器、机械器具及其零件）的商品为主，这三类商品超过总出口商品金额的六成。相比 2018 年，商品编号为 86〔铁道及电车道机车、车辆及其零件；铁道及电车道轨道固定装置及其零件、附件；各种机械（包括电动机械）交通信号设备〕、74（铜及其制品）、71（天然或养殖珍珠、宝石或半宝石、贵金属、包贵金属及其制品；仿首饰；硬币）、21（杂项食品）等商品呈现增长趋势，尤其是 71（天然或养殖珍珠、宝石或半宝石、贵金属、包贵金属及其制品；仿首饰；硬币）增幅最大。与此同时，商品编号为 41〔生皮（毛皮除外）及皮革〕的商品下降幅度最大。具体数据见表 17-4 和图 17-6。

表 17-4　2019 年斯洛伐克主要出口商品结构

商品编码	商品类别	金额/百万美元	占比/%	同比/%
总值		89 685.00	100.00	−4.01
87	车辆及其零件、附件,但铁道及电车道车辆除外	29 055.13	32.40	4.72
85	电机、电气设备及其零件；声音的录制和重放设备及其零件、附件	16 563.28	18.47	−8.16
84	核反应堆、锅炉、机器、机械器具及其零件	10 915.67	12.17	−2.19
72	钢铁	3 442.92	3.84	−21.94
27	矿物燃料、矿物油及其蒸馏产品；沥青物质；矿物蜡	2 556.08	2.85	−6.59
39	塑料及其制品	2 540.76	2.83	−10.31
40	橡胶及其制品	2 435.86	2.72	−8.21
73	钢铁制品	2 084.25	2.32	−8.79
94	家具；寝具、褥垫、弹簧床垫、软坐垫及类似的填充制品；未列名灯具及照明装置；发光标志、发光铭牌及类似品；活动房屋	1 672.29	1.86	−11.69
76	铝及其制品	1 366.63	1.52	−9.75
64	鞋靴、护腿和类似品及其零件	1 075.37	1.20	−14.04
44	木及木制品；木炭	1 019.75	1.14	−5.58
48	纸及纸板；纸浆、纸或纸板制品	976.02	1.09	−5.26
90	光学、照相、电影、计量、检验、医疗或外科用仪器及设备、精密仪器及设备；上述物品的零件、附件	917.12	1.02	−7.91
61	针织或钩编的服装及衣着附件	738.30	0.82	−12.23
83	贱金属杂项制品	687.22	0.77	−10.15
86	铁道及电车道机车、车辆及其零件；铁道及电车道轨道固定装置及其零件、附件；各种机械(包括电动机械)交通信号设备	624.82	0.70	10.33
70	玻璃及其制品	611.70	0.68	−1.14
95	玩具、游戏品、运动用品及其零件、附件	558.60	0.62	−9.35
74	铜及其制品	488.71	0.54	11.23
30	药品	480.75	0.54	5.29
33	精油及香膏,芳香料制品,化妆盥洗品	478.66	0.53	−0.81
62	非针织或非钩编的服装及衣着附件	475.51	0.53	−12.05
96	杂项制品	415.57	0.46	−3.46
71	天然或养殖珍珠、宝石或半宝石、贵金属、包贵金属及其制品；仿首饰；硬币	366.34	0.41	15.34
38	杂项化学产品	346.28	0.39	9.20
25	盐；硫黄；泥土及石料；石膏料、石灰及水泥	324.86	0.36	−3.59
10	谷物	321.47	0.36	−2.05
04	乳品；蛋品；天然蜂蜜；其他食用动物产品	318.00	0.35	−7.01
21	杂项食品	284.26	0.32	12.87
29	有机化学品	257.61	0.29	−23.69
31	肥料	256.32	0.29	−6.73
18	可可及可可制品	255.15	0.28	−5.97

续表

商品编码	商品类别	金额/百万美元	占比/%	同比/%
68	石料、石膏、水泥、石棉、云母及类似材料的制品	239.23	0.27	−2.74
12	含油子仁及果实；杂项子仁及果实；工业用或药用植物；稻草、秸秆及饲料	237.80	0.27	−14.72
17	糖及糖食	236.93	0.26	5.07
22	饮料、酒及醋	208.96	0.23	2.58
49	书籍、报纸、印刷图画及其他印刷品；手稿、打字稿及设计图纸	206.68	0.23	−7.07
63	其他纺织制成品；成套物品；旧衣着及旧纺织品；碎织物	197.51	0.22	11.47
42	皮革制品；鞍具及挽具；旅行用品、手提包及类似容器；动物肠线（蚕胶丝除外）制品	191.74	0.21	−13.29
01	活动物/动物产品	176.84	0.20	−12.89
82	贱金属工具、器具、利口器、餐匙、餐叉及其零件	171.32	0.19	−5.86
47	木浆及其他纤维状纤维素浆；回收（废碎）纸或纸板	166.00	0.19	−17.00
19	谷物、粮食粉、淀粉或乳的制品；糕饼点心	164.51	0.18	6.03
09	咖啡、茶、马黛茶及调味香料	162.32	0.18	−7.44
28	无机化学品；贵金属、稀土金属、放射性元素及其同位素的有机及无机化合物	161.41	0.18	−19.63
02	肉及食用杂碎	157.32	0.18	1.50
34	肥皂、有机表面活性剂、洗涤剂、润滑剂、人造蜡、调制蜡、光洁剂、蜡烛及类似品、塑型用膏、"牙科用蜡"及牙科用熟石膏制剂	150.98	0.17	−12.11
11	制粉工业产品；麦芽；淀粉；菊粉；面筋	150.10	0.17	1.43
55	化学纤维短纤	126.60	0.14	−7.82
16	肉、鱼、甲壳动物，软体动物及其他水生无脊椎动物的制品	125.26	0.14	−0.77
23	食品工业的残渣及废料配制的动物饲料	112.68	0.13	−2.05
08	食用水果及坚果；柑橘属水果或甜瓜的果皮	105.10	0.12	2.56
54	化学纤维长丝	99.90	0.11	−25.32
93	武器、弹药及其零件、附件	92.73	0.10	−17.82
41	生皮（毛皮除外）及皮革	91.88	0.10	−48.62
32	鞣料浸膏及染料浸膏；鞣酸及其衍生物；染料、颜料及其他着色料；油漆及清漆；油灰及其他类似胶黏剂；墨水、油墨	88.36	0.10	−18.12
69	陶瓷产品	84.65	0.09	−1.70
79	锌及其制品	78.09	0.09	−15.84
35	蛋白类物质；改性淀粉；胶；酶	66.70	0.07	7.05

数据来源：全球贸易观察、UN Comtrade 数据库等，经本课题组整理所得。

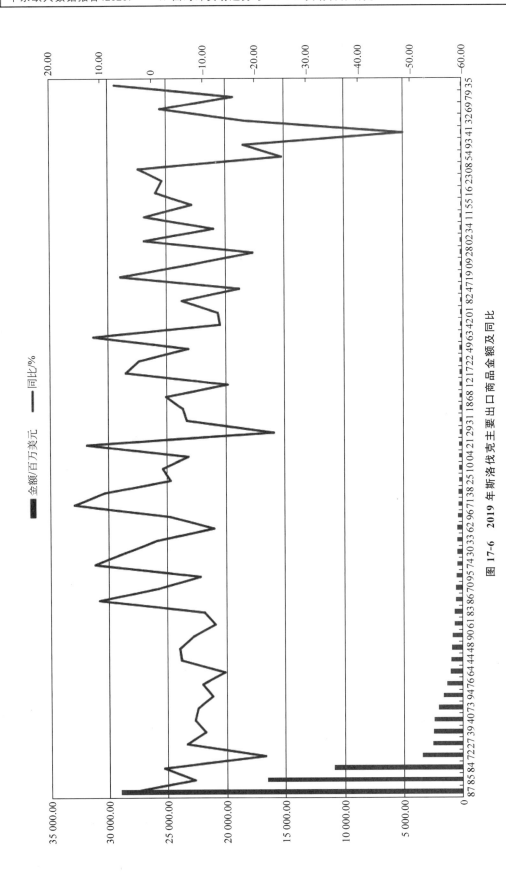

图 17-6　2019 年斯洛伐克主要出口商品金额及同比

2019 年斯洛伐克进口商品总额为 90 051 百万美元,同比下降 3.07%。在进口商品构成中,以商品编号为 85(电机、电气设备及其零件;声音的录制和重放设备及其零件、附件)、87(车辆及其零件、附件,但铁道及电车道车辆除外)、84(核反应堆、锅炉、机器、机械器具及其零件)的商品为主,上述商品超过总进口商品金额的五成。相比 2018 年,商品编码为 69(陶瓷产品)等商品呈现增长趋势,尤其是 69(陶瓷制品)增幅最大。同时,商品编号为 41[生皮(毛皮除外)及皮革]的商品下降幅度最大。具体数据见表 17-5 和图 17-7。

表 17-5 2019 年斯洛伐克主要进口商品结构

商品编码	商 品 类 别	金额/百万美元	占比/%	同比/%
总值		90 051.0	100.00	−3.07
85	电机、电气设备及其零件;声音的录制和重放设备及其零件、附件	18 723.1	20.79	−2.04
87	车辆及其零件、附件,但铁道及电车道车辆除外	15 989.8	17.76	6.52
84	核反应堆、锅炉、机器、机械器具及其零件	11 566.1	12.84	−1.73
27	矿物燃料、矿物油及其蒸馏产品;沥青物质;矿物蜡	5 854.8	6.50	−15.34
39	塑料及其制品	3 660.5	4.07	−5.42
72	钢铁	2 509.1	2.79	−19.53
73	钢铁制品	2 492.9	2.77	−8.48
94	家具;寝具、褥垫、弹簧床垫、软坐垫及类似的填充制品;未列名灯具及照明装置;发光标志、发光铭牌及类似品;活动房屋	2 475.6	2.75	9.68
30	药品	2 075.2	2.30	2.02
40	橡胶及其制品	1 671.4	1.86	−5.78
90	光学、照相、电影、计量、检验、医疗或外科用仪器及设备、精密仪器及设备;上述物品的零件、附件	1 599.7	1.78	−12.65
76	铝及其制品	1 068.3	1.19	−7.91
64	鞋靴、护腿和类似品及其零件	995.4	1.11	−8.11
61	针织或钩编的服装及衣着附件	923.5	1.03	−8.01
38	杂项化学产品	853.1	0.95	−5.00
48	纸及纸板;纸浆、纸或纸板制品	833.2	0.93	−4.91
83	贱金属杂项制品	731.1	0.81	−13.93
44	木及木制品;木炭	690.9	0.77	1.03
70	玻璃及其制品	690.3	0.77	−3.76
02	肉及食用杂碎	653.6	0.73	1.79
74	铜及其制品	634.7	0.70	−6.20
62	非针织或非钩编的服装及衣着附件	631.1	0.70	−4.87
26	矿砂、矿渣及矿灰	554.8	0.62	−12.88
95	玩具、游戏品、运动用品及其零件、附件	553.2	0.61	11.19
22	饮料、酒及醋	486.8	0.54	−5.22
32	鞣料浸膏及染料浸膏;鞣酸及其衍生物;染料、颜料及其他着色料;油漆及清漆;油灰及其他类似胶黏剂;墨水、油墨	467.7	0.52	−12.36
33	精油及香膏;芳香料制品,化妆盥洗品	466.0	0.52	−3.78
28	无机化学品;贵金属、稀土金属、放射性元素及其同位素的有机及无机化合物	465.4	0.52	−12.90
04	乳品;蛋品;天然蜂蜜;其他食用动物产品	450.3	0.50	0.19
82	贱金属工具、器具、利口器、餐匙、餐叉及其零件	438.4	0.49	1.38

续表

商品编码	商品类别	金额/百万美元	占比/%	同比/%
29	有机化学品	411.0	0.46	−14.57
71	天然或养殖珍珠、宝石或半宝石、贵金属、包贵金属及其制品；仿首饰；硬币	409.6	0.45	19.73
21	杂项食品	394.3	0.44	4.15
08	食用水果及坚果；柑橘属水果或甜瓜的果皮	386.1	0.43	0.17
19	谷物、粮食粉、淀粉或乳的制品；糕饼点心	361.5	0.40	3.27
34	肥皂、有机表面活性剂、洗涤剂、润滑剂、人造蜡、调制蜡、光洁剂、蜡烛及类似品、塑型用膏、"牙科用蜡"及牙科用熟石膏制剂	342.2	0.38	−2.73
18	可可及可可制品	330.0	0.37	−3.99
07	食用蔬菜、根及块茎	327.9	0.36	15.57
96	杂项制品	322.4	0.36	−3.19
86	铁道及电车道机车、车辆及其零件；铁道及电车道轨道固定装置及其零件、附件；各种机械（包括电动机械）交通信号设备	312.0	0.35	2.37
16	肉、鱼、甲壳动物、软体动物及其他水生无脊椎动物的制品	276.8	0.31	3.01
68	石料、石膏、水泥、石棉、云母及类似材料的制品	248.6	0.28	−9.74
23	食品工业的残渣及废料配制的动物饲料	240.1	0.27	5.47
69	陶瓷产品	237.2	0.26	21.14
63	其他纺织制成品；成套物品；旧衣着及旧纺织品；碎织物	231.8	0.26	8.08
24	烟草及烟草代用品的制品	229.8	0.26	11.33
20	蔬菜、水果、坚果或植物其他部分的制品	204.1	0.23	−0.51
41	生皮（毛皮除外）及皮革	200.1	0.22	−32.61
42	皮革制品；鞍具及挽具；旅行用品、手提包及类似容器；动物肠线（蚕胶丝除外）制品	191.5	0.21	−9.28
25	盐；硫黄；泥土及石料；石膏料、石灰及水泥	181.1	0.20	−12.06
79	锌及其制品	166.0	0.18	−19.34
09	咖啡、茶、马黛茶及调味香料	164.7	0.18	−19.75
15	动、植物油、脂及其分解产品；精制的食用油脂；动、植物蜡	164.4	0.18	−15.93
59	浸渍、涂布、包覆或层压的纺织物；工业用纺织制品	157.5	0.17	−10.88
31	肥料	155.9	0.17	−0.33
49	书籍、报纸、印刷图画及其他印刷品；手稿、打字稿及设计图纸	148.1	0.16	−10.20
56	絮胎、毡呢及无纺织物；特种纱线；线、绳、索、缆及其制品	147.3	0.16	2.98
55	化学纤维短纤	130.8	0.15	−9.84
47	木浆及其他纤维状纤维素浆；回收（废碎）纸或纸板	124.8	0.14	−8.33
10	谷物	116.8	0.13	−0.10

数据来源：全球贸易观察、UN Comtrade 数据库等，经本课题组整理所得。

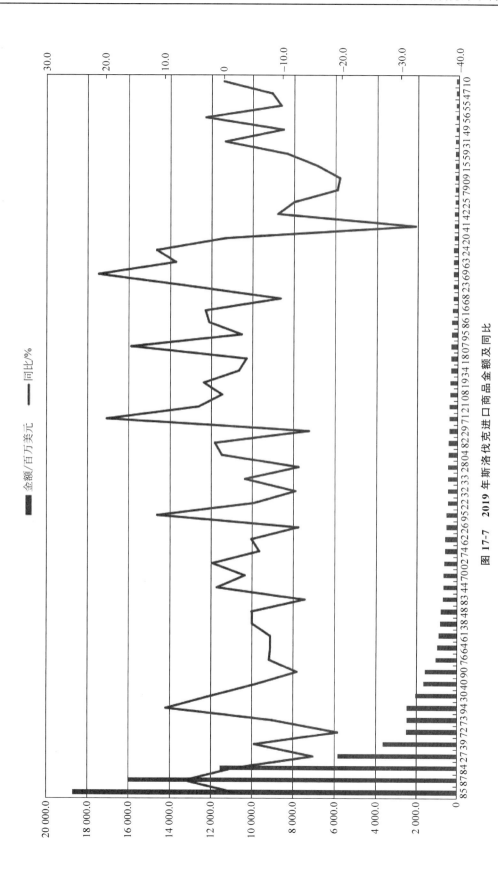

图 17-7　2019 年斯洛伐克进口商品金额及同比

17.4 主要优势产业及其特征

斯洛伐克主要有汽车制造业、橡胶和塑料制品业、机械工程业和商务服务业等优势产业,具体优势产业及其特征如下。

1. 汽车制造业

汽车工业是斯洛伐克主要支柱产业之一。汽车产业在斯洛伐克经济中占有重要的战略地位,高于波兰、匈牙利、奥地利等国。主要汽车厂商为标致雪铁龙(Trnava)、起亚(Žilina)和大众(Bratislava、Martin、Košice)。其中,大众汽车规模最大,分布在布拉迪斯拉发(整车组装)、马丁(零部件生产)和科希策(主要出口俄罗斯市场)。斯洛伐克拥有全球最高的人均汽车产量。此外,高质量零部件供应商是斯洛伐克汽车业的优势之一。2018 年,随着捷豹陆虎公司正式投产,供应商网络进一步向中东部地区扩散。因此,我国汽车组装企业可考虑投资斯洛伐克,以利用当地完善的供应商网络,同时与当地大学或研究中心进行核心技术研发,包括定制服务、样机快速定模等,进入欧洲大市场。

2. 橡胶和塑料制品业

在橡胶和塑料制品业领域主要企业包括 Matador 轮胎公司(Continental Matador Truck Tires)、韩国东一橡胶公司(Dongil Rubber Belt Slovakia)等。

3. 机械工程业

机械工程业(mechanical engineering)是斯洛伐克主要支柱产业之一,与汽车制造业密不可分。该行业企业主要分布在传统工业优势地区,如西北部工业城市日利纳,或汽车制造企业集中区域,包括布拉迪斯拉发和特尔纳瓦等地区。主要产品包括轮轴、控制面板、刹车系统、轴承和排放控制技术等。伴随汽车相关电子产品(车载通信设备、娱乐设备等)的发展,电子工业加速扩张,大型外资项目的实施给斯洛伐克电子工业发展带来了雄厚的资金、先进技术和管理经验,使其产品质量不断提升。

4. 商务服务业

共享服务与商业流程外包中心(SSC＆BPOs)备受外资企业青睐。人们可以运用捷克语、波兰语及其他斯拉夫语系语言进行无障碍交流,劳动力语言优势为企业服务东欧和西欧国家的消费者提供了便利。因此,许多跨国公司(戴尔、IBM、惠普、AT＆T、联想等)将其服务中心设置在斯洛伐克,尽管政府加大对其他地区的投资优惠力度,目前,首都布拉迪斯拉发仍是共享服务中心最大的聚集区。

17.5　中国和斯洛伐克双边贸易概况

2019 年斯洛伐克与中国双边货物进出口额为 5 139 百万美元,增长 3.9%。从商品类别看,斯洛伐克对中国出口金额最多的商品为运输设备,而斯洛伐克自中国进口金额最多的商品为机电产品。

2019 年斯洛伐克对中国出口商品总额为 1 891 百万美元,同比增长 18.9%。在出口商品构成中,以商品编号为 87(车辆及其零附件,但铁道车辆除外)的商品为主,该商品占对中国出口商品总额的近八成。相比 2018 年,商品编码为 25(盐;硫黄;土及石料;石灰及水泥等)、44(木及木制品;木炭)、41[生皮(毛皮除外)及皮革]、52(棉花)、63(其他纺织制品;成套物品;旧纺织品)等商品呈现增长趋势,尤其是 25(盐;硫黄;土及石料;石灰及水泥等)增幅最大。与此同时,商品编号为 74(铜及其制品)的商品下降幅度最大。具体数据见表 17-6 和图 17-8。

表 17-6　2019 年斯洛伐克对中国出口主要商品构成

商品编码	商品类别	金额/百万美元	同比/%	占比/%
总值		1 891	18.9	100.0
87	车辆及其零附件,但铁道车辆除外	1 478	31.9	78.2
84	核反应堆、锅炉、机械器具及零件	180	−18.1	9.5
85	电机、电气、音像设备及其零附件	70	−26.9	3.7
44	木及木制品;木炭	36	197.6	1.9
94	家具;寝具等;灯具;活动房	24	−19.8	1.3
90	光学、照相、医疗等设备及零附件	19	2.7	1.0
64	鞋靴、护腿和类似品及其零件	15	2.3	0.8
95	玩具、游戏或运动用品及其零附件	12	−0.2	0.6
39	塑料及其制品	11	−38.8	0.6
83	贱金属杂项制品	10	−14.0	0.6
73	钢铁制品	9	15.0	0.5
40	橡胶及其制品	7	20.4	0.4
60	针织物或钩编织物	4	−8.1	0.2
63	其他纺织制品;成套物品;旧纺织品	3	100.1	0.1
82	贱金属器具、利口器、餐具及零件	1	−40.6	0.1
72	钢铁	1	−19.3	0.1
70	玻璃及其制品	1	−26.4	0.1
56	絮胎、毡呢及无纺织物;线绳制品等	1	10.7	0.1
29	有机化学品	1	33.6	0.1
41	生皮(毛皮除外)及皮革	1	171.8	0.0
22	饮料、酒及醋	1	−15.1	0.0
58	特种机织物;簇绒织物;刺绣品等	1	−0.4	0.0
68	矿物材料的制品	0	63.1	0.0
74	铜及其制品	0	−88.1	0.0
76	铝及其制品	0	−37.9	0.0
59	浸、包或层压织物;工业用纺织制品	0	−19.8	0.0

续表

商品编码	商 品 类 别	金额/百万美元	同比/%	占比/%
52	棉花	0	141.8	0.0
49	印刷品；手稿、打字稿及设计图纸	0	−30.7	0.0
96	杂项制品	0	88.0	0.0
25	盐；硫黄；土及石料；石灰及水泥等	0.0	238.6	0.0

注：商品编码为 41、22、58、68、74、76、59、52、49、96 和 25 的商品因金额过少导致占比为 0，并不代表 2019 年斯洛伐克没有出口这些商品至中国，在此说明。

数据来源：商务部国别报告网、UN Comtrade 数据库等，经本课题组整理所得。

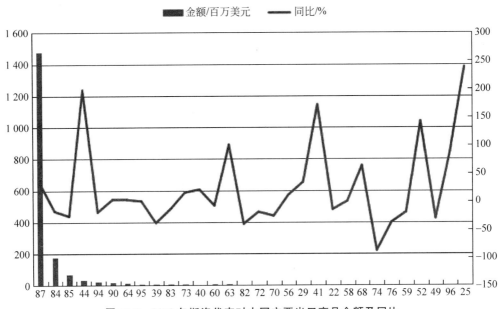

图 17-8　2019 年斯洛伐克对中国主要出口商品金额及同比

2019 年斯洛伐克自中国进口商品总额为 3 248 百万美元，同比下降 3.3％。在进口商品构成中，商品编号为 95（玩具、游戏或运动用品及其零附件）、84（核反应堆、锅炉、机械器具及零件）、87（车辆及其零附件，但铁道车辆除外）、68（矿物材料的制品）、72（钢铁）等商品呈现增长趋势，尤其是 95（玩具、游戏或运动用品及其零附件）增幅最大。与此同时，商品编号为 65（头饰）的商品下降幅度最大。具体数据见表 17-7 和图 17-9。

表 17-7　2019 年斯洛伐克自中国进口主要商品构成

商品编码	商 品 类 别	金额/百万美元	同比/%	占比/%
总值		3 248	−3.3	100.0
85	电机、电气、音像设备及其零附件	1 553	−3.7	47.8
84	核反应堆、锅炉、机械器具及零件	680	40.2	20.9
87	车辆及其零附件，但铁道车辆除外	196	23.9	6.1
95	玩具、游戏或运动用品及其零附件	113	72.7	3.5
73	钢铁制品	102	−6.0	3.2
90	光学、照相、医疗等设备及零附件	93	−34.2	2.9
39	塑料及其制品	58	−16.0	1.8
83	贱金属杂项制品	57	−32.6	1.8

续表

商品编码	商品类别	金额/百万美元	同比/%	占比/%
64	鞋靴、护腿和类似品及其零件	37	−59.5	1.2
94	家具；寝具等；灯具；活动房	36	−20.0	1.1
40	橡胶及其制品	32	12.8	1.0
82	贱金属器具、利口器、餐具及零件	31	3.0	0.9
76	铝及其制品	29	−19.2	0.9
61	针织或钩编的服装及衣着附件	21	−75.8	0.6
62	非针织或非钩编的服装及衣着附件	17	−56.9	0.5
70	玻璃及其制品	15	−22.7	0.5
63	其他纺织制品；成套物品；旧纺织品	15	−10.2	0.5
29	有机化学品	15	10.8	0.5
42	皮革制品；旅行箱包；动物肠线制品	12	−60.8	0.4
38	杂项化学产品	11	10.0	0.4
54	化学纤维长丝	11	−29.9	0.4
74	铜及其制品	10	−1.0	0.3
81	其他贱金属、金属陶瓷及其制品	10	1.5	0.3
96	杂项制品	7	−39.5	0.2
48	纸及纸板；纸浆、纸或纸板制品	7	−22.8	0.2
72	钢铁	6	13.1	0.2
71	珠宝、贵金属及制品；仿首饰；硬币	5	−44.6	0.2
25	盐；硫黄；土及石料；石灰及水泥等	5	−69.8	0.2
68	矿物材料的制品	5	18.6	0.2
65	头饰	4	−80.6	0.1

数据来源：商务部国别报告网、UN Comtrade 数据库等，经本课题组整理所得。

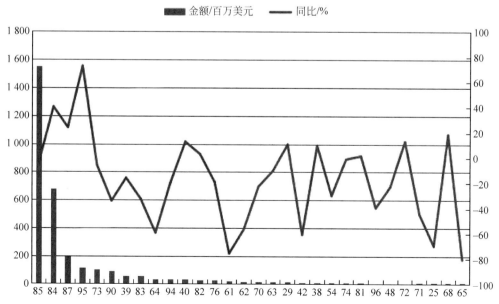

图 17-9　2019 年斯洛伐克自中国主要进口商品金额及同比

17.6　中国和斯洛伐克贸易竞争性与互补性分析

17.6.1　中国和斯洛伐克显性比较优势指数(RCA)分析

利用《国际贸易商品标准分类(第四版)》(SITC. Rev4),以 2018 年为例,对中国与斯洛伐克显性比较优势指数(RCA)进行分析。具体数据见表 17-8。

表 17-8　2018 年斯洛伐克商品出口额

SITC	商品类别名称	金额/百万美元
SITC0	食品和活动物	2 742.98
SITC1	饮料及烟草	146.34
SITC2	非食用燃料(不包含燃料)	1 797.35
SITC3	矿物燃料、润滑油及有关原料	2 819.71
SITC4	动植物油、油脂和蜡	92.15
SITC5	未列明的化学品和有关产品	3 960.94
SITC6	主要按原材料分类的制成品	15 727.08
SITC7	机械及运输设备	56 937.82
SITC8	杂项制品	8 918.71
SITC9	没有分类的其他商品	300.67

数据来源：UN Comtrade 数据库等,经本课题组整理所得。

通过 UN Comtrade 数据库等相关数据库的数据,经本课题组整理得到：2018 年中国所有商品出口额约为 2 494 230 百万美元,斯洛伐克所有商品出口额 94 216 百万美元,世界所有商品出口额 19 051 239 百万美元。

按照公式 $RCA_{xik} = (X_{ik}/X_{wk})/(X_i/X_w)$,得出计算结果如表 17-9 所示。

表 17-9　2018 年中国和斯洛伐克显性比较优势指数(RCA)计算结果

国家	商品									
	SITC0	SITC1	SITC2	SITC3	SITC4	SITC5	SITC6	SITC7	SITC8	SITC9
中国	0.43	0.18	0.19	0.18	0.10	0.59	1.35	1.34	1.94	0.04
斯洛伐克	0.50	0.20	0.56	0.31	0.23	0.39	1.44	1.76	0.85	0.05

根据上述结果分析得到：

(1) 斯洛伐克除了 SITC6 和 SITC7 两类商品外,其余商品均不具有显性比较优势。其中,SITC7 的 RCA 值最高,说明具有比较明显的显性比较优势。

(2) 在 SITC6 和 SITC7 两类商品中,中国与斯洛伐克都具有显性比较优势。在 SITC0、SITC1、SITC2、SITC3、SITC4、SITC5 和 SITC9 这七类商品中,两国显性优势比较指数均小于1,说明两国都不具备比较优势。尤其是,两国在 SITC9 这类商品上 RCA 值都很低,说明都有明显的显性比较劣势。

17.6.2　中国和斯洛伐克贸易互补性指数(TCI)分析

利用《国际贸易商品标准分类(第四版)》(SITC.Rev4),以 2018 年为例,对中国与斯洛伐克贸易互补性指数(TCI)进行分析。具体数据见表 17-10。

表 17-10　2018 年斯洛伐克商品进口额

SITC	商品类别名称	金额/百万美元
SITC0	食品和活动物	4 271.27
SITC1	饮料及烟草	714.92
SITC2	非食用燃料(不包含燃料)	2 448.08
SITC3	矿物燃料、润滑油及有关原料	7 549.48
SITC4	动植物油、油脂和蜡	163.52
SITC5	未列明的化学品和有关产品	7 718.90
SITC6	主要按原材料分类的制成品	14 252.69
SITC7	机械及运输设备	46 757.13
SITC8	杂项制品	10 011.56
SITC9	没有分类的其他商品	319.69

数据来源:UN Comtrade 数据库等,经本课题组整理所得。

通过 UN Comtrade 数据库等相关数据库的数据,经本课题组整理得到:2018 年中国所有商品进口额约为 2 134 982 百万美元,斯洛伐克所有商品进口额 94 033 百万美元,世界所有商品进口额 19 253 036 百万美元。

按照公式 $TCI_{ij} = RCA_{xik} \times RCA_{mjk}$,得出计算结果如表 17-11 所示。

表 17-11　2018 年中国和斯洛伐克贸易互补性指数(TCI)计算结果

国家	商品									
	SITC0	SITC1	SITC2	SITC3	SITC4	SITC5	SITC6	SITC7	SITC8	SITC9
中国	0.34	0.18	0.13	0.12	0.04	0.43	1.81	1.90	1.93	0.00
斯洛伐克	0.25	0.09	1.73	0.39	0.19	0.34	0.90	2.17	0.55	0.05

根据上述结果分析得到:

(1) 在 SITC7 这类商品中,中国与捷克贸易互补性指数(TCI)均大于 1,说明两国在该类商品中互补性很强,并未因为在该领域中双方都具有显性比较优势而出现激烈竞争的场面,反而表现出很强的贸易互补性。

(2) 在 SITC0、SITC1、SITC3、SITC4、SITC5 和 SITC9 这六类商品中,双方 TCI 值均小于 1,说明两国互补性较弱。

17.7　中国和斯洛伐克贸易合作展望

近年来,中国与斯洛伐克在贸易关系上前景广阔。据中国商务部统计,截至 2019 年底,中国对斯洛伐克直接投资 1.1 亿美元,斯洛伐克对华直接投资 9 488 万美元,中国企业在斯洛伐克累计完成工程承包营业额 2 764 万美元。不仅如此,两国还为奠定双方经贸关系作出了不少努力。2019 年 4 月,双方签署《中华人民共和国海关总署和斯洛伐克共和国国家兽医和食品监管总局关于斯洛伐克输华乳品动物卫生和公共卫生条件议定书》。2019 年 11 月,双方签署《中华人民共和国交通运输部与斯洛伐克共和国交通建设部关于交通运输和物流领域合作的谅解备忘录》。

据了解,斯洛伐克对于与中国的旅游业合作重视度不是很高,并在铁路建设上有待完善。鉴于此,根据中国与斯洛伐克前景良好的经贸合作关系,两国可在以下方面加强合作,以达到合作共赢。

(1)两国应努力挖掘各自的旅游景观,以投资方式推动两国的现代化旅游。在两国开辟更多旅游专线,利用好两国的旅游资源,提供高水平的旅游服务,从而推动两国旅游业的发展。

(2)斯洛伐克已投入大量资金对本国铁路进行升级改造,进行铁路提速。对此,中国企业可将铁路网络改造和能力提升作为在铁路建设方面的主要投资领域,帮助斯洛伐克国内铁路全面提速和现代化升级,以此带动两国双边贸易的发展。

(3)斯洛伐克在汽车工业、电子工业方面具备优势,中国企业可学习相关先进经验,大力开拓两国在上述方面的市场,推动工业智能化发展。

第 18 章
斯洛文尼亚的对外贸易

斯洛文尼亚共和国,简称斯洛文尼亚,位于欧洲中南部、巴尔干半岛西北端。西接意大利,北邻奥地利和匈牙利,东部和南部同克罗地亚接壤,西南濒亚得里亚海。海岸线长 46.6 公里。特里格拉夫峰为境内最高山峰,海拔 2 864 米。最著名的湖泊是布莱德湖。气候分山地气候、大陆性气候、地中海气候。夏季平均气温 21.3℃,冬季平均气温 -0.6℃,年平均气温 10.7℃。面积 20 273 平方公里。截至 2019 年,总人口 209 万,主要民族为斯洛文尼亚族,约占 83%。少数民族有塞尔维亚族、克罗地亚族、匈牙利族、意大利族等。官方语言为斯洛文尼亚语。首都卢布尔雅那,人口 28.6 万(2019 年)。

2019 年斯洛文尼亚 GDP 54 104 百万美元,人均 GDP 2.5 万美元,GDP 增长率 2.4%。森林和水利资源丰富,森林覆盖率 66%。矿产资源相对贫乏,主要有汞、煤、铅、锌等。工业方面,主要工业部门有汽车制造、机械设备和家用电器制造、电气机械和仪表制造、化工(含制药)、电力能源、冶金、橡胶及塑料产品加工、非金属矿物质制品加工、食品饮料加工、木材加工、家具制造、造纸、印刷出版、纺织、成衣和皮革制品加工等。农业方面,农业在国民经济中比重较小。服务业方面,服务业为国民经济重要组成部分,包括批发和零售、修理、旅馆饭店、运输、通信、仓储、金融中间机构、房地产、租赁、企业服务、公共管理、社会服务、其他社区或个人服务,从业人口超过全国人口总数的 1/5。旅游业方面,旅游资源较丰富。国外游客主要来自意大利、德国、奥地利、克罗地亚。主要旅游区是亚得里亚海滨和阿尔卑斯山区。主要旅游点有特里格拉夫山区国家公园、布莱德湖、波斯托伊纳溶洞。主要旅游设施有海滨浴场、滑雪场、温泉、溶洞、旅馆、汽车宿营地等。交通运输方面,地理位置较好,电气化铁路和现代化公路占相当大比重。铁路总长 1 229 公里,其中电气化铁路 503 公里,复线铁路 331 公里。铁路客运量 1 355 万人次,货运量 2 132 万吨。公路总长 38 906 公里,其中高速公路 746 公里。公路客运量 8 830 万人次,货运量 8 540 万吨。有 3 个港口,分别是科佩尔港、伊佐拉港和皮兰港。其中,科佩尔港为斯第一大港。该港建成于 1958 年,港区面积 450 公顷,有 2 000 米的海岸可供装卸货物,有 25 万平方米的仓储面积。海运货运量 2 313 万吨。航空载客 123 万人次,卢布尔雅那约热·普奇尼克机场为斯洛文尼亚最大的国际机场。

对外贸易方面,斯洛文尼亚经济为高度外向型,对外贸易在国民经济中占有较高比重。

据欧盟统计局统计,从国别(地区)看,斯洛文尼亚是欧盟成员国,其超过一半的货物贸易是在欧盟内部进行。在欧盟区域内,斯洛文尼亚最主要的出口国是德国、意大利和克罗地亚,2019 年出口额分别为 7 864 百万美元、4 995 百万美元和 3 408 百万美元,增减幅分别为 -0.4%、-2.5% 和 8.3%,占斯洛文尼亚出口总额的 18.5%、11.6% 和 7.1%;在欧盟区域内,斯洛文尼亚主要的进口国是德国和意大利,2019年进口额分别为6 153百万美元和5 304百万美元,下降6.2％和2.9％,占斯洛文尼亚进口总额的14.0％和12.1％。在欧盟区域外,俄罗斯是斯洛文尼亚最主要的出口国,2019年出口额为987百万美元,增加4.8％,占斯洛文尼亚出口总额的2.2％。从商品看,车辆及其零件、药品和机电产品是斯洛文尼亚的主要出口商品,2019年出口额分别为8 385百万美元、5 485.5百万美元和4 591.5百万美元,增减幅分别为－2.41％、51.63％和－0.89％,占斯洛文尼亚出口总额的18.69％、12.23％和10.23％。车辆及其零件、药品和矿物产品是斯洛文尼亚的前三大类进口商品,2019年分别进口7 193.1百万美元、4 382.8百万美元和4 235.1百万美元,增减幅分别为－2.63％、125.19％和11.37％,占斯洛文尼亚进口总额的16.36％、9.97％和9.63％。

据欧盟统计局统计,2019年斯洛文尼亚对中国出口913百万美元,增加1.6％;自中国进口2 258百万美元,增长7.6％。2019年机电产品对中国出口额为74百万美元,下降23.7％,占斯洛文尼亚对中国出口总额的15.3％。机械器具及其零件是斯洛文尼亚对中国出口的第二大类商品,出口52百万美元,降低16.9％,占斯洛文尼亚对中国出口总额的10.7％。车辆及其零件是斯洛文尼亚对中国出口的第三大类产品,出口38百万美元,下降152.8％。斯洛文尼亚自中国进口的主要商品为机电产品、机械器具及其零件和有机化学品,2019年三类商品分别进口704百万美元、344百万美元和268百万美元,合计占斯洛文尼亚自中国进口总额的58.3％。

18.1 对外贸易发展趋势

2019年斯洛文尼亚货物进出口额为88 828百万美元,比上年(下同)上升2.7％。其中,出口44 866百万美元,增加1.5％;进口43 962百万美元,增加4.0％。

斯洛文尼亚在2008年至2019年对外贸易总额呈现波动趋势。经历2008年的明显上升后,2009年出现了剧烈下滑。2010年和2011年保持稳定增长,但在2012年出现了小幅下跌。2013年和2014年止跌反弹,但在2015年出现了明显下滑。2016年到2019年一直上升。具体数据见表18-1和图18-1。

表 18-1　斯洛文尼亚对外贸易年度表

时间	总额/百万美元	同比/％	出口/百万美元	同比/％	进口/百万美元	同比/％
2008 年	71 372	15.5	34 240	13.5	37 132	17.4
2009 年	52 676	－26.2	26 080	－23.8	26 596	－28.4
2010 年	59 298	12.6	29 184	11.9	30 114	13.2
2011 年	70 224	18.4	34 692	18.9	35 532	18.0
2012 年	64 242	－8.5	32 180	－7.2	32 062	－9.8
2013 年	67 379	4.9	34 008	5.7	33 371	4.1
2014 年	69 889	3.7	35 956	5.7	33 934	1.7

续表

时间	总额/百万美元	同比/%	出口/百万美元	同比/%	进口/百万美元	同比/%
2015 年	61 744	−11.7	31 930	−11.2	29 815	−12.1
2016 年	63 454	2.8	32 917	3.1	30 537	2.4
2017 年	74 392	17.2	38 397	16.7	35 995	17.9
2018 年	86 467	16.2	44 200	15.1	42 267	17.4
2019 年	88 828	2.7	44 866	1.5	43 962	4.0

数据来源：商务部国别报告网、UN Comtrade 数据库、全球贸易观察等，经本课题组整理所得。

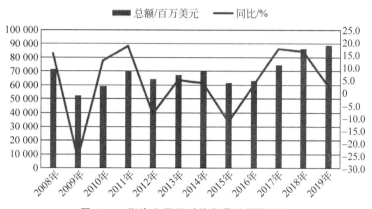

图 18-1　斯洛文尼亚对外贸易总额及同比

斯洛文尼亚在 2008 年至 2019 年对外贸易出口额存在波动趋势。2008 年和 2009 年情况截然相反，2008 年飞速上升，而 2009 年大幅下滑。2010 年和 2011 年止跌反弹，并维持明显上升趋势。但是，2012 年又出现了下滑，2013 年和 2014 年明显回升。经历了 2015 年同比下降之后，2016 年至 2019 年对外贸易出口额稳定增长。具体数据见表 18-1 和图 18-2。

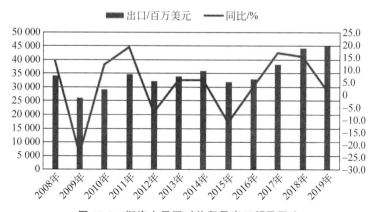

图 18-2　斯洛文尼亚对外贸易出口额及同比

斯洛文尼亚在 2008 年至 2019 年对外贸易进口额中，2019 年进口额最多，为 43 962 百万美元。2011 年增幅最多，为 18.0%。相比之下，2009 年进口额最少，为 26 596 百万美元，且下降幅度最大，为 28.4%。同时，2019 年对外贸易进口额呈现上升趋势，比 2018 年上涨 4.0 个百分点。具体数据见表 18-1 和图 18-3。

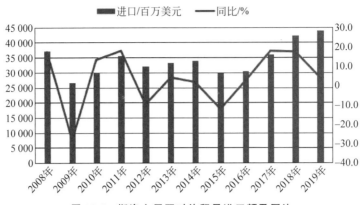

图 18-3　斯洛文尼亚对外贸易进口额及同比

主要贸易市场结构

2019 年斯洛文尼亚共出口 44 866 百万美元,出口伙伴国主要有德国、意大利和克罗地亚等。共进口 43 962 百万美元,进口伙伴国主要有德国、意大利和奥地利等。

2019 年斯洛文尼亚出口至德国的货物金额最多,为 7 864 百万美元。在主要出口伙伴国中,只有出口克罗地亚、瑞士、法国、匈牙利、塞尔维亚、波兰 6 个国家的货物金额较 2018 年呈增加趋势。具体数据见表 18-2 和图 18-4。

表 18-2　斯洛文尼亚对主要贸易伙伴出口额

国家和地区	金额/百万美元	同比/%	占比/%
总值	44 866	1.5	100.0
德国	7 864	−4.0	18.5
意大利	4 995	−2.5	11.6
克罗地亚	3 408	8.3	7.1
奥地利	2 926	−9.8	7.3
瑞士	2 528	168.4	2.1
法国	2 102	0.7	4.7
波兰	2 044	0.9	4.6
匈牙利	2 014	1.1	4.5
塞尔维亚	1 506	3.1	3.3
捷克	1 280	−12.6	3.3

数据来源:商务部国别报告网、UN Comtrade 数据库、全球贸易观察等,经本课题组整理所得。

2019 年斯洛文尼亚自德国进口的货物金额占比最大,为 6 153 百万美元。在主要进口伙伴国中,自德国、意大利、克罗地亚、法国和荷兰进口的货物金额较 2018 年呈减少趋势。具体数据见表 18-3 和图 18-5。

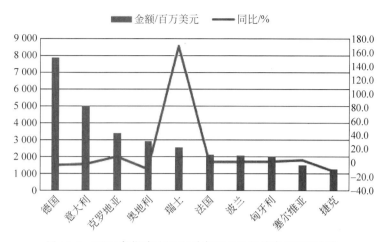

图 18-4　2019 年斯洛文尼亚对主要贸易伙伴出口额及同比

表 18-3　2019 年斯洛文尼亚自主要贸易伙伴进口额

国家和地区	金额/百万美元	同比/%	占比/%
总值	43 962	4.0	100.0
德国	6 153	−6.2	14.0
意大利	5 304	−2.9	12.1
奥地利	3 809	0.3	8.7
瑞士	3 329	225.3	7.6
土耳其	2 848	12.5	6.5
中国	2 258	7.6	5.1
克罗地亚	1 926	−3.0	4.4
匈牙利	1 362	1.1	3.1
法国	1 322	−12.3	3.0
荷兰	1 225	−2.3	2.8

数据来源：商务部国别报告网、UN Comtrade 数据库、全球贸易观察等，经本课题组整理所得。

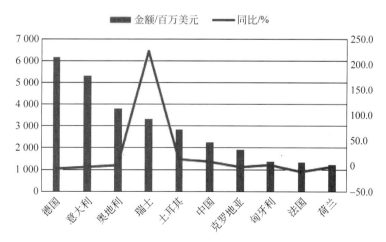

图 18-5　2019 年斯洛文尼亚自主要贸易伙伴进口额及同比

主要进出口商品结构

2019 年斯洛文尼亚出口商品总额为 44 866.1 百万美元,同比增加 1.51％。在出口商品构成中,商品编码为 30(药品)、27(矿物燃料、矿物油及其蒸馏产品;沥青物质;矿物蜡)、40(橡胶及其制品)、32(鞣料浸膏及染料浸膏;鞣酸及其衍生物;染料、颜料及其他着色剂;油漆及清漆;油灰及其他类似胶黏剂;墨水、油墨)、95(玩具、游戏品、运动用品及其零件、附件)、33(精油及香膏,芳香料制品,化妆盥洗品)、21(杂项食品)、64(鞋靴、护腿和类似品及其零件)、70(玻璃及其制品)等商品呈现增长趋势,尤其是 30(药品)增幅最大。与此同时,商品编号为 41[生皮(毛皮除外)及皮革]的商品下降幅度最大。具体数据见表 18-4 和图 18-6。

表 18-4　2019 年斯洛文尼亚主要出口商品结构

商品编码	商 品 类 别	金额/百万美元	占比/％	同比/％
总值		44 866.1	100.00	1.51
87	车辆及其零件、附件,但铁道及电车道车辆除外	8 385.0	18.69	−2.41
30	药品	5 485.5	12.23	51.63
85	电机、电气设备及其零件;声音的录制和重放设备及其零件、附件	4 591.5	10.23	−0.89
84	核反应堆、锅炉、机器、机械器具及其零件	4 267.5	9.51	−3.85
27	矿物燃料、矿物油及其蒸馏产品;沥青物质;矿物蜡	2 353.2	5.25	6.78
39	塑料及其制品	1 847.5	4.12	−4.26
72	钢铁	1 539.1	3.43	−13.26
76	铝及其制品	1 359.5	3.03	−9.32
94	家具;寝具、褥垫、弹簧床垫、软坐垫及类似的填充制品;未列名灯具及照明装置;发光标志、发光铭牌及类似品;活动房屋	1 257.8	2.80	−10.24
44	木及木制品;木炭	1 110.3	2.47	−8.50
48	纸及纸板;纸浆、纸或纸板制品	1 078.7	2.40	−5.78
90	光学、照相、电影、计量、检验、医疗或外科用仪器及设备,精密仪器及设备;上述物品的零件、附件	951.7	2.12	−2.62
73	钢铁制品	936.1	2.09	−1.46
40	橡胶及其制品	734.5	1.64	0.64
32	鞣料浸膏及染料浸膏;鞣酸及其衍生物;染料、颜料及其他着色剂;油漆及清漆;油灰及其他类似胶黏剂;墨水、油墨	480.7	1.07	1.64
29	有机化学品	400.5	0.89	−0.14

续表

商品编码	商 品 类 别	金额/百万美元	占比/%	同比/%
95	玩具、游戏品、运动用品及其零件、附件	380.7	0.85	10.33
33	精油及香膏，芳香料制品，化妆盥洗品	371.8	0.83	10.72
23	食品工业的残渣及废料配制的动物饲料	327.2	0.73	−18.34
38	杂项化学产品	318.9	0.71	−2.16
68	石料、石膏、水泥、石棉、云母及类似材料的制品	318.8	0.71	−0.95
82	贱金属工具、器具、利口器、餐匙、餐叉及其零件	310.3	0.69	−15.30
21	杂项食品	280.8	0.63	4.38
83	贱金属杂项制品	277.2	0.62	−12.49
64	鞋靴、护腿和类似品及其零件	262.2	0.58	1.16
54	化学纤维长丝	240.1	0.54	−19.25
70	玻璃及其制品	231.0	0.51	8.58
28	无机化学品；贵金属、稀土金属、放射性元素及其同位素的有机及无机化合物	230.5	0.51	−14.97
42	皮革制品；鞍具及挽具；旅行用品、手提包及类似容器；动物肠线（蚕胶丝除外）制品	219.3	0.49	9.59
08	食用水果及坚果；柑橘属水果或甜瓜的果皮	211.7	0.47	5.91
61	针织或钩编的服装及衣着附件	200.1	0.45	1.56
04	乳品；蛋品；天然蜂蜜；其他食用动物产品	198.7	0.44	−7.04
74	铜及其制品	193.6	0.43	1.22
49	书籍、报纸、印刷图画及其他印刷品；手稿、打字稿及设计图纸	192.4	0.43	1.72
02	肉及食用杂碎	180.2	0.40	1.67
10	谷物	179.3	0.40	19.87
88	航空器、航天器及其零件	170.0	0.38	49.24
22	饮料、酒及醋	163.2	0.36	9.06
47	木浆及其他纤维状纤维素浆；回收（废碎）纸或纸板	158.0	0.35	−20.13
25	盐；硫黄；泥土及石料；石膏料、石灰及水泥	149.9	0.33	−1.46
56	絮胎、毡呢及无纺织物；特种纱线；线、绳、索、缆及其制品	149.7	0.33	−3.11
62	非针织或非钩编的服装及衣着附件	136.5	0.30	−9.06
34	肥皂、有机表面活性剂、洗涤剂、润滑剂、人造蜡、调制蜡、光洁剂、蜡烛及类似品、塑型用膏、"牙科用蜡"及牙科用熟石膏制剂	134.7	0.30	−6.92

续表

商品编码	商品类别	金额/百万美元	占比/%	同比/%
16	肉、鱼、甲壳动物、软体动物及其他水生无脊椎动物的制品	128.3	0.29	−0.12
07	食用蔬菜、根及块茎	127.5	0.28	13.82
01	活动物/动物产品	100.2	0.22	−28.57
19	谷物、粮食粉、淀粉或乳的制品；糕饼点心	98.1	0.22	3.27
86	铁道及电车道机车、车辆及其零件；铁道及电车道轨道固定装置及其零件、附件；各种机械（包括电动机械）交通信号设备	96.0	0.21	11.23
96	杂项制品	80.4	0.18	3.18
55	化学纤维短纤	79.7	0.18	9.40
89	船舶及浮动结构体	77.9	0.17	18.18
41	生皮（毛皮除外）及皮革	74.4	0.17	−37.62
09	咖啡、茶、马黛茶及调味香料	72.3	0.16	7.11
63	其他纺织制成品；成套物品；旧衣着及旧纺织品；碎织物	72.0	0.16	2.42
60	针织物及钩编织物	61.3	0.14	1.40
12	含油子仁及果实；杂项子仁及果实；工业用或药用植物；稻草、秸秆及饲料	60.6	0.14	−7.16
15	动、植物油、脂及其分解产品；精制的食用油脂；动、植物蜡	59.8	0.13	45.75
71	天然或养殖珍珠、宝石或半宝石、贵金属、包贵金属及其制品；仿首饰；硬币	50.3	0.11	10.76
59	浸渍、涂布、包覆或层压的纺织物；工业用纺织制品	49.6	0.11	−28.87
81	其他贱金属、金属陶瓷及其制品	46.0	0.10	−1.46

数据来源：全球贸易观察、UN Comtrade 数据库等，经本课题组整理所得。

2019 年斯洛文尼亚进口商品总额为 43 962.2 百万美元，同比增加 4.01%。在进口商品构成中，商品编号为 30（药品）、27（矿物燃料、矿物油及其蒸馏产品；沥青物质；矿物蜡）、29（有机化学品）、90（光学、照相、电影、计量、检验、医疗或外科用仪器及设备、精密仪器及设备；上述物品的零件、附件）、40（橡胶及其制品）、61（针织或钩编的服装及衣着附件）、38（杂项化学产品）、64（鞋靴、护腿和类似品及其零件）、95（玩具、游戏品、运动用品及其零件、附件）等商品呈现增长趋势，尤其是 30（药品）增幅最大。同时，商品编号为 41[生皮（毛皮除外）及皮革]的商品下降幅度最大。具体数据见表 18-5 和图 18-7。

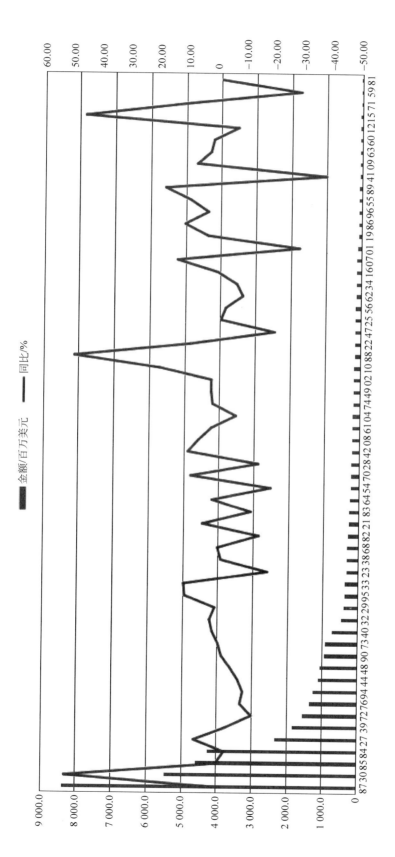

图 18-6　2019 年斯洛文尼亚主要出口商品金额及同比

表 18-5 2019 年斯洛文尼亚主要进口商品结构

商品编码	商品类别	金额/百万美元	占比/%	同比/%
总值		43 962.2	100.00	4.01
87	车辆及其零件、附件,但铁道及电车道车辆除外	7 193.1	16.36	−2.63
30	药品	4 382.8	9.97	125.19
27	矿物燃料、矿物油及其蒸馏产品;沥青物质;矿物蜡	4 235.1	9.63	11.37
84	核反应堆、锅炉、机器、机械器具及其零件	3 907.0	8.89	−1.57
85	电机、电气设备及其零件;声音的录制和重放设备及其零件、附件	3 736.6	8.50	−0.75
39	塑料及其制品	2 064.9	4.70	−6.84
72	钢铁	1 825.8	4.15	−14.86
76	铝及其制品	1 142.5	2.60	−8.56
29	有机化学品	972.8	2.21	8.27
90	光学、照相、电影、计量、检验、医疗或外科用仪器及设备,精密仪器及设备;上述物品的零件、附件	861.8	1.96	1.96
73	钢铁制品	858.9	1.95	−6.41
94	家具;寝具、褥垫、弹簧床垫、软坐垫及类似的填充制品;未列名灯具及照明装置;发光标志、发光铭牌及类似品;活动房屋	742.6	1.69	−11.84
48	纸及纸板;纸浆、纸或纸板制品	719.6	1.64	−5.16
44	木及木制品;木炭	657.0	1.49	−7.39
40	橡胶及其制品	582.4	1.32	0.50
61	针织或钩编的服装及衣着附件	427.3	0.97	12.43
38	杂项化学产品	426.8	0.97	10.37
23	食品工业的残渣及废料配制的动物饲料	422.9	0.96	−16.19
28	无机化学品;贵金属、稀土金属、放射性元素及其同位素的有机及无机化合物	359.8	0.82	−16.26
64	鞋靴、护腿和类似品及其零件	359.4	0.82	0.74
08	食用水果及坚果;柑橘属水果或甜瓜的果皮	333.3	0.76	−3.05
95	玩具、游戏品、运动用品及其零件、附件	307.5	0.70	13.88
33	精油及香膏,芳香料制品,化妆盥洗品	290.6	0.66	17.85
02	肉及食用杂碎	280.5	0.64	0.25
62	非针织或非钩编的服装及衣着附件	270.9	0.62	−14.94
82	贱金属工具、器具、利口器、餐匙、餐叉及其零件	252.0	0.57	−19.01
32	鞣料浸膏及染料浸膏;鞣酸及其衍生物;染料、颜料及其他着色料;油漆及清漆;油灰及其他类似胶黏剂;墨水、油墨	240.9	0.55	0.67
74	铜及其制品	232.3	0.53	−7.54
07	食用蔬菜、根及块茎	231.8	0.53	9.47
21	杂项食品	228.9	0.52	−0.03
70	玻璃及其制品	222.9	0.51	5.23
88	航空器、航天器及其零件	211.7	0.48	54.69

续表

商品编码	商 品 类 别	金额/百万美元	占比/%	同比/%
34	肥皂、有机表面活性剂、洗涤剂、润滑剂、人造蜡、调制蜡、光洁剂、蜡烛及类似品、塑型用膏、"牙科用蜡"及牙科用熟石膏制剂	211.6	0.48	−7.83
19	谷物、粮食粉、淀粉或乳的制品；糕饼点心	208.6	0.47	2.69
10	谷物	206.2	0.47	9.73
47	木浆及其他纤维状纤维素浆；回收（废碎）纸或纸板	204.4	0.46	−20.25
04	乳品；蛋品；天然蜂蜜；其他食用动物产品	200.3	0.46	−6.69
22	饮料、酒及醋	199.7	0.45	4.34
68	石料、石膏、水泥、石棉、云母及类似材料的制品	176.2	0.40	−2.11
83	贱金属杂项制品	167.2	0.38	−9.10
42	皮革制品；鞍具及挽具；旅行用品、手提包及类似容器；动物肠线（蚕胶丝除外）制品	165.1	0.38	8.80
25	盐；硫黄；泥土及石料；石膏料、石灰及水泥	159.3	0.36	−8.50
41	生皮（毛皮除外）及皮革	145.2	0.33	−30.11
20	蔬菜、水果、坚果或植物其他部分的制品	138.0	0.31	1.47
18	可可及可可制品	123.9	0.28	1.83
96	杂项制品	122.2	0.28	−3.42
69	陶瓷产品	117.8	0.27	0.07
09	咖啡、茶、马黛茶及调味香料	116.5	0.26	0.85
63	其他纺织制成品；成套物品；旧衣着及旧纺织品；碎织物	109.7	0.25	−8.82
55	化学纤维短纤	108.3	0.25	8.97
78	铅及其制品	103.4	0.24	10.49
15	动、植物油、脂及其分解产品；精制的食用油脂；动、植物蜡	103.1	0.23	2.80
16	肉、鱼、甲壳动物,软体动物及其他水生无脊椎动物的制品	101.2	0.23	0.22
24	烟草及烟草代用品的制品	97.9	0.22	10.40
54	化学纤维长丝	91.7	0.21	−30.02
03	鱼、甲壳动物,软体动物及其他水生无脊椎动物	91.3	0.21	5.41
17	糖及糖食	88.5	0.20	3.96
49	书籍、报纸、印刷图画及其他印刷品；手稿、打字稿及设计图纸	88.0	0.20	−8.27
81	其他贱金属、金属陶瓷及其制品	83.2	0.19	3.38
75	镍及其制品	79.8	0.18	−1.22

数据来源：全球贸易观察、UN Comtrade 数据库等,经本课题组整理所得。

图 18-7　2019 年斯洛文尼亚主要进口商品金额及同比

18.4　主要优势产业及其特征

1. 金属加工业

金属加工业是斯洛文尼亚历史最悠久的行业之一,其中钢铁制造业拥有约 400 年历史。金属加工业包括金属加工、机械制造和运输工具制造业,行业内企业近 3 000 家,雇员超过 5.4 万人,该行业就业占制造业就业比重达 34%,创造了制造业 31% 的出口和 31% 的公司收入。斯洛文尼亚主要金属加工产品为车辆部件、水轮机和各种金属制品。此外,金、银、铅、锌等有色金属制造业也比较发达。产品主要出口市场为德国、法国和意大利等。长期以来,斯洛文尼亚金属制品业都很重视科技研发与产品附加值的提升,业内企业与卢布尔雅那大学自然科学院、金属技术研究院等多家科研机构均保持密切的合作,主要金属生产厂商有 SIJ 钢铁集团和 Impol 铝制品公司。

2. 木质制品制造业

斯洛文尼亚是仅次于芬兰和瑞典的欧洲第三个森林覆盖率超过 60% 的国家,其在橱柜、家具等木制品制造方面具有比较优势。产品包括机械加工和化学加工,机械部门包括铣削、胶合板和刨花板的制造以及为建筑工业制造家具和木材组件。制浆造纸、纸板和包装材料都是化工部门的产品,还有一些生产表面涂料的公司。斯洛文尼亚主要的林业种植区和采伐区一直延伸到巴尔干半岛西部的森林地区,一系列配套服务为林业、木材加工和纸浆造纸行业提供支持,技术进步和这些过程的商业化正在开辟新的机会。目前,木质制品对国外市场的出口占所有收入的 51%。

3. 化学工业

化学工业在斯洛文尼亚发展较早,从 19 世纪中期第一家奥匈帝国军用化学工厂(即现在 Krka 公司前身)成立至今,斯洛文尼亚已经形成以生产医药及医药中间体、化妆品、化学制剂、橡胶及塑料制品等为主的现代化学工业格局。随着汉高、诺华、固特异、科莱恩特等知名外资化工企业的进入,斯洛文尼亚化工产业正逐渐向生产专利技术及高附加值产品转型。斯洛文尼亚化工产品主要是化学制品、化学药品、人造纤维及橡胶和塑料制品两大类,具体为医药原料、中间体及医药制剂、塑料加工、橡胶制品、基础化学品、工程橡胶、塑料产品、杀虫剂和其他植保产品、涂料与油漆等。其具有优势的出口化工产品为医药制剂、轮胎、汽车工业用塑料制品、涂料、油墨以及人造纤维等,主要出口市场是奥地利、意大利、德国和爱尔兰等。主要制药厂商包括莱柯(Lek)制药公司和克尔卡(Krka)制药公司。

4. 信息和通信服务业

信息和通信服务业作为商务服务业的一部分,是斯洛文尼亚最具活力的部门,亦是国家优先发展的产业。该行业有约 3 190 家公司,员工人数 2.1 万。主要出口市场包括澳大利亚、奥地利、白俄罗斯、克罗地亚、塞浦路斯、芬兰、法国、俄罗斯、塞尔维亚、瑞典、土耳其和英国等。产品覆盖电信设备、电信服务、IT 服务、硬件、软件、设备配送和网页服务。Telekom Slovenije 和 Mobitel 是斯洛文尼亚领先的电子通信服务提供商。斯洛文尼亚的公司和机构致力于改善信息基础设施,开发具有高附加值的可出口产品,开发新知识和技术,并通过将知识转移到行业中来提高创新环境的质量。

5. 建筑服务业

自房地产泡沫破裂以来,斯洛文尼亚建筑行业一直低迷。但近年来已经出现显著增长,欧盟统计局数据显示,斯洛文尼亚建筑业产出从 2018 年第二季度的 561 百万美元增长到 2018 年第三季度的 629 百万美元。1995—2018 年,斯洛文尼亚建筑业的 GDP 平均均为 4.7 亿欧元。2018 年 9 月,斯洛文尼亚建筑产出同比增长 25.7%。2001—2018 年间,斯洛文尼亚建筑业产出平均增长 1.05%,在 2018 年 1 月达到 77.2% 的历史最高水平。

18.5 中国和斯洛文尼亚双边贸易概况

2019 年斯洛文尼亚与中国双边货物进出口总额为 3 171 百万美元,同比减少 21.69%。分商品类别看,机电产品是斯洛文尼亚对中国出口的主力产品,同时也是斯洛文尼亚自中国进口的首位产品。

2019 年斯洛文尼亚对中国出口商品总额为 913 百万美元,同比增长 1.6%。在出口商品构成中,主要有商品编码为 85(电机、电气设备及其零件;声音的录制和重放设备及其零件、附件)等商品,该类商品占对中国出口商品总额的 15.3%。相比 2018 年,商品编码为 44(木及木制品;木炭)、90(光学、照相、电影、计量、检验、医疗或外科用仪器及设备、精密仪器及设备,上述物品的零件、附件)、73(钢铁制品)、30(药品)等商品呈增长趋势,尤其是 02(肉及食用杂碎)增幅最大。与此同时,商品编号为 83(贱金属杂项制品)的商品下降幅度最大。具体数据见表 18-6 和图 18-8。

表 18-6　2019 年斯洛文尼亚对中国出口主要商品构成

商品编码	商品类别	金额/百万美元	同比/%	占比/%
总值		913	1.6	100.0
85	电机、电气设备及其零件;声音的录制和重放设备及其零件、附件	74	−23.7	15.3
84	核反应堆、锅炉、机器、机械器具及其零件	52	−16.9	10.7
87	车辆及其零件、附件,但铁道及电车道车辆除外	38	−152.8	7.7
44	木及木制品;木炭	22	62.4	4.5
90	光学、照相、电影、计量、检验、医疗或外科用仪器及设备、精密仪器及设备;上述物品的零件、附件	19	35.3	4.0
72	钢铁	12	14.8	2.5
39	塑料及其制品	11	−55.8	2.3
73	钢铁制品	9	58.8	1.7

续表

商品编码	商品类别	金额/百万美元	同比/%	占比/%
27	矿物燃料、矿物油及其蒸馏产品；沥青物质；矿物蜡	7	33.3	1.3
30	药品	6	76.5	1.2
64	鞋靴、护腿和类似品及其零件	5	86.3	1.0
29	有机化学品	5	24.3	1.0
40	橡胶及其制品	5	−15.6	0.9
95	玩具、游戏品、运动用品及其零件、附件	4	59.4	0.8
48	纸及纸板；纸浆、纸或纸板制品	4	−24.0	0.8
12	含油子仁及果实；杂项子仁及果实；工业用或药用植物；稻草、秸秆及饲料	4	−36.9	0.7
94	家具；寝具、褥垫、弹簧床垫、软坐垫及类似的填充制品；未列名灯具及照明装置；发光标志、发光铭牌及类似品；活动房屋	3	−9.7	0.5
96	杂项制品	2	−53.8	0.5
34	肥皂、有机表面活性剂、洗涤剂、润滑剂、人造蜡、调制蜡、光洁剂、蜡烛及类似品、塑型用膏、"牙科用蜡"及牙科用熟石膏制剂	2	6.7	0.4
02	肉及食用杂碎	2	89.9	0.4
22	饮料、酒及醋	2	6.3	0.4
04	乳品；蛋品；天然蜂蜜；其他食用动物产品	2	19.1	0.3
86	铁道及电车道机车、车辆及其零件；铁道及电车道轨道固定装置及其零件、附件；各种机械（包括电动机械）交通信号设备	1	40.6	0.2
61	针织或钩编的服装及衣着附件	1	82.2	0.2
32	鞣料浸膏及染料浸膏；鞣酸及其衍生物；染料、颜料及其他着色料；油漆及清漆；油灰及其他类似胶黏剂；墨水、油墨	1	−33.6	0.2
83	贱金属杂项制品	1	−755.2	0.2
70	玻璃及其制品	1	38.2	0.1
25	盐；硫黄；泥土及石料；石膏料、石灰及水泥	1	−13.5	0.1
38	杂项化学产品	1	−273.5	0.1
76	铝及其制品	0	19.1	0.1

数据来源：商务部国别报告网、UN Comtrade 数据库等，经本课题组整理所得。

　　2019 年斯洛文尼亚自中国进口商品总额为 2 258 百万美元，同比增长 7.6%。在进口商品构成中，商品编号为 85（电机、电气设备及其零件；声音的录制和重放设备及其零件、附件）、84（核反应堆、锅炉、机器、机械器具及其零件）、29（有机化学品）、94（家具；寝具、褥垫、弹簧床垫、软坐垫及类似的填充制品；未列名灯具及照明装置；发光标志、发光铭牌及类似品；活动房屋）、39（塑料及其制品）、95（玩具、游戏品、运动用品及其零件、附件）、42［皮革制品；鞍具及挽具；旅行用品、手提包及类似容器；动物肠线（蚕胶丝除外）制品］、87（车辆及其零件、附件，但铁道及电车道车辆除外）、61（针织或钩编的服装及衣着附件）、55（化学纤维短纤）等商品呈现增长趋势，尤其是 55（化学纤维短纤）增幅最大。与此同时，商品编号为 54（化学纤维长丝）的商品下降幅度最大。具体数据见表 18-7 和图 18-9。

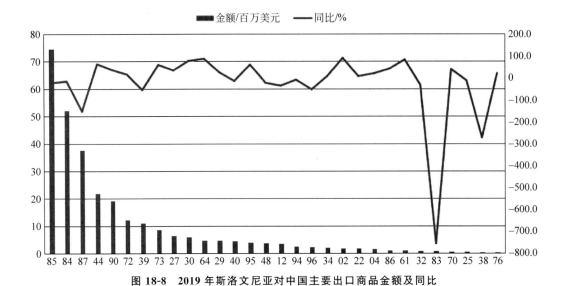

图 18-8　2019 年斯洛文尼亚对中国主要出口商品金额及同比

表 18-7　2019 年斯洛文尼亚自中国进口主要商品构成

商品编码	商 品 类 别	金额/百万美元	同比/％	占比/％
总值		2 258	7.6	100.0
85	电机、电气设备及其零件；声音的录制和重放设备及其零件、附件	704	18.0	31.2
84	核反应堆、锅炉、机器、机械器具及其零件	344	0.8	15.2
29	有机化学品	268	14.4	11.9
94	家具；寝具、褥垫、弹簧床垫、软坐垫及类似的填充制品；未列名灯具及照明装置；发光标志、发光铭牌及类似品；活动房屋	82	4.2	3.7
39	塑料及其制品	69	3.2	3.1
73	钢铁制品	64	−6.9	2.8
95	玩具、游戏品、运动用品及其零件、附件	57	6.0	2.5
42	皮革制品；鞍具及挽具；旅行用品、手提包及类似容器；动物肠线（蚕胶丝除外）制品	55	37.5	2.4
64	鞋靴、护腿和类似品及其零件	53	2.7	2.4
87	车辆及其零件、附件,但铁道及电车道车辆除外	50	13.7	2.2
81	其他贱金属、金属陶瓷及其制品	44	−5.9	1.9
90	光学、照相、电影、计量、检验、医疗或外科用仪器及设备,精密仪器及设备；上述物品的零件、附件	31	−6.4	1.4
61	针织或钩编的服装及衣着附件	25	25.1	1.1
82	贱金属工具、器具、利口器、餐匙、餐叉及其零件	24	−10.1	1.1
60	针织物及钩编织物	23	−22.8	1.0
68	石料、石膏、水泥、石棉、云母及类似材料的制品	21	−7.1	0.9
72	钢铁	21	−12.8	0.9
76	铝及其制品	20	−9.9	0.9
62	非针织或非钩编的服装及衣着附件	18	−8.8	0.8

续表

商品编码	商 品 类 别	金额/百万美元	同比/%	占比/%
40	橡胶及其制品	18	−3.3	0.8
54	化学纤维长丝	18	−43.9	0.8
70	玻璃及其制品	15	27.9	0.7
48	纸及纸板；纸浆、纸或纸板制品	15	−3.0	0.7
28	无机化学品；贵金属、稀土金属、放射性元素及其同位素的有机及无机化合物	14	−34.0	0.6
96	杂项制品	13	−9.2	0.6
55	化学纤维短纤	13	94.8	0.6
63	其他纺织制成品；成套物品；旧衣着及旧纺织品；碎织物	13	1.9	0.6
30	药品	11	−15.2	0.5
83	贱金属杂项制品	11	−9.1	0.5
44	木及木制品；木炭	11	10.4	0.5

数据来源：商务部国别报告网、UN Comtrade 数据库等，经本课题组整理所得。

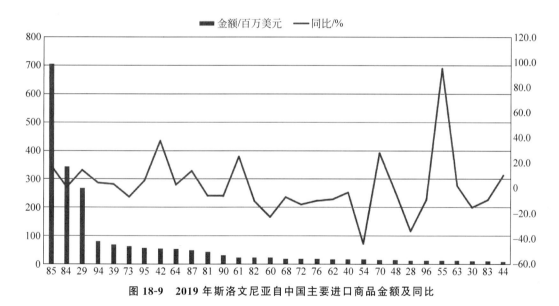

图 18-9　2019 年斯洛文尼亚自中国主要进口商品金额及同比

18.6　中国和斯洛文尼亚贸易竞争性与互补性分析

18.6.1　中国和斯洛文尼亚显性比较优势指数（RCA）分析

利用《国际贸易商品标准分类（第四版）》（SITC. Rev4），以 2018 年为例，对中国与斯洛文尼亚显性比较优势指数（RCA）进行分析。具体数据见表 18-8。

表 18-8　2018 年斯洛文尼亚商品出口额

SITC	商品类别名称	金额/百万美元
SITC0	食品和活动物	1 436.86
SITC1	饮料及烟草	147.55
SITC2	非食用燃料（不包含燃料）	1 280.70
SITC3	矿物燃料、润滑油及有关原料	1 899.91
SITC4	动植物油、油脂和蜡	26.42
SITC5	未列明的化学品和有关产品	6 148.79
SITC6	主要按原材料分类的制成品	7 226.07
SITC7	机械及运输设备	14 289.24
SITC8	杂项制品	3 953.45
SITC9	没有分类的其他商品	62.29

数据来源：UN Comtrade 数据库等，经本课题组整理所得。

通过 UN Comtrade 数据库等相关数据库的数据，经本课题组整理得到：2018 年中国所有商品出口额约为 2 494 230 百万美元，斯洛文尼亚所有商品出口额 44 200 百万美元，世界所有商品出口额 19 051 239 百万美元。

按照公式 $RCA_{xik} = (X_{ik}/X_{wk})/(X_i/X_w)$，得出计算结果如表 18-9 所示。

表 18-9　2018 年中斯显性比较优势指数（RCA）计算结果

国家	商品									
	SITC0	SITC1	SITC2	SITC3	SITC4	SITC5	SITC6	SITC7	SITC8	SITC9
中国	0.43	0.18	0.19	0.18	0.10	0.59	1.35	1.34	1.94	0.04
斯洛文尼亚	1.22	0.49	1.37	0.75	0.57	0.95	3.54	4.32	2.09	0.13

根据上述结果分析得到：

（1）斯洛文尼亚 SITC0、SITC2、SITC6、SITC7 和 SITC8 具有显性比较优势。其中，SITC7 的 RCA 值最高，说明具有比较明显的显性比较优势。

（2）在 SITC6、SITC7 和 SITC8 三类商品中，中国与斯洛文尼亚都具有显性比较优势。而在 SITC0、SITC1、SITC2、SITC3、SITC4、SITC5 和 SITC9 这七类商品中，中国显性比较优势指数小于 1，说明中国不具有显性比较优势。

18.6.2　中国和斯洛文尼亚贸易互补性指数（TCI）分析

利用《国际贸易商品标准分类（第四版）》（SITC. Rev4），以 2018 年为例，对中国与斯洛文尼亚贸易互补性指数（TCI）进行分析。具体数据见表 18-10。

表 18-10　2018 年斯洛文尼亚商品进口额

SITC	商品类别名称	金额/百万美元
SITC0	食品和活动物	2 421.81
SITC1	饮料及烟草	270.73
SITC2	非食用燃料（不包含燃料）	1 811.36
SITC3	矿物燃料、润滑油及有关原料	3 404.42
SITC4	动植物油、油脂和蜡	77.89

续表

SITC	商品类别名称	金额/百万美元
SITC5	未列明的化学品和有关产品	5 686.72
SITC6	主要按原材料分类的制成品	6 877.09
SITC7	机械及运输设备	12 177.31
SITC8	杂项制品	3 605.31
SITC9	没有分类的其他商品	59.62

数据来源：UN Comtrade 数据库等，经本课题组整理所得。

通过 UN Comtrade 数据库等相关数据库的数据，经本课题组整理得到：2018 年中国所有商品进口额约为 2 134 982 百万美元，斯洛文尼亚所有商品进口额 42 267 百万美元，世界所有商品进口额 19 253 036 百万美元。

按照公式 $TCI_{ij}=RCA_{xik}\times RCA_{mjk}$，得出计算结果如表 18-11 所示。

表 18-11　2018 年中国和斯洛文尼亚贸易互补性指数（TCI）计算结果

国家	商品									
	SITC0	SITC1	SITC2	SITC3	SITC4	SITC5	SITC6	SITC7	SITC8	SITC9
中国	0.49	0.17	0.24	0.13	0.05	0.79	2.19	1.24	1.75	0.00
斯洛文尼亚	0.54	0.20	3.69	0.82	0.41	0.73	1.93	4.62	1.18	0.11

根据上述结果分析得到：

（1）在 SITC6、SITC7 和 SITC8 三类商品中，中国与斯洛文尼亚贸易互补性指数（TCI）均大于 1，说明两国在这三类商品中互补性强，并未因为在该领域中双方都具有显性比较优势而出现激烈竞争的场面，反而表现出很强的贸易互补性。

（2）在 SITC0、SITC1、SITC2、SITC3、SITC4、SITC5 和 SITC9 这七类商品中，中国的 TCI 值均小于 1，说明斯洛文尼亚的这七类商品具有较强的竞争优势。

18.7　中国和斯洛文尼亚贸易合作展望

近年来，两国贸易合作稳步提升。中国和斯洛文尼亚政府间建有经济合作联委会和科技合作委员会等机制，签有共建"一带一路"谅解备忘录等多项合作文件，各领域交流不断深化。2019 年 10 月，国家体育总局局长苟仲文访问斯洛文尼亚并出席第二届中国和斯洛文尼亚冰雪论坛。11 月，教育部部长陈宝生访问斯洛文尼亚。5 月，斯洛文尼亚时任副总理兼教育、科学和体育部部长皮卡洛访华。4 月和 11 月，斯洛文尼亚经济发展和技术部部长波契瓦尔舍克先后来华出席第二届"一带一路"国际合作高峰论坛和第二届中国国际进口博览会。

根据斯洛文尼亚与中国稳中有升的贸易合作关系，两国可在以下方面展开深入合作。

（1）斯洛文尼亚农业在国民经济中的比重逐年下降，中国可以出口更多的农产品。

（2）斯洛文尼亚旅游业比较发达，有著名的亚得里亚海滨和阿尔卑斯山区，但是游客主要来自意大利、德国、奥地利等国家，两国可以加强旅游业的沟通，中国相关企业也可以在斯洛文尼亚景区开发更多旅游资源，吸引中国游客。

（3）斯洛文尼亚近年来自中国进口的机电产品迅速增多，中国应当抓紧机会，发展与斯洛文尼亚的工业合作，提升中国产品的竞争力。

参 考 文 献

[1] 闫国庆,殷军杰,等.中东欧大数据报告[M].北京:清华大学出版社,2019.

[2] 杨斌,李东红,汤玲玲.中国与中东欧国家的合作共赢[M].北京:清华大学出版社,2019.

[3] 刘作奎.中国—中东欧国家合作的发展历程与前景[J].当代世界,2020(4):4-9.

[4] 朱晓中.中东欧地区的大国因素:利益格局及其影响[J].当代世界,2020(4):10-16.

[5] 姜琍."17+1合作"框架下中捷经贸合作:机遇与挑战[J].海外投资与出口信贷,2020(2):18-22.

[6] 程鉴冰.以贸易高质量发展助推中国—中东欧合作迈上新台阶[J].中国经贸导刊(中),2020(2):15-17.

[7] 魏吉,张海燕.中国与中东欧各国进口贸易的潜力分析——基于时变随机前沿引力模型的实证研究[J].区域经济评论,2020(3):116-124.

[8] 韩萌.新形势下深化中国—中东欧国家贸易合作的政策选择[J].欧亚经济,2020(6):95-107,126.

[9] 华红娟.中国与中东欧国家产业深度合作的实现路径研究[J].区域经济评论,2020(5):114-121.

[10] 鞠维伟.中东欧国家对华舆论报道的立场、特点及对我国的启示——基于捷克、波兰、匈牙利、塞尔维亚四国媒体对华报道的分析[J].贵州省党校学报,2019(2):96-102.

[11] MONTOYA M J R. Craft:economic policies in the united States 1896—2016[M].Berlin:Springer International Publishing,2019.

[12] 崔卫杰,李泽昆.中国与中东欧贸易合作:现状、问题与建议[J].国际经济合作,2018(11):43-46.

[13] MA S H,FILDES R,HUANG T. Demand forecasting with high dimensional data:the case of SKU retail sales forecasting with intra- and inter-category promotional information[J]. European journal of operational research,2016(1).

[14] SONG W Q. China's long march to Central and Eastern Europe[J]. European review,2018,26(4).

[15] 姚铃.中国与中东欧国家经贸合作现状及发展前景研究[J].国际贸易,2016(3):46-53.

[16] 曲如晓,杨修."一带一路"战略下中国与中东欧国家经贸合作的机遇与挑战[J].国际贸易,2016(6):28-33.

[17] LIU Z K. Development trend of "16+1 cooperation" after the Suzhou Summit:a response from Central and Eastern European think tanks[J].Contemporary world,2016(2):44-47.

[18] 金玲.中东欧国家对外经济合作中的欧盟因素分析[J].欧洲研究,2015(2):29-41.

[19] 于军.中国—中东欧国家合作机制现状与完善路径[J].国际问题研究,2015(2):112-126.

[20] 孔田平.中国与中东欧国家经济合作现状与发展趋势[J].国际工程与劳务,2014(10):2-6.

后 记

　　本书是团队精诚合作和各方鼎力支持的产物。在本书的写作过程中,我们得到了宁波市商务局等有关单位对本书提供的信息等方面的支持。俞丹桦等对本书也给予了指导与帮助,并提供了宝贵意见。李思远、陈飞、陈磊、金佩佩、陈澍宁等参与了本书的数据收集整理、部分内容撰写和校对等大量工作,为本书的出版付出了辛勤的汗水。在写作过程中,我们参考和查阅了大量文献资料,在此,我们对本书借鉴和吸收的海内外研究成果、文献著作的著作者和出版者表示诚挚的谢意!

　　在本书撰写过程中,清华大学出版社编辑与本课题组进行了友好、深入的沟通讨论,对本书的出版给予了多方面的具体指导与支持,为本书付出了很多热情和心血。在此表示衷心的感谢!

　　本书即将出版之际,立陶宛宣布退出中国—中东欧国家合作机制,对中国—中东欧国家合作的贸易合作等方面提出了新的挑战。

　　限于作者的水平,本书难免会有疏漏之处,恳请广大读者、业界同行批评指正。你们宝贵的意见对我们来说是巨大的鞭策与鼓励!

作　　者

2021 年 5 月于宁波